Acılar İçinde Başarıyı Yakalayanlar

AKİS KİTAP

Acılar İçinde Başarıyı Yakalayanlar

Ömer Faruk Reca

Yayın Yönetmeni : Adem Özbay
Editör : Elsün Çalışkan
Kapak Tasarım : Ahmet Altay
Grafik : Gökhan Koç
Film : Mat Grafik
Baskı-Cilt : Bilge Matbaacılık
Genel Yapım : Endülüjans İçerik Hizmetleri
1. Baskı : Ocak 2005 İstanbul
Koordinatör : İbrahim Özbay
ISBN : 975-6174-12-9

AKİS KİTAP

Osmanlı Sokak Alara Han. No: 27 Kat: 4 Daire: 9
Kazancı Yokuşu Gümüşsuyu/Taksim-İstanbul
Tel: 0212 243 61 82 Fax: 0212 243 62 36
www.akiskitap.com - akis@akiskitap.com *Özbay Yayıncılık markasıdır.*

Sıfırdan Zirveye Çıkanlar

Acıların İçinde Başarıyı Yakalayanlar

Ömer Faruk RECA

AKİS KİTAP

Bu kitabı, hayatım boyunca acılarıma dua ve gözyaşıyla ortak olan sevgili biricik anneciğim Kudret Hanım'a ve Arzu ile Ferhat'a ithaf ediyorum.

Bu kitaba emeği geçen Rafet Mutlu ve Burak Turunç kardeşlerime de muteşekkirim.

Ö. FARUK RECA :

İstanbul Üniversitesi Edebiyat Fakültesi mezunu olan yazar, aynı üniversitede; İktisat alanında 'İnsan Gücü Planlaması' üzerine master yapmaktadır.
Yazar uzun yıllar tanınmış iş adamlarına ve siyasetçilere danışmanlığın yanısıra, eğitim ve seminer çalışmalarını yürütmüştür.
Çeşitli günlük gazetelerde makaleler yazmıştır.
Yazar eğitim alanında yeni ufuklar açıcı kitap ve seminer programları hazırlamakta, 'başarı', 'liderlik', 'yönetim' gibi ilkelerin toplum hayatına kazandırılmasına yönelik sosyal projeler geliştirmektedir.

Bu amaçlarına yönelik Akis Kitap'tan çıkan kitapları:
Akıl Okulu, Akıl Oyunları
Oku, Düşün, Uygula, Neticelendir (Ortak Yayın)
Hz. Ali'nin Liderlik Sırları ve Hitabet Sanatı (Ortak Yayın)

farukreca@endulujans.com

içindekiler

İnsanlar düşman olur bazen size, sebebi, unutmayı istedikleri haksızlıklarını, suç ve günahlarını, merhametsizliklerini onlara duyurduğunuz için. Oysa gün ağardığı vakit bir şeylerin olacağı muhakkaksa günahların da cezasız kalmayacağı ve vicdan hatırladıkça unutulmayacağı muhakkaktır.

ÖMER FARUK RECA

ACILAR İÇİNDE BAŞARIYI YAKALAYANLAR

Bu kitabı yazmamdaki amaç onbinlerce Ömer Faruk'tan biri olmamaktır. Onbinlerce hatta yüzbinlerce Ömer Faruk'un içinden sıyrılıp farklı ve sıradışı Ömer olmak isteği bana bu kitabı yazdırdı. Altı milyarın içindeki farklı insanlardan olmak istemiyorum, Altı milyarın içindeki farklı insanlardan olmak istiyorum. Eğer öğretmensem 600 bin tane öğretmenden biri olmak istemiyorum, Eğer öğrenciysem 15 milyon öğrenciden biri olmak istemiyorum, Eğer doktorsam 200 bin tane doktordan biri olmak istemiyorum, Eğer mühendissem 250 bin tane mühendisten biri olmak istemiyorum, Eğer işçiysem 20 milyon işçiden biri olmak istemiyorum, Eğer insansam dünyadaki 6 milyar insandan biri olmak istemiyorum.

Kısacası ben farklı olmak istiyorum. Farklılığı insanlığa fayda olarak, herkesin bilmediğini bilmek olarak, herkesin algılayamadığını algılamak olarak görüyorum, Farklılığı herkesin dışında biri olarak görüyorum. İşte acılar da böyle... sıkıntılar, çileler, farklılık yaratır insanda. Çok eski tarihlerden günümüze kadar, insanlık tarafından tanınan, bilinen şahsiyet vardır. Bu şahsiyetleri yüzlerce, binlerce yıldır insanlığa tanıtan güç, onların çektikleri acılı, çileli, ızdıraplı hayatlarından erdemi ve insanlığı kavramış olmalarıdır. Ve en büyük ödül ve servet de sonunda onların olmuştur.

Türlü zahmet, zorluk ve sıkıntıyla geçen hayatını kendisine yüklenmiş eziyet olarak gören kişi başarı ve mutluluğa kapısını kapatmış kişidir. Almasını bilen için yaşanılan acılar, baştan beri varlık ve bolluk içerisinde mutlu görülen insandan daha fazla mutlu eder insanı. Acılar ve sıkıntılar içerisinde yaşamak zorunda olan fakat kendine dürüst, duygusal ve mana yüklü dünya kuran insan bir müddet sonra tahmin edemeyeceği başarının sahibi olur. İllâ acı mı çekmek gerekir bir şeylerde başarılı olmak için? Tabiki hayır.

Keşke şımarılmadan muhafaza edilebilse de tâ baştan beri rahat bir yaşam içerisinde de başarılı olunabilse. Ama ne yazık ki anneden babadan aldıkları yüzlerce milyar liralık mirasla bugün sıradan, basit yaşayanların sayısı az değil. Yaşamın özünü kâr ve parada görüp, ellerindeki gücü kullanarak insanlığın erdemi için hiç bir fikir üretmeyenlerin sayısı da az değil.

Ben, insanlığa faydalı olma noktasında kendimle birlikte başkalarının da farklı olmasına vesile olmak istiyorum. Temennim, bu kitap birileri için milâd olur; silkinme, titreyip kendine gelmede başlangıç teşkil eder.

NASIL YAŞADILAR NASIL BAŞARDILAR?

Kimi çocuk yaşta yetim kaldı, kimi annesini kaybetti. Hele bazıları vardı ki sokaklarda açtı gözlerini. Anne babalarını hiç bir zaman tanıyamadılar. Çocuk Esirgeme Kurumlarında çile doldurdular. Açlıktan okulda bayıldığında utancından "üşütmüşüm, hastayım" dedi.

Onlar erdemli insanlardı. Bir çok insanın göremediğini onlar görüyorlardı; merhameti, duygusallığı, yaşamın sırrını görüyorlardı. Ne yaparlarsa ne olacağını biliyorlardı. Verirken zevkle veriyorlardı; Bir şeye ihtiyaçları olup da almak zorunda kaldıklarında büyük bir utanç ve mahcubiyet yaşıyorlardı. Duygusallıkları içinde kendilerine bir dünya kurdular. Adına sâde, basit ama namusuyla yaşanan umut dünyası dediler. Hayata sâde baktılar, onu yorumlamakla (sıkıntılar, şikâyetler) zaman kaybetmediler, yargılamadılar da (onlar niye böyle, ben niye böyleyim Allahımı), sadece hissettiklerini içtenlikle söylediler ve öyle yaşadılar. Ve dediler ki. Yıl 1800, yıl 1900..... İnsanlık bu filmi hep yaşadı, hep yaşayacak.

"Hayatımı kazanmak istemiyorum, yaşamak istiyorum," deyip ihtirası terk ederek sâde hayat içinde faydalı olmaya çalıştılar.

Dostlarımız olacakken tanıyamadığımız ne iyi insanlar geldi geçti ömür kervanından. Yokluklar içerisinde onlar hep kendi geniş dünyalarında mutlu olmaya çalıştılar. Aşkı şehvette değil hislerde aradılar, sevgiyi malda mülkte değil manada aradılar, Parayı kazandılar ama zengin olmadılar, hayır yolunda harcadılar; güldüler ama yürekten, ağladılar ama içten. Çalıştılar, başardılar. Yüzlerce yıl geçmesine rağmen bugün hâlâ onları övgü ile anabiliyoruz.

Onlar çok acı, ızdırap çekti. Şu an sizin yaşadıklarınızı, sizin hissettiklerinizi onlar da yaşayıp hissettiler. Para herşeyi yapar deyip para için herşeyi yapmadılar. Yüzlerce milyarı bir anda hayır kurumuna bağışladıkları da oldu. "Yaşamın en güzel müziği insanın kendini dinlemesidir," deyip yaşamı anlamak için tatlı derin düşüncelere daldılar.

Amerika Cumhurbaşkanlarından Andrew Johnson yaşamı acı ve zorluklar içinde geçmiş, kenar semtte oturan sıradan bir terziydi. Bir toplantıda kendisi hakkında fakirlikten geldiği için aşağılayıcı ve alaycı dedikoduları yanıtlarken şunları söylemişti:

"Önemli olan acı ve sıkıntıların içerisinden çıkıp başarmak.Evet kenar semtte oturan terziydim. Ama dürüst ve işini iyi yapan terziydim."

Bir çok başarılı olmuş insan başarını zekâsına ve dehâsına bağlanıyor. Ama oysa başarıların, ısrarlı çalışma ve dürüst düşünmenin ürünü olduğu şu an uzmanlarca söylenmektedir. Ünlü astronomi ve matematik bilgini Langrance, içinde bulunduğu yoksulluktan çok acı çekmiş. Ama bu sıkıntılar ona inat aşılamış. Çok çalışmış ve matematikten hem şöhret hem para kazanmış. Sonradan kazandığı şöhret ve serveti bir dönem yaşadığı yoksulluğuna bağlayarak hep şöyle dermiş, "Eğer baştan beri zengin olsaydım şöhretli bir matematik bilgini olamazdım. Baştaki zenginliğim beni uyuşturdurdu. Oysa şimdi hem zenginim hem de tanınan biri olarak insanlığa faydalıyım."

Yenilgi ve yoksulluklar ünlü müzisyen Handel'i yıldırmamış, aksine çile ve acılı yaşam onun dişlerini gıcırdatmış ve enerjisini artırmış. Evinin kirasını ödeyemez duruma geldiğinde bile yapıştığı müzikten ayrılmamış. Geceli gündüzlü çalışmasının karşılığı, bugün tek bir bestesinin onbinlerce dolara satılmasıdır.

▪ ZORLUKTA BİR ANLAM GİZLİDİR

Hülâsa, benim bu kitapta vermeye çalıştığım şey: hangi ülkeden, hangi milletten, hangi dilden olursa olsun bu dünyaya iyi insanlar geldi, iyi işler yapmaya çabaladılar, sanki âdeta ilâhi bir yerden mesaj almışcasına insanları uyarmaya çalıştılar; güzeli anlattılar, engellendiler ama sabrettiler, acı ve ızdıraplar çektiler. Kendi insanının zulmlerini yanlış görüp ses çıkardılar, karşı çıktılar, yazılarında, eserlerinde insanlığın selâmeti için uğraştılar.

Ben bir yahudiyi, düşen müslümanı kaldırırken gördüm; bir hıristiyanın, müslüman topluluklar için kendini tankın önüne atarak parçalandığını gördüm. Bir ülke insanının bir başka ülke insanına nasıl merhametle elini uzattığını gördüm, Ben Çanakkale Savaşı'nda, yaralı bir ingiliz askerinin cebinden çıkan eşi ve yavrusunun resmini görüp gözyaşları içerisinde o ingiliz askerini kurşunların altından çekip alarak yarasını saran şerefli cesur mehmetçiği gördüm. Defalarca gittim Çanakkale anıtına. Zavallı gençlerin birkaç yeryüzü bozguncusunun kurbanı olduğunu gördüm, Çanakkale'de ölen yabancı genç delikanlılar için atalarımın "Bunlar da bizim evlâtlarımız, siz merak etmeyin, en iyi şekilde anıtları muhafaza edilecektir." dediğini gördüm.

Ben Çanakkale'de ölümü gördüm; barışın, insanlığın, merhametin, gözyaşlarının ne kadar önemli olduğunu gördüm. Japonların "Sizin Çanakkaleniz var, nasıl olur da kalkınamazsınız!" sözlerini hatırladım. Acıların (Nagazaki, Hiroşima gibi), insanı başarıya götüren gerçekte aydınlık yol olduğunu dünyanın teknoloji efendisi Japonlardan öğrendim.

Kim olursa olsun, bir insanın namuslu güzel hayatı beni ilgilendirir, ondan örnek alırım. Büyük fikir adamı Cemil Meriç, "Biz Batı'yı hiç tanımadık, onların derin ruh hâllerini, erdemliliğe bakışlarını, bir çok şeyi aştıklarını hiç farkedemedik. Biz ancak Cevdet Paşa'nın torununu Katolik rahibesi, Tevfik Fikret'in oğlunu da Protestan papazı yaptık. Bize Batı'yı yanlış tanıtan delâlet ordusunun üçüncü gönüllüsü Sadrazam Sait Paşa'nın oğlu Ali Namık ve Baha Tevfik gibilerinin işiydi bu. Batının ruh derinliğini ve gözyaşını almak yerine çocuklarımızı metaryalist ve inançsız yaptılar." diyor ve devamla şu çarpısı sözleri haykırıyor:

"Bütün bunlar olurken zirvelerin hiçbirini tanımıyorduk; Avrupa'yı Avrupa yapan düşünce fatihleriyle temasımız yasaktı. Haşet kitabevinden İbaretti Avrupamız, bir kartpostal Avrupası."

İşte benim yapmaya çalıştığım da bu: Avrupa'nın ruh-vicdan derinliği ve gözyaşı... Bu adamlar ne yaptılar da, nasıl yaptılar da bu seviyeye geldiler, Biz ne yaptık ta nasıl yaptık ta bu seviyeye indik? Bunu ortaya koymak; yani Avrupa'nın ve Batı'nın düşünce fatihlerini tanımaya çalışmak.

***

"Tıbbı Sanat Kabul Eden Adam"

HİPOKRAT Nasıl Başardı?

"Şifa verici Yüce Yaratıcı Allah'a andolsun ki, bütün kötülük ve adaletsizliklerden kaçınacağım. Hiç bir insanı istismar etmeyeceğim. İhtiyacı olana ücretsiz yardımlarımı esirgemeyeceğim. Eğer yeminimi tutmazsam hayat bana haram olsun."

Mısır'ın tıp alanında haklı bir şöhreti vardır. Cesetlerin mumyalanıp çok uzun bir zaman bozulmadan saklanması Mısırlı tıpçıların mahareti-dir. Bundan dolayıdır ki Yunanlı Meşhur tıpçı Hipokrat, Mısırlı hekim imhotay'ı örnek almıştır. Ama Hipokrat'ın da ortaya çıkıp, inkâr edilemez insancıl başarıları, onu tıbbın haklı olarak kralı yapmıştır. Hatta tıbbın başlangıcı bile neredeyse Hipokrat'la birlikte anılır olmuştur.

Hipokrat, M.Ö 460 yılında bugün Yunanistan'a bağlı bize göre İstanköy, onlara göre Kos Adaso ismiyle anılan yerde doğmuştur. Babası Heraklides de bir hekimdır.

Hipokrat, hayatı boyunca bütün çalışmalarını gözleme dayandırmıştır. O, Tıbba sanat diyen adamdır. Sanatçı nasıl müşfik, merhametli, iyi kalpli ve ince ruhluysa, bir doktorun da böyle olması gerektiğini söylemiştir. Doktorların babası diye anılan Hipokrat, mesleğine kendini adamış, tarihte bilinen ilk tıp okulunu açmış bir hekimdir.

O zamana kadar tıp ilmi bir çok yönüyle üstün körü ve karadüzen sürdürülürken Hipokrat bu gidişi durdurup, tıbbı bilimselleştirmiştir. Örneğin bir çok duygunun merkezinin, o zamana kadar bilinen yönüyle kâlp değil de beyin olduğunu ispat etmiştir. Zatürre ve sara hastalığının belirtilerini ilk tespit eden hekimdir. Kitap haline getirilmiş bir çok çalışması olmuştur.

Hekimlikte sadece bilginin yeterli olmayacağını, bu mesleği seçmiş olan kişide insancıllığın da çok gerekli olduğunu söylemiştir. Hipokrat şöyle demiştir: "İnsan sadece bedenden bir varlık değildir, ruhu da vardır. Ruh ne kadar sağlam ve mutlu olursa beden de o oranda sağlam ve sağlıklı olur.

Bedendeki bir çok rahatsızlıklar ruhtaki mutsuzluktan kaynaklanır. Bedenin iyileştirilmesi için önce ruhun sakinleştirilmesi gerekir. İyi bir doktor hastasını neşelendiren ve ona yaşama mutluluğuyla yaşama ümidi verendir."

Tıbbın baştacı olan bu adam, geçmişte yaşamış diğer bazı iyi insanlar gibi yüce yaratıcının varlığına inanmış, vicdanını onun gücü ve enerjisiyle doldurmuş örnek bir şahsiyettir.

Bilge bir kişiliğe de sahip olan Hipokrat, insanların iş ve güçlerinde, kişisel gelişimlerinde daha bir dikkatli olmaları gerektiğini vurgulayarak şunları söylemiştir: "Hayat kısa, sanat uzundur. Fırsat hemen kaçar. Tecrübe aldatıcı, karar vermek zordur."

Özellikle salgın hastalıklar konusunda geliştirdiği tedavi yöntemleriyle halkın büyük sempatisini kazanmış olan doktorların babası Hipokrat, felsefeyle de ilgilendi ama felsefenin iplerini elinden kaçırmadı, kendisini kontrol altında tutmayı başardı.

Onun zamanında beyin hakkında açık bilgiler yoktu. Hipokrat hem gözleme dayalı buluşlar gerçekleştirdi hem de beyinle ilgili yanlış kanaatleri bir kenara attı. Korku, endişe, tedirginlik, gülme ağlama, gibi duyguların beyinle ilgili olduğunu söyleyip şu açıklamalarda bulunmuştur: "Beyindeki bir takım hastalıklar sonucu insanlar delirebilmektedir; korkabilmekte ve hayal görmektedir. Beynin sağlamlığı ruhun mutluluğuna bağlıdır. Bedeni tedavi eden her doktor, hastasının ruhuna da hitap etmesini bilmeli."

Bazı ruhsal rahatsızlıklar onun tanımlamalarıdır. Örneğin, melankoli, mani, paranoya gibi ruhsal hastalıkların olabileceğini söyleyip bunu böyle adlandırmıştır.(1)

Ruh ve bedenin birlikte etkileşim halinde olduğunu ifade etmiş olan Hipokrat, dine ve din adamlarına önem veren şahsiyetti. Onun meşhur Hipokrat Yemini diye anılan Doktorlara tavsiyesi "Şifa verici Allah'a ondolsun ki..." (2) diye başlar.

Hipokrat denilince akla dürüstlük , doğruluk, meslek sevgisi, inanç ve bir de "Yemin" gelmektedir. Hipokrat'ın, meslektaşlarına söylemiş olduğu bazı tavsiyeler şunlardır: "Hastanıza karşı merhametli olmanızı, kendinizi onun yerine koymanızı tavsiye edirim. Onlardan elde ettiğin kazançları ve şimdiki içinde bulunduğun mutlu geçim imkanlarını da düşünerek bazı zamanlar karşılıksız hizmet de götür. Maddi sıkıntı içinde bulunup senden yardım isteyen kişiye seve seve yardım et. İnsan sevgisinin bulunduğu yerde sanat aşkı da bulunur. Durumlarının öldürücü olduğunun farkında olan bazı hastalar, hekimlerin şefkat ve güleryüzlerinden dolayı iyileşmişlerdir. Durumları çok çok iyi olan bazı insanlar da sırf sevgisizlik yüzünden aniden yatağa düşmüşlerdir. Hastayı iyileştirmek ve şifaya kavuşmasını sağlamak için gözlem altında bulundurmak isabetlidir. Ayrıca bir hekimin neyin uygun olduğunu belirleyebilmesi için kendisine de dikkat etmesi gerekir." (3)

Hipokratın dünya görüşünde kutsallık geniş yer tutar. İnsanın, attığı her adımda Tanrıya şükretmesi gerektiğini söylemiştir. Din, ırk ve cinsiyet ayrımı yapmadan her insanın Tanrının kulu olduğunu ifade etmiştir. Bundan dolayıdır ki, "İnsana saygı duymak ve zarar vermemek" ilkesiyle hareket etmiştir. Buna ve tıp yeminine uymayıp, parayı ön plana çıkaran meslektaşlarına ikiyüzlülük sıfatını yakıştırmıştır.

İnsanlığa sağlıkla ilgili nasihatlarında sözüne hep, "İnsanlığa hükmetmiş nice krallar..." diye başlarmış. Ve sonra öncelikle ruh temizliğinin gerekliliğini anlatırmış: "Oğlunun sesi evinin içini çınlatmaması için ona yüksek ahlâkı ve yüksek edebi, merhamet ve şefkatle birlikte ver." İnsanın, en çok hoşa gidecek şeyde en çok dikkat etmesi gerektiğini dile getiren Hipokrat şunları söylemiştir:

"Asıl olan şudur ki, insanoğlu kendisini cezbedene daha yakındır. Oysa en çok cezbedici şeyde en çok zarar olabilir. Ancak, en çok hoşa giden şeylere yaklaşırken, o şey, eğer meşru olarak hakedilmişse zarar değil, yarar sağlar. Ama insanların en çok düştüğü tuzak, kendine ait olmayanı çok daha çekici bulmasıdır" (4)

Adam öldürenlerin bile, konuşturulduğu vakit kendilerince haklı gerekçeleri dile getirdiklerini söyleyen Hipokrat, bu tür bir suçun cezasından çok, işlenmeden önce, bir hastalık gibi önceden teşhisin konulup, tedavi edilmesi gerektiğini söyler. "Komşunu kendin gibi sev," ilkesinden yola çıkarak, toplumda yardımlaşma ve dayanışmanın her şeyi kolaylaştıracağını söyler: "Yardımlaşma ve dayanışmanın olmadığı yerde cana kıymalar, hırsızlıklar, kötülükler, ruhi hastalıklar olur" demiştir.

Hipokrat, bedenin dışında psikiyatri diye bir tıp kategorisinin ruha bakabileceğini ilk ortaya atanlardandır. Onun, önce sözel olarak insan davranışlarını inceleme konusu bugün psikoloji olarak bilinmektedir. Daha sonra, "İhtiraslardan doğabilecek, düşünce deriliğindeki saplantılar," diye paranoya, şizofren, melankolik hastalıklarını târif etmiş olan Hipokrat, bu hastalıkların da çeşitli tedirginlik ve korkulara sebep olduğunu vurgulamıştır. O halde Hipokratın incelemesine göre bütün korkuların altında yatan sebep, insanoğlunun kendi eliyle yarattığı hırslarıdır.

"Hayat kısa, sanat uzundur. Fırsat hemen kaçar. Tecrübe aldatıcı, karar vermek zordur." diyen Hipokrat aslında insanları düşünceye dâvet etmiştir, ama maddi hırs ve ihtiraslardan kurtulmuş düşünceye...

Bir hastalığa karşı en iyi tedavi yöntemini kısa ve öz olarak şöyle açıklamıştır: "O hastalığa yakalanmamanın yollarını öğrenmektir." Dünyada en büyük hastalığın, "Trigoto ego Obligo". hastalığı olduğunu vurgulamış olan Hipokrat, belki yine bir ruhsal rahatsızlığı açıklamak istemiştir." Sana yardım ediyorum, o halde bana borçlusun." yaklaşımını hastalık olarak nitelemiş olan bu bilge tıpçı, "Senden yardım isteyeni asla geri çevirme, ona elinden geldiği kadar karşılıksız her türlü yardımı yap." diyerek çevresine sözlü terapide bulunmuştur. "Primum nil nocere!" "Önce zarar verme!" demiş olan tıbbın babası Hipokrat, sadece hekimlere değil, tüm insanlara seslenmiştir.

Hipokrat Yemini, aslında sadece tıpçılar için bir sesleniş değil, tüm meslekler için iş ahlâkını gerektiren ferman gibi yemindir. Âdeta emir gibi algılanması gereken bu yeminin altında başarı da gizlidir. Bunu uygulayacak olan meslek sahibi çevresinde itibar edilen insan olur ve iş patlaması yaşar.

Hipokrat Yemini ahlâkın, merhametin, yardımın, şefkatin ince ince altını çizmiştir. Hipokrat Yemini şöyle der:

"Şifa verici Allah'a andolsun ki, elimden geldiği ve aklımın erdiği kadar bu yeminimi bütünüyle yerine getireceğim. Tıp hocamı anam, babam kadar aziz tutacağım. Elimde avucumdakini onunla paylaşacağım Eğer bir ihtiyacı olursa yardıma koşacağım. Oğullarıma kendi kardeşlerim gözüyle bakacağım. Eğer isterlerse bu sanatı ücretsiz ve kendilerinden hiçbir karşılık beklemeden öğreteceğim. Öncelikle kendi oğullarıma , sonra hocamın çocuklarına, nihâyet tıp kanunları uyarınca yazılı anlaşma ve yeminle beni hocalığa seçen öğrencilerime mesleğimi öğreteceğim. Aklımın erdiği kadar bu sanatın kaidelerini sözlü ve hasta başında derslerle öğreteceğim, onlara çok iyi pratik vereceğim.

Gücümün yettiği, aklımın erdiği kadar tedavi ve perhizlerini onların menfaatlerine uygun olarak idare edeceğim. Bütün fedakarlıklarda bulunup, bütün fenalık ve adaletsizliklerden kaçınacağım. Ne isteyenlere (ötenazi) ne de kendiliğimden kimseye zehir vermeyeceğim gibi, kadınlara da çocuk düşürmek için vasıtalar temin etmeyeceğim.

Girdiğim her eve ancak o evdeki hastaların faydasını temin için gireceğim. Fenâ ve ahlâk bozan hareketlerde bulunmayacağım. Kadın veya erkek, hür veya esir, hastaları hiç bir şekilde istismar etmeyeceğim. Gerek sanatımın icrası, gerek sanat icrası dışında, görüp işittiklerimden açıklanmasına lüzum olmayanları sır olarak saklamayı ödev bilip, edeb ve hayayı muhafâza edeceğim.

Eğer bu yemini ve taahhüdü bozmadan yerine getirirsem, hayattan ve sanatımdan alacağım zevk ve insanlar arasında göreceğim saygı ve riayet bana helal olsun! Eğer bu yemini tutmazsam ve yalan yere yemin etmişsem, hayat ve sanattan alacağım zevk bana haram olsun!

İnsanlar arasında şeref ve itibara erişmeyeyim." (5)

1) İ.Ü. Tıp Fak. Yayınları. Hipokrat Çapa Küt.
2) İ.Ü. Tıp Fak. Yayınları. Hipokrat. Çapa. Küt
3) Tıbbın babası Radyo Kültür (1961)
4) Türk ve Dünya Meşhurları. Ayda bir 1973.07
5) Hipokrat Yemini. Hipokrat. İ.Ü.Yay. İ.Ü.Dökümantasyon merkezi.

"İç terbiyesine önem vermiş olan"

GAZÂLÎ Nasıl Başardı?

"Ey benim Rabbim, Malikim! Emrin başım gözüm üzere olsun." ***(İmam Gazâlî)***

Kendi kendime 3 şey için yemin verdim:

1) Padişahların huzuruna gitmeyeceğim,
2) Padişahların bana vermek isteyecekleri hediyeleri kabul etmeyeceğim,
3) Hiç kimse ile münakaşa etmeyeceğim.

"İlminle ve soyunla başkalarına üstünlük taslama. "Benim ilmim yüksek, niye bana inanmıyorsun?" gibi sözler ahmaklara yakışır. Bu sözler, nefsini hatasız sanan cahillere ait olmalıdır."

"İnsan, birinde kötü bir hâl görüp de ondan uzaklaşırsa, o kötüden iyilik dersi almış olur. Terbiyesiz sayesinde terbiyelenmiş olur. İnsan, ders alacak bir yapıda ve düşüncede olursa, bazen terbiyesizlikler de ona eğiticilik yapmış olur."

"Aslım nedir? Nasıl Yaratıldım? Nereye ve ne yapmaya geldim? Nereye gideceğim? İyiliğime neler, kimler, nasıl yardım eder? Kötülüğüm nedendir? Neye sebep olur? İçimde şeytanlık, hayvanlık, yırtıcılık mı var, yoksa melek hasletleri mi? Bunlardan hangisine hizmet ediyorum?"

İMAM GAZÂLÎ, dünyanın sayılı bilgelerinden, âlimlerinden ve erdemli insanlarından biridir. Onun nefsiyle yaptığı mücadele, onu en yüksek yerlere getirmiştir. İnsanın ancak ve ancak kendini terbiye etmesiyle yükselebileceğine inanmıştır.

İmam Muhammed Gazâlî, 1058 yılında İran'ın Horasan şehrine bağlı Tûs kasabasının Gazale köyünde doğmuştur. Ailesi fakirdi ama mânevi yönden zengindi. Babası Muhammed ilim görmek istemiş ama yoksulluğundan bunu yapamamıştı. Yün eğirerek geçimini sağlıyordu. Çocuklarını okutmayı çok istiyordu. Fakat ömrü yetmemişti. Muhammed

Gazali ve kardeşi Ahmet, İyi kalpli zavallı babalarını küçük yaşta kaybetmişlerdi. İyi kâlpli zavallı babaları öleceğini anladığında iki evlâdını ve biriktirdiği az bir dünyalığı bir müslümana emanet ederek, "Ne olur, çocuklarımın kötüye bulaşmayıp ilim tahsil etmelerinde onlara göz kulak ol, unu yapar mısın?.." demişti. Emâneti yüklenen bu müslüman, gerçekten gücü yettiği kadar çırpındı, sözünü tuttu. Ama artık onun da dayanacak gücü kalmamıştı; o da çok yoksul bir insandı. Kendisine, çocuklar adına verilen dünyalık çoktan bitmiş, adam kendini zor geçindirir durama düşmüştü. Bu durumda çocukların ücretsiz bir medreseye girmelerini istedi. Çocuklar, yiyecek ekmekleri , kalacak yerleri olmadığı için medreseye girmişlerdi. İmam Gazâlî, bu hallerini daha sonraları şöyle açıklamıştır: "Medreseye girişimiz sırf Allah rızası için olmadığı, kalacak yer ve yemek için olduğu halde Cenab-ı Allah kerem ile bize rahmet ve merhamet ihsân etti."

İmam Gazâlî'nin medresede eğitim gördüğü dönem Büyük Selçuklu dönemidir; hükümdar, Alp Arslan; vezir ise ünlü "Siyasetnâme" yi yazan adaletli Nizamü'l-Mülk'tür. Nizamül-Mülk, ülkenin her tarafını ilim yuvalarıyla, medreselerle donatıp yoksul çocukların burada ücretsiz barınmalarını ve eğitim görmelerini sağlamıştır.

Gazâlî'nin ilk istifâde ettiği âlim Radegani'dir. İkincisi ise Tûs'tan ayrılıp, gittiği ilim merkezi Curcane'de karşılaştığı İmam İsmailî'dir.

İmam Muhammed Gazali, ilim için bir şehirden bir şehire yolculuk yaparken bir olay yaşamıştır. Kendisinin de arasında bulunduğu kervan haramiler tarafından baskına uğramıştır. Daha o zaman genç yaşta olan Gazâlî'nin tüm ders notları haramilerin yanında gittiğinde, o da koşturarak onlardan notlarını istemiş. Haramiler de dönüp, "Ölmek istemiyorsan geri dön" diye tehditler savurmuş. Fakat o kulak asmayıp reisleriyle konuşmak istediğini söylemiş. Reis bu delikanlıyı merak etmiş. Bundan sonrasını İmam Gazâlî'den dinleyelim:

"Reis bana ne istediğimi sordu. Ben de "Allah aşkına çok rica ediyorum, eşyalarımın arasında ders notlarım ve kitaplarım var. Onlar sizin hiçbir işinize yaramaz. Söyleyin de onları bana versinler" dedim. O da bana sordu. "O istediklerinin bu kadar önemli olan tarafı nedir?" Bende dedim ki: "Onlar bazı kitap ve defterlerdir ki onlardaki ilmi elde etmek için yurdumdan ayrılıp Cürcan'a gittim. Nice emekler verip nice göz nuru döktüm, nice dirsekler çürüttüm." Bu cevabın karşısında reis kahkaha ile güldü ve bana şöyle dedi: "Sen nasıl olur da ilim tahsil ettiğini iddia edebilirsin? Baksana defterlerin, notların elinden alınınca ilimsiz, irfansız kalıyorsun?" Sonra adamlarına eşyalarımı bana vermeleri için emir verdi. Haraminin söylediği sözü çok düşündüm. Adam haklıydı. Cenab-ı Zülcelal onu, beni irşad etmesi için konuşturmuştu. Tûs'a döndüğümde üç yıl büyük bir çalışmaya giriştim. Defterlerimdeki notları hafızâma nakşettim. Onları öylesine öğrendim ki artık defterlerim, notlarım hep alınsa bile ilimsiz kalmayacaktım. Harami bana iyi bir ders vermişti." (Vasiyetnâme İ.Gazali) [(1)]

İmam Gazâlî, devrin en meşhur alimi imamül Harameyn Cüveyni'den de ders almıştır. İmam Cüveyni, Medine ve Mekke'de dersler vermiş, imamlık yapmış, ünü ve şöhreti tüm islam âlemine yayılmış, en son da Nizamül-Mülk'ün kurduğu meşhur Nizamiye Medresesinin başına getirilmiş bir zattı. İmam Gazâlî'yi çok sevmişti. Hatta onu överek şöyle demiştir: "Gazâlî, boğucu deniz, yırtıcı aslan, yakıcı ateştir." Gazâlî, sevgili hocası vefât edinceye kadar onun yanında kalmış, ona büyük hürmet göstermiştir.

Gazâlî, hocası İmamül Haremeyn'in ölümünden sonra Nizamül-Mülk'ün yanına gitti. Bu arada yaşı 30'a gelmişti. Nizamül-Mülk, Gazâlî'yi çok iyi karşılayarak ona hürmette kusur etmedi ve ilmî tartışmalara soktu. İyi niyetli, içten ve samimi ilmiyle herkese gâlip gelmişti. Gazâlî, Nizamiye medresesinde 4 yıl görev yapmıştı. Ünü her yere yayılmış, devletin en üst kademelerinde çalışmıştı. Bu arada kardeşi Ahmet Gazâlî, hâl ve gidişatını beğenmediği ağabeyine bir ilim meclisinde şu çarpıcı sözleri söylemiştir:

"Başkalarını doğru yola çağırıyor, ama kendin doğru yola gelmiyorsun; başkalarına vaaz dinletiyorsun, ama kendi nefsine nasihat vermiyorsun; ey yumuşamayan katı taş! Sen daha ne zamana kadar demiri bileyeceksin de kendin keskin olmayacaksın." (Vasiyetnâme İ.Gazâlî) [(2)]

İmam Gazâlî, bu sözler karşısında çarpıldı, irkildi. O yüce insan, o yüce kâlp hiç sesini çıkarmadı; o günden sonra ruhunda sarsıntılar yaşadı ve mevkiyi, şöhreti, malı, mülkü yeniden sorgulamaya başladı. Bütün bunlar birden gözünde küçülmeye başlamıştı. Ruhunda bir hüzün, bir çocuksu burukluk yaşadı. Artık konuşamıyordu bile, ders veremiyor, vaaza çıkamıyordu. Karar verdi: Bağdat'ı terk edecekti. Öyle de yapmıştı; herşeyini; şöhretini, makamını, kendisine gösterilen saygı ve hürmeti, bol nimeti... 1095'in kasımında 37 yaşındayken Bağdat'ı terketti. Çok tuhaftır, Konfüçyüs de makamını, çevresindeki şöhretini, rahatlığını geride bırakıp tıpkı İmam Gazâlî gibi yollara düşmüştü.

Gazâlî, Bağdat'ı terkedip Şam'a geldiğinde parlak elbiselerini çıkarıp, yoksul kıyafetler giymişti.

İlginçtir, çünkü Budha'da kendisini ve insanlığı irşad edip, doğruluğu, hakikati, adaleti, yüce yaratıcının tekliğini ve birliğini anlatmak istediğinde yollara düşmüş, az yemiş, az uyumuş, üzerindeki yeni, parlak elbiseleri çıkartarak, sıradan, bayağı sarı elbise giymişti.

İmam Gazâlî, kendisini yetiştirirken Cüneydi Bağdadi'nin, Bayezid-i Bestami'nin, El-Mekki'nin ve İmam Şibli'nin eserlerini okumuştur. İmam, Gazali, bir şeylerin başarılabilmesi için kişinin önce kendisinden başlaması gerektiğini vurgulamıştı. Kendisini başarı ve huzura götürecek olan yolda karar vermekte zorlandığını, bir adım atıp sonra geri çektiğini ifade etmiştir. Bu temiz yürekli zat, ruhunda yaşadığı değişim ve gelişim sürecini şöyle anlatmıştır:

"Ahiret ve dünya saadeti için tek yolun merhamete, terbiyeye, iyiliğe, takvaya sarılmak olduğunu iyice anlamıştım. Bunun temelinde de nefsin kontrolünü elimde tutarak gurur evi, kibir evi olan dünyaya kontrolsuz bir bağlılıktan, anlamsız bir ihtirastan uzaklaşıp, ebedilik evi olan ahirete yönelip bağlanmak ve bütün gayretimle Allah'a yönelmekte gördüm. Bu düşünceler içinde bir gün Bağdat'ı terketmeye kara veriyor, ertesi gün vazgeçiyordum. Bir adım atıyor, sonra geri çekiliyordum. Dünya arzuları zincirleriyle beni makam ve mevkiye bağlıyordu. Şuna inancım tamdır ki bu bir omuz yüküydü, mutsuzluğa gidin bir yoldu. İnsanın hoşuna giden, nefsini çeken bir çok şeyin sonu aslında, huzursuzlukla, mutsuzlukla bitecek bir durumdur. Ömrümden çok az bir zaman kalmıştı. Şimdiye kadar elde ettiğim yalan ve riyadır. Bunun için içimdeki coşku ve terk arzusu şiddetleniyordu. Sonra şeytan geliyor şöyle vesvese veriyordu: "Bu, geçici bir hâldir. Bu duygusallığa uymaktan kendini sakın. Çünkü duygular çabuk gelir geçer. Onlara uyar ve bu mevkiyi terkedersen, bu duygular geçince oraya dönüş pek zor olur." Bu halim 6 ay devam etti. Bir karara varamadım. Son ayda irâdem elimden gitti. Bana kaçınamadığım bir hâl peydah oldu. Hak taala dilimi bağladı. Ders veremez hale geldim. Talebelerim geliyor, onların hatırı için bir şeyler söylemek istiyor ama beceremiyordum. Dilimdeki bu tutukluk kalbimde bir hüzün ve keder doğurdu.

Bunun tesiriyle yemekten içmekten kesildim. Hazım takatim kalmadı. Doktorlar, tedavisinde aciz kaldılar ve şöyle dediler: "Bu, kalpte meydana gelen bir hastalıktır. Oradan da mizaca sirayet etmiştir. Kalbe giren bu hüzün gitmedikçe tedavisi imkânsızdır." Hiç birşey yapamayacağımı anlayıp güç ve takatimi yitirince çaresiz bir kimsenin sığınışı ile Allah-ü Tealaya sığındım. Ona sığınanı kabul eden Allah, duamı kabul etti. Mevki, şöhret, varlık, çoluk - çoluktan ayrılmayı kalbime kolaylaştırdı. Nihâyet Bağdat'tan ayrılmaya karar verdim. İhtiyacım dışındaki mal ve paralarımı dağıttım. Şam'a gittim."

İmam Gazâlî, Şam'a geldiğinde ilk işi benliğini terbiye etmek olmuştur. Tıpkı Budha'nın, Hindistan'da Vindiya tepelerinde Dekkan yaylasının geniş çayırlıklarına çıkıp, akıl ve hikmete ulaşmak için 6 yıl boyunca inzivaya çekilmesi gibi, İmam Gazâlî de Şam'daki bir yükseklikte yıllarca tefekküre daldı.

İncelediğim tüm akıl sahibi ve başarılı insanların hayatlarında hep derin düşünceyi ve kendi benliğini terbiye etme mücadelesi gördüm. Öyleyse başarılı olmanın tek yolu, önce derin düşünce (tefekkür, inziva) süzgecinden geçerek, insanın kendi benliğini tanıması ve onu kontrol altına almasıdır. İnsan, bir müddet sonra inanılamayacak derecede olumlu durumlarla karşılaştığını görecektir. Yeter ki, sahip olduğu inancı her neyse, ona saygısı olsun, onun gereklerini yerince getirsin, ahlâki ilkeleri terketmeyip biraz sabırlı olsun...

Budha 6 yıl inzivada kalmışken, mübarek insan İmam Gazâlî tam 11 yıl inzivada kalmıştır. İnzivadan sonra memleketi Tûs'a dönen İman Gazâlî, "Her yüzyılda bir yeryüzüne, insanları doğruya, hakikâte, merhamete, adalete çağırmak için bir öncü, bir alim gelir" hadisini hatırlayarak insanların arasına girip, sorumluluğunu yerine getirip, insanlığa hizmet ederek bu öncülerden biri gibi faydalı olmak istemiştir. Haçlı saldırılarının olduğu, müslümanların birbirine zarar vermeye başladığı bir ortamda Gazâlî azletin anlamsızlığını hissetti. Bu arada hayat gözlerini yuman büyük ve erdemli devlet adamı vezir Nizam-ül Mülk'ün yerine gelen oğlu Fahr-ül Mülk, İmam Gazâlî'ye ısrarla, gelip devlete hizmet etmesini rica etmiştir. İmam Gazâlî, kendi iç benliğinde o anki yaşadığı duygularını şöyle ifade etmiştir: "Toplumun birşeylere ihtiyacı varsa ve bu ihtiyacın giderilme imkanı sizde bulunuyorsa bir köşeye çekilip düşünceye dalmanın ne anlamı olabilir ki? Çağ, batılın, adaletsizliğin ve bencilliğin arttığı bir çağdır. Esasında ben eğitim günlerimde nasıl üzleti düşünmediysem, üzlet günlerimde de eğitime tekrar dönmeyi düşünmemiştim. Allah kalpleri ve halleri değiştirendir. Şunu dua ettim. "Allahım halimi biliyorsun. Önce beni ıslah eyle, sonra da benim vâsıtımla başkalarını ıslah eyle. Bana hakkı hak olarak göster ve ona sırılmama yardım et; bâtılı da bâtıl olarak göster ve ondan uzaklaşmama yardım et."

Büyük bir Türk devleti olan Selçuklu Devleti'ne çok faydaları dokunan İmam Gazâlî'nin en son eseri El-Mustafa'dır. İmam Gazâlî yaradanla olan gönül bağını, kişiye en büyük moral ve enerji olduğunu vurgulayarak şunları söylemiştir:

"Yaratanla sohbet yaratılanla olduğu gibi olur mu? O konuşma, devamlı görünmez ama varlığından bilim adamlarınca da şüphe duyulmayan manevi elektrikle yapılır. O muhaberenin kordonları gönül kanalına döşenmiştir. Bu mühim gönül sohbetinin tadını alan insanın, insanların en bahtiyarlarından olacağı şüphe edilmez bir gerçektir."

Bilgiye ve başarıya ulaşmada tavsiyelerde bulunmuştur İmam Gazali: "Her yerde sakin oturmalı, kaynaşma ve gereksiz hareketlerde bulunulmamalıdır; ağır başlı olunmalıdır. Kibir ve buyüklenmekten kaçınılmalıdır; ilim ortamlarında bilgili ve iyi insanlara karşı mütevazi ve saygılı olunmalıdır; sonunda pişmanlık olan hareketler bilinmeli, kaçınılmalıdır; kaba ve çirkin konuştu diye kimseye kötü muamele edilmemelidir; Bizi anlamayanlara darınılmamalıdır."

"Herşeyin; her gördüğünüz hareketin, nesnenin, davranışın, karakterin, kötülüğün, iyiliğin, hepsinin, herşeyin bir ilmi vardır. Çoğu kez, bu ilimlerden uzak olduğumuz için bazı durumları anlayamayız ve eziyet çekeriz. Öğrenci olan Hz. Musa, "Allahın emri ile Hızır (a.s)'la karşılaştıklarında, Hızır bindikleri gemiyi delmiştir. Buna itiraz eden Hz. Musa "İçindekileri suda boğmak için mi gemiyi deldin? Çok fena bir şey yaptın" demişti. (Kehf süresi 5.ayet) Hz. Musa'nın, Hızır'ı haksız görmesi o anda onun ilminden habersiz ve bilgisiz olmasından kaynaklanıyordu." diyen Gazâlî, anlaşılmaz gibi görünen bir problemin altında cehaletin yattığını ifâde etmiştir.

Dostluğa çok önem vermiş olan İman Gazâlî şöyle demiştir: "Oğlum! Bir insanla dost olmak istersen şu hususları iyi gözet: Yaptığın iyilik karşısında seni taktir edebilsin. Onunla dost kaldığın müddetçe, ne zaman bir araya gelseniz, güzel ahlâkı ile seni sevindirsin. Başın dara girdiği zamanlarda da sana yardımcı olabilsin. Oğlum! Dostun, söylediğin sözlerin samimi olduğuna inanmalı. Çalıştığın işte durumunu kolaylaştıracak bir meselede yanında olmalı. Bir fikir hakkında başkaları ve onunla münakaşa edersen o seni tercih etmeli.. Peygamberimiz bir duasında Cenab-ı Allaha şöyle yalvarır:

"Ey Allahım! Gözü ile bana bakıp, kalbiyle beni horlayan dostumdan sana sığınırım. Benim bir iyiliğimi görse üstünü örter, bir kötülüğümü duysa ifşa eder. Kötü hallerimi herkese duyurmak isteyen dostumdan sana sığınırım" şu halde Allah ile problemi olanın kendiyle problemi var demektir, Allah'la dost olmayanla sen nasıl dost olabilirsin?."

İmam Gazâlî'nin en ünlü eseri İhya-u Ulumuddin' dir. Bu eser Avrupa'nın bile ilham aldığı bir eserdir. İçinde sayısız akıl yolları, akıl öyküleri ve sorunların çözüm yolları var ki, insanda gerçekten yıldırım etkisi yaratır. İmam Gazâlî'nin bir konudaki tesbiti bana Erzurumlu İbrahim Hakkı Hazretleri'nin şu güzel lafını hatırlatmıştır. " Harabat ehline Hor Bakma Şakir, Defineye Malik Viraneler Var." İmam Gazâlî de bu konuya yakın olarak şunları söylemiştir: "İş kıyafette değil hakikattedir. Zenginliğe de aldanmamak lâzım. Zenginliği ölçü alıp dostluk kuran nice insanlar büyük pişmanlıklar duymuşlardır. Dostu zengin olup, onun yediğini yiyemeyen, gördüğünü göremeyen nice insan isyân etmiştir. Şâyet bu çeşit insanlar kendi arzuları ile seninle dostluk kurarlarsa, onlara düşmanlık etmeyesin. Düşmanlığın neticesi takatinin yetmeyeceği belalardır. Bu düşmanlıkla kendini bir sürü maddi ve manevi cezalara çarptırmış olursun. Şâyet insaflı düşünüp de nefsini ağır bir sorguya çekersen iyi ile kötüyü ayırt edebilirsin. Kendi benliğini, nefsini böylesine ağır bir sorgulamadan geçiremeyenler başkalarında görmeye alıştıkları kusur ve hataları kendilerinde asla görmezler. O bahtiyar insan ki başkasından evvel kendindeki hataları görüp düzeltir. Bu anlayışa gelmemiş insanlardan ana baba ve sevdiklerine hürmet etmeleri nasıl beklenir? Hakikat böyleyken artık kim yalancı ve dolandırıcılardan vefa bekleyebilir?

Hiç bir insanı hor görmemeliyiz, kimseye hakir bakmamalıyız. Alaycı bir tavır takınmamalıyız. Çünkü, yanlış algıladığımız bir insanın hakiki cephesi bize meçhuldur. Üstelik, bazı halleri bizimkinden üstünde olabilir."

Sosyal yaşamda olması gerekenlere de değinmiş olan Gazâlî şunları söyler: "Seni anlamayacak insanlara sırrını açmamalısın. Böyle bir hataya düştüğünde de "Bunlardan fayda görmedim" diye sızlanma. Ne seni ne de kendi kabahatlerini anlayamayan insanlar sırrına vâkıf olduklarında, senin aleyhinde konuşmaktan ve sana düşmanlık yapmaktan geri durmazlar.

İnsanlara iyilik yaparken teşekkür beklemek amacıyla yapma, sırf Allahın rızası için yap. İyiliklerinin mükâfatını yalnızca Cenab-ı Allah'tan bekle. Şâyet iyilik yaptıklarının kötülüklerine maruz kalırsan Allah'a havale et. Kimseye şikâyette bulunma. Onlara lânet de etme."

"Ey İnsan! Peygamberimiz << İşlerin hayırlısı ortasıdır. Sen de ortayı seç. >> buyurmamış mı? Yürürken ya da bir toplulukta otururken sık sık sağına soluna bakma. Kimseye lüzûmundan fazla iltifat etme, tanımadığın bir topluluğa sokulma. Oturduğun mecliste adaba aykırı hareket etme. Hiç bir yerde kendinden bıktıracak kadar çok kalma. Bazı riyakârların tesbihleriyle oynadıkları gibi sakalınla oynayıp durma. Ziynet eşyalarını ona buna gösterme küçüklüğüne düşme. Daima tevazu içinde ol. Başkalarının yanında burnunu, kulağını karıştırıp, yere tükürüp, balgam atıp kimsenin midesini bulandırma."

"Kazancını ve servetini bırak dostlarına, ailene bile söyleme"diyen Gazâlî şöyle devam etmiştir, "Çünkü bunlar malını az bulurlarsa gözlerinde küçük görünürsün. Çok görürlerse bu defa düşmanlık hissi beslerler.

"Dünyanın saadeti dörttür" diyen İmam Gazâlî, Aile Saadeti, Evlat Saadeti, Arkadaş Saadeti, Kazanç Saadeti diye sıralamıştır. Bunları açıklamasının sebebi, çoğu insan bu imkânlarının farkında olmadan kederli ve mutsuz yaşar. Oysa, erkek veya kadın, kafasına uyan bir eş bulmuşsa bunun kıymetini bilmelidir; evlât ana ve babaya asi olmayıp saygılıysa bunun kıymeti bilinmelidir; hâlden anlayan bir arkadaşa veya komşuya sahip olunmuşsa bunun kıymeti bilinmelidir; gurbetlere gitmeyip, kendi doğup büyüdüğün yerde geçimini rahatça sağlayabiliyorsan, bunun kıymeti bilinmelidir.

"Kişi hakikatin ne olduğunu merak ediyorsa şu soruları kendisine sorup, cevap aramalıdır," diyen İmam Gazâlî bu soruları şöyle sıralamıştır: "Aslım nedir? Nasıl yaratıldım? İyiliğime neler, kimler nasıl yardım eder? Kötülüğüm nedendir? Neye sebep olur? İçimde şeytanlık, hayvanlık veya yırtıcılık mı var, yoksa melek hasletleri mi? Bunlardan hangisine hizmet ediyorum?"

" Allah'ı bulmak" ilk bakışta çok soyut bir yaklaşım olarak algılanır.

Oysa bu bir ruh ve anlayış olayıdır. Allah'ı arayıp bulmak nedir? Allah'ı arayıp bulmak nasıl olur?

"Allah'ı arayıp bulmak nedir?"'e cevap şudur: İlahi bir kıvılcımın etkisiyle içinizde bir çoşku, inançsal bir mutluluk hissetmişseniz, bunun arkası gelir; düşseniz de, geri kalıyor gibi görünseniz de bu kıvılcım size hep Allah'ı hatırlatacaktır. Allah'ı her hatırlayıp anışınızda, insanların size saygılarının arttığını görürsünüz. Çünkü vicdan ve merhamet tohumlarınız yeşermiştir. İşlerinizin rast gittiğini görürsünüz. Sonra refaha ve huzura kavuşursunuz. Dev gibi büyüttüğünüz, karşısında kendinizi de cüce gibi gördüğünüz sorunlarınız cüceleşmiş siz de devleşmiş olursunuz. Sıkıntı ve eziyetlerin bir kader olmadığını görürsünüz, bu sırrı kavradıktan sonra hareketleriniz kendiliğinden düzelir.

Burada birazcık sabır çok önemlidir; insanlar bir tek sebepten dolayı kaybediyorlar: Sabretmesini bilememek... Küçücük bir sabrı çok büyük bir sabır zannediyorlar, ve sonrası malûm... Belki de başarı hemen biraz daha ilerlemiş olsaydı, kapının arkasında onu bekliyordu.

▪ Allah'ı arayıp bulmaya çalışmak nasıl olur?

Yüreğinden damlayan bir kaç damla merhamet gözyaşları... Bazı zamanlar kendini ölmüş kabul etmek... O an nefret duyduğun, belki bir hiç yüzünden kafayı taktığın bir insanın 1 saat sonra öldüğünü düşünmek... Şu an içinde bulunduğun halde değil de, ölümle pençeleşiyor olduğun bir hâli düşünmek... İşte gerçek insan olmaya ve gerçek başarıya giden, yüzlerce başarılı insanın uzletine daldığı bu düşünceler...

İmam Gazâlî, Allahı arayıp bulma, O'na ulaşma konusunu şöyle açıklamıştır: "Hayvanî arzulara mağlup olanlar, yemek, içmek, çiftleşmekten başka bir şey düşünmezler. Bundan başka gâyeleri yoktur. Eğer sen de bu hayvanların halleriyle hallenirsen senin gâyen de bu üç şey için olur. Yırtıcılık vasfına mağlup olmuşsan, yakıp yıkmaktan, paralamak ve yok etmekten başka bir şey düşünmezsin. Şayet şeytan sıfatlı isen, işin ve gidişin hileli olur. Ve eğer melek tabiatlı isen Allah'ı ararsın. Gâyen ona kavuşmaktır. Ona itaat edersin."

İnsanın nasıl değişebileceğini de sade bir dille izah eden İmam Gazali, "Sevgili dostum" diye seslendiği nisahatlarında şunları vurgulamıştır:

"Sevgili Dostum! Hâl ve hareketinin, konuşmanın âmelinin hangi tesir altında olduğunun ince ince düşün. Şâyet şehvete bağlı isen, hareketlerin ırza saldırma, ırz noksanlığı ve hırs şeklinde olacaktır; kendini ıslah edersen iffet ve kanaat meydana gelir. Gazaba tabi isen, şehvetin ve gazabın artmış olarak türlü kötülük ve desiselerin içine yuvarlanırsın; şâyet kendini düzeltirsen, gönül alıcılık, sabır, tevazu ve sükûnet başlar; fena huylara bulanmışsan içinde akan şehvet ve gazap çoşarak seni hilelere sürükler; kendini düzeltirsen ilim, hikmet ve iyi huyların ortaya çıkar. O halde insan ne için yaratılmıştır? Yiyip içmek için olsaydı, hayvanları geçebilir miydi? Vurmak, kırmak için yaratılmış desek, hangi yırtıcı hayvan ondan aşağı kalır? Sahip olduğu akıl ve anlayış şunu gösteriyor ki, insan; aklını olgunlaştırarak bu aleme ibret gözüyle bakması ve hakka ulaşması için yaratılmıştır. İnsanın, bu âlemde çok dikkat etmesi gereken vazifeleri vardır." *(Tercüme, şark-ı islam mektupları)* (3)

İmam Gazâlî'nin hadis, ahlâk, fıkıh ve felsefeye dair onlarca eseri vardır; bu eserleriyle sadece islâm dünyasına değil, dünyanın bir çok topluluklarına hizmetleri dokunmuştur. 1096 ve 1106 yılları arasında inzivaya çekildiği sıralar yazmış olduğu Kitab-ı İhya-ı Ulûmuddin adlı eseri, halkın daha iyi anlayabilmesi için özet şeklinde Kimyayı Saadet adıyla anılmıştır. Kimyayı Saadet, onun yaşam sürecindeki manevi mücadelesinin ortaya çıkarmış olduğu idrak, hakikât ve gerçek ahlâkın bir ürünüdür. Hayata bakış açısı ve hayatı kavrama açısından tüm insanlığa mesaj vermeye çalışmıştır.

Kimyayı Saadette Hasan - ı Basri'den alıntı yapmış olan Gazâlî, kanaat, uzlet, şehvet, kıskançlık ve sabırla ilgili şunları yazmıştır: "Hasan-ı Basri diyor ki: "Tevratta şöyle yazılıdır, kanaat eden bir kimse hiç birşeye muhtaç olmadı; Uzleti seçince selâmeti buldu; şehvetini ayak altına almışsa kurtuldu; kıskançlık duygusunu yenmişse insanlığı meydana çıktı ve eğer birkaç gün sabretmişse ölümsüz mutluluğa erişti."

Gazâlî "Sükûnette fayda vardır" diyerek şöyle bir kıssa anlatmıştır: "Biri bir rahibe, 'Yalnızlıkta ne büyük bir sabır gösteriyorsun!' dedi. Rahip de, 'Ben yalnız değilim. Tanrıyla arkadaşlık ediyorum, O'na sırrımı söylemek istediğim zaman ibadet ediyorum. O'nun bana sır söylemesini arzu edincede Mukaddes kitabı okuyorum' dedi." *(Tercüme, Uzlet Üzerine)* (4)

Toplumsal bir gerçekle ilgili çarpıcı tesbitlerde bulunmuş olan İmam Gazâlî şunları anlatmıştır: "İbni Sîrîn bir adama 'Nasılsın?' diye sorunca, o da 'Beşyüz dirhem borcu bulunan çoluk çocuk sahibi, üstelik fakir bir insan nasıl olsun istersin?" dedi. Bunun üzerine İbni Sîrîn evine girip bin dirhem para getirdi ve adama verdi; "Beşyüz dirhemini borcuna ver, beşyüzünü de çoluğuna çocuğuna harca" dedi ve bir daha da hiç kimsenin hatırını sormamağa söz verdi. Bunu, eğer hatırını sorduğunun derdine bir çare bulamazsam diye korktuğundan yapmıştır. Aksi halde sadece hatır sormakla iki yüzlülük etmiş olacaktı. Büyükler demişlerdir ki, öyle kimseler gördü ki hiç bir zaman selamlaşmazlar, fakat birinin ihtiyacı olunca, öbürü hiç bir şeyi ondan esirgemezdi. Şimdi öyle bir topluluk var ki, birbirlerini görmeye giderler, evin kuşuna kanadına kadar sorarlar, birbirlerine bir dirhem için saygısızlık edip, geri çekilirler.

Bu, ikiyüzlülükten başka bir şey değildir. O halde halk bu vasfı taşıdığından her kim onlarla konuşur, görüşür ve anlaşırsa, bu yalan ve ikiyüzlülüğe katılmış olur; karşı korsa kendine düşman eder; sonunda da dininden olur. Zararlı bir insan grubunun kişiyi dininden bile edeceğini söylemek istiyor İmam Gazâlî. Tıpkı 'Cahile selâmet eyle!' ayetinde olduğu gibi, böyle insanlardan uzak durmakta fayda vardır."

İlim sahibi bir insanın profilini çizmiş olan Gazâlî, onların halkın önünde örnek alınacak şahsiyetler olarak görüldüğünü bu nedenle de hal ve hareketlerine çok dikkat etmeleri gerektiğini vurgulamıştır: "Bir çok kimse haram yiyecek ve günah işleyecek kada cesur olmadıkları halde, bir bilginin olumsuz hareketlerini görünce cüretleri artar. Bu yüzdendir ki, bir bilginin dikkat çekici yanlış hareketlerde bulunması haramdır. İki bakımdan; biri, arkasından konuşulması, ikincisi ise hareketlerinin başkalarını teşvik etmesidir. Zira, hep onu örnek ve delil gösterip, ona uyarlar. Ancak halk da bir bilginin kusurunu görünce iki şey düşünmelidir: biri, eğer bilgin kusur işlerse bilgisi belki onun kefaret olur. Çünkü, bilgi büyük bir şefaatçidir. Halkın ise bilgisi yoktur, amel etmezse neyine güvenebilir?"

"Uzletin, yani inzivaya çekilmenin faydası olduğu gibi zararı da vardır." diyen Hamid Muhammed Gazâlî, bu konuyla ilgili yine Kimyayı Saadet'te geçen şu yorumları yapmıştır:" İnsanlarla bir arada yaşayıp onların haklarına saygı göstermek bir nevi alçakgönüllülüktür. Uzlette bir nevi kendini beğenme ve büyüklenme olabilmektedir. Uzletin sebebi efendilik satmak, büyük görünmek gibi duygular da olabilir. İnsanları ziyarete gitmek istemeyen, o insanların kendini ziyarete gelmesini de istemez. Rivayet etmişlerdir ki: Beni İsrail'de hikmete dâir 360 eser yazmış bir hakim vardı ve kendisinin yüce tanrının katında bir yeri olduğuna inanırdı. O zamanın Peygamberine şöyle vahiy geldi: ' Ona, yeryüzünü ününle, adınla şanınla doldurdun; fakat ben senin bu ününü kabul etmiyorum' de. Bunun üzerine ünlü hakim korkup, şöhretten vazgeçerek yalnız başına bir kovuğa sığındı ve, 'ulutanrı benden hoşnut oldu' dedi. Tekrar, 'Ondan hoşnut olmadım.' diye vahiy gelince, adam kovuğundan çıkarak pazarlarda dolaşmaya başladı. İnsanlarla düşüp kalktı, yedi, içti.

Bunun üzerine, 'Şimdi benim hoşnutluğu elde ettin, beni memnun kıldın!' şeklinde bir vahiy geldi. Şu halde bil ki, bir insan kibirinden dolayı uzlete çekilebilir. Topluluk içinde kendisine gereken saygıyı göstermeyeceklerinden veya bilgisi ve işlerindeki eksikliğinin görülmesinden korkarak uzleti seçer; bu seçmiş olduğu köşeyi eksiklerine bir nevi perde yapıp, her zaman insanların ziyaretine gelmelerini, ona duada bulunmalarını, elini öpmelerini ister. Bu türlü uzlet riyâkârlığın ta kendisidir." *(Tercüme. Uzlet Üzerine. 83.1965)* [5]

Gerçek samimi, iyi niyetli ve çevresiyle barışık ilim adamlarını dikkat edilip, iyi ayırd edilmesini istemiştir İmam Gazâlî: "Bir de sofu kılığında çıkıp bir kaç tasavvuf kaidesini kavrayıp, takke ve hırka giyerek tasavvuf ehli olduklarını sanırlar, ilmi ve bilginleri düşman görüp kötülürler. Bunlar rahmani değil, şeytanidirler. Çünkü, Allah ilmi ve ilim sahiplerini Kur'anda övmüştür. Herkesi de ilim öğrenmekle vazifelendirmiştir. Cenabı Hakkın peygamberlere gönderdiği din, ilmi zahir üzeredir. Bu sofu kılıklı kişilerin ne batın irfanları vardır ne de zahiri ilimleri."

1) Vasiyetnâme. İmam Gazâlî. Çev: Ahmet Faik Arslantürkoğlu. Sahhaflar Yayıncılık.
2) Vasiyetnâme. İmam Gazâlî. Çev: Ahmet Faik Arslantürkoğlu. Sahhaflar Yayıncılık.
3) Tercüme Şark İslam Mektupları. 1964.80 (Farsça)
4) Uzlet Üzerine. Kimya-yı Saadet. Ebu Hamit Muhammed Gazali.
5) Tercüme. Üzlet Üzerine. Çeviren: Meliha Anbarcıoğlu. 1965.83
6) Tercüme. Şark İslam Mektupları: Ebu Hamit Muhammed Gazâlî. Çeviren: Nuri Gençosman (Farsça) 1964.79

"Dinamitin Mucidi"

ALFRED NOBEL Nasıl Başardı?

Ailesinin hayatı borç harç içinde geçti. Gırtlağa kadar borç içinde bir parça ekmeğe hasret babası, "Ben mahvoldum" dedi. Kalabalığa katılmayı sevmiyordu. Tören, ziyâfet ve yapmacık övgülerden uzak durdu. Kibirli değildi. Sorgulayan bir kişiliği vardı. Bu adam için "asık suratlı" dediler, ama asık suratının arkasında merhametli ve duygusal bir dünyanın gizli olduğunu da söylediler. Nobel ödülünü o başlattı, öldüğü zaman 350 patentin ve dünyanın dört bir yanında binlerce çalışanı olan şirketlerin sahibiydi.

VASİYETİ: "Bütün sermayemin insanlığın hayrına kullanılmasını istiyorum. İşletmelerimizin her yıl getireceği gelir o yıl içinde insanlığa en çok yardımı dokunan kimselere verilecektir. Bu gelir beşe bölünecek. Bir payı fizik alanında en önemli buluşu yapana, bir payı en önemli kimyasal keşif yapana, bir payı tıp ya da fizyoloji alanında en önemli çalışmayı bitirene, bir payı edebiyat çalışmalarında en önemli eseri verene ve bir payı da uluslararası barış ve kardeşlik alanında orduları ortadan kaldırmak, sayılarını azaltmak; barış ve huzur adına konferanslar ve toplantılar düzenlemek için çalışan bir kişiye verilecektir."

Dünyada hiç kimse bilimadamına onun kadar değer vermedi, "ruhsuz, gaddar" dedikleri adam ortaya an büyük ödülü koydu, sırf bilim ve barış adına. Hatırlarınızdan hiç çıkmayacak insanlardan birisi de Alfred Nobel'dir. Böyle insanlar nadir de olsa bizlerin çevresinde de vardır. Kendi dünyalarında yaşarlar, ama herkesin dünyasında yaşamaya hevesli olanlardan bin kat daha hayırlıdırlar. Patırtı gürültüyü sevmezler; bu insanlar, üst veya alt komşunuz olsa dairelerinin boş olduğu hissine kapılırsınız. Eğer başarabilirseniz bu tür insanlarla tanışmak menfaatinize olacaktır.

Bir şey yapmıyormuş gibi görünürler, bir müddet sonra televizyon ekranlarında ödül alırken görürsünüz; kimseyi rahatsız etmek istemezler, rahatsız edilmekten de nefret ederler; duyarsız, umarsız görünürler ama sizden daha soğukkanlılıkla ortaya somut çözümler koyarlar. Kısacası adam gibi insanlardır. İşte bunlardan birisi Alfred Nobel'dir.

Alfred Nobel 1833'te Stockholm'da doğdu. Fakir bir ailenin çocuğuydu. Dört kardeştiler. Biri bir yerde, diğerleri başka yerdeydi. Baba İmanuel Nobel, ekmek parası için Rusya'nın Petersburg şehrine gittiğinde karısı ve dört çocuğu geride bırakmak zorunda kalmıştı. Ancak 5 yıl sonra ailesini yanına alabildi. O kadar uğraşıp didinmesine rağmen girdiği işlerde iflas ediyordu. Dikiş tutturamayacağını anlayan adam sonunda ailesini de alarak memleketleri Stockholm'e döndü. Alfred Nobel bu hengâme içerisinde 28 yaşına gelmiş, fizik ve kimyada yetenekli olduğunu göstermişti.

Ailece Stockholm'e döndüklerinde Alfred, kimya üzerinde ciddi ciddi çalışmaya başlar. Öte yanda Baba Nobel ailesinin geçimini sağlamak için çırpınıp duruyordu. Bir işi daha henüz kurar kurmaz iflâs edip ne yapacağını kara kara düşünüyordu. Oğlu Alfred de gecesini gündüzüne katarak kimya labaratuvarında çalışıyordu.

Alfred Nobel, özellikle patlayıcılar üzerinde çalışıyordu. Kömür ve diğer kıymetli madenlerin çıkarılmasında, tünellerin açılıp, köprülerin yapılmasında ve tarım alanlarının düzenlemesinde dev kayalar büyük engeldi. Bunlar kısıtlı imkânlarla, binlerce emek harcanarak kırılabiliyordu. Alfred Nobel 1865'te dinamiti bularak insanları zahmetlerden kurtardı, ama bu uğurda da deneyler sırasında patlayan labaratuarda kardeşini kaybetti.

Dinamiti bulduktan sonra Avrupa'nın çeşitli kentlerinde labaratuvarlar kurdu. Bu gelişmelerden gelir elde edip ailesine büyük katkıları dokundu. Lastik teknolojisi ve sentetik maddelerin geliştirilmesi Alfred sayesinde oldu. Şu an bile dünya ekonomisinde etkinliği olan şirketleri kurdu: Fransa'da "Societe Chemical" Norveç'te "Dyno İndustrier."

Alfred Nobel, zamanının en güçlü patlayıcısını bulmuştu. Dinamiti bulduğu için eleştiri oklarını üzerine çekti. Ama o nereden bilebilirdi ki kötü niyetle de kullanılacağını. O zamanın şartlarında sert kayalar ve cisimlerin parçalanması gerektiğinden büyük emekler harcanıyordu.

Nobel de bu soruna çâre buldu. Zaten bu tarihten sonra tünel, köprü ve benzeri inşaat sektöründe insanların lehine gelişmeler oldu.

GARİP BİR ADAMDI

Alfred Nobel gizemli yönleri olan bir adamdı. Onun için "asık suratlı", "gaddar", "duygusuz" diyenler oldu. Ölmeden önce bütün servetini bilim ödüllerine bağışladığında da aynı insanlar, arkasından "deli, enayi " dedi. Tıpkı bizdeki "namuslu namussuz" tiplemesi gibi.

Bazen insanları anlamak mümkün değil. Belki çoğu zaman anlamak mümkün değil de, o çoğu zamanların bir kısmında da aldırış etmemeye çalışırsınız. Alfred Nobel kararını verip, bütün servetini ödül uğruna bağışladığında, "Ne yapıyorsun sen, bari bir kısmını ver" diyenlere, "Çekilin önümden" der gibi rest çekti, İsveç kralı bile bu fedakâr adama kafadan çatlak olduğunu söyleyecek kadar kafadan çatlaktı. Kral, "Bu ödül saplantısını kafasına manyak sekreteri Kinsky soktu." deyip adamcağızın vasiyetini kanun yoluyla bozdurmak için Alfred'in yeğeni Emanuel'i Rusya'dan çağırttı. Ancak Emanuel, "Amcam çok güzel vaziyette bulunmuş, tartışılacak bir şey yok." diyerek, Alfred Nobel gibi bir adamı yeğenine yakışır tavır sergiler. Böylece Emanuel, kralı dinlemeyerek Nobel ödüllerinin önünü açmış olur.

Alfred Nobel'in vasiyeti üzerine kurulan Nobel ödüllerinin sayısı başlangıçta fizik, kimya, tıp, edebiyat ve barış olmak üzere beşti. Daha sonraları İsveç Bankaları 1968'de Alfred Nobel'in anısına "Ekonomi Ödülü" de ekledi.

İsveç Bilimler Akademisi, fizik, kimya, ekonomi dallarındaki Nobel Ödüllerini veriyor; Stockholm Karolin Enstitüsü tıp dalındaki ödülü veriyor; Stocholm Akademisi edebiyat ödülünü veriyor; Norveç Storling adlı kuruluş ise beş kişilik bir komisyon eşliğinde Nobel Barış Ödülü'nü veriyor.

Nobel ödülünü kazananlar 1 milyon dolar yanında bir de diploma ve altın madalya alıyorlar. Nobel ödülüne lâyık görülen en genç kişi 25 yaşındaki genç bilim adamı Lawrence Bragg idi. İlk Nobel fizik ödülünü 100 yıl önce " X " ışınlarıyla Wilhelm Röntgen kazanmıştı.

Alfred Nobel'in, servetinin tümünü her yıl verilecek böyle bir ödüle ayırmasında özel bir sebeb var mıydı? Evet, vardı. O zamana kadar dünyanın en güçlü patlayıcısı dinamiti bulan Alfred Nobel, bir gün gazetede bir haber okudu. Ölen kardeşini kendisi zannederek "Ölüm taciri öldü!" diye başlık atmışlardı. Oysa ölen Alfred değil, Ludwigti. Bu haber onun çok zoruna gitti, öldükten sonra ölüm taciri olarak mı anılacaktı. Bu korkunç bir şeydi. O, insanlık için birşeyler bulmaya çalışırken, böyle tanınmış olması kabul edilemez bir şeydi. Bu yüzden tüm servetini ve servetinden sağlanacak gelirlerini bilime ve barışa adadı.

Kendisi İngilizce, Rusça, Fransızca ve Almanca'yı çok güzel konuşuyor ve yazabiliyordu. Alıngan bir kişiliğe sahipti. Tören ve benzeri kalabalık yerlerden sıkılırdı. Çekingendi fakat o derece de insanlığın sorunlarına kafa yorardı. Kazandığı muazzam servetini hayır uğruna vermekte tereddüt etmedi.

Paris'te tezgâhtar bir kıza aşık olmuş, evlenmeyi düşünmüştü. Ne yazık ki tanışmalarından kısa bir zaman sonra kız öldü. Bu "gaddar", "duygusuz" dedikleri adam gözyaşlarını tutamamıştı. Uzun süre, kızın oturduğu Paris'in yoksul mahallesine gitti geldi. Hatta, dünyanın şan, şöhret ve paraya boğduğu Alfred Nobel'in, o seviyedeyken bile Paris'in yıkık, dökük, perişan bir kenar mahallesinde görülmüş olmasına kimse o zaman bir anlam verememişti. Fakat sonra hâfızalar tazelendiğinde onun bir zamanlar sevip, aşık olduğu kızın bu semte oturduğu anımsandı. Bu tuhaf duygusal adam Paris'in bu yoksul semtinde bulunan ırmağın kenarına gider, burada bir müddet oturduktan sonra hemen yanı başında bulunan köprünün üzerine çıkıp öylece bir noktaya bakar dalarmış; onunla, dönüşünde yolda karşılaşanlar bu içli adamın gözlerinin hüzünle yaşarmış olduğuna tanık olurlar.

Alfred Nobel, bir müddet sonra yani 1896'da yalnız yaşadığı San Remo'daki evinde vefât etti. Rahmetli dedemin babası 110 yaşında 1978'de vefat etmişti. Büyük babam Selanik'te yaşarken Nobel'in kendi oturdukları evin yanında bir konağa geldiğini o zamanlar söylemişti, hiç unutmam. Alfred Nobel sık sık değişik ülkelerin sessiz, sakin köşelerine gider bir müddet yaşarmış. İşte hayatı yokluk içinde başlayıp da muazzam servete kavuşan yalnızlık içindeki adam gibi bir insanın hikâyesi de böyle.

1-Famous Men.(Büyük Adamlar) Stuar Sewell.1960
2-Bir Dahinin Hayatı William Meadow.Nebioğlu

"Çilelerle ibret dolu bir yaşam
Bir sabır bir azim örneği adam"

ABRAHAM LİNCOLN Nasıl Başardı?

Sefâlet içindeki bir evde doğdu. Günleri kuru ekmek yemekle geçti. 10 yaşındayken çok sevdiği annesi ve kız kardeşini kaybetti. Bu acıya dayanamayarak günlerce ağladı. Fakirlikten ev kirasını veremediği için bir avukatın işyerindeki yazıhâne masasında uyudu. O hep köleliğe karşıydı, insan hak ve hukukunun cesur savunucusu oldu.

"Yoksul bir ailenin çocuğu olarak mahrumiyetle dolu bir evde doğup büyüdüm. Midemin açlığını kuru mısır ekmeğiyle bastırırken, ruhumun açlığını ödünç aldığım kitapla giderirdim. Okumaya aşıktım; bir çiftlikte tarlada işçi olarak çalışırken de okudum, bir bakkalda çıraklık yaparken de..."

▪ Yoksul bir ailede dünyaya geldi ▪ Anne babası okuma yazma bilmezdi. ▪ 10 yaşında annesini kaybetti. ▪ Tarlada ırgatlık yaptı. ▪ Bakkalda çıraklık yaptı. ▪ 21 yaşında işini kaybetti. ▪ Bocalama dönemi yaşadı. ▪ 24 yaşında tekrara işinden oldu. ▪ 25 yaşında dört çocuğundan üçü vefât etti. ▪ 27 yaşında ruhsal bunalıma girdi. ▪ 34 yaşında kongre seçimlerini kaybetti. ▪ 36 yaşında kongre seçimlerini yine kaybetti. ▪ 38 yaşında eyalet seçimini kaybetti. ▪ 45 yaşında senato seçimlerini kaybetti. ▪ 47 yaşında başkanlık seçimlerini kaybetti. ▪ 49 yaşında tekrar senato seçimlerini kaybetti. ▪ 52 yaşında Amerika Birleşik Devletleri'ne Başkan Seçildi

▪ Adı: Abraham Lincoln

"Köleliği kaldıran Adam" olarak tarihe geçti.

Abraham Lincoln 1809'da Kentaky'de doğdu. Yoksul bir aileye mensuptu. İki odadan oluşan, yerlerin toprak olduğu, pencereleri naylon ve bez parçalarıyla örtülü perişan bir evde yaşadı. Okula gidecek kadar durumları iyi değildi. Ama yine de toplam 1 yıl okula devam edebildi. Bu süre içinde evde kömür parçalarıyla tahtalara yazarak okuma yazmayı öğrenmeye çalışıyordu.

Küçük Lincoln henüz 10 yaşında annesini kaybedince hüngür hüngür ağlamıştı. Hele bir müddet sonra kız kardeşi de ölünce tutunacak dallarını tamamen yitirdi. Onu artık yeni, farklı bir hayat bekliyordu. Bir müddet sonra babası üç çocuklu dul bir kadınla evlendi.

Abraham Lincoln'ün kitaplara karşı müthiş bir tutkusu vardı. Babasının işsizliği yüzünden sık sık ev değiştiriyorlardı. Bu yüzden de kitap okuma imkânı bulamıyordu. Yine de ödünç aldığı kitaplar oluyordu. Ödünç aldığı kitaplara gözü gibi bakıyordu. Bir defasında arkadaşından aldığı bir kitap ıslanıp yazıları silinince üzülüp paniklemişti. Ama bir hafta çalışıp kazandığı parayla yenisini alıp arkadaşına teslim edince rahatlamıştı. Geceleri mum ve alev ışığında kitap okuyordu. Kitaplar için, "Benim biricik dostlarım" diyor, başka bir şey demiyordu. Geçmişteki iyi ve başarılı insanların hayatlarını okumaya bayılıyordu. Sayısız sıkıntı, aile ve ızdırap sınavından geçen bu adam, işte bu insanların hayatlarından beslenmişti. Hatta George Washington'un hayatını anlatan kitap onda bambaşka bir çoşku uyandırdı. Okuduğu her kitap ayrı bir dünya, ayrı bir yaşam, apayrı bir güzellikti. Adalete, insan hak ve hürriyetine önem verdiği için hukuk kitapları da okuyordu.

Değişik hayat ve konulardan haberdar olmak için mahkeme duruşmalarına seyirci olarak katılıyordu. Birgün mahkemede bir avukatın mükemmel hitâbet ve savunmasına şahit olur, imrenir. Sanık gerçekten masumdur ve tutuklanmaktan kurtulur, mahkeme sona erer. Lincoln bu avukatı tebrik etmek ister, elini uzatır. Ne var ki avukat karşısındaki bu basit, fakir görünümlü adama aşağılayıcı bir tavırla bakarak elini bile sıkmaz. Lincoln, bu hareket karşısında çok üzülür, hüzünlenir.

Sevgili Dostlar, ne oldum değil, ne olacağım demeli insan. Bugün o avukatın ismi cismi bilinmezken, bu zavallı adam tüm dünyanın sevgiyle, minnetle adından bahsettiği Abraham Lincoln olarak karşımızda durmaktadır. Lincoln 20 sene sonra Cumhurbaşkanıyken aynı avukatla karşılaştığında, kendisini, aşağılayarak bakan bu adamı, o zamanki yaptığı savunmadan dolayı alçakgönüllü yine tebrik etti.

Genç Lincoln 20 yaşına geldiğinde Ohio ırmağı üzerindeki feribotlarda çok düşük ücret karşılığı ağır işlerde çalışıyordu. Gemi işlerinde çalışırken ilk defa zincirlere bağlı satılık insan manzaralarıyla karşılaştı. Daha açık bir ifadeyle köle ticaretiyle tanıştı. Siyah insanların bir hayvan gibi türlü eziyet altında pazarlarda satılması genç adamı derinden derine üzüyordu. Hayatının bu en zor dönemlerinde, köle ticareti manzaralarına daha fazla tahammül edemiyordu. Etrafındakilere bunun insanlık dışı bir durum olduğunu anlatmaya çalışıyordu. Bunu duyan gemi sahipleri Abraham'ı işten attılar. Bu defa zor bela çırak olarak bir bakkal dükkânında iş buldu. İnsanlara çok dürüst hitap ediyordu. Eksik verdiği 30 gram çay için müşterinin evine kadar gidip özür dileyerek, yeni gelen paketlerden çayı teslim ederdi. Kimsenin hakkının kendisine geçmemesi için alışverişlerinde çok titiz davranırdı. Bir defasında yaptığı bir yanlışlıktan dolayı 5 km uzaktaki bir kadının evine yürüyerek gitmiş, yanlışlığı gidermişti.

Lincoln daha sonraki dönemlerde Newsalem kentinden Springfield kentine taşındı. Kirayı ödeyecek parası olmadığı için geceleri bir avukatın yazıhanesinin masasında uyuyordu. Bu derece yoksulluğuna rağmen dürüstlüğü elden bırakmıyordu. Springfield'de sevilen bir insan olmuştu. Herkes tarafından iyi karşılanacağını bilirdi, çünkü o herkese iyi davranırdı.

Abraham Lincoln, bir arkadaşının kızıyla tanışıp evlendi. Ailesini rahat ettirmek için gece gündüz çalışıp durdu. Bir oğlu oldu. Çok geçmeden onu kaybetti. Derin düşüncelere daldı, kederlendi. Eşi yardımına koştu, birlikte teselli buldular.

Abraham Lincoln'ün sürekli kongre seçimlerine, eyalet seçimlerine, senato seçimlerine aday olmasının sebebi ülkedeki adaletsizliklerdi. Örneğin köleliğin devam etmesini, Meksika savaşında bir sürü masum insanın ölüyor olması, bir insanın eşya gibi alınıp satılmasını rencide edici bir durum olarak niteliyor ve ne pahasına olursa olsun ülke yönetiminde söz sahibi olmak istiyordu.

Bir defasında kongre üyeliğine girmeyi başardı. Kölelik, Washington hükümeti sınırları içinde kaldırıldı. Fakat güney bölgelerde hâlâ insan mezâlimi sürüyordu; zenciler katlediliyor, evleri yakılıyor, zincirlerle sürükleniyordu. Hele bir de Klux Klan denen bir ırkçı örgüt vardı ki tam anlamıyla şeytanın ortaklarıydılar. Zavallı zencilere yapmadıkları eziyeti bırakmıyorlardı. O sırada Türkler dünyanın dörtte üçüne adâlet serpiştiriyordu. Afrika da Türk adâletinin, Osmanlı adâletinin hakimiyeti altındaydı, ama zulümle değil, şefkatle, bollukla, bereketle. Osmanlı Topraklarında bırakın zencilere zulmetmeyi, zenci (Negro) diye bir kavram yoktu ki... Zencilerden, Türk İmparotorluğunda paşa olanlar bile vardı. Bilal-ı Habeş Hazretleri zenciydi, ezanı ilk okuyan peygamberimizin gözdesi bir mübarek insandı.

Abraham Lincoln, "İnsanlara adaletle davranmayı Türklerden öğrenmeliyiz, müslümanlardan öğrenmeliyiz.".[1] demiştir. Amerika'da kölelik 1950'de kaldırılmıştır aslında. O zamana kadar zenciler beyazlarla otobüsüne binemiyordu.

Ülkede sessiz çoğunluğun sesi haline gelen Abraham Lincoln, konferans vermesi için Newyork'a dâvet edilir. Konferans salonunu hınca hınç dolduran dinleyiciler, saçma sapan hikâyeler dinleyeceklerini umuyorlardı. Ancak Abraham'ın kölelik tarihine giriş, ülkenin temel problemleri ve ne yapılması gerektiğiyle ilgili yaptığı konuşma kelimenin tam manâsıyla mükemmeldi. Dinleyiciler bu yürekli adamı ayakta alkışladılar. Newyork'ta çıkan bir gazete bu haberi şöyle veriyordu: "Şimdiye kadar hiç kimse Newyork dinleyicileri üzerinde bu kadar etki yapmamıştı." Konferansları başka şehirde de devam etti. Bu arada cumhurbaşkanlığına aday gösterildi. Ancak bir sorun vardı. Lincoln'ün seçilmesi ülkede kargaşa yaratabilirdi. Çünkü köleliğe sert bir şekilde karşıydı. Oysa köleliğin devamından yana olan Güney Cephesi hükümetleri vardı.

Onların hepsi merkezi Washington hükümetine itaat etmek zorunda kalacaklardı. Bu bir zamanların zavallı adamı Lincoln, nihâyet başkan seçildi. Bu eli nasırlı, ruhu temiz adam ülkenin iç durumunun hassasiyetinin farkındaydı.

Güneyliler, Washington hükümetine savaş kararı alıp, hükümetleri tek tek devletten koptu. Ve savaş bütün şiddetiyle başladı. Cumhurbaşkanı Abraham Lincoln uyumuyor, yemiyor, içmiyor, gecegündüz savaşı idâre ediyordu. Ülkenin ve milletin birliği için Güneydeki savaşın kesin kazanılması gerekiyordu. Lincoln bir taraftan da için için üzülüyordu. Savaş tam 4 yıl sürdü. Güney orduları teslim oldu ve savaş bitti. Lincoln ikinci defa Cumhurbaşkanı seçildi.

Abraham Lincoln, savaşın bitimini kutlamak ve halkla içiçe olmak için büyük bir tiyatro salonuna girdi. Yerine oturduğu sırada tiyatro oyuncusu olduğu söylenen güney taraftarı bir adam tarafından sinsice arkasından ateş edildi. Koltuğundan öne doğru düştü. Salonda hengâmeler, izdihamlar, bağrışmalar, çağrışmalar , bir koşuşturmalar ve doktorların uğraşları bir fayda vermedi. İnsanların birliğini, eşitliğini düşünen bu iyi kâlpli adam hayata vedâ etmişti. Bütün ülke kan ağlıyordu. Özellikle yıllardır itilip, kakılan, hor görülüp aşağılanan ve tavuk kümesi gibi yerlerde, boyunlarında prangalı tasma yaşamaya mahkum edilen zenciler, genci yaşlısı, kadını erkeğiyle bu zavallı adamın arkasından hıçkırıklar içerisinde gözyaşı döküp dua ediyorlardı.

Abraham Lincoln'ün hayatı beni hep cezbetmiştir. İsmini okuduğum her yerde derhal eşsiz tahammül ve sabır aklıma gelmiş, takviye kuvvet edinmişimdir. Eğer sıkıntılar kaçınılmazsa oturup ağlamanın hiç bir faydası yoktur. Evet, acı ve ızdırablar karşısında Abraham Lincoln'ün de ağladığı anlar olmuştur. Hatta o, hayatın çekilemeyecek hale geldiği durumlarda, akşam yağmur altında, ağaçlar ve çalılar arasındaki tozlu patika yollarda gezinmeyi çok severmiş, gözü yaşlı olduğu anlarda içini böyle atarmış. Ama sonra bıkmaz, inat edermiş. Bir keresinde yoksulluk ve mahrumiyetine rağmen, dürüst ve kültürlü olduğu için çevresindekilerin tavsiyesiyle sırf kölelik, ırkçılık ve insan ayırımcılığı gibi insanlık dışı davranışları sebebiyle kongre üyeliğine adaylığını koyar, fakat kazanamaz. Bu haber karşısında üzülür. Haberi telgrafhanede alır. Dışarısı karanlık ve yağmurludur. Usulca "İyi akşamlar!" dedikten sonra orayı terkeder. Kaldırımsız tozlu topraklı sokaklarda bir başına düşünceli düşünceli yürür. Tam bu sırada ayağı kayar, çamurun içine yuvarlanacakken son anda kurtulur. Kendi kendine "Tökezledim, fakat düşmedim" der. Evet, "Tökezledim", "Fakat düşmedim..."; bu cümle beyninde şimşek gibi çakar. O, ayağı kaymıştı, tamam, ama düşmemişti. "Mücüdeleye devam!" dedi, kendi kendine. Hem sonra kendisini sevenler de az değildi. Örneğin Newsalem tarafındaki 300 seçmenden 280'i Abraham Lincoln'e oy vermişti. Elbet kazanacaktı. Bu yenilgi onu daha çok kamçılamıştı. Bir keresinde hava kararmaya yakın şehrin biraz çıkışında bir ağacın altında, onu ellerini açmış dua ederken bulmuşlardı. Allahın yardımına güveniyordu.

ABRAHAM LİNCOLN'ÜN BİLİNMEYEN HAYATI

Avustral'yanın bir kasaba kütüphanesinde bulup çıkartılan bir kitapta görgü şahitlerinin sağlam ifadeleri yer alıyor. Abraham Lincoln dönemi pek uzak bir zaman değil, topu topu 100,150 yıl önceki dönem. Ama bilinmesi istenmeyen bazı hadiseler olunca bir insanın hayatında, başkaları tarafından pek açığa çıkartılmak istenmez.. Ben, sırf Abraham Lincoln'ün hayatının bilinmeyen gizli yönlerini araştırmak için 5 ayımı harcadım.

Chicago Historical Society (Şikago Tarih Kurumu) kayıtlarında Lincoln'ün kendi el yazısıyla yazılmış bir mektup bulunmaktadır. Bu mektupta Lincoln çarpıcı açıklamalarda bulunuyor. Mektubu arkadaşı Samuel Marshall'a yazmış. Mektup aynen şöyle başlıyor:

"Ben hayatta bulunan insanların en bahtsız adamıyım. Çektiğim ızdırab başka ailelere tek tek dağıtılacak olsa yeryüzünde mutlu bir aile kalmaz. İleride daha iyi olacağıma inanıyorum. Aslında bu inancımın doğru çıkacağından da ürküyorum. Sevgili dostum! artık dayanacak gücüm kalmadı. Yıllardır yapayalnız, kimsesiz yaşadıktan sonra , bu durumun hâlâ devam ediyor olması beni geleceğe karşı büsbütün karamsarlaştırıyor. Yaşam anlamsız gelmeye başladı. Bu şekilde nefes alıp kalmam mümkün değil. Ya ölmeliyim ya da iyi olmanın bir yolunu bulmalıyım." [2]

Evet! mektup aynen böyle. Bu ızdırabının huzurlu bir ailesinin olmamasından kaynaklandığını söyleyenler de var. Bir evinin olmaması, bir anne babasının olmaması hatta bir tek akrabasının bile olmaması, yer yer onun bunun yanında yatıyor olması, arada açlık da çekiyor olması, onun artık hayata tahammülünün kalmadığının en büyük delili olsa gerek.

Bir keresinde doğduğu şehir Kentucky Springfield'e geldiğinde avukat arkadaşı William Herndon'un bürosundaki çalışma masasında sırf sefaletten dolayı yatmak zorunda kalmıştı. Bu, uzun zaman böyle devam etti. Bu yüzden Lincoln'ü herkesten daha iyi tanıyan Herndon'dur. Hatta onun kongre üyeliğine biçilmiş kaftan olduğunu söyleyen ve onu Cumhurbaşkanlığına kadar teşvik eden arkadaşı Herndon'dur. Bu temiz kâlpli adam, arkadaşı Abraham Lincoln'la ilgili şunları söylemiş;

"Yirmi yıl içerisinde Lincoln bir gün bile rahat ve mutluluk yüzü görmemiştir. Gördüyse bile bundan benim haberim yok."

"Evlilikte hayırsız kadın adamı filozof yapar" derler. Lincoln de tıpkı bunun gibi. Onun evliliği ile ilgili pek kayıtlara rastlanmaz. Vardır, fakat rivâyet olup, başka başka anlatılır. Örneğin başta anlattığım gibi; bir arkadaşının kızıyla evleneceği için mutlu olduğunu söylemiştim. Oysa bu kaynak sağlam görülmüyor. Fakat ben yine bunu da yazdım.

Arkadaşının kızı değil, evlenmek istemediğinde araya girip, ikisinin arasını yapan kişi arkadaşıydı.

Bu evliliğinin hikâyesi de şöyle: Mary Tod ile nişanlandıklarında bir müddet sonra Lincoln vazgeçmek ister.

Ve bunu bildiren bir mektubu arkadaşı Jasmine Speed'e verir. Speed, mektubu yırtıp ateşe atar. Ve gidip Mary'i görmesini, ondan sonra karar vermesini söyler. O da gidip Mary Tod'u görür, evlenmek niyetinde olmadığını söyler. Mary ağlamaya başlar. Abraham Lincoln içli ve merhametli bir adam olduğu için üzülür, onu kucaklayıp öper, pişman olduğunu söyler. Ama bu iyi niyetliliği büyük bir pişmanlığa yol açacaktır. Oysa o, bu kızda olumsuz şeyler hissetmişti. Ve de korktuğu başına gelecekti. Bir hanım kocasının suratına sıcak çayı fırlatır mı? İşte siz siz olun, bir an içinizden gelmiyorsa sırf evlenmiş olmak için evlenmeyin.

1841'in yılbaşı gecesi evlenme kararı alırlar. Mary Tod, evdeki evlilik hazırlıklarını tamamlar, misafirler toplanır beklenmeye başlanır. Fakat Lincoln ortalarda görünmemektedir. Tod'un kızkardeşine göre Lincoln paspalın tekiydi. Kız kardeşinin kocası da Lincoln için aynen şunları söylemişti: "Mary nereden buldu bu serseri, paçavra kılıklı herifi?"

Abraham Lincoln o sırada rahatsızlık geçirip, melonkoliye dalmıştı. Yaşamak istemiyordu. Arkadaşları dağınık tek göz odasındaki bıçakları ortadan kaldırdılar ki kendisine bir zarar vermesin.

Sonunda istemeyerek de olsa evlendi. Sonraları Lincoln bu evlilik için , "Nasıl olduğunu benim de anlayamadığım bir evlilik oldu." diyecektir. Mary Tod ile evlenir evlenmez ak ile kara, çöl ile vaha, anya ile konya belli olmaya başladı, Lincoln, karısına göre her yönden zıt bir kişilikti. Hayata bakışları, yetiştirilme şekilleri, arzu ve beklentileri biri birine hiç uymuyordu. Abraham Lincoln çok merhametli, inançlı, mütevazi ve anlayışlı bir yapıya sahipti. Mary Tod ise amaçsız, kıskanç, fesat, kanaatsız, gözü yükseklerde şaşkın bir kadındı. Tabii bütün bu özellikleri evlilik öncesi belli etmeyerek ağlayıp, Lincoln'e gözyaşları içinde sarılmıştı. Aslında Lincoln'ün içinde olumsuz bir his vardı. Fakat yine yufka yürekliliğinin kurbanı olup, bunu acı ve ızdırablarla dolu 20 yıl izleyecekti.

Merhametli, iyi yürekli bu adam insan ayrımı yapmaksızın zenginiyle de köylüsüyle de kentlisiyle de konuşur, aynı ilgiyi gösterir, "Fakirle de zenginle de konuşurum, ama iyi olan benim adamımdır." derdi. O, dış görünüşe önem vermezdi. Yerlerinin kirli toprak, pencerelerinin bezle kapatıldığı iki odalı bir evde büyüyen Lincoln, yoksulluğun ve çilenin ne demek olduğunu çok iyi biliyordu. Ama karısı tam tersi geçimsizin tekiydi.

Hatırlarsanız Avukat William Herndon, Abraham Lincoln'ün en yakın arkadaşı, iyi kalpli bir adamdı. Hatta parasızlıktan yatacak yeri olmadığı için Lincoln, onun bürosunda yatıp kalkmıştı. Bu William Herndon'un 20, 25 yıl öncesine kadar yaşamış olan yiğeni yaşlı Jimmy Niles adındaki çiftçi, amcaları Herndon'un yaşlılığında, ölmeden bir müddet önce yengesinin sahip olduğu pansiyonda geçen Abraham Lincoln ile ilgili bir olayı kendilerine anlattığını söyler. Olayı yaşlı çitfçi Jimmy Miles'in ağzından dinleyelim:

"Bir sabah karı koca Lincoln'ler teyzemin pansiyonundaki tek odalarından çıkarak öbür kalanlarla birlikte kahvaltıya otururlar. Lincoln bir şey söyler, buna fena halde öfkelenen karısı Mary, sıcak kahve kabını kaptığı gibi, herkesin gözü önünde kocasının suratına fırlatır. Lincoln, acıyla inler, ama ses çıkarmaz. Pansiyon sahibi teyzem kuru havlu ile yüzünü ve elbisesini siler. Bu olay Cumhurbaşkanı olmadan önceki olaydı. Bundan sonra buna benzer olaylar evlerinde de devam etmişti. Bu olaydan 16 sene sonra karısı Mary adeta hak ettiğini buldu, çıldırarak hastaneye kaldırıldı, kısacası kafayı yedi." (3)

HATALARI AFFEDERDİ

ABD'nin 5.Cumhurbaşkanı Lincoln, düşmanlarına karşı daima yumuşak huylu ve tatlı dille muamele ederdi. Bazıları bunu hoş görmeyerek, "Düşmanlarınızı yok etmek dururken, onlara ne diye yumuşak davranıyorsunuz? diye sorardı. Onun her defasında cevabı şu olurdu: "Sayın efendiler? düşmanlarımı kendime dost etmekle onları zaten yok etmiş olmuyor muyum?"

Yine Cumhurbaşkanlığı döneminde Amerika'da köleliğin kaldırılmasını istemeyen güneyli hükümetler, merkezi hükümete savaş açtı. Kuzey-Güney savaşları denilen (1860) bu iç karışıklıkta Lincoln, ordunun başına generaller atıyordu. Ama bunların çoğu hata yapıyordu. Aslında Abraham Lincoln bu duruma hayret edip, üzülmesine rağmen generaller hakkında yapılan sert eleştirileri soğukkanlılıkla karşılayıp şu cevabı veriyordu: "Onları eleştirmeyiniz. Aynı şartlar içinde bulunsaydık, belki bizler de onlar gibi hareket edecektik."

ÇARPICI İKİ FARKLI KARAKTER ÖRNEĞİ

Abraham Lincoln, gençliğinde sarhoş adamın biriyle ortaklaşa bakkal işine girdi. Dükkan iflâs etti. Ardından ortağı öldü. Adam arkasında yüklüce bir borç bıraktı. Eğer Lincoln isteseydi bu borçları yasal olarak ödemeyebilirmiş. Ama Lincoln yasa olarak, vicdanına kulak veren bir kişiydi. On yıl aralıksız yıpranma pahasına çalıştı, didindi, borcu son kuruşuna kadar ödedi. [4]

Abraham Lincoln'un karısı ihtirasından dolayı çıldırıp bir müddet tedavi gördükten sonra normale döndü. Bu kadın kocasının ölümünden sonra aç gözlülüğünden dolayı ticaret işine girdi, başaramadı. Altınlarını, değerli eşyalarını sattı. Beyaz Saraydan ayrılırken de borçlarını ödemek için herkesin şaşkın bakışları arasında ölen kocasının gömleklerini sattı. Herkes dudak ısırıp, "Yazıklar olsun! " demekle yetindi. Karısı bunları yaparken, Lincoln'ün Beyaz Saray hizmetçileri onu o kadar çok seviyorlar dı ki hâlâ gözyaşı döküyorlardı.

Abraham Lincoln'ün en güzel sözlerinden birisi şudur:

Beynim bir sünger gibi olsaydı / Arada bir çıkarıp / Sıkmak isterdim.

Bu yazıyı Bütün Öğretmenler Bütün Öğrenciler ve Bütün Anne Babalar Okumalı!

ABRAHAM LİNCOLN'DEN OĞLUNUN ÖĞRETMENİNE MEKTUP

Öğrenmesi gerekli biliyorum; bütün insanların dürüst ve âdil olmadığını, fakat şunu da öğret ona: "Her alçağa karşı bir kahraman, her bencil politikacıya karşı kendini adamış bir lider vardır."

Her düşmana karşı bir dost olduğunu da öğret ona... Zaman alacak biliyorum, fakat eğer öğretebilirsen, kazanılan bir doların, bulunan beş dolardan daha değerli olduğunu öğret. Kaybetmeyi öğrenmesini öğret ona ve kazanmaktan neşe duymayı. Kıskançlıktan uzaklara yönelt onu...

Eğer yapabilirsen, sessiz kahkahaların sırrını öğret ona... Bırak erken öğrensin, zorbaların görünüşte galip olduklarını...

Eğer yapabilirsen, ona kitapların hayâtî önemini öğret. Fakat ona gökyüzündeki kuşların, güneşin önündeki arıların ve yemyeşil ağaçlardaki çiçeklerin büyük sırlarını düşünebilmeyi de öğret.

Okulda hata yapmanın, hile yapmaktan çok daha onurlu olduğunu öğret ona... Ona kendi fikirlerine inanmasını öğret, herkes ona yanlış olduğunu söylediğinde dahi.

Nazik insanlara karşı nazik, sert insanlara karşı sert olmasını öğret ona... Herkes birbirine takılmış bir yönde giderken, kitleleri izlemeyecek gücü vermeye çalış oğluma.... Bütün insanları dinlemesini öğret ona, fakat bütün dinlediklerini gerçeğin eleğinden geçirmesini ve sadece iyi olanları almasını da öğret.

Eğer yapabilirsen, üzüldüğünde bile nasıl gülümseyebileceğini öğret ona...

Gözyaşlarında hiçbir utanç olmadığını öğret.

Herkesin sadece kendi iyiliği için çalıştığına inananlara dudak bükmesini öğret ona ve aşırı ilgiye dikkat etmesini...

Ona, kuvvetli ve beynini en yüksek fiyata satmasını, fakat hiç bir zaman kalbine ve ruhuna fiyat etiketi koymamasını öğret. Uluyan bir insan kalabalığına kulaklarını tıkamasını öğret ona; ve eğer kendisinin haklı olduğuna inanıyorsa dimdik dikilip savaşmasını öğret. Ona nazik davran ama onu kucaklama. Çünkü çeliği ancak ateş saflaştırır. Bırak sabırsız olacak kadar cesaretine hükmetsin, bırak cesur olacak kadar sabretsin. Ona her zaman kendisinde derin bir inanç taşımasını öğret. Böylece insanlığa karşı da derin bir inanç taşıyacaktır.

Bu büyük bir taleptir, ne kadarını yapabilirsin bir bakalım. Sizler bileklerinden öpülecek insanlarsınız öğretmenim. [5]

Dünya görüşü

Abraham Lincoln yaşamdaki acıların tanrını bir hikmeti olduğuna inanmıştır. Ve acılar karşısında en büyük ilacın sabır olduğunu söyleyerek, şu sözleri ifade etmiştir: "Gülemeyecek kadar canınız yanmıştır belki, ama yaşınız ağlayamayacak kadar da büyük."

Karşımıza çıkan dert ve sıkıntılara ağlamanın anlamsızlığından bahsetmiştir: "Dertsiz yaşam olmaz. Dertler bir bakıma mutluluğa giden ve onun meyveleri olan hikmettir. Eğer sabredilirse, zorlukların insanı ne kadar değerli yerlere taşıdığı görülür."

Arkadaşı Nikolay Abraham Lincoln'ü bir yazısında şöyle anlatır: "Lincoln'un Cumhurbaşkanlık müddeti bitmek üzeredir. Fakat seçimler gelince yine aday gösterildi. Ve yine kazandı. İkinci defa cumhurbaşkanlığına geçişi merasimi esnasında söylediği nutuk, Gettsburg'daki şehidler âbidesinin açılışı esnasında söylediği nutuk kadar eşsiz bir hitâbet örneğidir. Bu nutkunda bitmez gibi görünen kardeş kavgasından muzdarip, fakat her şeyde tanrının bir hikmeti olduğuna inanan bir adamın imanı okunur."

Lincoln'un karakter ve ideallerini anlatırken de arkadaşı John Nikolay şunları söylemiştir:

İstiklâl Beyannamesi onun siyaset fermanı ve ilham kaynağı idi. O , insan haklarının üniversal eşitliğine inanırdı. Halkın kendi kendisini idaresine karşı sarsılmaz bir imanı vardı. Prensipleri dışında her şeye uysallık gösteren Lincoln prensipler veya düşünülerek alınmış kararlar uğruna eğilmek bilmezdi. " Hakkın kuvvet olduğuna inanalım ve bu inançla vazifemizi anladığımız şekilde yapmaktan kaçmayalım" derdi. İyilik ve affedicilik onun karakterinin temeliydi. Cumhurbaşkanlığına ikinci seçilişinde söylediği şu söz onun dünya çapındaki insanlığını gösterir: "Kimseye kötülük etme, herkese iyilik et." Muazzam bir inkilâbın içinde büyük bir milletin liderliğini yaparken onun eşsiz hikmetini, gâyesine sadakatini, iyi ile kötüyü şaşmadan ayırma kudretini, milletini kölelik belasından kurtarmak için en elverişli zamanı yakalayışındaki cesaretini, kanuna sadakâtle riayetini, dostluk ve temizliği şahsında bir örnek hâline getirişini, iktidarı kullanışında vicdanla ve itidalle hareket edişini ve nihayet tehlikeli bir şekilde ayaklanmış ve bozulmuş mânevi ve siyasi kuvvetleri itaat altına alışta, memleketine sulh ve kanun hâkimiyetini getirişte, dört milyon insanı hürriyete kavuşturmakta gösterdiği tarif edilmez câzibe kudretini tarih kaydedecektir.

Kendi büyüklüğünü kendi eliyle yapan, her fırsatta yükselen, her imkânı kullanan, her vazifeyi yerine getiren o, yalnız zamanının en büyük adamı değil, kendinden sonra gelecek olanlara da eşsiz iyilikler yapan bir adam olmuştur. Bir devlet adamı, bir devlet başkanı, bir kurtarıcı olarak medeniyet onun adını daima saygı ile anacaktır." (6) *(Meşhur Adamlar. Doğan Kardeş Yay.)*

ABRAHAM LİNCOLN'IN PADİŞAH ABDÜLAZİZ'E YAZDIĞI BİR MEKTUP

Osmanlı padişahı Abdülmecit 25 Haziran 1891'de vefat ettiğinde yerine kardeşi Abdülaziz tahta geçmişti. Abdüllaziz sırada ABD Cumhurbaşkanı bulunan Abraham Lincoln'a bu durumu ve yeni ticari ilişkileri bildirir bir mektup yazar. Abraham Lincoln de Sultan Abdulaziz'e 2 Ekim 1861'de bir cevap mektubu yazmıştı. Mektup aynen aşağıdaki gibidir:

"Büyük ve iyi dost!

Bana göndermek lûtfunda bulunduğunuz, merhum kardeşiniz muhterem Abdülmecid'in vefâtını ve ecdadınızın tahtına cülusunuzu bildiren mektubunuzu aldım. Birleşik Devletlerin vefâlı bir dostu olan haşmetlü kardeşinizin vefatı dolayısıyla size derin sempatimi teyit ve onun tahtına culüsunuzu samimiyetle ve kalbden tebrik ederim. Saltanatın size saadetli ve şanlı; ve Devletiniz için refâhlı olması hakkındaki en iyi temenilerimi takdim müsaadesini taleb ederim. İki millet arasında eskiden beri mevcut dostluk ve iyi münasebetlerin devam ettirilmesi ve her zaman muvaffak olması için daimi ve sıcak arzumu ve merhum ile olan münasebetlerimde hükümetim tarafından devam ettirilen ve değeri yüksek tutulan dostluk duygularının kuvvetlendirilmesi ve artırılması için tarafımdan hiç bir gayretin ihmâl edilmeyeceğini teyit etmeme müsaade ediniz. Sizi ulu tanrıya emânet ederim.

Bu mektub, 1861 yılında Ekim ayının ikinci gününde Washington'da yazılmıştır.

İyi dostunuz Abraham Lincoln" [7] (Radyo Kültür Yayınları.1970).

KAYNAKÇA

1) Radyo Kültür (Süreli Yayınları) Mektupları. 1970
2) Famous Men. Jean Grafer. Perth Library. Australia.
3) Meşhurların Bilinmeyen Yönleri. Dale Carneyie. AK
4) Meşhurların Bilinmeyen Yönleri. Dale Car. Ak
5) Great Men. Paul Lidman. New Jersey . ABD
6) Meşhur Adamlar. Doğan Kardeş.
7) Radyo Kültür. 1970 Mektuplar.

"Nefsini Bilen Rabbini Bilir" Diyen Şair

GOETHE Nasıl Başardı?

Johann Wolfgang Von Goethe 1449'da Almanya 'nın Frankfurt şehrinde doğmuştur. 1765'de, yani 16 yaşında iken Leibzig Üniversitesi'nde hukuk eğitimine başladı. Bir yandan hukuk okurken, diğer yandan şiirler yazmıştır. Hukuk eğitimini bitirdikten sonra bir müddet avukatlık yapmıştır. Daha sonra sanata merak salarak şiir ve roman yazmaya başlamıştır. Alman edebiyatının ilk modern şiirlerini Goethe yazmıştır. Şiirlerinde buram buram doğunun gizemi kokar. Sanatçı Stinbach'in yapıtlarına hayran kalarak "Alman Mimarisi Üzerine" isimli bir eser de hazırlamıştır. İlk romanı "Genç Werther'in Çektikleri" dir.

Goethe dünyanın en büyük şairlerinden birisidir. Şiirlerinde İlâhiliğe ve tavsiyelere çok yer verilmiştir. Onun hayatındaki iki isim çok önemli yer tutmuştur: Herder ve Schiller. Johann Jon Herder ile olan dostluğunda Goethe ilahiliğe biraz daha yaklaşmıştır. 1770'in yazında Herder, geçirdiği bir hastalık sonucu ameliyat olmuştur. Ameliyat sonrası Herder'e geçmiş olsuna giden Goethe, ondan gördüğü sıcak ilgi ile ziyaretlerini sıklaştırmıştır. Yine ziyaretine gittiği bir günün akşamında Herder, Goethe'ye Kur'an-ı Kerim'i okumasını tavsiye ederek şunları söylemiştir: "Arapların Kur'an-ı Kerim'e sahip oldukları gibi, Almanların da böyle bir kitabı olmuş olsaydı çok daha ilerilere giderdik." (1)

O sıralar Strassburg'da Hukuk doktoru olarak mezun olan Goethe, bir kaç ay sonra Herder'e yazdığı mektupta şunları söylemiştir: "Kur'an-ı Kerim'de Musa'nın dua ettiği gibi dua etmek istiyorum, "Yarabbim, benim dar olan göğsümü genişlet" (2)

Goethe ilk romanı olan Werther'de aşk ve edeb konusunu işlemiştir. Werther adında bir ressamın, evli Lotte adındaki bir kadınla olan aşk ilişkisini anlatmıştır bu romanda. Kadının kocası Albert, hiçbir şeyin farkında değildir. Werther'in yaptığı son derece yanlış , vicdanî olmayan bir harekettir. Bu yüzden bu acıya daha fazla dayanamayarak intihar eder.

Goethe'nin bu romanda vermek istediği mesaj, günahların karşılıksız kalmayacağı, edebdışı bir haksızlığın vicdanlarda hep hatırlanacağıdır. O taktirde huzuru yakalamak isteyen bir adam, kimseye haksızlık yapmamalıdır. Aksi taktirde sonu Faust'taki gayrimeşru ilişki uğruna annesini bile öldüren Magaret'in sonuna döner: Çıldırmak. Zaten Werther de intihar etmiştir.

Goethe, tıpkı Dostoyevski gibi-her ne kadar kendisinden sonra yaşayacak olsa da-hayatın ve insan ilişkilerinin gizemine önem verip, kendi yaşamından yola çıkarak eserlerini yazmıştır. Belki tüm eserleri değil (Stella, Clavigo gibi) ama bir çok eseri hayatın kendisidir. Şiirleri bütünüyle derin ahlâk, derin aşk, derin düşünce ve derin ilahiliğe dayanır. "Saf ve Duruluk"u hayatın gerçek huzuru olarak gören Goethe, kişisel gelişime çok önem vermiştir. Ona göre kişi, sakin kafayla kendini bulabilmelidir. Bir şiirinde "Nefsini bilen Rabbini bilir" diyen Goethe, tıpkı Konfüçyüs'ün "Büyük adamlar kendini arar, küçük adam başkalarını arar." dediği gibi insanın önce kendini araması gerektirdiri vurgulamıştır:

Kıyamet günü Sur'a üfürülünce,
Dünya hayatı hepten bitince
Hesap vermekle mükellefiz
Ağzınızdan çıkan her faydasız söze.

▩ ÖLÜM EN BÜYÜK İBRETTİR

Deryalardan sonsuzluğu aramaya ne hacet
Al sana deryalar gibi sonsuz Karacaahmet

Şiirinde, şairin söylediği gibi ölüm, bir insan için ibret olmaya değecek ve de fazlasıyla yetecek bir olaydır. Goethe de, hem dünyacı ahlâk'a hem de ilâhi ahlâka bu yüzden önem vermiştir. O, ilahi ahlâkı ölümde görmüştür. Dünyada huzur ve sükûnetin ancak ilâhi ahlâkla olabileceğine inanmıştır. Bu yüzden "Und Wer Sich Selbst Erkennt, Erkennet Seinen Gott", "Nefsini bilen, Rabbini bilir." demiştir.

Bir dostuna yazdığı mektupta şunları söylemiştir Goethe: "Kendi hakkımda söyleyeceğim birşey varsa, o da kendi işime baktığımdır, kendimi terbiye ettiğimdir."

Düşünerek, araştırarak doğrulara ulaşmış ender insanlardan biridir Goethe. Avrupalılar ona "Avrupa'ya Modern şiiri getirmiştir" derler ama

O, ısrarla "Kaynağım Züleyhalar, Timurlar, Peygamberler, Celâleddin Rûmiler, Firdevsiler, İbrahimler, Bâkiler, Hâfızlar." demiştir. Demek ki Doğu'nun rüzgârlarında bereketler var... Keşfedenler için... Goethe gibi. Çünkü bu rüzgâr Avrupa'ya esince Avrupa'yı Modern yapmış. Tıpkı Daniel Defoe'nin, 25 Nisan 1719'da "Cuma" isimli müslüman bir zencisiyle meşhur Robinson Crusoe'yi bir arap müslümandan kopya ettiği gibi; Moll Flanders'larının (3) dahi, Binbir Gece Masalların'dan taklit edildiği gibi; Monteigne'nin denemelerinde bol bol ayet ve hadis kullanıldığı gibi... Görmek isteyen biraz dikkatli baksın, ayna gibi görür; Tolstoy'un Hacı Murat'ı gibi; Aleksandre Duma'sın Monte Kristo Kontu'nda, Hristiyanlık ilkesine ters düşmesine rağmen "Ben Allah'ın intikam kılıcıyım" yani "Kısasta adalet vardır" ilkesini Kur'an'dan alıp işlemesi gibi... Gibi...Gibi...

Bunları şunun için anlattım: Bizler uyuyoruz, atalarımızın tozlanan cevherlerinin farkında değiliz. Şemsi Tebrizîler, Mukaffalar, Şeyh Sadî Şiraziler, Gazâlîler, Mevlânalar, Kul Sâdîler, Behlül Dânâlar, Nizam-ül mülkler (Siyasetnâme), Şeyh Edebâli'ler (Şeyh Edebâli'nin Osman Bey'e Nasihatı), Yunus Emreler... Sheakspearlere, Dante'lere, Goethelere, Tolstoylara, Schillerlere, Herderlere, Camuslara, Balderotlara; Balzaclara, Arthur Millerlere, Averçenkolara, hatta Diderotlara, Abraham Lincolnlara, Kafkalara, Mahatma Gandhilere... Neler vermişlerdir neler! Jonathan Swift'in Lilliputları'nın, Nizam-ül mülk'ün Siyasetnâme'sindeki Padişah Behram Gür ile Vezir Rastu Ruşen arasında geçen uzun diyaloglara, vefâ ve ihanetlere tıpatıp benzemesi rastlantı olamaz. Padişah Behram Gür, menfaatperest Vezir Rastu Ruşen'in zalimliklerini, sinsi, politik oyunlarını çok sonra anlıyor ve diyor ki: "Halkımız sürüdür, vezirler de bizim emin adamlarımızdır. Memleketin ve halkın durumu karışmıştır. Her kimden sorsam bana doğru söylemiyor. Vezir Rastu Ruşen'in durumunu araştırmak, alınacak en iyi tedbirdir." Olayın sonunda, menfaati için neredeyse komşu devletlesavaş çıkaracak olan, yine neredeyse halk ayaklanmasına sebep olacak olan Vezir Rastu Ruşen idam edilir. Ve padişah şöyle der: "Adalet güçlünün karşısında dev adamdır, zayıfın karşısında cüce adamdır. Devi cücelerin karşısına, cüceyi de devlerin karşısına çıkaramazsınız, yani güçlüyü zayıfa; zayıfı da güçlüye mukayese edemezsiniz. Biz onun için ne devler ülkesiyiz, ne de cüceler ülkesi." Jonathan Swift Nizam-ül mülkten yüzyıllar sonra yaşamıştır.

İbn-el-Mukaffa, hayat felsefesi, fazilet, ahlâk, erdemli olarak iş başarma konuları hakkında Dale Carnegie'nin bile faydalandığı yazardır. 723 ile 759 yılları arasında yaşamıştır. Kalila ve Dimna önemli tercüme eserlerindendir. (4) Adap-ul Kabîr (5) isimli yazısanda şöyle demiştir: "Eğer ağırbaşlı, etkili olmak, herkesin dostluğunu kazanmak, içinde tehlike ve güçlüklerin bulunmadığı bir yol tutmak istersen bilgisizmiş görünen bir bilgin, konuşmasını bilmezmiş gibi konuşan bir kimse ol. Asla ciddiyeti alay ile karıştırma, bu sefer de anlaşılmaz olursun. Ciddiyet suratsızlık olmamalı; güleryüzlülük de alaycılığa bulaşmamalıdır." (6)

Müslüman şair Hâfız'ı okumuş olan Goethe şöyle demiştir: "Ey Hâfızı Şirazi, sen bana bakar himmet edersin. Ben senden bir fal istemekteyim, sen sırlısın."

Die Weissagungen Des Bakis (Baki'nin Hikmetli Sözleri) adlı eseri yazan Goethe, Bâki ile ilgili şunları yazmıştır: "Sadece istikbalden değil, halden de haber vermekte Bâki

Gizliyi işaret etmekte bir dahi gibi

Sihirli asa burada, lâkin hani, göstermiyor hazineyi

Sadece hassas ellerin diktiği fidan yeşerir."

Aynı şekilde Avrupa'ya modern şiiri getiren Goethe'nin şiirinin modernliği nereden geliyor... Bir örnek daha vermek istiyorum...

DSCHELLAL-EDDIN RUMİ SPRİCT!

Verweilst du in der welt, sie flieht als Traum

Du reisest, e in Geschick bestimmt den Raum

Nicht Hitze, Költe nicht vermagst du fest zu halten,

und was bir blüht, sogleich wird es veralten

CELÂLEDDİN RUMİ DER Kİ!

Dünyada bulunman, senin için bir rûya gibidir,

Yolculuğu sen yaparsın, nereye olduğunu kader çizer;

Sıcak ve soğuk üzerinde tasarruf sahibi değilsin,

Çiçeklenen herşey hemen solacaktır.

Goethe, yazdığı piyeslerde dini motiflere çok yer vermiştir. Kur'an çıkışlı tarihi gerçekler, hayatı derinden ilgilendiren meseleler onun hep ilgisini çekmiştir. Bir dönem yapmış olduğu devlet idareciliğinde de bireysellikten sıyrılıp toplumsal gerçekliğe yönelmiştir. Bunun ilk meyvesi de "Wilhelm'in Çıraklık Yılları" isimli romanıdır.Bu romanda, kalabalıklar içerisindeki bir mücadele anlatılmaktadır.Oyuncular topluluğu içerisinde tiyatro yazarlığı için mücadele veren Wilhelm Meister'in yaşadığı, sonu gelmez hayal kırıklıkları derinlemesine işlenmiştir. 16 yaşında üniversite eğitimine başlamış olan büyük şairin hukuk fakültesindeki doktora konusu, kişini iman hürriyeti ve devletin adaleti üzerindedir. "Her toplumun bir yol göstericisi vardır." âyetini Kur'an 'dan okumuş olan Goethe, 28 Mayıs 1819'da Adolph Oswald isimli arkadaşına yazdığı mektubunda şunları söylemiştir: "Allah Kur'an-ı Kerim'inde " Biz, her ümmete kendi dilinde bir peygamber gönderdik" buyurmaktadır. (7)

Goethe, sanatını İslâm'daki çok kıymetli düşünsel cevherlerle süslemiştir. Hatta diyebiliriz ki Avrupa'nın ilk modern şair olma özelliğini Goethe, İslâm ve derin kaynaklara sahip doğu kültüründen kazanmıştır. Onun şu iki mısralık şiiri islâm kültürünü ve Kur'an ayetlerini ciddi bir şekilde incelediğini göstermektedir:

Mucizeye kudretim yok diyor peygamber,

En büyük mucize benim varlığım.

Goethe'yi negatif tepelerden pozitif çayırlara taşıyan güç kimdi veya neydi? O, durduk yere mi bu seviyeye gelmişti? Kur'an'a, Peygamber'e, Mevlâna'ya, Baki'ye, Züleyha'ya, Firdevsi'ye, Sadî'ye nasıl ulaşmıştı? Onu, doğuya iten birileri mi oldu? Onun yaşadığı dönem Fransız İhtilâli'nin sert rüzgârlarının estiği bir dönemdi; onun yaşadığı dönem tanrının en yoğun şekilde tartışılmaya ve dinin yavaş yavaş raflara kaldırılmaya başlanıldığı dönemdi; onun yaşadığı dönem meşhur Materyalist -ki ben pek inanmıyorum- fakat dürüst, ikiyüzlü olmayan, Allah'a yaklaştı yaklaşacak gibi çerçeve dizen Diderot'un yaşadığı dönemdi; kısacası, onun yaşadığı dönem kafaların en karışık olduğu dönemdi. Bir yandan kilisenin ikiyüzlü zulümleri, diğer yandan kiliseye kızıp, tanrıya küfretmeye başlayan Materyalistler... Diderot'un talihsizliği İslâmı tanımamış olmasıdır. Hayatında bir defa da olsa müslüman bir ülkeye gidip Kur'an'ı ve İslâmı incelememiş olan Diderot'un bütün kızgınlığı Hrıistiyanlık'ın o zamanki adaletsizlikleri ile vicdansızlıklarıydı." Her zaman ve her yerde bütün insanları ilgilendiren gerçek bir din ölümsüz, evrensel ve apaçık olmak zorundadır. Fakat çevremdeki hiçbir din* bu özelliği taşımıyor. Yalnızca kilisenin önerilerine inanınız diyorlar. İyi ama kutsallığının gerekçesini göstermeyen kilisenin kararlarına neden inanayım. Çıkarlar ve menfaatler papazları, keşişleri doğurdu, keşişler ön yargıları doğurdu, ön yargılar savaşları doğurdu. Peki vaftiz edilmeyenin cehenneme girecek olmasına ne demeli?" diyen Diderot'un, aslında çevresi tarafından, tanrıdan ziyâde kiliseye kızgın olduğu söylenir. Tanrıyla ilgili olumsuz yorumlarında ise gerçekte tam olarak kendisinin bile isteyerek konuşmadığı söylenir. Diderot, ölürken yoksulluk içerisinde ölmüştür. Hiç bir şekilde gayrimeşru bir yaşamı olduğu görülmemiştir. Son olarak Andre Cresson'un onun anılarından derlediği bir sözü aktarmak istiyorum. Şöyle anlatmıştır Diderot kendisini: "Hava iyi de olsa kötü de olsa, akşamleyin saat beş sularında Palas Royal'de gezmeye gitmek âdetimdir. Argenson'un kanapesi üzerinde beni hep tek başıma, düşlere dalmış görürsünüz. Kendi kendimle insanlık, sevgi, aşk, hayat üzerine konuşurum. Ruhumu bir şeyler alıp götürür. Hava çok soğuk ya da yağmurlu olursa Regence kahvesine sığınırım. Orada santranç oynayanları seyrederim. Masumca zevkler işte. Büyük düşünce ve eserleri doğuran etkenler."

Bunca ilâhiliğin tartışılan yoğunluğunda Goethe, adeta Alaattin'in Sihirli Lambası'nda saklı duran gizeme nasıl ulaşmıştı, doğu cevherlerini batıdan nasıl keşfetmişti?

Kant, Herder ve Schiller, Goethe'ye ilham aşılayan üç kahramandır. Kant ile Herder arasında; Herder ile Schiler arasında; Schiller ile Goethe arasında mektuplaşmalar olmuştur. Kant, Goethe'den 25 yaş büyüktür. Kant, 1804'te öldüğünde Goethe 55 yaşındaydı. 80 yaşında ölen Kant'ın ömrünün son zamanlarında müslümanlığa olan sevgisi yüzünden kilise tarafından afaroz edildiği, son şiirlerinden birine arapça harfleriyle besmeleyi yazdığı tartışmasız bilinen bir gerçektir. Goethe'nin Kur'an'ı tanımasını sağlayan Herder, Immanuel Kant'a yazdığı mektubunda şunları söylemiştir:

"Aziz Dostum! Ömrümün bundan sonraki yılları için sizin bana Monteigne, Hume ve Pope'nin arkasında gösterdiğiniz alanda yürümek, okşayıcı olmakla beraber, ilham perimin ülküsüdür. Monteigne'i takip etmek, onun fikirlerinden yararlanmak, tam bir huzur içerisinde inzivaya çekilerek onu okumak işim gücüm olmuştur. Fakat Materyalist Jean Jagues Rousseau'ya tutkun olduğundan dolayı Humel'den o kadar hoşlanmıyorum.

Benim sevgili Filozofum! Henüz yeşermeye başlayan "Ahlâk"ınızdan bahsediyorsunuz. Bunun tamamlanmış olduğunu görmek isterdim.

Asrımızın kültürüne güzel ve yüce şeyler için yapmış olduğunuz gibi, ilâhi, iyi olan ahlâk için bir eser daha ilâve edin.

İnsanî felsefe, aynı zamanda benim en çok severek uğraştığım bir alan. Birçok iyi ve asil ruhlu insanların şahsıma gösterdikleri sevgi, delikanlılarla genç bayanların etrafıma sevinç ve istekle üşüşmeleri, beni asla kibirlendirmiyor; dünyada amaçsız yaşadığıma dair ferahlık veriyor. Diojen'in fıçısından görebildiğinden daha farklı görmek istiyorum dünyayı.

Çok azizim, çok sayın Kant'ım! Beni sevin ve imzâmı kalbimdeki duyguların ifadesi olarak kabul buyurun. Allah'a emanet olunuz." (TERCÜME, MEKTUPLAR, 1767) [8]

Goethe'nin tabiata olan tutkusu dünyevi değil, daha geniş ve sonsuz boyutta bir tutkuydu. Üniversite'de tarih okutmanlığı yapmış olan Friedrich Schiller ile başlayan dostlukları, onun tabiat bilimleri hakkında Renkler Teorisi, Bitkilerin Değişimi, Hayvanların Değişimi adlı eserleri hazırlamasına vesile olmuştur, Schiller ile olan dostluklarında tüm sohbetleri, duygusal gizemi çözmek için yaptıkları beyin fırtınasıydı. "Schiller ile şiir üzerine konuşmamıştır" demek doğru olmaz, evet tabiat üzerine konuşmuşlardı; ama Goethe'nin tüm hayatı şiirin kendisiydi. Tabiatın; bitki ve hayvanların gizemi ona ilham vermiştir tanrıya ulaşmak için; Ve bu kavuşma mısralara dökülmüştür.

Schilller, Goethe'ye yazdığı mektupta onun "İphigen Taurist" ve "Torguato Tasso" isimli dramalarını, Herman ile Dorothe adlı destansı yazılarını değerlendirmiştir. "Goethe'ye" diye başlayan mektubunda Schiller şunları yazmıştır:

"Stuttgart'tan yazmış olduğunuz mektubunuzdan, yurdumun toprağından hoşlandığınızı ve size tavsiye etmiş olduğum kimselerin beni yalancı çıkarmadıklarını öğreniyorum.

Şair ve sanatçı için iki şey gerek: Gerçeğin üzerine çıkmak ve maddelerin içinde kalmak. İnce sanat her ikisinin birleştiği yerdedir. Şair ve sanatçı, aklı az ise hayalsever olur; hiç hayal gücü yoksa kölemsi ve bayağı olur. Her iki hal de ince ve estetik değildir. Bir sanatta madde ile ruh; Hürriyet ile Hakikat, biri dünyevî diğeri ilâhidir: Madde-hürriyet dünyamsı; ruh-hakikat ilâhimsidir. Maddeyi savunan, ruhu karşısında bulur; özgürlüğü savunan hakikatı karşısında bulur.

Edebiyat türleri arasında "Herman ile Dorothe" adlı eserinizin üstüne bir destan tanımıyorum. Yine de birşey söylemek istiyorum. Herşeyden önce, bana, konunun salt kesinliğinden başlamak daha iyi gibime geliyor. O zaman, konularını beceriksizce seçmiş olduklarından başarılı olamamış bütün sanat eserlerinin, böyle bir kesinsizlikten ve bu kesinsizliğin sonucu olan zordan acı oldukları ortaya çıkacaktır.

Bana yakında göndereceğiniz yeni edebiyat türünden bir parçayı merakla bekliyorum. Hayallerinizin durmadan değişmesi bana hayret ve hayranlık veriyor. Sizi her ne kadar göremiyorsam da sanatınıza dahi bakmak, benim için bir kıvanç bir kazançtır.

Dostumuz Humbolt'tan bugün mektup aldım. Viyana artık hoşuna gitmiyormuş. İtalya yolculuğundan da vazgeçer gibi olmuş. Ama Paris'e gitmeye karar vermiş.

Evce hepimiz iyiyiz. Sevgili Goethe! Kant'ın doğum gününü dün neşe içinde kutladık. Bugün Weimar'dan gelen ve çok hoşuma giden Vent bizde idi. O gelmeseydi misafirimiz olmayacaktı. Karım bütün samimiyeti ile hatırınızı soruyor.

Hoşçakalın, Meier'e selâm, aranızda beni anın. Mektuplarınız bizim için özlem ve anı yüklenmiş gemilerdir; bunlar şimdi benim de en büyük sevincimi veriyor. Hoşça kalın. SCHİLLLER. (TERCÜME. 14.Eylül, Perşembe. 1797) [9]

Schiller, Goethe'ye edebiyatla ilgili fikirlerini aktarmıştır. Yine 1 yıl sonra 1798 Aralık'ında, salı günü yazdığı mektupta şunları söylemiştir:

"Dramatik konu, benim önümde hareket eder. Epik konu çevresinde de ben hareket ederim; o yerinde durur gibi gözükür. İnancıma göre bu farkta çok şey var. Olay, önümde oluyorsa, o zaman ben, duyularımla sıkı sıkıya güne bağlanırım; hayal gücüm bütün özgürlüğümü yitirir, içimde durmadan bir huzursuzluk olur ve ben hep o konu üzerinde durmak zorunda kalırım. Yabancı bir gücü izlemediğim için geçmişe bakmam, geçmişi düşünmem yasaktır bana. Eğer ben, benden kaçamayacak olan olay etrafında dolaşıyorsam, o zaman hep aynı olmayan adımlarla da yürüyebilirim. Kendi kişisel ihtiyacıma göre, olayın başında, ister uzun ister kısa bir süre dururum. Adımlarımı ileri ya da geri, istediğim gibi atabilirim... Sessiz durur düşünebilirim. Bu da geçmiş ve hikâye kavramlarına çok iyi uyar; çünkü hikâye eden başında ve ortasında, sonu ne olduğunu bilir. Onun için hareketin her anı birdir."

Alman edebiyatının kadın şairi Bettine Brentano, 1810'da Viyana'da tanıştığı Beethoven'la ilgili olarak Goethe'ye yazdığı bir mektup vardır.

Beethoven, GOETHE'Yİ ÖVMÜŞTÜR

Aşağıdaki mektup Goethe'nin arkadaşı Bettine'ye aittir. Mektubu Goethe'ye yazmıştır:

"Sana şimdi anlatacağım insanı görünce, bütün dünyayı unutmuştum. Ayaklarımın ucunda biten ufkum beni kubbesiyle örterken, kendimi, senden gelen nur denizinde buluyorum; dağlar, dereler üstünden sessizce sana uçuyorum. Şimdi sana anlatacağım insan Beethoven'dir. Ruhundaki o kudretli, o yüce muamma, onu en yüksek kemâle ulaşma yolunda olgunlaştıracağına kadar, onun sadece yaşaması lâzım. İşte o zaman, bizleri hakiki saadete bir basamak daha yaklaştıracak olan ilâhi bir ilmin anahtarını elimize verecektir. Beethoven seni öğerek şöyle dedi: "Goethe'nin şiirleri, yalnız özü bakımından değil, ritmi bakımından da bende büyük bir tesir yaratıyor; ben sanki kendini, ruhların tesiri ile en yüksek nizama yücelten ve âhengin sırrını esasen kendinde taşıyan o dil ile, eser yazmak isteğine, heyecanına kapılıyorum. Bu taktirde, ilhamın en heyecanlı anında, melodiyi her yana boşaltırım, onları kovalarım, ihtirasla ona yetişirim, onların kaçtığını, çeşitli heyecanın yarattığı bir kesâfet içinde onların kaybolduğunu görürüm. Müzik, fikir hayatından his hayatına geçişte, en yüce bir araçtır. Ben bu hususta Goethe ile görüşmek istiyorum, acaba o bana hak verecek mi? Melodi şiirin hissi hayatıdır. Goethe'ye benden bahsediniz ve ona benim senfonilerimi dinlemesini söyleyiniz."

Ey Goethe! Hiçbir imparator, hiçbir kral, kendi gücüne ve bütün kuvvetin kendinden doğduğuna, biraz önce bu Beethoven kadar emin olamazdı.

Beethoven'e kendisine karşı duyduğun takdire şehadet edecek olan seri cevabın beni çok sevindirecek. BETTİNE

Adresim:Erdbeergasse'deki Birkenstock'ların evidir, mektubun orada daha 14 gün içinde beni bulabilir." [10] (Tercüme)

GOETHE'NİN BU MEKTUBA CEVABI

"Mektubun çok sevimli. Mutlu bir anda bana geldi, büyük ve güzel tabiatı, başarısıyla olduğu kadar, gayretiyle; ihtiyaçlarıyla olduğu kadar, kabiliyetinin zenginliğiyle anlatabilmek için hayli gayret sarfetmişsin. Gerçekten böyle dâhi bir ruhu, içten duyabilmem, bende büyük bir haz yarattı.

Beethoven'ın, benden bestelediği iki şarkıyı rahat okunabilir bir halde yazıp göndermek lûtfunda bulunması beni sevindirecektir. Beethoven'in de söylediği gibi, eski bir duygunun tesiri altında yazılmış olan böyle bir şiirin, melodi ile yepyeni bir ifâde içinde duyurulması, benim için teşekkür edeceğim bir zevk olacaktır. Bana verdiğin haberlere ve bana olan lûtufkâr davranışına , son olarak bin kere daha içten teşekkürlerimi sunarım. Nereye gidersen git, vefanı benden esirgeme.

Dük de sana selâm söylüyor, kendisini büsbütün unutmamanı temenni ediyor. Karlsbad'da Üç Zenciler'de kaldığım müddetçe, herhalde senden daha haber alırım." (GOETHE. TERCÜME. 6 Haziran 1810) (11)

Goethe'nin şiirlerinde tasavvuf havası vardır; uslûp ve şekil, islâm alimlerinin dilini yansıtır:

Âşikâr ol ey sevgili, göster kuluna zâtını.

Rabbim sensin, Allah'ım! Her şeyi gözeten sen.

Güneşi, ayı ve yıldızları,

Yeri, göğü ve beni yaratan sen.

Goethe, islâmi ağızla konuştuğunu kabul ederek şunları söylemiştir: "Şahsımda meydana gelen değişiklikler benim için memnuniyet verici olduğu kadar, aynı zamanda beni tedirgin de etmekte. İç dünyamda neşet eden his, islâmın kalbimde ağır basmasını istiyor ve ruhumda var olan, bir olan ezeli ve ebedi hakikate beni ulaştıracağına inanıyorum. Aslında ben hiçbir kimseyle önemli meseleler üzerine konuşamıyorum. Çünkü benim hazırlık safhasındaki görüşlerimi kimse bilmiyor ve anlamıyor." (12)

Goethe, yaşamın iyi gözlemlenerek doğrulara ulaşılabileceğine inanıştır. Hem dünyevi hem de ilâhi tecrübe ve sırlara, bakarak değil görerek sahip olunabileceğini söylemiştir. Bu insan, ilişkilerinden ilahi gerçeklere kadar uzanan bir durumdur. "Mahomet Drama" adlı eserinde, Hz. Muhammed'i işlemiş ve O'nun nezdinde hayata bakış açısı geliştirmiştir. Şöyle der bu eseriyle ilgili olarak: "Kaleme almış olduğum "Mahomet Drama" isimli eserime Peygambere, onun bir metni ile başlamıştım. Hz.Muhammed yalnız başına berrak, yıldızlı bir gecenin gökkubbesi altında, hidâyete erdirmesi için âlemlerin Rabb'ına niyazda bulunur. Önce gökyüzünde pırıl pırıl titreşen yıldızlara ilgi gösterir. Sonra, diğer yıldızlardan daha büyük ve kendisine dostça gülümseyen Jüpiter'in doğduğunu görünce, << ilgi yıldızların kralı Jüpiter'e lâyıktır >> dedi. Lâkin, yıldızın batıp, ayın doğduğunu görünce; kalbi, gözü ve bütün âzâlarıyla Allah'a tapan Muhammed << Rabbim bu mudur acaba? >> dedi. Daha sonra cana can katan güneşin doğduğunu görünce yepyeni bir senâ ile, << İşte herhalde bu benim Rabbim. Bu, gördüklerimin içinde en parlak, en büyük ve daha kuvvetli >> dedi, batınca da << Eğer Rabbim bana hidâyet etmeseydi sapıklardan olurdum. Bu gördüklerim hep yok olan varlıklardandır; ben, gökleri, yeri ve âlemleri yoktan var eden Allah'a iman ettim >> dedi.

Görüleceği üzere Goethe hakikatı aramanın yolunun insanın kendi benliğinin derinliğinde olduğunu ifhade etmek istemiştir. Yıldız, Ay ve Güneş'i çevreden gelen negatif etkiler olarak kabul etmiştir. Fakat kişi istedikten sonra başarıyı, samimi bir gözlem ve çalışmayla yakalayabilmektedir. Bu büyük şair, kendisinin de vicdanlı, samimi bir bakış açısıyla ve değerlendirmeyle doğruyu bulabildiğini söylemiştir: "Çok kısa bir süre önce islâm peygamberinin hayatını büyük bir ilgi ile okuyup, tahsil ettikten sonra gördüm ki O, asla yalancı bir peygamber değildir." (13)

Goethe, çevresinde Teslis'e karşı Tevhid'i savunduğu için dinsizlikle suçlanmıştır. O, daha da ileri giderek Schwetzingen şehrinde Karl Theoder tarafından 1784'de inşaa edilen camiye büyük katkılarda bulunmuştur.

Muhammed'in Nağmesi (Mahomets-Gesang) adlı eserinde Goethe, Hz.Peygamberi öğmüştür:

Ve böylece kavuşturuyor kardeşlerini

Sevdiklerini, evlâtlarını

Gönlü muhabbetle dolu, onları

Bekleyen yaratıcıya

Yaşanılan her günden bir mana çıkarılması gerektiğini ifade etmiş olan Goethe, bunu yapanları "en akıllılar" olarak nitelemiştir. Ona göre dün rüya, yarın ise hayaldir. Dünden ibret alan kişi yarınını daha iyi yapar.Bazı devlet adamlarının ve bilim adamlarının bu sırrı iyi farkettiğini söyleyen Goethe, ülke ve bilim kahramanlarının bu sayede çıktıklarını vurgulamıştır. Dünü bilmek... Goethe'ye göre Bâki bunu çok iyi işlemiştir. Yaşanılan bir gün içinde almasını bilenler için çok esrarengiz sırlar gizlidir, âdeta Hitler'in peşinde olduğu efsanevi, dünyanın merkezini bildiren "Sarkaç" gibi. Ünlü Alman şairi bunu aşağıdaki gibi ifade etmiştir:

Kendi mazisini arz ederken Bâki, bizimkini de sergilemekte
İhtiyatı elden bırakma, fettan dünya çoğu zaman bilmece
Mazisinden haberi olan kimse bilir istikbâlini,
Ve meczederek ikisini, mükemmel gün haline getirir yaşadığı hâlini

Cesaret ve özgüven, Goethe'ye göre bir insanın koruması gereken en değerli özelliğidir:

Servetini kaybettiysen, az şey kaybetmişsin!
Aklını başına alıp, çabucak yenisini kazanmalısın.
Şöhretini kaybettiysen, çok şey kaybetmişsin!
Kazanmak zorundasın, etraf başka türlü düşünür.
Cesaretini kaybettiysen, her şeyini kaybetmişsin!
Keşke doğmamış olsaydın, daha iyiydi.

Napolyon zamanında Fansa'yla savaşa giren Rusların arasında Türk subay ve askerleri de yer almıştır. Başkurt Türklerine mensup bu müslüman ordu birlikleri Goethe'nin yaşadığı Weimar şehrine de uğramışlardır. Goethe bu insanları görür görmez hemen yanlarına gelir ve onlarla diyaloğa girmek ister. Onları evine yemeğe dâvet eder. Yemekten sonra müslümanlar, Protestan Lisesi'nin avlusunda namazlarını kılarlar. Büyük şair, bu gördüklerini 1814 yılının başlarında bir dostuna yazdığı mektupta şöyle anlatmıştır:

"Ben burada öyle bir hikmetten söz etmek istiyorum ki, Peygamberin (Hz. Muhammed) konuşulmasına dahi izin verilmediği günümüzde güzel bir olay oldu. Bir kaç yıl önce kim diyebilirdi ki bizim Protestan Lisesi'nin salonunda müslümanlar topluca namaz kılacaklar ve Kur'an-ı Kerim'den sûreler okuyacaklar, hem de biz müslüman Türklerin namazına iştirak edeceğiz, onların mollalarıyla görüşüp reislerini de tiyatroya dâvet edeceğiz. Özel bir iltifattan dolayı bana bir ok ile bir yay hediye ettiler. Ben onları ebedi olarak saklayacağım. Cenab-ı Allah'tan en kısa zamanda bu sevgili misafirlerimizin kazasız belasız yurtlarına dönmelerini niyâz ederim." [14]

Goethe, Ashab-ı Kehf'in o gönül okşayıcı yaşamlarına; Roma İmparatorluğu döneminde çok yüksek mevkilerde olmalarına rağmen ezilen, hor görülen zavallı insanlara merhametle yaklaşmalarına; dönemin zalimlerinin yaptığı haksızlıklar karşısında ıssız tepelere çıkan (Gözü yaşlı Maksimilyan ve eşi Helen ve diğer arkadaşlarından bahsediyor. Allah onlardan razı olsun) Ashab-ı Kehf, yani bu kıymetli saray mensubu gençlerin acı ve ızdırab içerisinde akıttıkları gözyaşlarına değinmiştir. "Chuld Nameh" (Cennet Bahsi) isimli konuda bu mağara arkadaşlarına geniş yer vermiştir.

Doğu-Batı Diva'nında yazdığı ilk şiir "Hicret" isimli şiirdir:

Kuzey, Batı ve Güney parçalanıyor,Tahtlar çatırdıyor, devletler sallanıyor,

Sen, şu tertemiz Doğu'ya hicret et de

Ataerkil havanın tadına bak,

Oradaki aşk, meşk ve şiir içinde bulunarak

Hızır'ın Ab-ı Hayatı'ndan içerek gençleş. (15)

Goethe'nin Divanı'ndaki şiirlerin çoğu Hadis veya Kur'ân'dan alınmadır. Bu yönüyle Goethe, İslâma olan yakınlığını bütün açıklığıyla ortaya koymuştur. Onun Kelime-i Şehâdet getirdiğine dair herhangi bir kaynak yoktur ancak, Arapça Allah diye mırıldandığı söylenmiştir.

Ünlü Şair, yukarıda da bir parçasını yazdığım "Hegire" (Hicret) isimli şiirinin tümüne islâmın, Yahudi ve Hrıistiyanlara nasıl adâletli davrandığını ifade etmiştir. Gerçekten da, Müslümanlar, Hristiyan ve Yahudilere hiçbir zaman dinsiz dememişlerdir; fakat Yahudi ve Hristiyanlar, gerçek Allah'ı (Tevhid) arama mücadelesi veren dürüst, inançlı olan kendi insanlarına en ağır eziyetleri yapıp, onları dinsizlikle suçlamışlardır. Galile, Goethe, Schiller, Voltair gibi aklı başında insanlar samimi olmayan bazı Hıristiyanlar tarafından dinsizlikle suçlanmışlardır. Örneğin, Fransız yazar Voltair, "Mahomet" (Muhammed) isimli piyes yazdığında 1742'de kilisenin hışmına uğramıştır. Goethe, 29 Eylül 1799'da "Mahomet" isimli bu piyesi Schiller'in de yardımıyla 3 ayda tercüme etmiştir. Avrupa'nın şu an bu seviyeye nasıl geldiğinin kaynağı kanaatimce belli olmuştur. İşte tam bir âyet olan Goethe'nin bir şiiri:

Doğu da Alah'ındır

Batı da Allah'ındır

Kuzey ve Güney sahası

Sulh içindedir O'nun kudretiyle

O tek Âdil olan

Hak olanı istiyor herkes için.

O'nun yüz isminden biri de "El-Adl"

Bu yüce isim çok yüceltilsin. Âmin.

2.Sûre, 142.Ayet: "Doğu da Batı da Allah'ındır. O, dilediğini doğru yola iletir."

Müstebit katledilse bile,

Kaybedilecek şey hâlâ çoktur.

Sezar'a imparatorluğu çok gördüler

Fakat, onu nasıl idâre edeceklerini bilemediler

Bu şiirde, Müstebit (Zâlim) Sezar öldürülse bile, yerlerine iyi insanlar gelmediği sürece; asıl idare edilen Sezarlar olmadığı sürece ve zalimlerin hâlâ çok olacağından bahsediliyor.

Hud Sûresi, 116. Ayet: "Sizden önceki asırlarda bozguncular tepki gösteren iyi insanlar olsaydı ya!"

"Gurur ve cehâlet önde giderken, küfür ve ayıp arkada oturuyordur." diyen Goethe, gurur ve kibiri cehâletle eş tutmuştur.

"İlim ve sanat sahibi olanın,

Dini de vardır.

O ikisine sahip olmayanın

Dini olmalıdır" diyen Goethe, ilim ve sanata önem vermiş, fakat inanç ve dini yine de en öne almıştır. Yani, ilim ve sanatı olanın dini de olmalıdır; ilim ve sanatı olmayanın da dini olmalıdır.Bu söz ve yaklaşım tamamen İmam Gazâlî'den alınmalıdır.

Goethe'nin diğer ilâhi kitaplar Tevrat ve İncil'de olmayıp, tamamen Kur'an'a ait şiiri:

İbrahim, yıldızların efendisini

Kendine ata seçti,

Issız çölde Musa

Bir Allah'la büyük oldu.

Davut, pek çok kusurluydu,
Evet, O cürmüyle dolaştı,
Bir olan Allah'a hakkıyla bağlanıp,
Beraat edeceğini anladı.

İsa bütün saflığıyla duyuyor
Kainat'ın ilâhi bir tek diyordu;
Onu ilâhlaştıran her kişi
En kutlu hislerini yaralıyordu.

Gerçek aydınlanmalı artık
Muhammed'in başardığı gibi;
Yalnız bir tek Allah diyerek
O, dünyayı fethetti.

Goethe, bunları yazarken bir taraftan da kendisine gelen tepkilerle uğraşmıştır. O, Hristiyanlığa bakış açısıyla ilgili olarak şöyle demiştir: "Siz, benim Hıristiyanlık telakkimin ne olduğunu belki bilirsiniz belki de bilmezsiniz. Günümüzde İsâ Peygamberin istediği mânâda Hıristiyan kimdir acaba? Belki de sadece ben; Her ne kadar sizler beni, bir dinsiz kabul etseniz de."

FAUST

Goethe'nin dünyaca meşhur en ünlü eseri Faust'tur. Faust iki kısımdan oluşmaktadır. Birinci Faust'u 1808'de yazmıştır; ikinci Faust'u ise 1832'de yazmıştır.

Birinci Faust'ta tıpkı Werther'in Izdırapları'ndaki gibi gayrimeşru bir eğilimin sonuçları işlenmiştir. Mefistofeles, yani Şeytan, Dr. Faust'u baştan çıkarmaya çalışır. Dr. Faust'un da zaten karakter yapısında ihtiras vardır, yaşamın sırrını öğrenmek ister, maddi ve manevi zenginlik içinde yaşamak için tutuşur. Fakat bunları elde etmek için tuttuğu yol Şeytana (Mefistofeles) yakın yoldur. Şeytan da tanrıyla girdiği iddiada onu yoldan çıkarmayı plânlamıştır. Ona bütün dünya zevklerini tattırma sözü verir. Benliğinin esâreti altına giren Faust, aşk zevkini tatmak ister.

Mefistofeles'in (Şeytan) yardımıyla bir köylü kızını ayartır. Bu kız saf ve temizdir.Fakat Faust'u eve alabilmek için annesine uyku ilacı verir. İlacın şiddetine dayanamayan kadın ölür. Margaret denilen bu kız şeytâni ihtirasları uğruna annesini öldürür. Köyde bütün bu olaylar dedikodu hâlini almıştır. Askerden gelen Margaret'in ağabeyi Valentin, olanları işitince Faust'la karşı karşıya gelir. Fakat Faust, hiçbir merhamet göstermeden Mefistofeles'in yardımıyla delikanlıyı öldürür. Margaret, Faust'tan olan çocuğunu öldürdüğü için idama mahkûm olur, zindana atılır. Genç kadın, bu durumlara düştüğü için çıldırır. Daha sonra Faust, Mefistofeles'le birlikte Margaret'i kurtarmak ister ama kadın bunu kabul etmez, kendisi için tek yolun Allah'a sığınmak olduğunu anlar, vicdan azabını dindirmeye çalışır.

İkinci Faust'ta Mefistofeles, yani şeytan yine iş başındadır. Kötülüklerini Dr. Faust aracılığı ile yapmaya devam eder.

Goethe Hıristiyanlıktaki Teslis'i reddedip Tevhid'i benimsemiştir. Ona göre Hz. İsâ, Meryem'den dünyaya gelen, Allah'ın sadece kulu ve elçisidir. "Yalancı papazlar! Siz, benim sizlere karşı çıkmamı kabul etmezsiniz değil mi?" diye haykırmıştır. (16)

Goethe'nin şiirlerinden bazıları şunlardır:

Şarap sana faydalı olmaz,

Hiçbir doktor, onu sana müsâde etmezdi;

Azıcığı mideyi mahveder,

Fazlası ise kafayı kızıştırır.

Nefsini Bilen,

Rabbini Bilir.

İLK LEZZET

Hakiki müslüman, cennetten öyle söz eder ki,

Sanki kendisi orada bulunmuştur.

Kur'an, onu nasıl tasvir ederse, öyle inanır,

İslâmın temeli, bu esas üzerine kurulmuştur.

Kur'an ezeli mi, değil mi?

Ben, onu araştırmıyorum.
Kur'an yaratılmış mıdır?
Bunu da bilmiyorum.
O'nun, kitapların kitabı olduğuna
Müslümanlık icâbı inanıyorum.

Çılgınlıktır, herkesin her hususta
Şahsi görüşünü övmesi!
Eğer, İslâm teslim olmak demekse Allah'a,
Öyleyse, hepimiz yaşayıp ölmekteyiz İslâm'da.

İtiraf edin! Şark'ın şairleri,
Biz Batı'nınkilerden daha büyüktür.
Onlara eriştiğimiz nokta ise,
Bizim gibilere duyduğumuz kindir.

PEYGAMBER DER Kİ

Allah'ın Muhammed'e yardım
Etmeyeceğini sanan kimse,
Şimdi, öfkesini gidermek için
Evinin balkonuna sıkıca bir ip bağlasın da.
Kendi kendini assın bakalım.
Öfkelendiği şeyi giderebilecek mi?

Rabb'im yerleştirdi yıldızları,
Biz kullarına, karada ve denizde kılavuz olsun diye
Böylece bakarsınız göklere,
Dolarak ruhunuza zevk ve neşe

TEMBİH

Kıyâmet günü Sur'a üfürülünce,
Dünya hayatı hepten bitince,
Hesap vermekle mükellefiz
Ağzımızdan çıkan her faydasız söze

Goethe, kişinin kendisini geliştirmesiyle ilgili olarak da çarpıcı ve samimi tespitlerde bulunmuştur. Onun her bir tesbiti yılların tecrübesine dayanmaktadır.Sanatçıya şöyle seslenir:

Ey sanatçı! Kendini asilleştirmek için,
Mütevazi olmalısın;
Bırak seni bugün öğüp, yarın taklit etsinler,
Fakat, hep karşılığını ödesinler.

İyilere bir tavsiyesi var Goethe'nin:
Kötüleri ayıplamamalı,
Onlar, iyilerin yanında iyilik öğrenirler.
Ama iyiler de,
Kimden korunmak zorunda olduklarını bilsinler.

Böl ve Hükmet! Yaman söz; Birleştir ve idâre et! Daha iyi hazine

Sabırsızlık hiç bir işe yaramaz,
Pişmanlık daha beter;
Biri suçu artırır,
Diğeri yenilerine sebep olur.

Goethe, Hristiyanlığın günümüzdeki hâlini eleştirip, İslâm'ı övmüştür: "Benim gibi sizler de elli yıldır kilise tarihini incelemiş kimseler olarak, her şeyin birbirine nasıl bağlı bulunduğunu anlayamadınız. Buna mukâbil, müslümanların hangi desturlarla eğitime başladıkları çok ilginçtir. Dinde temel olarak, insanın başına Allah'ın takdir etmediği hiçbir şey gelmez.

Böylece müslümanlar ömürleri boyunca içleri rahat ve huzura kavuşmuş oluyorlar ve başka birşeylere de ihtiyaçları kalmıyor. << Üstünde ismim yazılı olmayan kurşun bana isabet etmez, >> diyor savaşta asker; bu tevekkülü olmasa en büyük tehlikelerde cesaretini ve neşesini nasıl koruyabilir. Gördüğünüz gibi, müslümanlığın hiçbir eksiği yoktur ve, ondan daha ileri değiliz, hiç kimse de daha ileriye gidemeyecektir".

1820 yılında bir arkadaşına yazdığı mektupta şunları söylemiştir: "Bizler hepimiz, erinde geçinde İslâm dininin mensupları olmak zorundayız." (Johann Jakop. 22 Aralık 1820. Bayram Yılmaz)

Goethe, Hıristiyanlıktaki "Mesih Allah'ın oğlu" ilkesini hiçbir zaman kabul etmemiş bir Hıristiyandır. O, Allah'ın Vahdâniyetini (Allah'ın bir olması) ve peygamberlerin sadece onun elçileri ilkesini kabul etmiştir. İslâm'da da bu tutarlı ilke olduğu için Kur'an'ı tercümesinden iyice okumuştur. "İslâm dinine göre İsâ (a.s) gelmiş geçmiş peygamberlerden bir peygamber ve insandır, tıpkı Adem, Musa, Davud ve Hz. Muhammed (s.a.v) gibi. Hıristiyanların iddia ettikleri gibi İsâ (a.s) Tanrı değil, Alah'ın kulu ve peygamberdir." Goethe bu ifadeleri kullanmıştır ve araştırmasını derinleştirmiştir:

İbrahim yıldızların efendisini
Kendine ata seçti

Issız çölde Musa
Bir Allah'la büyük oldu.

Davut pek çok kusurluydu,
Evet o cürmüyle dolaştı,
Bir olan Allah'a hakkıyla bağlanıp;
Beraat edeceğini anladı.

İsâ, bütün saflığıyla duruyor,
Kainatın ilâhı bir tek diyordu;
Onu ilahlaştıran her kişi
En kutlu hislerini yaralıyordu.

Goethe, en son dörtlükte Kur'an'a göre yazmıştır.Eserinde şu âyeti (Beşinci sûre, 116) sık sık okumuştur: "Ve yine, Allahû Teâla buyurmuştu ki: "Ey Meryem oğlu İsa, sen mi insanlara; beni ve annemi, Allah'tan başka iki Tanrı edinin, dedin?", "Haşa! " dedi. "Sen yücesin, benim için gerçek olmayan bir şeyi söylemek bana yakışmaz. Eğer demiş olsam, sen bunu bilirsin, sen benim nefsimde olanı bilirsin, ben senin nefsinde olanı bilmem, çünkü gaybları bilen yalnız sensin, sen!"

Meryemoğlu İsâ (A.S) şöyle devam etmiştir:

"Ben onlara, benim ve sizin Rabbiniz olan Allah'a kulluk edin, diye senin bana emretmiş olduğundan başka bir şey söylemedim. Ben onların içinde olduğum sürece onları kolladım, fakat sen beni vefât ettirince, onları gözetleyen yalnız sen oldun. Sen herşeyi görensin!"

▪ GOETHE'NİN TAHRİF EDİLMİŞ HIRİSTİYANLIK VE HAK DİN İSLÂM HAKKINDAKİ GÖRÜŞLERİ

"Kur'an'ın en berrak özelliği az sözle çok mânâ ifâde etmesidir. Kur'an'daki şu sözler bunun en büyük delilidir, "İşte o kitap, kendisinde hiç şüphe yoktur, müttakiler için yol göstericidir. Onlar ki gaybe inanıp, namazlarını kılarlar ve kendilerine verdiğimiz rızıktan harcarlar. Sana indirilene ve senden önce indirilene inanırlar; ahirete de kesinlikle iman ederler. İşte onlar, Rabblerin bir hidâyet üzeredirler; ve umduklarına erenler işte onlardır!İnkâr edenlere gelince, onları uyarsan da, uyarmasan da, onlar için birdir, onlar inanmazlar. Allah onların kâlplerini ve kulaklarını mühürlemiştir, gözlerinde de perde vardır. Onlar için büyük bir azap vardır."

"İşte böyle sûre sûre devam eden Kur'an-ı Kerim, insanları inananlar ve inanmayanlar diye iki gruba ayırıyor. Kur'an'ın beyânına göre, müslümanlara cennet , kâfirlere de cehennem vardır. Emir ve yasakları târif eden bu kitap, ayrıca Hıristiyan ve Yahudi dinlerindeki uydurma hikâyeleri de haber vermekte. Sınırsız tekrarlarla, derin mânâlar ifade etmek, bu ilâhi kitabın yapısını teşkil ediyor ve bu kitap, bizi bazı şeylerden korurken bazı meselelerde de hayrette bırakıyor ve neticede, bizi kendisine hayran kılarak imân etmeye zorluyor."

"Kur'an-ı Kerim, tarihe ışık tutması açısından çok önemlidir. Biz bu hususu kıymetli şahsiyetlerden naklediyoruz: << Kur'an-ı Kerim'in gayesi, o zamanlar Arap toplumu içindeki üç çeşit din mensubu kişileri;

sapık ve kılavuzsuz, başıboş dolaşan bu insanları, Hristiyan, Yahudi ve müşrikleri hidayete erdirip, onların "Bir" olan Allah'ı idrâk etmelerini ve hürmet göstermelerini, ebedi ve ezeli olan, kudretiyle bütün kainatı yaratan, en yüksek varlığın, yüceler yücesi, hakimler hakimi "Bir" yaratıcıya imân etmelerini sağlamak olup, tahrif edilmiş dinlerin esas hükümleriyle yeni hükümleri meczederek, bu hükümlerin insanlığa mutluluk, mûkâfat, adâlet getirmesini sağlamak; Allah elçisi Hz. Muhammed'in insanları birleştirmesi; geçmiş zamanlardaki kavimlerin helâk oluşlarını hatırlatarak, cehennemden sakındırıp, cennet vaaderek, nihâyet Allah nezdindeki gerçek dinin İslâm olduğunu hatırlatmak > >

Bu görüşü gözönünde bulundurarak müslümanı ayıplamayalım. Eğer O, Muhammed'den önceki zamanı, cahiliyye devri diye isimlendiriyorsa ve buna da kesin olarak inanmışsa, demek ki her şey İslâm'ın hikmeti ile başlıyor. Kur'an-ı Kerim'in uslûbu, içeriğine ve niyetine göre müsâmahasızdır, büyüktür, dehşetlidir, ürperticidir, harikûladedir, lâtiftir, yücedir ve ulvîdir. Bir çarkın dişlisi nasıl kendine bağlı öteki dişliyi harekete geçirir ve bu hareket zincirleme devam ederse, Kur'an-ı Hakim'in de birbirinden ayrılmayan, birbirini tamamlayan hükümlerinin, kitleleri tesiri altına almasına şaşırmamak lâzım. İşte bu sebepten dolayı hakiki müslümanlar tarafından Kur'an-ı Kerim'in mahlûk olmadığı, Cenab-ı Hak'la beraber ezelî olduğu beyân ediliyor. Fakat, mütefekkirlere göre, iyi bir yazı ve şiir türünün daha önceden de mevcut olduğunu iddia etmeleridir. Şayet, Cenâb-ı Allah Kur'an-ı Kerim'i, Muhammed aracılığı ile hükümlerini kanunlarını vahyetmemiş olsaydı, Araplar çok zor olarak kendi kendilerine ilerleyebilir, saf bir dil geliştirebilirlerdi. Evet bu kitap sonsuza kadar etkili olmaya devam edecek. Onun içindekiler mükemmel ve pratiktir. Muhammed Tevrat ve İncil'in aslına imân eden ailelerin kesin olarak Allah'a imân ve itaat ettiklerini, bunun da İslâm olduğunu söylüyor.

O, Tevrat ve İncil'in sadece bir dini menkîbeler şekline sokulduğunu bildiğinden Allah'a imanı, güveni ve itaati insanların kavrayabilmeleri için, sürekli geçerli ve kesin olan konuşmalarda bulunmuş, daha sonra kendisi de masal kâbilinden bazı şeylere, itîna göstermek şartıyla müsâde etmiştir. O, bazı vakaları Allah'ın hükmünü ortaya koymak için anlatmıştır. Değilse, Binbir Gece Masalları türünden şeylere izin vermemiştir. Çünkü hak olana yanlış, yalan, dolan bulaşabilirdi. Şimdi Tevrat ve İncil'de olduğu gibi." [17], [18]

Goethe'nin, kilisenin daha ciddi baskılarından korktuğu için apaçık, "Ben müslüman oldum" demeye çekinmiş olabileceği ihtimal dâhilindedir.

Bu bilge ve deha sahibi adam 22 Şubat 1832'de 83 yaşındayken hayata gözlerini yummuştur.

1) Goethe ve İslâmiyet. Dr. Bayram Yılmaz. Timaş.
2) TERCÜME. Alman Mektupları. 1964.77.80.
3) Naturalist Roman. Aykırılaştırılarak uyalanmış: YOSMA.
4) Tercüme eserdir.
5) Telif eserdir.
6) TERCÜME. İbn-i Mukaffa.1966.87.
7) Goethe. Doç. Dr. Bayram Yılmaz. Timaş.
8) TERCÜME.Herder'den Kant'a mektup. (1767).1964.80.
9) TERCÜME. 14 Eylül. Perşembe Mektubu. (1797).1960.77.
10) Bettine'den Goethe'ye. Alman Mektupları. Tercüme. 1810.
11) Goethe'den Bettina'ya. Alman Mektupları. 6 Haziran 1810. Tercüme.
12) Tercüme. 1964.79.
13) Goethe'den Behirische. 11 Kasım. 1867. Akşam. 7.00 Alman Mektupları. TERCÜME. 1964.77.
14) Meşhur Şairlerden Portreler. Eduard Zuck Mayer. Öğretmen yayınları. 1962.
15) Doğu- Batı Divanı. Doç. Dr. Bayram Yılmaz. Timaş.
16) Goethe ve İslâmiyet.Doç. Dr. Bayram Yılmaz. Timaş.
17) Goethe'nin hayatı. Ulich Woncraft. Berard Library. Stralia Adelaide Library. Town Library. (18) Goethe ve İslâmiyet. Doç. Dr. Bayram Yılmaz.
18) Goethe ve İslâmiyet. Doç. Dr. Bayram Yılmaz. Timaş.
*Hiç bir dinden kastettiği, Hristiyanlığın meshepleridir. (Yazarın Notu).

"Esrarengiz Bilim Adamı"

STEPHEN HAWKİNG Nasıl Başardı?

Henüz hayatının baharında felç geçirip tekerlekli sandalyeye mahkûm oldu. Çalışırken vücudu arasıra tekerlekli sandalyesine yıkılıyor, bazen de başı, iki omuzunun arasına düşüyor, başını ve yüzünü hiç kontrol edemiyor. Bu haliyle yüksek lisans yaptı, doktorasını verdi, profesörlüğe kadar yükseldi. Zamanın Kısa Tarihi adlı kitabı satış rekoları kırdı, en çok satan kitap ödülünü aldı.

"Dünyayı bir kaç kere yok edebilecek bir atom gücüne sahipken insanların hâlâ saldırgan olması aptalca bir iç güdüdür. Bu sebeple insanoğlunu fazla zeki kabul etmiyorum."

İnsan başka gezegenler keşfetmezse dünyayla birlikte 800 yıl içinde yok olacak. Bilim ilerleme kaydetmeli ve yaşanacak yeni bir gezegen bulunmalı.

1942'de İngiltere'de doğdu. Einstein'den ve Oktay Sinanoğlundan sonra şu an fiziğin ve matematiğin otoritesi Stephing Hawking'tir. Dünyaya son 100 yılda gelen en ünlü fizikçinin 2'si Türk'tür: Behram Kurşunoğlu ve Oktay Sinanoğlu. Diğerleri ise Einstein ve Stephing Hawking'dir. İlk, orta ve üniversite öğrenimi sırasında son derece sağlıklı, hareketli bir öğrenciydi. Oxford üniversitesi'nin fizik bölümünü birincilikte bitirdi. Hayatının kâbusu da bu yıldan sonra başladı. ALS Motor Nöron hastalığına yakalandı. Omirilik ve beynindeki şuurlu kas hareketlerini düzenleyen sinir hücreleri dağılmıştı. Konuşma bozukluğu ve yutma güçlüğü çekiyordu. Elleri kıpırdamaz olmuştu.

Sinir hücreleri bir yıprandı mı kontrolleri altındaki kaslar da yıkıma uğrar. Genç Hawking'in beyni sağlam kalmasına rağmen vücudu çökmüştü. Doktorlar Stephin Hawking'e 2 yıl ömür biçmişlerdi. Moral ve ruh hâli olarak tam bir bunalım halindeydi. Sürekli klasik müzik dinliyor, bilim-kurgu kitapları okuyordu. Ailesinin, arkadaşlarının ve hocası Scima'nın yakın ilgi ve sıcaklıkları sonucu Hawking'te hayret edilecek değişmeler oldu. 2 yıl içinde ölür denilen insan canlanmaya başladı. Hawking kendisi de moral toplayınca ölümü basbayağı atlattı. Fakat zuvallı Hawking bir daha ömür boyu kalkamayacak, konuşmayacak ve şu an tekerlekli sandalyeye mahkûm olmuş durumdadır.

Bu hâliyle Jane Wilde adında bir kızla evlendi, 3 çocukları oldu. Eşinin yardımıyla yüksek lisans eğitimini tamamladı. Hatta pek çok sağlıklı insanı utandıracak bir sabır ve sebatla doktorasını da verdi, profesörlüğe kadar yükseldi. Kraliyet Derneği'nin en genç üyesi seçildi. Kraliyet Derneği'ne seçilen bir üye, salon kürsüsünde yürüyerek diğer üyelerle tokalaşır ve onun listesini imzalardı. Bu defa öyle olmadı. Genç adam, Başkanın, tekerlekli sandalyesine kadar getirdiği onur defterini güç belâ imzalayabildi.

1978'de teorik fizikteki en yüksek ödülü olan Albert Einstein ödülü'nü aldı. 1982'de dünyanın dört bir yanından, konuşmaktan dahi aciz bu dâhi adama ödüller yağıyordu. Kraliçe Elizabeth tarafından Britanya İmparatorluğu Kumandanı Nişanı verildi.

▩ Hawking: "KARIM BENİ DÖVÜYOR!"

1988'de yazdığı "Zamanın Kısa Tarihi" adlı kitabı satış rekorları kırdı. Kitabı yazarken zatürreye yakalanmıştı. Bilgisayar aracılığıyla konuşabilen, tekerlekli sandalyeye mahkûm bu adam kemikleri kırıldığı için ve diğer başka türlü şikayetlerle sık sık hastaneye getiriliyordu. Yazdığı "Zamanın Kısa Tarihi" isimli kitabında kara delikler hakkında geliştirdiği vurucu teorilerle dikkat çeken ve yüksek dehâ olarak kabul edilen profesör Stephin Hawking'in sık sık kolunda ve el bileğinde kırıklıklar oluşuyor, dudakları patlıyor, gözü morarıyordu. Her yeri yara bere içinde hastaneye taşınıyordu.

Olay, yetkililerin de dikkatini çekmişti. Soruşturma başlatıldı. Sonuç acı ve ürkütücüydü: Çaresizlik içinde uzuvlarından mahrum yaşamak zorunda olan bu dâhi adam, karısı tarafından hırpalanıp, dövülüyordu. O da acısını içine atarak kendisini bilime veriyor, dışarıya dahi doğru düzgün çıkamıyor, evinde bol bol araştırma yapıyordu.

Nihâyet, olaydan şimdiye kadar hiç bahsetmeyen Stephen Hawking'in de ifâdesine başvuruldu. İfadesi çok açık ve netti. O, karısı için şu iki kelimeyi bilgisayar aracılığıyla söylüyordu:

HAWKİNG: "KARIM Kötü biri!"

Yakın dostlarının tavsiyesiyle Hawking karısından boşandı. 50 kilo ağırlığındaki bu dev adam hasta ve bitkin hâline rağmen şu an asrın zirvesindeki son bilim adamlarından biri olarak kabul edilmektedir. Hawking, böyle giderse insanlığın dünyayı yok edeceğini söylüyor. Tabiatın biteceğini, doğal kaynakların tükeneceğini, akla hayâle gelmeyecek, insanlığın şu ana kadar tanık olmadığı dehşet tabloları ortaya çıkacağını, kararlı bir şekilde dile getiriyor: "Ya insanlık kendini düzeltmeli ya da kendine yeni bir gezegen aramalı" diyor.

Kıyamet Teorisi, Evrenin Sırrı Teorisi Stephin Hawking'in ses getiren ve ilgi uyandıran, hiç de mantıksız gözükmeyen iki esrarengiz teorisidir.

"Bilim ilerleme kaydetmeli ve yaşanacak yeni bir gezegen bulunmalı" diyor ve ekliyor bu yarım adam: "İnsanlık başka gezegenler keşfedemezse dünyayla birlikte 800 yıl içinde yok olacak."

Yaptığı her açıklama bomba etkisi yapan 62 yaşındaki Steghen Hawking, Kainâtın sonu hakkında BBC televizyonunda geçen yıl yaptığı konuşmada ilginç bir olay yaşanmıştı: Konu küresel ısınma ve buzulların erimesiyle ilgiliydi. Tam küresel ısınmanın tehlikeleri ve dev buzulların çözülmesinin insanlığa getirdiği tehditleri anlatıyordu ki Antarktika kıtasında 45 km uzunluğunda dehşet bir buzdağının ürkütücü sesler çıkartarak koptuğu haberi televizyonlardan alt yazıyla geçiyordu. Hepsinde şu yazıyordu: "Profesör Stephen Hawking'in insanlığa uyarısı ciddiye alınmalı. Hawking falcı değil, yaşanan gelişmeler onun ne kadar doğru olduğunu gösteriyor."

Küresel ısınma sözünü ilk ortaya atan Hawking'ti. Dünya Bilim Otoriteleri de Stephen Hawking'e katılıyor.

Onun Dünyanın Sonu teorisindeki yıllar arası görüşleri şöyle:

2000-2400 yılları arası

El nino yüzünden iklim değişiklikleri olacak. İklim değişikliği sebebiyle sıtma ve tifo daha gelişmiş korkunç bir hâl alarak insanlığın karşısına dikilecek. Kasırga ve hortumlar insanlığı kasıp kavuracak. Önümüzdeki 100 yıl içindeki ısı değişimleri bitki örtüsünü allak bullak edecek.

Buzulların erimesi yer şekli yüzeylerinde önemli değişiklikler meydana getirip yerleşim yerlerini denizlerin dibine gömecek.

2400-2500 yılları arası

Güney Yarım Küredeki şiddetli olumsuz değişimler sebebiyle Kuzey Yarımküre'ye kaçan insanlar "Göç savaşları"na sebep olacak. Çevre kirliliği tabii kaynakları kurutacak. Kuzey ve Güney kutbundaki korkunç dev buzul dağları eriyerek, karaların çoğu sular altında kalacak.

2800

Dünyanın atmosferi değişecek ve Dünya, Mars gibi sülfirik asit hâlini alacak, hiç bir canlı yaşayamayacak.

Doğal, tabii âfetler gibi görülen dünyanın bu yokoluşa doğru giden değişimlerinin sebebi aslında insanoğlu. Otomotiv sanayii'nin gelişmesi arabaları artırmıştır. Bu da daha çok petrol kullanımı demektir. Nüfusun hızla artması, insan ihtiyaçlarının daha çok, daha çeşitli hâle gelmesine yol açmıştır. Bunların temelinde de yine bolca petrol kullanımı yatmaktadır. Sprey deodorantlardan tutun da araba eksoz dumanlarına ve dev fabrika bacalarına varıncaya dek tüm bu kirli hava, atmosferi isli pisli hâle sokup, güneş ışınlarının dünyaya çarpık çurpuk gelmesine yol açmıştır. Çünkü atmosfer delinmiştir, yapacak bir şey yoktur, atmosferi iğne çaputla kapatmaya da insanoğlunun gücü yetmez.

Dahası, savaşların ve nükleer denemelerin açığa çıkardığı müthiş negatif enerji, amosferimizin çığlıklarına sebep olmuştur. Atmosfer delinince güneş ışınları tavuk görmüş tilki gibi dünyanın üzerine enlem açılarına, ekliptik düzlemlerine, dik açı ve eğik açı hikâyelerine âdeta gülecek, dünyanın üzerine kara bulut gibi iyice çökmeye başlayacaktır. Böylece, insanoğlu sonunu kendisi hazırlayacaktır.

Evrenin Sırrı Teorisi: Stephen Hawking, " paralel evren var mı?" Sorusuna yanıt arıyor.

Alman Focus Dergisi'nin röportaj yaptığı Stephen Hawking, bu konuyla ilgili çarpıcı açıklamalarda bulunmuştu. Ne diyordu esrarengiz adam Hawking:

"Evrenin sırrını çözmek insanoğlunun sahip olacağı en son zafer olacaktır. Böylece insan sadece kâinatın ve mikroskobik dünyanın oluşumuyla değil, zamanın ve maddenin başlangıcıyla da ilgili bilgi sahibi olacak. Belki de insanoğlu kainatın en gizli sırrına iyice yaklaşacak.

İnsanoğlu teknik ve ilim gücüyle kendisine zarar verebilir: Nükleer denemeler, küresel ısınma, atom savaşları, iki yüz yıl önceki hastalıklar, (Tifo, sıtma, kuduz, verem kolera, Veba), genetik değişime uğramış daha canavarca virüsler... Tahmin edemeyeceğiniz başka korkunç tehlikeler oluşabilir. İnsan ırkı ancak başka yıldızlara ve yaşanabilir dünyalara ulaştığında güvende olacaktır.

Yaklaşık 2 milyon yıldan bu yana insanoğlu saldırganlık sayesinde hayatta kaldı. Yani vahşi, dev hayvanlar arasında. Ama şimdi dünyayı bir kaç kere yok edebilecek bir atom gücüne sahipken, insanların hâlâ saldırgan olması aptalca bir içgüdüdür. Bu sebeple insanoğlunu fazla zeki kabul etmiyorum. Genetik müdahaleyle DNA değiştirilerek insanın seviyesi yükseltilebilinir. Ancak sonucu görmek için en az 18 yıl gerekli. Halbuki bilgisayarlar 18 ayda bir, güçlerini iki misline çıkarıyor. Bu yüzden bilgisayarların dünyayı ele geçirme tehlikesi var. Yapay beyinlerin insan zekâsına bağlanması için bilgisayar ve beyin arasında doğrudan bağlantı kurulmalı Einstein'in izâfiyet teorisiyle Kuantum teorisini birleştirmeye çalışıyoruz. İzâfiyet teorisi madde ve yer çekimi fenomenlerini târif eder; Kuantum teorisi atom, elektron ve kuark gibi parçacıkların davranışını anlatır. İki teoriyi birleştirdiğimizde "Herşeyin Teorisi" ortaya çıkar. Ve bu kâinatın nasıl oluştuğunu, bunun niye böyle olduğunu anlatır. "Mutlak Formül"ü arıyoruz. Teorilerimiz henüz tamamlanmadı, bu tür bir dünya formülünün sonuçta nasıl bir hâl alacağını bilmiyoruz. Ancak ben bu iki formülün yer alacağından eminim. Belki evrenin bütün fenomenlerini açıklayan bir dünya teorisini bu kapasitemizle kavrayamayabiliriz.

Maymunlar insanlarla % 99 oranında aynı genetik yapıya sahip oldukları halde izafiyet kanununu bilmiyorlar. İşte bu % 1'lik fark insana büyük bir avantaj sağlıyor: Dil..

Dil sayesinde insanlar dev ama yavaş bir bilgisayar oluşturuyor. Bu bilgisayarın bir teori ortaya çıkaracak güçte olmasını umut ediyorum. Mikroskobik nesnelerin zamanda yolculuk yapması benim hesaplarıma göre hayli düşük ihtimal".

Stephen Hawking hâlen İngiltere'de yaşamaktadır.

Bilgisayarların dünyayı ele geçirmesi tehlike olarak görülüyor. Bu nasıl oluyor, hiç düşündünüz mü? Çok kolay, yakın bir gelecekte yaşam tamamen bilgisayar kontrolünde olacak. Uçak seferleri, rotaları, Saatleri;

ulaşım, taşımacılık; gıda ve akla gelebilecek herşeyin üretimi; haberleşme, ışıklandırma, ısınma, eğitim; ağlamalarımız, gülmelerimiz hepsi bilgisayar sistemi içinde yürüyecek. İşte o gün, o âna geldiği zaman insanlık, bilgisayarların 10 dakikalık kilitlenmesinde insanlık perişan olur, aç kalır , kazalar olur, makineye bağlı hastalar ölür, uçaklar düşer dünya koyu bir karanlığa gömülür. Hele bir de bu devam edecek olsa... Niye olmasın? Edison 100 yıl önce elektriğe horon teptirmedi mi? Telsizi bulmadı mı? Ona "Küçük yaramaz çocuk, seni bir gün boşlukta yürüteceğim."demedi mi?

Yani evrende sanki hisseden, gören soyut manyetik bir güç var. Bu güç elektriğin kılığına girmiş, bilgisayarın kılığına, girmiş, görünmeyen enerjinin kılığına girmiş. Daha henüz bu aşamada çocuk. Ama tam büyüdüğü zaman insanlığı esâret altına bile alabilir. Örneğin, gizemli bilgisayar sistemleri... Bu sistemler birgün bir bütün hâline geldiğinde, insanlık o zaman topyekün bir tek bütüne mahkûm olacak. O bütün, en küçük bir haylazlığında onbinlerce insanı bir anda katletme imkânı yakalayacak. İşte, kanaatimce gelecekte bu inanılması zor gerçeğe "Bilim savaşları" diyecekler. Kimi aklı başında insanlar çıkıp bilgisayarlar için, "bir bütün sistem oluşturmayalım, ayrı ayrı sistemler hâlinde olalım ki elimizde koz olsun." diyecek

Teorik Fizikte geçmiş ve gelecek enerjilerinden de (Yaşam) bahsedilmektedir. Bazı bilim adamları "Geleceğe Dönüş"e sıcak bakıyorlar. Oysa geleceğe dönüş mümkün değil, çünkü Allah "Geleceği yalnız ben bilirim" dıyor. Şu an itibariyle geçmişe dönüş bir şartla... Eğer şu andan itibâren kaydeden bir güç varsa... Geçmişe dönüş, buluş olarak gerçekleştirilirse bundan sonraki insanlık yaşamını kaydetmek mümkün olabilir. Ancak uzayda Fotoşok enerjisinin olduğunu, bu enerjinin dünyadaki bütün olayları bir başka boyutta (Stephen Hawking'in bahsettiği paralel boyut) öylece anlı canlı kaydettiğini söyleyebiliriz. Kur'anın bir yerinde anımsadığım kadarıyla bu konudan üstü kapalı bahsediliyor. Evren 6 boyut olsa, yeryüzünde yaşanmış hâdiseler bir başka boyutta tek tek gösterilecek olsa, yani bizim için geçmiş olan, bir başka boyut için gelecek olsa!.. Bütün mesele bu boyuta geçebilecek bilimsel bulgulara ulaşmaktır. Eğer bunu çıkıp da biri başarırsa o zaman Cleopatra dönemine gidebiliriz, belki onlar bizi farketmez ama, sadece farklı frekanstan onların yaşamlarında bulunabiliriz. Şu an farklı frekanstan bizlerin içinde dolaşan farklı varlıkların olduğunu kabul eder misiniz? İşte bu kabul edeceğiniz şey âlem oluyor. Bunu size bırakıyorum.

"Açlığın, Sefaletin Diğer Adı"

HAMSUN Nasıl Başardı?

Dünyaca ünlü yazar, maden ocaklarında taş kırdı, balıkçılık yaptı, çiftliklerde hizmetçi olarak çalıştı, insanların hoşgörüsüzlüğüyle kırgın ve aç olarak sokaklarda yattı kalktı. Sefaletin sarsıntıları arasında zar zor devam ettirdiği yoksul hayata katlanamayacak hâle geldi. Kendini yazdı, yani dünyaca "Açlık" adlı eserini... Onu dünya tanıdı, Türkiye tanıdı. Kitabı yüzbinlerce sattı.

"Okul yüzü görmedim, okumayı kendi kendime öğrendim. Açlığın ve çilenin ne olduğunu çok iyi bilirim. Sokak fenerleri altında, ıssız bir parkta çok okuyup, yazdım. Soğuk kış günlerinde dışarlarda çok yattım. Girdiğim işlerin ağırlığından dayanamayacak hâle geldiğim anlar oldu, çöktüm, hastalandım ama yılmadım."

Bir zamanlar Türk okuyucusunun hâfızasında "Açlık" isimli eseriyle silinmez bir yer edinen Hamsun 1860'da Norveç'te doğdu. 4 yaşında anne ve babasını kaybetti. Lofoten adasındaki amcasının yanında kaldı. Fakat o da çok yoksuldu. 17 yaşına geldiğinde dayanamadı, amcasına yük olmak istemeyerek adayı terketti. Bir kunduracının yanında çırak olarak çalıştı. Bundan sonraki 13 yılı akla hayâle gelmedik ezilmişliklerle geçti.

Maden ocaklarında taş kırdı, tayfa oldu, insanların çantalarını taşıdı. Ama her girdiği işte o kadar az bir para kazanıyordu ki sadece karnı doyuyordu. Soğuk kış gecelerinde barınacak yeri olmuyordu. Daha fazla dayanamadı. 25 yaşına geldiğinde şansını denemek üzere Amerikaya giden bir gemiye kaçak olarak bindi.

Bir önemli konuyu belirtmekte fayda görüyorum: İsveç, Norveç veya ABD denilince aklınıza bu ülkelerin şimdiki zengin durumları gelmesin. Bu ülkeler 100 yıl öncesine kadar açlıktan ve kirden pastan kıvrılıyordu. O zaman da biz, yani Osmanlı ve Cumhuriyetin ilk yıllarında (1950'ye kadar) o kadar zenginmişiz ki hazine ağzına kadar doluymuş. Türk milleti, tarihinde şu anki gibi bir yokluğun içine asla düşmemiştir.

Hamsun Amerika'ya geldiğinde çiftliklerde hizmetçilik, dükkanlarda tezgâhtarlık yaptı; istasyonda yolcuların inip binmesiyle meşgul oldu, onların bavulunu taşıdı. Fakat bu arada çalıştığı bagaj taşıma bölümünde sık sık kitap okuduğu için kovuldu. Haftalarca aç, susuz iş aradı, insanların elindeki bavulları bir ekmek parası karşılığında taşımak istiyordu, ama 26 yaşındaki bu genç adam her defâsında tersleniyordu. Hastalandı, sokak köşelerinde kıvrılıp yattı. Bir tüccar onu gördü de haline acıdı, karnını boyurdu, yol parasını verip geri dönmesini sağladı; o kadar ağırına gitmişti ki... Oysa bu çileler onun kuru ekmeğine taze yağ sürüyordu, onu bir yerlere taşıyordu, fakat o bunun farkında değildir.

Memleketine geldiğinde karşılaştığı aşağılatıcı, onur kırıcı 1900'lerin Amerikasını öyle bir kaleme aldı ki... Hakâret etmedi, en küçük bir kara leke sürmedi. Sadece kendi düştüğü durumu ve insanların kayıtsızlığını, vicdansızlığını yazdı. Kitabının en çok satıldığı ülke Türkiye oldu. Hamsun, sonraki yıllarda yazacağı "Hilâlın Altında" adlı eserinde Türklerin merhâmetini, misafirperverliğini, yiğitliğini anlatacaktır. Düşmanına bile zayıf ve çâresiz düştüğünde merhâmet eden Türk ulusu, o dönemin dünyaca meşhur yazarından onlarca teşekkür alacaktı.

Ama yazık ki şu sıralar lime lime Türk ulusunun bu güzel duygularını dumura uğratmaya çalışan kültür, etki ve ahlak ajanlarına dikkat çekmek isterim.

Hamsun'un "Açlık" isimli kitabı, okuyanı ürpertecek nitelikteydi. Tamamen yaşanmış hayat hikâyesi olan bu kitapta, aç kalan, açlığını tesadüfen gideren bir gencin hâli anlatılıyor. Hamsun, açlık kıvranışlarında, yalnızlık çöküntülerinde neler hissettiğini muazzam tahlille ve samimiyetle dile getirmiş. Bir sokak feneri altında, parkta bir bankın üstünde kitab okuma ve yazma çabası veren Hamsun, kayıp gençliğini nasıl bulduğunu, her satırında kalbi titreyerek anlatmış.

Genelde iç duygular, tabiatın güzelliği, garip duygusal adam gibi konular üzerinde durmuştur. "Din Sırları" adlı romanı bu türdendir. Ağaçları, otları, bayırları, patika yolları, uçsuz bucaksız sükûnet dolu tarlaları, yitip giden duyguları, rûya güzelliklerini çocuk ağzıyla yazmış. Koca şehrin uzun binaları arasında yırtık bir ceketiyle, başındaki koyu kahverengi fakir kasketi ile yağmur damlaları altında dolaşan adam, onun ahbabıdır.

Filme de çekilen "Öğlen İstirahatı" adlı romanı bir Alman eleştirmeni tarafından şöyle değerlendirilmişti. "Başka kitaplar raflarda tozlanıp topraklansa da Hamsun'un bu eseri yaşayacak, yarınlarda genç sevdalıların arkadaşı olmaya devam edecektir."

1910'da yayımladığı "Göçebe Adam" romanında da âdeta kendi yaşamından kesitler vermiş. Kaybettiği gençliğinin peşinde, âvâre, 40 yaşlarındaki bir adamın hikâyesi, şehirlerin patırtılı, gürültülü vahşetinden kaçarak kırlarda, tahtadan yapılmış çardaklarda yıldızları seyrederek huzur ve şifâ arayan bir garip adamın hikâyesi. Bir kitap yazmak için, konu ne olursa olsun bence yazan kişi samimi ve içten olmalı. Ben yazdığım bu kitapta ruhumdan, içimden, geçmişimden, çocukluğumun hüzünlü ama tatlı, acı ama hatıra dolu tozlu, sisli anılarından çok şeyler kattım.

Bu kitapta ben gizliyim, ruhum gizli.

Sert ve boş topraklara düşen alınteri, gelişmiş en modern sanayi teknolojisinden daha berrak, daha bereketli sağanaktır. Hamsun bunu "Dünya Nimeti" adlı eserinde güzel betimlemiştir. İsveçli ünlü yazar Selma Lagerlof, Hamsunla ve kitabıyla ilgili duygularını şöyle ifade etmiş... "Birinci Dünya Savaşı içinde insanların, yüzyıllardan miras bunca emeği parçalamayı, yakıp yıkmayı kendilerine âdeta vazife edindikleri sırada çiftçinin, göçebenin uğraşmaktan, didinmekten duyduğu hazla dolu kitabı çıktı. Liderlerin, milletlerin yakıp yıkarak, kesip biçerek yeni topraklar, yeni ülkeler peşinde kızıştıkları bir sırada sen basit bir adamı eline bir balta, bir saban vererek en aziz bir gazaya yolladın. Evvelce hiç bir kalemin tasvir etmediği bir gazaya! Senin bu kitabın ezelden beri insanoğlunun gönlüne ferahlık veren tek şeyin, zahmetli yorgunluklar, sabırlı çalışmalar olduğunu, insanoğlunun ancak böyle çalışmalarla zindeliğe, hayatını saadete, ismini saygıya, hatırasını ölümsüzlüğe kavuşturacağını isbat etti."

Hamsun'un münzevi bir kişiliği vardı. Yani sessiz köşelere çekilip, ufak kasabalardaki kaynaşan mütevazi hayatlara tutkundur. İçlerindeki huzursuzluk ve kararsızlık yüzünden oradan oraya göç eden yersiz yurtsuz, bazen tuhaf tabiatlı insanlar üzerinde fazla durur. Sosyal endişe ve anlayışlarının çoğu genellikle muhafazakârdır." diyor Behçet Necatigil.

19 Şubat 1902'de 92 yaşında hayata gözlerini yuman Hamsun, babası Gederson, ve annesi Tora'nın yanına gömüldü. Bu onun vasiyetiydi.

HAMSUN'UN ACILARI ROMAN OLDU

"Sult", yani "Açlık" isimli roman 1890'da basıldığı zaman Hamsun'un şöhretini de beraberinde getirmişti. Okuyanı ürperten bu eserinde Hamsun, aç kalan, açlığını edebiyata olan sevgisiyle bastırmaya çalışan talihsiz bir gencin hayatını anlatmıştır. Yaratma ve başarma sancıları çeken bir gencin ruh tahlili ancak bu kadar olur. Sefâletin, perişanlığı sarsıntıları arasında, çağın, önüne koymuş olduğu seçenekleri bir bir denemek zorunda bırakılan, dehşetengiz bir silkinişle yine çağın, bu defa ortaya konulmuş olan, tamamen birilerinin lehine işleyen kuralların her birine tekmeler atarak alnına yazılmış kötü talihini silmeye çalışan ve bu karmaşıklık içerisinde varolma mücadelesi veren bir insan... söz verilmiş iyilikler, kalbin aşktan aldığı vergi, aşkın perişan ettiği insan... bütün dolgunluğu, bütün olgunluğu ve bütün ihtişâmıyla Hamsun'un vermeye çalıştığı mesaj tüm bu silkenişler içerisinde aslında açlık ve aşk, insanı mistik duygulara taşıyan güçlü birer duygudur...

Hamsun'un 1892'de yazdığı "Din Sırları" romanı okuyanı gizemli topraklara götüren eserdir. "Yeni Toprak" ve "Pan", aşk ve tabiatın ağdalı, övgü dolu tasvirleridir. "Teğmen Thomas Glahn" ın Notlarından isimli eser, aslında Pan'ın bir başka açılımıdır. Bu kitap modern psikolojinin canlı bir örneğidir. Goethe'nin modern şair olarak kabul edilmesi gibi, Hamsun da, bu eseriyle edebiyat otoritelerinden büyük övgü almış, aynı zamanda büyük bir şair olarak da görülmüştür.

Hamsun'un hem şair ve hem edebiyatçı yönünü çok iyi gösteren eseri Pan, 1930'larda 112'nci baskıya ulaşmıştır. Sefâlet içerisinden rahat ve şöhretli bir yaşama ulaşan bu duygulu yazar, Victorya isimli romanını yazdığında bütün Avrupa ve Amerika Hamsun'dan bahsetmişti. Hatta filme de alınan "Victorya" hakkında bir Alman eleştirmeni şunları söylemiştir: "Günümüzün yığınlarca eseri zamanla toz toprakla örtülse, unutulsa Victorya yaşayacak, yarınlarda da genç sevdalıların arkadaşı, sırdaşı olmaya devam edecektir."

Hamsun, Homeros'la bir tutularak romanlar değil âdeta destanlar yazmıştır. Onun, ağdalı dili bile anlaşılır kılması, yürekten ve hissederek yazdığını gösterir. Başaran insanın ihtişâmını en iyi yorumlayan, en iyi sergileyen Hamsun için üç şey önemlidir: samimiyet, anlaşılırlık ve inanç. O, kitaplarını sanatsız görmüştür; önemli olan, yaşamın gerçek yüzünü anlatırken huzuru ve başarıyı yakalama çabasının da sonuçsuz kalmayacağını yansıtabilmektir. Bu yüzden Hamsun "sanatsız sanatcı" olarak bilinir. Çoğu kez Dadaist olarak algılanmıştır ama o sanata saygılı bir yazardır. Dadaistler'den ayrılan yönü şimdi hâlâ kitaplarının okunuyor olmasıdır.

1923'te yazdığı «Sidste Kapitel», «Son Bölüm» isimli kitabı, dünyanın tanrı gözüyle değerlendirilmesi olarak kabul edilmiştir. Bu roman, cehennemsiz, cennetsiz ve ârafsız bir bakış açısıdır.

(3) Büyük sanatçılar. Adli Moran. Yedigün.

Yani herşey bitmiş kabul edilmiştir. Bu doğrultuda, cennet, cehennem ve âraf tedirginliği yaşamadan insan bütün çıplaklığıyla ne yapabilir? Ölçüsüz bir dünya, zamansız bir dünya, samimiyetliklerin mihenk taşı olacaktır. 1927'deki romanı "Serseri" bu mihenk taşını yansıtır nitelikte; dünyada tüm olan biteni, herşeyi, herkesi içine almış bir cam küredir âdeta. İnsan bu cam küreden sadece kendisini göremez; Varolan tüm çarpıklıkları, tüm insan arzu ve isteklerinin neticesinin sonunda uçurum olduğu gerçeği... Arzu ve istekler Hamsun'da 1933'ten sonra uçurumun eşiği olarak görülmüştür. Hans Johs, 20. yüzyılın İlyada ve Odise'si diye tanımladığı "Serseri"nin arkasından "Senelerden Sonra" isimli romanla ilgili şunları söylemiştir: "Gün batısı kızartıları, sessizliğin yankılanan acı çığlığı.... ihtiyarlığın hüznü değil, yeryüzünün ölçüsüz ve ilâhi nimetleri bu kitapta"

Knut Hamsun, içine kapanık bir kabiliyeti, içine kapanık dehşet bir tesbiti, içine kapanık bir hafıza ve dehâyı yansıtır. O, sükûnetin adamıdır. Hamsun'un şuuraltı psikolojisi çok güçlüdür. Soğukta tir tir titreyen bir insan, sahipsiz, evsiz, kimsesiz olarak ne hisseder, nasıl davranır? Hiç dikkate alınmayan hor görülen, insan muamelesi göremeyen insan, bir köşeye çekildiğinde ne hisseder, diğer bütün insanları nasıl görür, tanrı onun için nerede durur? Bu hisler varoluşun getirdiği kalıplardır. İnsan iki şey olur bu durumlar karşısında: Ya tanrıya sığınır ya da döner ona isyan eder.Hamsun bu ikisinin, cehennem cennet ortası Âraf gibi bir Ârafının olamayacağını ifâde eder. Ya boyun eğme ya da isyan. Ona göre insan tüm yaşamı boyunca annesine babasına, çevresine, arkadaşına hatta kendine ya boyun eğmiştir ya da isyân etmiştir.

1) Büyük Yazarlar: HAMSUN. Çeviren: Behçet Necatigil. Varlık.1964.
2) Knut Hamsun. Behçet Necatigil. Varlık.
3) Batı Medeniyetinin Yazarları. Komisyon. Beyazıt Devlet Kütüphanesi.
4) Büyük Sanatçılar. Adli Moran. Yedigün.

"ÇizgiFilmin Kralı"

WALT DİSNEY Nasıl Başardı?

Beş parasız hasta bir adam. Gözleri yollarda oğlundan ekmek parası bekleyen zavallı bir anne, uzak şehirlerde pansiyon odasında oturup ne yapacağını düşünerek acı çeken bir genç. Yardım etmesini severdi. Ekmek parçaları vererek, arkadaş olduğu minik bir fare onun hayatını nasıl değiştirebilirdi ki!.. Ama değiştirdi "iyilik yap denize at, balık bilmezse hâlîk bilir" sözünü en güzel ömekleyen ilginç mi ilginç bir yaşam öyküsü.

"Karnımı bile doyuracak param yoktu. Aylarca iş aradım, bulamadım. Hiç bir kabiliyete sahip olmadığımı söylediklerinde kırık kalple başımı öne eğip oradan ayrılıyordum. Tâ ki depodaki bir fareyle karşılaşanadek."

"Fareleri oynatarak milyoner olan adam" diye tanınan Walter Disney, bir zamanlar Şikago'nun yağmurlu, çamurlu sokaklarında nasıl geçineceğini, ne iş yapacağını düşünüp dururdu. Onun için, sabah güneşin doğuşu dertlerin de doğuşuydu. Güneşin batışı ise o gün bir ümidin karanlıklara gömülüşüydü.

Walter Disney 5 Aralık 1901'de şikago'da doğdu. Ailesi varlıklı değildi. Yoksul yaşadı. Gece karanlığının erken saatlerinde kalkar, soğuktan buz tutmuş ıslak yerlerde kaymamak için kendini zor tutarak 2,3 km yürür, gazeteleri istifler, koltuğunun altına alır, kapı kapı dolaşarak dağıtırdı. Fakat kazandığı para yaptığı eziyetli işin yanında çok çok azdı. Bir haftalık kazancı ancak bir gün yetiyordu. Kitap okumayı seviyordu.

Bu genç çocuk artık gazete dağıtmak istemiyordu. Kendisine daha ciddi, daha istikrarlı iş aradı. Ama yazık ki her defâsında herhangi bir kabiliyetli olmadığı için kapılar tek tek yüzüne kapatılıyordu. Artık kapı kapı dolaşmak ağırına gitmeye başladı. Hele, "Mesleğin ne?" diye sorduklarında eğitim görmediği güne lânetler yağdırıyordu. Yaşı on sekizdi. Bir akıl mektebinin eğitiminden geçmesi gerektiğinin bilincindeydi.

Bir süre ambulans şoförlüğü yapan Disney, yine işsiz işsiz sokaklardaydı. Şikago caddelerini turladığı günün akşamı yol kenarındaki bir kitapçıya daldı. Kitaplara göz gezdirdi. Hepsi de okunacak kitaplardı. Kendisi pek okula gitmemişti ama okuma yazmayı biliyordu. Hatta elinden karikatür çizmek de geliyordu. Param olsa bu kitapların hepsini alır, okurdum." diye düşündü. İçlerinden birini beğendi. Pazarlık mezarlık derken zor bela satın aldı. Hızlı adımlarla kitapçıdan çıkıp doğru eve gitti. Aldığı kitabı inceledi. O zamanlar şimdiki gibi değildi, kitapların arka sayfalarına reklam alınırdı. Hatta 1940 baskılı bir kitapta Arko reklamı görürseniz hiç şaşırmayın.

Walt Disney'in aldığı kitabın arkasında "Kansas City Sanat Enstitüsü sizi ücretsiz kurslara çağırıyor." diye bir ilân vardı. Hemen karar verdi, gidecekti bu kursa. Zaten onun bir tarafında artist olmak yatıyordu.

1918'de Kansas City Sanat Enstitüsü'nün kurslarına gitti. Kursta Ub İwerks diye bir arkadaş kazandı. O da, Disney gibi içindeki devi uyandırmak için sanat kurslarına katılmıştı.

Kurslar bitince iki arkadaş vedâlaşıp ayrıldı. Disney Şikago'ya döndü. Eve geldiğinde bir kalabalıkla karşılaştı, babasının vefatını öğrenince bir tuhaf oldu. Misafirler, "Başın sağolsun Walter" deyip gittiler. O günden sonra on gün boyunca hiç bir işe elini atmadı. Kafası dağınıktı. Annesi oğlunun işsiz olmasına için için üzülüyordu. Walter, onunla biraz sohbet edince rahatladı.

Bir ajansta kendine küçük çizimler yapması teklif edildi. Parası çok azdı. Ama kabul etti. Bir müddet çalıştıktan sonra kurs arkadaşı Ub İwerks'ten bir tegraf aldı. Beraber iş yapmaları için Walter'i Kansas City'e çağırıyordu. O da böyle bir şey arıyordu zaten, atlayıp gitti Kansas'a. Birlikte bir ajans için kısa çizimler yaptılar. Bir müddet sonra kendileri çizgi film şirketi kurdu. Kısa çizgi filmlerden oluşan film tekniklerini buldular. Fakat umdukları gibi olmadı. Şirketin bulunduğu büroya kira parası öderlerken, çizdikleri filmlerden bir kuruş alamıyorlardı. Çünkü filmleri iş yapmıyordu. Disney ve İwerks birlikte kurdukları şirketi kapamak zorunda kaldılar.

Bu arada Walt Disney'in erkek kardeşi Roy da çizim yeteneği olan bir gençti. Birlikte birikimlerini ortaya koyarak Hollywood'a gitmeye karar verdiler. Hollywood'da türlü işlerde çalıştılar. Yeri geldi o gün ne yiyeceklerini kara kara düşündüler. Aç yattılar, aç kalktılar. Hayatın ne kadar acı olduğunu düşündüler. Çizim yapıyor, film şirketlerine gösteriyorlardı. Ama hiç biri beğenmiyordu.

Bir gün Disney Kansas'tan olan arkadaşı Ub İwerks'i Universal Film Şirketinde gördü. Oturup konuştular. Üçü birden yani Walt Disney, Roy Disney ve Ub İwerks bir araya gelerek güçlerini birleştirdiler. Alice in Cantoonland (Alis Çizgi Film Diyarında) adlı dizi film yaptılar. Ama başarılı olamadılar. Oswald The Rabbit (Tavşan Oswald) adlı başka bir çizgi film dizisi yaptılar, başarılı olamadılar. Walt Disney, kendi tek başına onlarca çizgi film üretti, ama nafile. Bıkkınlık geldi, "Ben eve dönüyorum Roy" dedi. Roy Hollywood'da kaldı, Walt şikagoya döndü.

Walt Disney, resim yapıp sokaklarda satmayı düşündü. Ama stüdyosu yoktu. O da evin arka tarafında bulunan ambarı stüdyo gibi kullandı. Hâlini ve gidişini hiç beğenmiyor, geleceğinden endişe duyuyordu. Yaşı otuza yaklaşıyordu ama hâlâ bir baltaya sap olamamıştı.

Bir gün dalgın dalgın geleceğiyle ilgili kara kara düşünüp, resim çizerken sol göz profili sol tarafında bir şeylerin kımıldadığını görür gibi oldu. Başını sol tarafına iyice çevirdiğinde minik bir farenin tahta zemin üzerinde oynadığını farketti, fare âdeta dans ediyordu, garip garip hareketler yapıyordu. Disney işi gücü bırakıp fareyi seyretmeye başladı. Evden ekmek getirip bu sevimli yaratığa verdi.

Zaman geçtikçe fare ile Walt Disney'in arkadaşlığı ilerledi. Hatta minik fare Disney'in çalışma masasına çıkacak kadar ona alışmıştı. Walt Disneyin aklına bu fareyi çizmek geldi. Böylece çizdiği bu resim, farkında olmadan onu sinema dünyasında en çok izlenen sanatçı ünvanına kavuşturdu ve servet sahibi yaptı.

Ünlü adam, hayvanat bahçelerine gidip hayvanların hareketlerini ve seslerini inceledi. Çizgi Film sanatının üzerinde tekrar şevkle eğilmesini sağlayan o minik fareydi. Aklına değişik projeler getirerek Hollywood'un yolunu tuttu. Giderken annesine para bırakmayı ihmal etmedi.

Hollywood'a gelir gelmez projesini kardeşi Roy'la ve kurs arkadaşı Ub İwersk'e anlattı. Oturup konuyu tartıştılar. Bu çizgi film kahramanı sevimli fareye bir de isim bulmalıydılar. Saatler konuşmadan sonra nihayet son sözü söyleyen Walt Disney oldu: "Disney Company" adlı şirket kuruyoruz" dedi. "Peki fare?" diye sordu kardeşi Roy. Bunu arkadaşı İwerks cevapladı: "Buldum! Mickey Mouse!"

İşler yolundaydı. Walt Disney'in fikir babalığını yaptığı minik fare, onların yolunu açmıştı. Her ne kadar ismi İwerks bulduysa da, daha sonraki yıllarda bunu sıfırdan alıp tâ merkeze kadar taşıyacak ve dünyaya tanıtacak olan Walt Disney'dir. Meselâ, o ana kadar filmleri sessiz yapıyorlardı. Fakat bir gün Disney, "Kafamdaki bu filmi sesli çevireceğim" deyince kardeşi Roy ve arkadaşı İwerks şaşırdılar. Çünkü sesli filmin maliyeti çok yüksekti. Belki de normal bir filmin on katıydı. Ama kararlıydı Disney.

Nihâyet, "İstimbot Willie" isimli çizgi film sesli olarak çekildi, bitirildi. Bu film üç ortağı, ya sersefil don gömlek ortada bırakıp Disney Company'in kapısına kilit vurdurup, "Eyvallah Hollywood!" dedirtecekti ya da onları Hollywood'un en ünlüleri arasına katacaktı.

Beklenen haber bir hafta sonra geldi. Bir sinema salonu, filmi yedi defa göstermişti. Film izlenme rekoru kırdı. Talih Walt Disney'in yüzüne gülmeye başlamıştı. Hedefine doğru ilerleyen Disney, Donald Duck ve Dippy adlı tiplemeleriyle Hollywood sınırları dışında da adını duyurmuştu.

Sonraki yıllarda servetinin tümünü renkli, sesli, yaklaşık 6 saat sürecek, dünyanın ilk uzun çizgi filmine yatırmaya karar verdi. Filmin çekiminde kurs arkadaşı İwerks tarafından geliştirilmiş olan ve alışılmış diğer kameralara göre çok daha ayrıntılı ve ince resimlerin çekilmesine imkân tanıyan multi-plane kameranın kullanılması kararlaştırıldı. Film tam 3 yılda bitirilebildi. Filmin masrafları 1,5 milyon doları aşmaya başlayınca Disney'in şirketi iflâsın eşiğine geldi. Dünyanın ilk pahalı filmi de budur. Bu çizgi filmin adı: Pamuk prenses ve Yedi cüceler'dir.

Böyle masraflı film yapacağını söylediğinde Roy ve arkadaşı İwerks onu vazgeçirmeye çalıştı, "Neyin var neyin yok kaybedersin. Biz de perişan oluruz. Bir daha da, ulaştığımız şu refaha ulaşamayız" dedilerse de Walt Disney, "Makine!" dedi.

SONUÇ NE OLDU?

Sıkı durun! Tam tamına 8 milyon dolar hâsılat.

Dünya rekoruydu bu. Hollywood yapımcılarının saçları kalktı, dudakları uçukladı, "Bu Walt Disney denilen adam bir çılgın" dediler, "Durun!

daha bitmedi!" dedi Disney. Pinokyo adlı çizgi film yaptı, o da dünyada ses getirdi.

Milyonlarca çocuğun gönlünü fetheden Walt Disney, daha düne kadar kimsenin tanımadığı adamken, bugün milyonlar onun peşindeydi. Herkes onu görmek, tanımak istiyordu. Ayrıca, oyuncak fabrikatörleri ve reklamcılar onun çizgi film kahramanlarını çeşitli şekillerde basmak için izin istiyorlardı. 7 yaşındaki bir çocuğa onu sorduklarında "Walt Disney Amca mı? Harika!" diyordu. 77 yaşındaki yaşlı adama onu sorduklarında, "Walt Disney mi? Mükemmel!" diye cevaplıyordu. 7'den 77'ye herkesin hayranı kaldığı bir insan olmuştu. İstanbul'daki Nevizâde Hacı Arif Bey sokağındakivatandaştan Avustralya'daki patates tarlasında çalışan çiftçiye kadar herkes onu biliyordu.

Disney eğlence dünyasına da atıldı. Kaliforniya'da Disneyland, Florida'da Disney World eğlence parklarını açtı. Buralarda çizgi film kahramanlarını anne ve çocuklara canlı gösterdi.

Walt Disney 67 yaşında öldüğünde 30 tane Oscar ödülü almıştı.

Bir başarının canlı hikâyesi de böyle. Başarıda, görüldüğü gibi o işe odaklanmak, kötü alışkanlıklardan uzak durmak, ana babaya karşı görevini yerine getirmek önemlidir. Örneğin Walt Disney, Hollywood'dan her zaman annesini arar, para gönderirdi.

1) Ayda bir. Süreli Yayınlar. 1971. 02.
2) Yüzyılın Sanatçıları. Yüzyıl Yayınları.
3) Bütün Dünya. Süreli Yayınlar. 2003.10.

"Hastaların Meleği"

Florence NİGHTİNGALE Nasıl Başardı?

"31 yaşında iken hayattan hiç tad almıyor, ölümden başka bir şey arzulamıyordum. Mutlu olabilmek için herşeyi denedim, yabancı memleketlere seyahatler, iyi arkadaşlar, her şey tamamdı ama... Yarabbim ben ne olacaktım"?

Hemşirelik mesleğinin öncüsü ve hemşire okulunun kurucusu Florans Nightingale, temiz kalpliliğin ve güzel ahlâkın bir insanı ne kadar yüksek başarılara götüreceğinin simgesidir. Âdeta anıtlaşan ismiyle dünyada bir ilke imza atmış olan Nightingale, 12 Mayıs 1820'de Floransa'da doğmuştur. Bu kadın, içindeki baskın yeteneğini bulup çıkaramamanın acısını neredeyse henüz genç yaşta canıyla ödeyecekti. İçinde bulunduğu işe yaramaz ruh hali onu intiharın eşiğine getirmişti. Hatıra defterinde bu ruh hâlini şöyle anlatır: "31 yaşında iken hayattan hiç tad almıyor, ölümden başka bir şey arzulamıyordum. Mesut olabilmek için her şeyi denedim, yabancı memleketlere seyahatler, iyi arkadaşlar, herşey, ama herşey tamamdı... fakat, Yarabbim ben ne olacaktım?"

Florans Nightingale maddi zorluğu çok nâdiren yaşamıştır, onun dışında aileden gelen bir zenginliğe sahipti ama mutlu değildi. Hayat onun için anlamlı gelmiyordu. Onu yaşatan hayata bağlayan bir şeylerin olması gerekiyordu, aksi taktirde canına bile kıymayı düşünmüştü.

İnsan bazen yaptığı işlerden ve günlük hayatından tad alamaz, daha farklı bir iş, bir uğraş ihtiyacı hisseder, onu da buldu mu muhteşem farklılıklarla da başarılar ortaya koyar. Kimi insanlar vardır, zengindir ama mutsuzdur. Herşeyin çaresi mutlaka vardır, eğer mutsuz adam neden mutsuz olduğunun çaresini düşünüp bulmazsa, yaşamın o güzel büyüsünün farkına varamadan ya hep öyle mutsuzluklar, kederler içerisinde yaşar ya da gün gelir intihâr eder. Bu yüzden insan, baskın yeteneğinin farkına varmalıdır. Eğer sizi içinizden bir şeyler rahatsız ediyorsa, hayat yavaş yavaş anlamını yitiriyorsa bilin ki içinizdeki baskın yetenek dışarı çıkmak için sizi zorluyordur.

Biraz düşünür, çevrenizi iyi gözlemlerseniz, size ait olan gerçekten yapabileceğiniz, büyük başarı gösterebileceğiniz baskın yeteneğinizi bulabilirsiniz, ama biraz içedönük düşünce ve yoğunlaşmaya ihtiyacınız olacak.

İşte Nightingale de böyle yaptı. Kimi insan vardır zengindir ama mutsuzdur, demiştim, bu tür insanların baskın yeteneği onlara şöyle demeye çalışır ama eğer anlarlarsa... anlayamazlarsa hayat onlar için anlamını yitirir: "Paranı ortaya koy, paranı dirliği ve birliği sağlayan araç olarak gör, paranı içindeki dünyanı açığa çıkarmak için kullan; senin bunu yapmaya, ihtiyaç sahiplerinin de senin parana gereksinimleri var."

Nightingale biraz düşündüğünde iç sıkıntısının nedenini bulmuştu: İnsanlığa faydalı olmak. Hemen nasıl faydalı olabileceğinin yollarını aradı. Onda bir genç kadına lazım olacak her şey vardı. Çok iyi eğitim görmüştü, çoğu kadından daha iyi yetiştirilmişti. Anne ve babası saygın insanlardı. Ama o bir şeye takılmıştı: Kendi varlığını lüzumsuz görüyordu. Oysa bir çok düşmüş, zavallı insanın belki de onun enerjisine, yeteneğine ihtiyacı vardı; ve belki de o bunları gerçekleştirdiğinde aradığını bulmuş olacak mutluluğa erecekti. Çünkü, aslında her insanın özünde, şifresinde yardım etme ihtiyacı vardır, bunu bastıran insan mutsuz olur, hayata anlam verememeye başlar. Hayat ancak ve ancak yardımlaşma ve dayanışmayla güzeldir. Bu gelgitleri özünde bir müddet yaşayan Florans Nightingale iç derinliğinde şunları mırıldandı: "İnsanlara iyi kâlplilikle faydalı olmak gerekiyor. Allaha hizmet etmenin en iyi yolu onun da dediği gibi insanlığa faydalı olmaktır."

Ruhunda bunu haykırdı... Hayatında devrim yapmış oldu. Ve sonra beş yıl içinde meşhur oldu, zengini fakiri herkes onu sevdi, hep hayranlıkla anıldı.

Florans Nightingale, "Ben hastabakıcı olmak istiyorum, kimsesi olmayan insanların kimsesi olmak istiyorum" dediğinde anne ve babasından olumsuz tepki almıştı. Çünkü o zamanlar hastabakıcılığı en düşük işlerden biriydi. Oysa o bu işe kendisini bütün kalbiyle vermek istiyordu. Çevresinden de çok tepkiler oldu. O zamanki hastanelerin berbat şartları içinde çalışmak akıl kârı değildi. Herkes şaşırıp "Yanlış yapıyorsun!" derken o, kimseyi dinlemeyip inandığı şeyi yapmıştı. Ve bugün dünyanın en saygın insanlarından birisidir. Bu durumda ondan alınacak çok dersler vardır. Hemşireliği şerefli bir meslek durumuna yükselten ve tıbbın bir kolu olarak kabul edilmesini sağlayan bu iyi yürekli hanım, 1854'deki Kırım Savaşı'nda 38 kişilik kadroyla İstanbul'a gelmiş, sevgi dolu çalışma gücü, azmi ve bilgeliğiyle yüzlerce hastanın duasını almıştı. Bir çok aile kızlarına onun ismini vermişti.

Florans Nightingale hastabakıcılık işine girişmeden önce bu meslekte kendini iyice yetiştirme kararı almıştı. O zamanlar hemşirelik diye bir meslek yoktu, çok küçük çaplarda hastabakıcılığı vardı, o da meslek olarak görülmüyordu. Ayrıca bu iş kilise çatısı altında organize ediliyordu. Roma'ya gittiğinde hastabakıcılığını yakından görme şansı elde etmişti. Romadaki katolik hastabakıcıların kilise kanalıyla hizmet verdiğini görmüştü. Oradan Almanya'ya geçmiş, orada da protestan papazlarının hastabakıcı yetiştirdiğini görmüştü. Günümüzde de adından anlaşılacağı üzere Kızılhaç Sağlık Örgütü, Kızılhaç kurumuna bağlı olarak dinsel bir sembol niteliğinde hizmet vermektedir. Aslında dünyadaki bir çok ulusal acil yardım kuruluşları incelendiğinde bunların, sembol olarak ait oldukları dinin gölgesini taşıdıkları görülür. Türkiye'deki Kızılay gibi. "Ay", Kubbe ve minarelerin de en tepesine yerleştirilen kutsal bir semboldür.

Almanya'dan memleketi italya'ya dönen Nightingale, bir müddet sonra tekrar araştırmalak için 1849'da yurtdışına çıkma kararı almıştır. 29 yaşındayken Parise giden bu genç bayan Saint Vincent Paul Cemiyeti'ne de uğramıştı.

Cemiyet'ten ona, araştırımalarını Mısır ve İskenderiye'de yapmasını tavsiye ettiler. Hemen Mısır ve İskenderiye'ye gitti. Oradaki hastahanelerde gördüğü temizlik, ciddiyet, disiplin ve yaklaşım karşısında çok şaşırdı. Burada bir yıla yakın sıkı bir eğitim gördü. O, hangi ülkeyi ve şehri gezdiyse oraların faydalı ve hayırlı kurumlarını ziyaret etmiştir. Bir işe girişilmeden önce o iş hakkında bilgi sahibi olunması gerektiğini sık sık söylemiştir. Yapılacak işin ne olduğunu söylemek bir fayda vermezdi ona göre, işin içine girerek harekete geçmek lâzımdı. "İnsan önce itirazlara karşı iradesini güçlendirmelidir. Bu da sizin o işe inancınızı gösterir. Olacağına ne derece inanıyorsanız, çevrenin olumsuz etkileride o derece olur." diyen Florans Nightingale, âdeta Diderot'un "Kötülerin çok olduğu bir ortamda erdemli bir insanın barınması zordur," sözünü hatırlatıyor.

Yalnızlığın en ızdıraplısı, insanın istemediği kişiler arasında barınmak zorunda kalışıdır. O günkü Avrupa da, hele Paris ve Londra çok yozlaşmıştı; yardım severlik unutulmuş şehvet ve para ön plâna çıkmıştı. Nightingale ile aynı dönemlerde yaşamış olan Charles Dickens'tan o dönemin İngilteresini, Balzac'tan ise Fransa'nın Parisini öğrenebiliriz. Açık ve seçik, Avrupa'nın o dönemde hem edep yönünden hem de diğer bir çok yönlerden bozulmuşluğunu görebiliriz. Günümüz Avrupa'sını Avrupa yapan, bizim bu kitapta incelediğimiz ve Cemil Meriç'in de tâbiriyle bir avuç ilim ve düşünce fatihidir. Bu fatihlerden biri olan Florance Nightingale içinde bulunduğu olumsuz psikolojik durumu şöyle anlatmıştır:

"Avrupanın, özellikle Paris ve Londra'nın yüksek sosyete kesimi hayatı bomboş ve faydasız yaşıyorlar, insanlığa faydalı olmak olan Allah'a hizmet düşüncesini de kötü karşılıyorlar. Aman yarabbim, ne olacağım, bütün bu durumdan nasıl kurtulacağım? Mutlaka bir şeyler yapmalıyım."

Katıldığı bir sağlık eğitim kursunda (Fliender Enstitüsü, Kaiserwerth Sağlık Kursu) kendi kendine değişim kararı almıştı. Sabah erken saatlerde kalkmaya başlamış, verilen bütün derslere katılmıştı. Enstitünün günlük işlerine de koşturmuştu. Günde uyku vaktini 6 saate indirmişti. Kitaplardan araştırma yapmış, gün içinde çeşitli hastanelerde de ücretsiz çalışmıştı. Tüm bunlar ona pek kolay gelmemişti, çünkü o, ailesinin varlıklı olmasından dolayı rahat yaşamaya alışmıştı. Ama ömrünü adayacağı bu kutsal iş için gerekli donanımın ve gücün ancak bu yolla kazanılacağına inanmıştı. Demekki bir işin olmasını yürekten istemek yeterli olmuyor, emek gerekiyor, hem de isteyerek, yürekten emek.... Emeksiz yemek, cefâsız sefa olmazdı elbette.

İngiltere'deki ve Paristeki çeşitli hastahanelerde çalışmış, iyice deneyim kazanmıştı. Yaklaşık 10 yılını hastabakıcılık mesleğine adayan Florance, 1953 yılında Londradaki Hastabakıcılık Enstitüsü'nün başına geçme teklifi aldığında dünyalar onun olmuştu. Bunu gerçekten haketmişti. Çünkü çalıştığı tüm hastahanelerde, hastalar tarafından güleryüzlülüğü, şefkati, içtenliği ve merhameti sayesinde kucak dolusu taktirler almıştır. Koca Paris ve Londra'da, unutulmaya yüz tutmuş insanlık merhametini sanki tekrar diriltmişti. Hastalar onun bu insancıllığına alışkın olmadıkları için çok şaşırmışlar, onu bağırlarına basmışlar ve gittikleri her yerde adını anmışlardı.

2 yıl idarecilik yaptıktan sonra 21 Ekim 1854'te kendisine, Kırım Savaşı'ndan dolayı İstanbul'da hastabakıcı organizatörlüğünü yapıp yapamayacağı sorulduğunda o, teklifi hemen kabul etmiş ve aynı gün yola çıkmıştı. İstanbul'a geldiğinde büyük kargaşa ve dağınıklıklara şahit olmuştu. İşe derhal temizlikten başladı. Üsküdar'da bir ev tutarak, burasını çamaşırhane haline getirdi. İngiltere'den istettiği 27 bin gömlek geldiğinde resmi yazışmaları dikkate almadan hepsini açtırtmıştı. Bazen çamaşırları ekibiyle birlikte kendi de yıkıyordu. Geceli gündüzlü çırpınıyor, gelen yüzlerce yaralının tüm hizmetine koşuyordu. Ölüm oranı % 40'lardan % 5'lere düşmüştü. O, ailesine yazdığı mektupların birinde şöyle demişti: "Öyle idareciler var ki imkânsız ve faydasız emirler vermesini biliyorlar. Bunlar resmi muameleler uğruna yüzlerle insanın ölümüne sebep oluyorlar. Hiç acımıyorum böyle insanlara."

Resmi kurumlardan kendisine yardım gelmediği zamanlar hiç uyumuyor, işlere daha çok koşturuyordu. Hastaların arasında dolaşıp, çoğu geceler onların hâlini hatırını sormuştur. Yaptığı fedakârlıklardan dolayı halk ona 50 bin ingiliz lirası toplamıştı. O, bu parayla Nightingale Hemşirelik Okulunu kurmuştur.

Hastalar onu o kadar çok sevmişti ki iyiliksever konuşmalarından ve samimiyetinden dolayı iyilik bülbülü; geceleri kalkıp kontroller yapıp teselli vermesinden dolayı da Lambalı Lady adını takmışlardı. Nightingale, ingilizcede bülbül anlamına gelmektedir.

Dünyadaki savaşlar ve iç karışıklıklardan dolayı ölen ve sakat kalan insanlara çok üzülmüştür. Hindistanın efsanevi lideri Mahatma Gandhi 30'lu yaşlardayken Hindistan'da yer yer iç karışıklıklar ve isyanlar çıkıyordu. Florance Nightingale 1900 yılında 80 yaşına gelmişti. İlerlemiş yaşına rağmen Hindistan'a gidip, halka yardım etmek istedi ama izin alamadı. O da Hindistan'la mektuplaşarak gidişat hakkında bilgiler alıyordu.

1907'de kraliçe tarafından İngiltere'nin en büyük ödülüne lâyık görüldü. İngiltere kraliçesi onun hakkında şunları söylemişti: "Siz, kadınların şerefli mevkilere gelmesinde ilham oldunuz. Sizin gibi bir insanla tanışmak benim için memnunluk vericidir. Her duamda sizin sağlığınızı korumanızı Allah'tan diliyorum."

İstanbul'da da adına hastahane bulunan Florance Nightingale 13 Ağustos 1910'da öldüğünde, "Yüzünde sanki yaptığı hizmetinin huzur ve saadeti vardı." diyenler olmuştur.

Kendisine "Ne işe yarıyacağım?" diye soru yönelten bu insanın geldiği başarı noktasını Lord Stanley onu anma töreninde şöyle ifâde etmiştir: "Son yüzyıl içinde ne İngiltere'de ne de başka bir yerde Bayan Nightingale'den başka bu kadar açık tehlikelere isteyerek atılan, zor işlerin idâresini üstüne alan, faydalı, ve iyi işler ortaya koyan, bu kadar temiz kâlple insanlığa hizmet eden bir bayan tanımıyorum."

1) Florans Nightingale. İ.Ü. Tıp Fak. Çapa Küt.
2) Brief Biographies of Famous men and Woman. Stuart Sewel, Çev: Baha Dürder. Varlık.
3) Başarılı Kadınlar. Seyfettin Sarıbaş. 1960, Radyo kültür.

"Aşağılanıp Hor Görülen"

CHARLES DİCKENS Nasıl Başardı?

Çocukluğu ve gençliği sefalet içinde acınacak halde geçti. Babası hapse atıldı. Evlenmek istedi, mariya adındaki kız Dickens'i, hor görerek şöyle bir yukarıdan aşağıya süzdü ve reddetti. Çok üzüldü, hüzünlendi, "Allahım neden?" diyecek oldu demedi, sadece gözyaşına hakim olamadı. Dünyanın tanıdığı adam olduğunda aynı kız o hadiseyi hatırlatarak, dünyanın peşinden koştuğu Dickens'ten randevu aldı. Dickens, kadını iyi karşıladı, mütevazi davrandı. Ama yazdığı "Küçük Dorrit" adındaki romanında onu sadece malzeme olarak kullandı. Bir daha da görüşmedi.

"Babam hapse girdiğinde annem de geçim korkusundan kardeşlerimi alarak babamın yanında hapse girdi. Ben hüngür hüngür ağladım, kaçtım. Hayatım tam bir faciaydı. Aç ve perişan bir halde sokaklarda düşüp kalktım. O zaman kimse "Neyin var?" diye sormuyordu. Yıllar sonra ünlü olduğumda Amerika'ya gittim, onbinlerce kişi beni görmek için üzerine para vererek kuyruğa girmişti."

Charles Dickens 7 şubat 1812'de İngiltere'nin Lanport şehrinde doğdu. O doğduğunda ailesi perişan bir hâldeydi. Babası, hayat şartlarına karşı irâdesi zayıf, zavallı bir adamdı. Dost canlısı olduğu için iyi niyetinin kurbanı oluyordu. Dickens, bu acı ve ızdırap dolu yıllarını dünyaca ünlü "David Coppierfield" ve "Oliver Twist'in Maceraları" adlı eserlerinde anlatacaktır.

Ömrü boyunca 4 yıl okula gitti. Yazarların pek çoğu ölümlerinden 5-10 yıl sonra unutulurlar. Fakat Dickens'in ölümünden 100 sene sonra bile, yayınevleri onun torunlarına yüzbinlerce dolar ödüyor. Aralarında fazla bir zaman farkı bulunmayan Aleksandır Dumas'ın "Üç silahşörler"i ve Jack London'un "Vahşete Çağrı" adlı eserleri, Dickens'in "Oliver Twist" ve "Davıd Copperfield" adlı kitaplarıyla beraber hâlâ dünyada en çok okunan romanlardır. Aleksandır Dumas'ın zavallı annesi bir adadaki mısır tarlasında gece gündüz çalışan zenci köleydi, Jack London'ın anne babası boşanmış. Babası, o daha 1 yaşındayken evi terketmiş. Bu üç adam da sokaklardan geldi, kitapları milyonlarca sattı.

İncelediğim bu insanlarda şunu gördüm: Okumaya çok meraklıydılar. Evet, sahipsizlerdi, gariplerdi, belki serseriydiler de, ama edebsiz ve hırsız değillerdi. Bu insanlardan çoğu açlıktan bayılacak hâle geldi. Fakat bırakın çalmayı, birinden bir şey istemeye dahi utanırlardı. Hatta iş isterken bile... "İş için o kadar gezdim ki, artık kapı kapı iş istemeye utanır olmuştum. Çünkü insanlar sizi görüp tuhaf tuhaf bakıyorlar, kimbilir akıllarından ne geçiriyorlar. İşte bu yaralıyordu beni. Ben açlıktan yığılıp kaldığımı bilirim." diyor dünyaca ünlü yazar Jack London. Sırf bir kitabının satışı milyonları buluyordu.

Charles Dickens ilk kitabını yazdığında herkesin gülmesinden, alay etmesinden korkuyordu. Kitabının çöplük gibi olmuş müsveddelerini yayınevine akşam postalamıştı. Kitabı yayınlandığında o gece sabaha kadar sokaklarda yağmur altında ağlayarak dolaşmıştı. "Oliver Twist" adlı kitabında âdeta kendini anlatmıştı. Belediyenin sokakta yatıp kalkan kimsesiz açlara dağıttığı, çorba kâsesini uzatarak, "Lütfen biraz daha bayım!" deyip, yanıbaşındaki kız kardeşi Funny'e vermek istemesini kitabında yansıtıyordu.

Charles Dickens ilk kitabını çıkardığında Londra'nın Pall Mall meydanında herkes, "Onu okudan mu?" diyor, diğerleri de, "Evet, Allah onu korusun" diye cevap veriyordu. Yayınevleri onun son kitabının her kelimesine 15 dolar ödemişti. Bu para yüzbinlerce dolar yapar ki o zamanın devlet başkanlarının aldığı maaşın 20 katıydı.

Kendi çocukları için yazdığı, "Hz İsânın Hikâyesi" adlı eserine ölümünden 70 sene sonra yayınevleri toplam 2 milyon dolar telif ücreti ödediler. Kitaplarının satışını o zaman bir tek kitap geçebiliyormuş: İncil.

Charles Dickens'ın çocukluk ve gençlik hayatı tam bir çile ve sefâlet yumağıydı. Tıpkı Dostoyevski'nin Raskolnikov'u gibi, "Senin önünde değil, acı çeken bütün insanlığın önünde diz çöküyorum" diyerek avuç açmama mücadelesi verdiği bir karanlık dehlizin içinde ıstırabın, isyanın sevgi ve merhametin yolunu arıyordu.

Yaşam hikâyesi tatsız bir romanı andıran Charles Dickens, şefkatsiz bir çevrede sefalet ve yalnızlığın ezeli yoldaşı olmuş. Âdeta merhametin ve iyi insan olmanın köleliğini yapan Dickens, tıpkı Tolstoy'un, "İyi olmak mutsuzluktur" dediği gibi, her iyi olma mücadelesi verişinde bir şeylerin ağır yükünü çekmiştir. Onun hayatına facia demek daha doğru olur. Babası saflığı ve zayıflığının kurbanı olup, hapse atıldığında yiyecek kuru bir ekmekleri dahi yoktu.

Baba John Dickens, iş için Londraya geldiğinde ailesiyle birlikte şehrin kenar mahalellerinden Camden Town'da her tarafı örümcek kaplamış, içi rutubet kokan, rutubetin duvarı döktüğü tek oda bodrum bir ev kiraladı. Küçük Charles 10 yaşındaydı ama okula gönderilmedi. Oysa o okumak istiyordu. Kenar mahallede serseri olmuştu. Ailesi geçim zorluğunda olduğu için annesi ona, içi farelerin cirit attığı pis bir ambarda iş buldu. Bu durum Charles'ın öyle zoruna öyle ağırına gitmişti ki daha 12 yaşında herkes okula giderken, o sabahın erken saatlerinde kalkıp, gece geç vakitlere kadar çalışıyordu. Yatağa yatıp, yastığı başına koyduğunda sessiz sessiz ağlıyordu.

Babası yohn Dickens sahtekârların eline düşerek, borçlu gösterilip iftiraya uğrayınca Marshallsea Cezaevi'ne kondu. Bu durum ailenin yıkımı gibi bir şey oldu. Tek göz bodrum evlerinin kirasını veremeyen Bayan Dickens, yetkililere söyleyip çocuklarını alarak o da kocasının yanına, hapishaneye yerleşti. Charles Dickens bu durumdan utanç duydu, anne babasına, kardeşlerine acıdı. Oradan uzaklara kaçtı. "Ne biçim dünyaydı bu? Yaşamak bu muydu? Böyle mi olmalıydı?" diye yüreğinde sürekli iç hesaplaşmalar yaptı. Ama bilmiyordu ki zararmış gibi görünen bir çok şeyde, bir çok defalar hayır oluşur. O, çektiği bunca acılarını gün gelip yazarak yüz milyarlar kazanacağını nereden bilebilirdi?

Charles Dickens, çok sonraları yazacağı kitaplarında aile saadetini öyle güzel canlandıracaktı ki sanki şimdi çektiği acılarında bu saadete özlem vardı.

İki tanımadığı serseriyle tavan arasında kalan Dickens, onlardan çok sıkıntı duyuyordu. Alkol alıp gece odaya sarhoş gelen bu iki serseri hırsızlık veya başka tür zararlı işler yapıp, başına iş açabilirlerdi. Onlardan derhal kopmalıydı.

Dev yazar Dickens'in ömrü boyunca, alkol alıp, sigara içtiğini gören olmamış. Sigara ve içkiden nefret edermiş.

Çalıştığı işyerinde biriktirdiği bir kaç peni ile tavanarası bir oda tuttu. Bu oda fare deliğinden farksızdı. Köşede yırtık pırtık bir yatak vardı. Minicik penceresinden baktığında şehri ayaklarının altında gördü. Hüzünlendi. Sanki koca şehir Londra'ya bir şey söyler gibiydi, sanki tüm yaşadıkları onu yetiştiriyordu, bir şeyler öğretiyordu; onu elinde olmadan bir yerlere, güzel yerlere götürüyordu.

İçine bir an coşku geldi. Ruhunda kişisel gelişiminin kudretini ve gücünü hissetti. Şimdi bu ufacık oda, ona cennet gibi görünüyordu. O iki alkolik olmadan tek başına yaşayacaktı artık. Düşünmeye de zaman bulabilirdi.

Charles 20 yaşına geldiğinde bir noterin yanında çalışmaya başladı. O sırada notere gelip giden Maria Beadnell adındaki bir banka müdürünün kızından hoşlandı. Evlenip yuva kurmak istedi. Evlilik teklif ettiği Maria denen bu kız, Dickens'a garip bakarak, zavallı gence, "Ben ne idüğü belirsiz biriyle evlenmem, git işine, bir daha böyle bir şey duymayayım" dedi. Sarsıldı, üzüldü delikanlı.

Çocuğun evlilik teklifini aşağılayıcı tavırla reddeden marya, daha sonraları Charles Dickens'in dünyaca ünlü romanı "David Copperfield"de Dora Spanlow ismiyle okuyucunun karşısına çıkacaktı.

Charles Dickens bir yandan noterdeki işine devam ederken diğer yandan da gazetelere küçük yazılar veriyordu.

Bu yazılarında "Boz" diye bir isim kullanıyordu, "Sketches by Boz" (Boz'dan Fıkralar, Skeçler) ilk eseridir.

Bu arada Catherina Hogart adında bir kızla 24 yaşındayken evlendi. Küçük küçük yazdığı fıkralardan eline bir kaç kuruş geçiyordu. Eşiyle birlikte yaşam mücadelesi veren Charles, bir kitap siparişi aldı. 30 yaşında "Mr. Pickwick ve Maceraları"nı yazdı.

Dickens eserlerinde kendi çocukluğunun ve gençliğinin nasıl şartlar altında geçtiğini hatırlayarak ülkenin sosyal durumunun düzelmesi için mücadele ediyordu. Çocukken acı çekmişti. Bu yüzden çocuklara, özellikle yoksul ve sevgiden mahrum çocuklara yapılan haksızlıkları bir toplumun çöküşü olarak görüyordu. Nesline sahip çıkmayan bir toplumun vebâl altında olduğunu her yazısında söylüyordu.

Dickens'in ölümünden 6 yıl sonra doğan, "Ben çocukluk nedir bilmedim" diyecek olan, dünyaca meşhur roman "Vahşete Çağrı"yı yazan ünlü yazar Jack London'ın, Charles Dickens'ın kitaplarıyla gözü açılacaktı.

Kendi sıkıntısıyla birlikte, insanların çektiği acılara için için üzülen yazar, "Oliver Twist"i kaleme aldı. Bu kitabıyla birlikte herkes onu Tanımaya başladı. Kitap bir baskı daha yaptı. Arkasından bir daha...

Binlercesi satıldı. İnsanlar kitabı okudukça yazarını da tanımak istiyordu. Avrupa'da konferanslar vermeye başladı. Gittiği her yerde meraklı gözlerle karşılanıyordu. Herkes onu ağırlamak, ona ulaşmak istiyordu.

Bir zamanlar kendisini aşağılayıp rencide ederek evliliğini reddeden banka müdürünün kızı Marya Beadnell, herkesin peşinden koştuğu ünlü yazarın sekreterine "Eski bir arkadaşıyım" diyerek randevu aldı.

Charles Dickens kendisini bir zamanlar hor gören, alkolik olmuş olan bu kadını güleryüzle karşılayıp, çay ikrâm etti. Ama bu kadını bir iki romanında sadece karakter olarak kullandı, kadının bundan, ancak kitabı okursa haberi olabilirdi. Bir defa konuşmadan sonra bu kadınla artık görüşmedi.

Charles Dickens bir müddet Fransa'da yaşadı. Orada dergi çıkardı, konferanslar verdi. Yoksul ailelere ve çocuklara etkinliklerde bulundu.

Dickens, Amerika'da konferanslar vermesi için çağrıldı. Bu bir zamanların zavallı adamının Amerika'ya geleceğini duyan halk, caddelere döküldü, soğuk rüzgâr altında günlerce onu görebilmek için bekledi.

Brooklyn Halk Meydanı'nda ateşler yakarak, gece sokaklarda yatarak yolunu gözlediler. Üstelik onu görebilmek, konferansını dinleyebilmek için de para verip bilet aldılar. Biletler tükendiği halde gişelerin önünde hâlâ yüzlerce insan bilet almayı Ümit etti.

Charles Dickens Amerika'da büyük bir coşkuyla karşılandı. Hele çocukların ona karşı ilgisi görülmeye değerdi.

Fransız yazar Emile Herzor, Charles Dickens'ın hayranı duygusal bir insandı. Her ne kadar aynı tarihte yaşamadıysa da (Herzog'un doğum tarihi 1885) Dickens'ın ölümünü şöyle anlatır: " 1870'de Dickens öldüğü zaman İngiltere, Amerika, Kanada ve Avustralya'daki bütün evlerde, sanki aileden birisi ölmüş gibi, bu kara haber çocuklara bile duyurulmuştu. Söylendiğine göre, bu haberi duyan küçük bir oğlan çocuk duygularını şöyle ifâde etmiş. "Bay Dickens öldü demek, ha! Öyleyse çocuklara kim bakacak?"

Acı ve sıkıntılara sabrederek, kimsenin hakkında gözü olmadan, bozulmamakta direnip, gayret gösteren böyle bir insana ne mutlu. Karanlığa sövmemiş bir mum yakmış, problem olmamış çözümün bir parçası olmuş.

CHARLES DİCKENS GELENEKÇİ VE MUHAFAZAKÂRDI.

Charles Dickens'in en önemli özelliği, eserlerinde ingiliz geleneklerine bağlı kalışı olmuştur. Hiç bir zaman kalıpların dışına çıkmamıştır, bir Oscar Wilde, bir Lord Byron veya Rus yazar Dostoyevski gibi kabına taşmamıştır. Örneğin İngiltere'ye karşı İrlanda'nın haklarını ölene kadar haykıran Jonathan Swift gibi sosyal siyasetin acılarından çok sosyal yaşamın acılarına değinmiştir.

Kraliçe Victoria dönemine denk gelen Dickens, Kraliçe Elizabeth dönemindeki Shakespeare gibi doruğa çıkamamıştır. Çünkü Shakespeare dünya üzerindeki İngiltere'ye özgü bir ruhtan bahsederken, Dickens, daha yerel anlamda İngiltere'deki buryuvazinin gözyaşları olmuştur. O evrensel anlamda değil, daha yerel anlamda olaylara yaklaşmıştır; ama belki de o dönem bunu gerektirdiğinden etrafındaki yardıma muhtaç bir çok çocuğun babası olmuştur. Yani hizmete hemen yanı başından başlamıştır.

Charles Dickens'in eserlerinin özelliklerini incelerken o dönemin İngilteresini iyi tetkik etmemiz gerekir. Karşımızda devleti ve milletiyle, yıllardır siyaset çanağından beslenip artık bıkmış, usanmış bir atmosfer var. İnsanlar tekrar gerilere dönüp siyaset kargaşasının içine dalmak istemiyor; şöminenin dibindeki koltuğuna kurulmak, yanıbaşındaki ateş çıtırdayıp dışarıda fırtına yaşanırken bir fincan çayla birlikte okuyabileceği kitaplar istiyordu ingilizler. Bunu da en iyi Dickens yapmıştır. Dickens çok yoksulluk çektiği için toplum neyi arzu etmişse onu vermiştir, Değilse, aslında O yapı gereği pasif ruhta bir insan değildir. Fakat, belki de beyefendilikten gelme rahat, burjuva bir çocukluk geçirmediği için, beyefendilikten ve rahat yaşamdan gelen Oscar Wilde'nin acıklı sonuna düşmekten korkmuştur. Oscar Wilde, geleneksel İngiliz anlayışına ve burjuvazi yaşam şekline karşı çıktığı için yıllarca Reading Hapishanesi'nde yatmıştı. Bu hapishanede ummadığı acılarla karşılaşmıştır. Hapisten çıktığında da normal bir hayat yaşayamamıştır. İngiltereyi terkederek, Parise yerleşmiş orada ölmüştür. Oscar Wilde aslında burada bir semboldür. Bilâkis Oscar Wilde, Dickens'i örnek alması gerekirken, geleneksel kalıplara uymadığı için binbir türlü sıkıntılar yaşamıştır. İşte eğer Charles Dickens kendisinden sonra yaşayıp 1900'de Pariste ölen Oscar Wilde gibi olsaydı, onun âkibetine düşecekti. O da bundan korkuyordu, "Oscar Wilde gibi sanatçıların düştüğü duruma düşmekten korkmuştur" demek daha doğru olur. Örneğin İngiliz geleneklerine uymayan ve sürekli çatışma içerisinde olan Lord Byron çok sıkıntılar çekmiştir. Nihâyetinde İngiltere'yi terketmek zorunda kalmıştır. Hatta 1823'te Yunanistan'a gidip, Türk hakimiyetinden kurtulmaları için Yunanlılarla birlikte dağlarda çarpışırken kötü bir hastalığa yakalanarak 19 Nisan 1824'te ölmüştür. Yine Dickens'in aynı âkibete düşmekten korktuğu varlıklı bir ailenin oğlu olan Şair Shelley, aykırılığı yüzünden Oxford'dan kovulmuştu. O da dinsizliği savunmuş, İngiliz geleneklerine aykırı siyaset içerisine girmiştir. Shelley, karşı durmaya çalıştığı gelenekler yüzünden hiç yoktan acılar çekerek Tirrenya Denizi'nde boğularak ölmüştür. Lard Byron da varlıklı bir ailenin çocuğuydu, tıpkı Dickens'dan sonra gelen Oscar Wilde gibi. Oysa Dickens'ın çocukluğu acı ve ızdırap içerisinde geçmişti. Babası hapse düştüğünde annesi de mecburen yanında girmişti. Yaşamı kendisine göre tam bir faciaydı. Böyle bir durumda fırsat eline geçmişken Lord Byron'un Shelley'in ve daha sonra yaşayacak olan Oscar Wilde'nin âkibetlerine düşmek istemezdi.

Yaratıcı iradenin tohumu bazen çekilen acılar olabiliyor. Dickens'da bu yaratıcı iradenin, çocukluğundaki acılar olduğunu görüyoruz. Romanları ile daha önce kendi yaşadığı olumsuzlukları anlatarak, toplumun, anne babaların çocuklarına olan ilgisizliğini, dışarıda kalmış kimsesiz çocuklara kayıtsızlıklarını dile getirmiştir. O, siyasal anlamda değil ama sosyal anlamda bir şeyleri değiştirmeye çalışmıştır: Dünyanın en masum ve en güçsüz varlıkları olan çocuklara yardım eli uzatmak ve bunu devamlı hâle getirtmek...

Birçok romancının yaptığı gibi Dickens bir siyasal başkaldırı değildir; sosyal adâletsizliğin içerisindeki dikenleri, yasaları ve devletin temel ilkelerine karşı gelmeden temizlemeye çalışan adâletin Noel Baba'sıdır, sanatın fikir işçisidir.

Goethe'nin bile Dr. Faust'u ihtiras içindedir; Dostoyevski'nin kahramanları karmaşık duygular içindedir; Balzac'ın kahramanları milyar liranın peşine düşmüş açgözlülerdir. Charles Dickens'in kahramanları ise tüm bunların aksine hayatta ihtirasları olmayan, karmaşık duygular yaşamak istemeyen, geçimini sağlayacak kadar para, bahçeli, sâde bir ev ve sevimli birkaç çocuk arzu eden kahramanlardır. Dickens'ı burjuva ile fazla anmak da doğru olmaz. O, zengin kesimin sesi olmamıştır, sadece olaylara siyasi yaklaşmamıştır. Onun alçakgönüllü işçileri meşhurdur. Hep mütevazi fakat sosyal güvencesi olan bir yaşamın özlemini yansıtmıştır eserlerinde. Kimi yazarlar kahramanlarını şatafatlı, içi dev ahizeli, geniş bahçeli evlerde konuk eder. Dickens'ta böyle bir durum âdeta yoktur. Onun için ilkbahar müziği gibi bir huzur arzusudur "İnsan dünyaya çile çekmek için gelmemiştir." der gibi mütevazi ama huzurlu aileler onun evidir. Ona göre, çile çeken insanlar ihtiraslı insanlardır, insan ihtiraslı olmadığı sürece daha huzurlu ve daha garanti yaşar.

Para sıkıntısının ne demek olduğunu biliyordu; hor görülmenin ne demek olduğunu biliyordu; penceresiz, yerin altında, izbe, güneş görmeyen ürkütücü, iç karartıcı tek odada yaşamanın nasıl bir duygu olduğunu biliyordu. Hungerford'da gözyaşları arasında geleceğinden umutsuz, hüznü hâliyle Charles Dickens, insanın anarşik yönüyle değil de bu yönüyle bir şeyler başaracağına inanmıştır. Gerçekten de anarşik ve aykırı, anlamsız tepkiler zayıf irâdeli insanların işidir. Öğrenci, tıp fakültesinde okurken devletin adâletsizliğini dile getirerek birtakım hiç de samimi olmayan eylemlerde bulunur. Ona dersiniz ki "okulunu bitir, doktor ol, haftanın bir günü ücretsiz muayene yap, senin yapacağın en güzel, en adâletli eylem bu olacaktır." öğrenci, okulunu bitirir doktor olur, ve kendisine hatırlatırsınız, "Hani Komünist söylem ve eylemlerde bulunuyordun, adâletsizliği ve vicdânsızlığı dile getirip kendine, yani devlete çamur atıyordun ya hatırladın mı? Şimdi doktorsun, muayenehânen var, haydi haftanın bir günü ücretsiz muayene yap!" dediğinizde değil bir gün, bir saat bile ücretsiz muayene yapmaz.

O yüzden Charles Dickens bana Konfüçyüs'ün şu sözünü hatırlatır: Ya bir yol bul, ya bir yol aç, ya da yoldan çekil. Ama ne olur bağırıp çağırma, çünkü hiç ciddi görünmüyorsun.

Oscar wilde, Lord Byron ve Shelley gibi varlıklı ailelerden gelen bu insanlar, eğer sloganik değil de toplumcu ve uzlaşmacı, fakiri ve dışarıda kalmışı gözeterek, ellerindeki imkânı bu şekilde kullansalardı, şimdi arkalarında çok daha güzel eserler bırakırlardı. Şimdi sormak lâzım Londra'da o kadar yoksul çocuk dururken, zenginlik içinde olan Lord Byron'un Yunanistan'ın dağlarına gidip çatışması ne derece samimi bir harekettir?

Bizdeki Mihri Belli gibi; Bu işin mantığı nedir? Bu manada ülkesine, insanına en güzel hizmeti yoksulluktan gelen (Oscar Wilde'nin, Lord Byron'un, Shelley'in safsata ve samimiyetsiz solculuğuna nisbet) gerçek emekçi, ülkesini ve devletini sevmiş olan Charles Dickens yapmıştır.

Charles Dickens'in ölümünden 11 yıl sonra doğan Stefan Zweig, onunla ilgili şunları söylemiştir.

"Dickens, Londra'nın sokaklarını kaplayan sabah sisleri içerisinde açlık nedir, yoksulluk nedir çok iyi öğrenmişti. O zamanlar kimse onun yardımına koşmamıştı. Soğuktan titreyen çocuğun yanı başından arabalar hızla geçip gidiyor, atlılar dört nala sürüyordu atlarını ve kapılar ona kapanmıştı. Yalnızca basit insanlardan iyilik görmüştü. İşte o da yalnızca onların kendisine yapmış oldukları iyilikleri ödemek istiyordu. Son derece demokratiktir Dickens'in hayalleri; sosyalist değildir, çünkü sosyalist olabilmek için gereken radikallik duygusu yoktur onda. Dickens'teki o dokunaklı alevi tutuşturan şey, yalnızca sevgi ve merhamettir. Burjuva dünyası içerisinde kalmayı tercih etmiştir. Yoksullarla, mal mülk sahibi insanların arasındaki bir dünyada... Yalnızca bu basit insanların yanında kendini rahat hissetmiştir. Onların evlerini seve seve, ayrıntılı bir şekilde, sanki kendisi de böyle bir evde oturmak istermiş gibi tasvir etmiştir. Onlar için çok renkli resimler çizmiş gibidir ve bu resimleri her zaman sıcacık bir güneş aydınlatmaktadır; onların alçakgönüllü hayallerini benimsemiştir; Dickens, onların basit ve renksiz dünyalarının üzerinde parlak ve hiç sönmeyen, sımsıcak bir güneş gibidir."

1) Ünlü Yoksul Çocuklar. Mehmet Aydın. Anten.
2) Ünlülerin Gizli yönleri. Dale Carnegie. Ak. Çev: Hayri Esen.
3) Charles Dickens in Pittsburg (Stefan Lorant, ABD).
4) Famous Men (Büyük Adamlar). Stuart Sewel. Varlık.
5) Unutulmuş Yazılar. Mehmet Fuat. Broy.

"Acı Ve Izdıraplarla Yapayanlız Bir Kadın"

MADAM CURİE Nasıl Başardı?

Küçük yaşta annesini kaybetti. Yanında çalıştığı zengin ve kibirli aile tarafından aşağılandı, açlıktan bayıldığı günler oldu. Utangaç bir kızdı, dünyada yapayalnızdı. Yalnız yaşadığı odasında soğuk kış geceleri yakacak bir şeyi yoktu, donan parmakları, tir tir titreyen elleriyle problem çözüyordu. İki defa Nobel ödülü aldı. "Hastaların tedavisi için bulduğum araçlardan zengin olmak istemem" diyerek milyonlarca doları elinin tersiyle geri itti.

"10 yaşımda annemi kaybettim. İleride ailesiz yaşamanın ne kadar güç olduğunu derin acılar içerisinde hissedecektim. Aşağılandım, horlandım. Yalnız kaldığım tek odanın penceresinden ancak gökyüzünü görebiliyordum. Yakacak, ısınacak hiç bir şeyim yoktu. Günlerimi ekmek ve suyla geçirdim. Açlıktan bayıldım, ama yüce yaratıcıdan ümidi kesmedim. Başaracağıma inanıyordum."

Asıl adı Manya olan Madam Curie, Polonya'nın başkenti Varşova'da doğdu. Manya adını Fransızcadaki telâffuzu olan Marie ile değiştirdi. Curie soyadını da 27 yaşında evlendiği kocası Pierre Curie'den aldı.

Araştırmalarımda kişilik, karakter, inanç; ve mahsun, mütevazi yapısıyla beni en çok etkileyen Bayan Curie oldu.

Kendi hâlinde yoksul bir ailenin kızıydı Madam Curie. Henüz küçük yaşta çalışması gerektiğini anladı. Aç kalmamaları için çalışması gerekiyordu. Liseyi birincilikle bitirmişti. Diğer iki kardeşi de zor şartlarda yaşamalarına rağmen sonraları liseyi altın madalya ödülüyle bitireceklerdi.

Manya 19 yaşındayken Polonya'da zengin bir ailenin yanına hizmetçi olarak girdi. Ailenin kolejli büyük oğulları, çocuk bakıcısı bu genç kızın güzel davranışlarına, kültürüne, içten ve mütevazi hâl ve hareketlerine aşık oldu, onunla evlenmek istedi. Ailesi bunu duyar duymaz küplere bindi. Bağırdılar, çağırdılar. "Oğlumuz yanımızda çalışan meteliksiz hizmetçi bir kızla nasıl evlenebilir?" dediler. Genç kıza olmadık hakaretlerde bulundular. Zavallı kız neye uğradığını şaşırdı. Ağlayarak evden ayrıldı. Oysa insanlığın baş belası kanserin katlanılamaz acı ve ızdırabını yok eden radyumu buluşundan dolayı yıllar sonra bir film şirketinin, onun hayatını canlandırabilmek için 1 milyon dolar teklif edeceklerini nereden bilebilirlerdi?

Koşarak hızla evden uzaklaşan genç Manya bir süre bayırlık, sessiz arazilerde gezdi. Bir ağacın gölgesine oturup, aşağılardaki güzel yemyeşil manzaraları seyretti. Bu arada bol bol sessiz düşünme vakti de oldu.

Madam Curie, gençliğinde zengin, kendini beğermiş bir aile tarafından aşağılanmasaydı belki de hiç bir zaman bilgin olamayacak, zavallı hastaların yarasına merhem saramayacaktı. Kanaatim o dur ki binlerce yıl sonra bile ismi anılacak olan Bayan Curie, çekingen ve utangaç hâliyle zamanın en meşhur bilginlerinin, "Olamaz, mümkün değil" dedikleri, durmadan enerji çıkaran ve tüm hastalıkların tedavisinde kullanılan en elzem maddeyi bulacak; ve bu mütevazi inançlı kadın dünyadaki milyonlarca insanın hayır duasını alacaktı.

Oturduğu ağacın altından tatlı düşünceler eşliğinde biraz daha rahatlamış olarak kalkan Curie (Bayan Kurye) o anda bilim için çalışmaya karar verdi. Fransa'daki Sorbon Üniversitesi'nin, kadınların ilmi çalışmalarını teşvik eden ve masraflar için çalışma imkânı da sağlayan bir kaç üniversiteden biri olduğunu duymuştu. Derhâl kararını verdi, Parise gidecekti.

Elindeki bir kaç kuruşu yol parası olarak kullanan Madam Curie 23 yaşında Sorbon Üniversitesi Fen Fakültesi'ne kaydoldu. Bütün gücüyle çalışmaya koyulduğu için pek arkadaşı olmadı. Zaten içine kapanık, mahcup bir kızdı. Derslerini biraz ihmâl etse, zamanın boşa harcadığını düşünerek üzülürdü. Üniversitede geçirdiği dört yıl süresince çocuk bakıcılığı yaparak geçimini zar zor sağladı. Çatı katı tek odada küçük pencereden sadece gökyüzünü görüyordu. Soğuk okul gecelerinde tir tir titremesine rağmen, kalemi zor tutan donan elleriyle matematik problemleri çözüyordu. Kara kış günlerinde geleceğin bu onurlu bilim kadını çantasını açar, havlu, yastık yüzü, eski elbiseler, mendil bezi gibi ne var ne yok yatağına yayar ve öylece uyumaya çalışırdı. Ne var ki bunların altında da titremekten kendini koruyamazdı. Ama hiç bir zaman azmini ve coşkusunu yitirmedi, yılmadı.

Genç Manya kendisi gibi tüm zamanını bilime vermiş 35 yaşındaki Pierre Curie ile evlendi. Pierre Curie beraber yaşayabileceği ve mutlu günler geçirebileceği iyi bir adamdı. Evlendikleri zaman mum ışıklarının etrafı aydınlattığı izbe bir han odasında yıllarca barındılar. Evlendikleri ilk gün Fransa'nın uçsuz bucaksız kırlarını gezdiler, sessizliğin sesini dinlediler. İkisi de kalabalığı pek sevmezdi. İkisinin de ailesi yoksuldu. Kuru ekmek ile karınlarını doyurdular.

Evliliğinin üzerinden geçen 3 yıl sonra yani, Parise geldikten 7 yıl sonra Madam Curie doktorasına hazırlanıyordu. O sırada bir mahallenin etrafına ışıklar saçtığı bulunmuştu. Bu uranyumda. Bunun esrarını çözmeye karar verdi. Bu karar, Madam Curie'nin eşi Pierre Curie ile bilimsel serüvenin başlangıcı, bilimin esrarengiz, büyüleyici sırlarına doğru atılan ilk adımdı. Genç kadın tanınan bütün diğer madenler üzerinde de az veya çok ışık saçıp saçmadıklarını incelemeye başladı.

Araştırmaları netice vermeye başlamıştı. Sonunda şimdiye kadar elde edilmemiş muhteşem kudrete sahip bir ışın buldular. Madam Curie ve kocasının bu buluşları bilim dünyasında bomba gibi patladı, Uranyumdan iki milyon kat ışık yayan yeni bir maden bulduklarını bildirdiler. Bu madenin ışınları taş, çelik, bakır gibi cisimleri kağıt gibi parçalayıp geliyordu. Hiç bir güç bu ışınları durduramıyordu. Bu madenin ismi Radyumdu. Ama sözde bu imkânsızdı. O ana kadarki tüm teoriler alt üst oldu. Bilim dünyasında böyle bir şeyin değil kendisi, ihtimali bile düşünülemezdi. Gizemli bilim âdeta kapılarını açarak, "Ben burdayım, gelin bulun," diyordu. Bunu da Bayan Curie yaptı. Fakat buna rağmen bilim adamları bu maddenin varlığını kabul etmediler: "Bize radyumu göster. Görelim, deneyelim, sana inanalım" dediler.

Bunun üzerine Bayan Curie ile kocası terkedilmiş büyük bir depoda çalışmaya koyuldular. Sırf taşıma ücreti gibi çok küçük bir parayla, borç harç karşılığında satın aldıkları sekiz ton maden cevherini tek başlarına eritip ayıklamaya başladılar. Eriyen ve kaynayan madenin kokusu iğrençti, genç kadının ciğerlerine dokunuyordu. Bir ara kocası Pierre'ye bıkkınlık geldi, pes edip bırakmak istedi. Ancak Madam Curie bunu kabul etmedi. "Pierre, ben çalışmak istiyorum. Dilersen sen bırak" deyince kocası, eşi Marie'nin değerini bir kez daha anladı ve birlikte tekrar çalışmaya koyuldular. Tam 4 yıl boyunca sıcak depoda aralıksız çalıştılar. Nihâyet pirinç tanesi kadar bir radyum parçası elde ettiler. Tarih 1902'yi gösteriyordu. Bu, Madam Curie ve Pierre Curie'nin Nobel ödülü aldıkları tarihtir.

Radyum, gerçekten uğrunda harcanan bunca emeğe değen bir madendir. Hastalık ve tıp dünyasında Radyumla birlikte âdeta devrim yaşandı. Zira, radyumun minicik bir parçası dahi kanser ve deri tedavilerinde kullanılan, milyarlarca enerji kütlesini içinde barındıran korkunç bir güçtür. Onun içindir ki çok minik bir parçası için tonlarca maden elekten geçirilip bulunmuştur. Bu buluş sayesinde Bayan Curie dünyanın en meşhur kadını oldu. Şımarmadı, aşırı mutluluk duymadı. Onun asıl mutluluğu çatı katındaki tek göz odasında, gecenin soğuğundaki mum ışığında derslerine çalıştığı, yoksulluk içinde titreyerek, kıvranıp yattığı anlardı. Şimdi bir an bunları anımsayınca gözlerinden bir kaç damla yaş süzüldü.

Binbir zahmet ve çile içinde ortaya çıkardıkları buluşla ilgili olarak karar vermek zorundalardı. Arzu ederlerse radyumun patentini yüzbinlerce dolara satıp, her zerresinden ömürlerinin sonuna kadar pay alabileceklerdi. Çünkü dünyanın her tarafından radyum istekleri geliyor, bunun yapımını da bay ve bayan Curie'den başkası bilmiyordu. Ama Madam Curie buluşundan beş kuruş kabul etmediği gibi tarihe geçecek şu sözleri haykırdı, "Bunlar benim insanlık adına yaptığım buluşlardır. Zerresinden menfaat sağlasam, bu benim bilimsel mânevi şahsiyetimi zedeler. Hastalık tedavisinde kullanılan bir maddeden faydalanarak zengin olmak istemem."

Ticari çevrelerin ısrarına rağmen buluşlarını satma yoluna gitmeyen bay ve bayan Curieler, onu, insanlığın iyiliğine hediye edip zenginliği tercih etmediler. Aldıkları Nobel ödülüyle yıllardır birikmiş olan araştırma masraflarının borçlarını ödediler; iki çocuklarıyla birlikte artık rahat ve mutlulardı.

İleriki zamanlarda kocasını kaybeden Madam Curie, ona verdiği sözü tutarak, iki çocuğuyla birlikte ailenin tüm sorumluluğunu üzerine aldı.

Üniversite, kocasından boşalan kürsüye Marie Curie'yi teklif etti. Teklif tabiki kabul edildi. Madam Marie Curie 5 kasım 1906'daki ilk dersini sadece öğrencilere değil, meşhur ilk kadın fizikçiyi görmek isteyen kalabalık halk topluluğuna, ilim adamlarına ve dünya basınına verdi. Şunları söyledi bir zamanların zavallı kızı Curie: "Görünmeyen ilâhi yaratıcı bana güç verdi. Soğuk kış gecelerinde çok aç yattım. O dönemler hayatımda dört yiyecek dışında mideme farklı bir şey girmedi, su, ekmek, çay, turp. Bayıldığım gün de oldu, aşağılanıp horlandığım anı da yaşadım. Ama yüce yaratıcı beni hep ileri itti. Direncimi kırmadım, tam tersi artırdım. Çok zor şartlarda yoksul bir öğrenci hayatı sürmeme rağmen

Sorbon'da fizik tahsilimi birincilikle bitirdim. Maddi imkânlarım tükendiği için çok istediğim matematik eğitimimi yapmaktan tam vaz geçecektim ki iyi bir insan yardımıma koştu. Yıllar sonra kazandığım ilk parayla ben de sefâlet içinde bulunan başka öğrencilere burs verdim."

Dinleyicilerden bir çoğunun duygulanıp gözyaşlarına sebep oldu bu konuşma.

Sorbon Üniversitesinde profesörlüğe yükselen Bayan Curie, burada fizik ve kimya dersleri vermeye başladı. Bu, o dönem Fransası için mümkün olması zor olan bir kariyerdi aslında. Çünkü Avrupa'nın bir çok kentinde kadınlar üniversiteye kabul edilmiyordu. Yani 20. yüzyılın sonlarında dahi Avrupa'da ortaçağ zihniyeti hüküm sürüyordu. İşte Bayan Curie bu engeli de aşarak zoru başardı. Örneğin Fransa ilimler Akademisi, fizik profesörü ünvanına rağmen Madam Curie'nin üyeliğini kadın olduğu için onaylamayıp geri çevirdi. Tam da bu tarihte, yani 1911'de ikinci defa kimya dalında Nobel ödülüne lâyık görüldü. Bir kadın olarak Madam Curie'nin üstün başarısı dünya kadınlarını da coşturdu. 1921'de dünya kadınları adına Amerikan kadınları şükranlarını sunmak amacıyla bu bilim kadınına maaş bağladı. Ancak o maaşın yönünü Polonya'daki bir hastaneye çevirdi.

İnsanlık adına yaptığı araştırmalar Madam Curie'yi sağlık açısından yıpratmıştı. Özellikle kanserin ızdırabını dindirmek için türlü türlü madenler üzerinde kimyasal araştırmalar yaparken vereme, hatta kansere yakalanmıştı. O, kanseri tedavi edeyim derken kendisini fedâ etti ve 4 temmuz 1934'te 67 yaşında hayata gözlerini yumdu.

İnsanlık büyük bir bilim aşığını kaybetmişti. Ölümünün ardından ülkede yas ilan edildi. Bütün araştırmalarını insanlık adına yapan Bayan Curie, menfaate dayalı hiç bir onur nişanını kabul etmedi veya ettiyse de gelirini tamamen kimsesizlere, çâresizlere bağışladı. Maddi çıkara dayalı patent tekliflerini asla kabul etmedi. Meşhur Fizikçi Einstein, gün gelecek onunla ilgili şunları söyleyecekti: "Şöhretin yozlaştıramadığı tek kişi"

Her kim olursak olalım, her neci olursak olalım, her neci olursak olalım, insanlık, kendini bir mâna uğruna fedâ eden bu kişilikleri unutmayacaktır.

1) Bilimin Öncüleri. Mustafa Uluçayı Özyürek.
2) Pierre ve Marie Curie. Meşhur Bilginler. Doğan Kardeş.

"Otomobil Kralı"

HENRY FORD Nasıl Başardı?

13 yaşında çok sevdiği annesini kaybetti. Amerika'nın en bunalımlı anında doğdu. Ailesi İrlanda'dan açlık ve sefâlet yüzünden Amerika'ya göç etmişti. Yoksuldu ama evlendi. Yoksulluktan ve ideallerinden dolayı tası tabağı toplayıp tahta arabaya yükleyerek eşi Clare ile birlikte daha büyük şehre göç etti. Yabancı şehirlerde sıkıntılı günler geçirdi. Nihayet Edison'un yanında iş buldu. Detroit şehrindeki cadillac kasabasında oturdu. Ünlü "Cadillac" otomobillerinin ismi buradan gelir.

"Tek başına ıssız bir adaya düşsen, dünyanın bütün kâğıt parası elinde olsa, yine de işine yaramaz. Fakat mâdeni para başkadır. Mâdeni paranın değeri vardır. Çünkü nihayet mâdendir. Böyle bir metalden kendine bir âlet, bir şey yapabilirsin. Onun için meteliğini daima sıkı tut. İnsan ne zaman ıssız bir adaya düşeceğini hiç bir zaman bilemez!"

"Ne yapabiliriz? İnsanlığın bir hiç uğruna telef olmasını nasıl önleyebiliriz. Ben Amerika'da refah içinde yaşarken dünyanın başka yerinde insanların aç olması, ızdırablı olması, oluk oluk kanlarının akması beni üzüyor, kahrediyor."

Sulak ve bereketli toprakların bol olduğu Michigan bölgesine tahta arabalarıyla gacır gucur sesler eşliğinde bir aile geldi. Daha o zamanlar adı bile konmamış Detroit nehrinin kıyılarına kulübelerini çaktılar. Konar göçer bir hayat yaşayan yoksul Ford ailesi zamanla yerleştikleri bu yere Deorborn köyü dediler.

İnsanlığa tekerlek giydiren Henry Ford işte bu dağınık köyde 1863'de doğdu. Amerika'nın en bunalımlı yıllarıydı. Yaşadıkları yerde arasıra kızılderilileri görürlerdi.

Kızılderililer aileleriyle birlikte ürünlerini sepetlere doldurup şehirde satarlardı. Küçük Henry, Detroit kıyılarında oynamayı çok severdi. Papatyalar, lâleler, kenger otları, altı başlı yoncalar, pırıl pırıl berrak nehir suyunun hemen yanı başında çok güzel bir manzara oluşturuyordu. Yeşilliklere uzanır güzel hayallere dalardı.

Hayaller insanın umutlarıdır derler; ama bu umutlar için çırpınılmadığı zaman o hayaller boş olur. Çalışmak... Yüzünün akıyla, alnının teriyle, namusuyla, edebiyle çalışmak, başarı kapısının tek anahtarı.

Henry Ford tarlada ırgatlık yaptı, okul yüzü görmedi. Her ne kadar adı mühendis diye geçse de, bu mühendis o zamanın üniversitelerinde yetişme mühendis değil, yaşam üniversitesinde alınteri, göznurü dökerek, kendini türlü sıkıntılara rağmen yetiştirmiş alaylı bir mühendistir, hatta o, başmühendistir. İngilizcede mühendis "engineer", diye geçer, yani motor tamircisi. O, Edison'un yanıbaşında çalışacak kadar da profesyonel bir motor tamircisiydi, ona motor üreten adam da diyorlardı. Ford yetenekli bir tamirciydi: O kadar ki, çocukluğunda saat tamir ettiği sıralarda "Henry'nin yaklaştığını gören her saat, hemen titremeye başlar." derlerdi.

Gençliğine doğru tamircilikteki marifeti o kadar arttı ki buna rağmen o hâlâ tamir ettiği saatlerden bir kuruş para almıyordu.

Sık sık buharla çalışan makineleri inceliyordu. Hatta gizlice bir buhar makinesini söktü, dağıttı, inceledi, sonra tekrar taktı. Kulübelerinin arka tarafında bir yerde kendine bir buhar makinesi yaptı, makineyi bir şasi üzerine oturttu. Amacı, araba gibi bir şeyler yapmaktı, ama atla değil makineyle çalışan.

Henry Ford, hayatını kazanmak ve eve katkıda bulunmak için bir makine atölyesinde iş buldu. Fakat oradaki işçilerin kıskançlığı yüzünden ayrıldı. Daha az ücretle dökümhâneye girdi. Henry'nin yaptığı tamirler işyeri sahibinin dikkatinden kaçmadı, onu ödüllendirdi.

Ondokuz yaşına gelen Henry, bir gün köy eğlencesinde Clara Bryant adında bir köylü kızıyla tanıştı. Kız başka köydendi. Hiç vakit kaybetmedi, "Benimle evlenir misiniz?" diye sordu. Kız hemen cevap veremedi. Akşam evine gittiğinde, "Bu delikanlı ciddi ve çalışkan" diye düşündü.

Henry Ford, Clara adındaki bu ince ve nârin kızla evlendi. Daha çok şevklendi, daha çok mutlu oldu. Şimdi karısıyla da dertleşerek piyasada satılan motorları düşünüyordu. Alman mühendis Niko Otto benzinli bir makine icat etmişti. Ama sadece şişelere limonata basıyordu. Hatta bunu bir müddet de seyretmişti.

Henry Ford karısına dönerek içini döktü: "Clara aklımdan bir şey geçiyor, bir makineyle insan nakil aracı yapılamaz mı? Yani bir arabayı atsız düşün, onu ileri itecek bir güç olsa, bu güç zaten var, makineler her türlü malı, insanı daha hızlı ve daha kolay taşıyamaz mı? Doğrusu bunları tekerlek üzerine oturtup ne kadar yük taşıyabileceklerini görmeyi çok isterdim."

Karısı Clara, "Peki niye yapmıyorsun bunu Henry?" diye sordu. "Çiftlikte imkân yok. Adam olacak, takım olacak. Bir atölyeye ihtiyacım var. Bunun içinde şehre taşınmamız lâzım" dedi Henry.

Clara bir an düşündü. Bu güzelim yeri bırakıp da yarın ne olacakları meçhul, gürültülü, işsizlik sorunu olan şehirde nasıl yapabilirlerdi. Köyde hiç olmazsa karınları doyuyordu.

Karar verdiler. Şehre taşındılar. Tek odalı bir ev kiralayarak ikisi de işe girdi. Bu arada kazandıkları parayı da idareli harcıyorlardı.

Henry Ford şehirde kütüphaneye gitme fırsatını da yakalamıştı. Babasının kendisine öğrettiği okuma yazmanın ileride kendisinin hayatını nasıl değiştireceğini tahmin edemezdi.

Akşam altıdan sabah altıya kadar gece işi yapan Ford, gündüz de bol bol kitap okuyordu, tabiki kendisine hitap eden kitapları. Bu arada kazandıkları paranın bir kısmını meslek okulu kurslarına vermekten çekinmedi.

Kıtkanaat geçiniyorlardı. Buna rağmen Henry Ford bir çocuk istedi. Clara," Rızkını tanrı verir" dedi. Eve bir üçüncü kişinin gelmesi Ford'u çok sevındirdı, havalara uçuyordu, "Baba oldum! Baba oldum" diye havalara zıpladı. Bu ilk çocuklarına Edsel adını verdiler.

Baba Henry evlere tamire de gidiyordu. Her gittiği evde mutlaka baba olduğunu söylemeden edemiyordu. Bir müşteri onun makine tamirciliğindeki yeteneğini şöyle anlatıyordu:

"Karşıma uzun boylu, adâleli bir adam dikildi ve kendini "Ford" diye takdim etti. Biz ona derdimizi anlatırken, o makinenin etrafını dolanıyordu. O ana kadar belki on tane tamirci gelmişti, ama hiç biri tamir edememişti. Ford denen bu genç, makinenin orasını burasını kurcaladı, makine çalışmaya başladı, şaşırmıştım. Makinenin neresini düzelttiğini sordum, "Ehemmiyetli bir şey değil" dedi. Eline ik dolar sıkıştırdım, çıktı gitti."

Henry Ford bu arada ilk araba yapma çalışmalarını sürdürüyordu. Limonata basan motor onun işini göremezdi. Daha gelişmiş motor yapmalıydı. Yaptı da... Sonra motoru yerleştirecek araba yaptı. Bisikletlerden söktüğü lastiklerin üzerine sırık, onların ön tarafına da dingil, ön dingile de direksiyon için kol takmıştı. Oturma yeri de bisikletten sökülmüştü. Motor arka tekerlekler üzerine yerleştirilmişti. Motorun ürettiği enerji iki tane kayışla tekerleklere aktarılıyordu. Arabanın freni yoktu, ama bir kol vasıtasıyla kayışları ayırabiliyordu, fren de buydu herhalde. Geri geri gidemiyordu. Korna olarak da şoför yerine bir gong bağlamıştı.

1896 yılında ilk otomobil hazırdı. Gerçi Almanya'da Carl Frederich Benz diye bir adam da üç tekerlekli bir otomobil yaptığını söylemişti. Ama bunu zaman gösterecekti, yani otomobilin babasının kim olduğunu. Amerikada otomobilin babası Henry Ford'dur, bu bir gerçek. Henry Ford depoda arabayı yapmıştı ama bir şeyi unutmuştu, arabayı depodan dışarı nasıl çıkaracaktı, kapı çok dardı. Hemen arka taraftaki tuğla duvara vurdu kazmayı, kocaman bir yarık açtı; ön koltuğa oturdu, motoru uzun bir ip vasıtasıyla çalıştırdı, araba hart hurt ederek Detroit sokaklarına fırladı. Halk bu hilkat garibesine ucûbe görmüş gibi ağzı açık bakakaldı. Araba taşların üzerinden sekerek, patırdayıp, öksürerek, gele gele Edison'un tamir atelyesinin önünde durdu. Subaplardan birinin yayı kırılmıştı. Hemen Edison'un tamir atelyesinden bir yay aldı, taktı. Tekrar yoluna devam edip, şimdi otomobil sanayinin başkenti kabul edilen Detroit sokaklarında tur atarak dolaşıp evine döndü. Ford, oğlu küçük Edsel için de arabada bir yer yaptı. Bujilere cereyan veren akümülatörün üstüne tahta bir kapak koydu.

Artık herkes Henry Ford'un arabasını tanımıştı. Bunu geliştirmek istedi. Yaptı da. Edison'un şirketindeki işinden ayrılarak bütün gününü arabayı geliştirmeye verdi. Bu arada temizliğe giden eşinin kazancıyla geçiniyorlardı. Aylar sürdü çalışmaları. Gerçekten yoğun çalışmanın karşılığını aldı Ford. Bu gelişmiş arabayla taşınan ilk yolcu bir gazeteci oldu, tabii ki tanıtım amacıyla

1900 yılının soğuk bir gününde Ford'un arabasıyla yaptığı yolculuğu o gazeteci şöyle anlatıyordu: "12 kilometre hızla fırlayıp uçtuk âdeta, dondum kaldım. Böyle bir şeyle ilk defa karşılaşıyordum."

Ford, hızı saatte 40 kilometreye çıkarınca, gazeteci arkadaşı inmek için yalvarmaya başlamış. Fakat Ford inatla, "Öyle şey olmaz! Hiç tehlike yok bunda! Şimdi size arabayı ne çabuk durduracağımı isbât edeceğim.

"Evet diyor gazeteci, "Durdurmuştu arabayı, ama nasıl? Öne doğru fırlamaktan kendimi zor tuttum. Derin bir nefes aldım. Ben indim o yoluna devam etti; yanımdan bir fırlayış fırladı, boğadan kaçan kediydi sanki!"

Böyle çırpınıp başarılı olmasına rağmen, zavallı adam bir kaç işadamının emeklerinin üzerine konmak istediğini etrafına anlatıyordu. Kendi güvendiği bir işadamıyla otomobilin seri üretimine geçiş konusunda anlaştı. O istiyordu ki kadın erkek, çoluk çocuk, zengin yoksul hayran oldukları bu araçlara sahip olsun, ucuza alabilsin. Ama iş adamları sözlerinde durmadılar. Tekiz diyerek tekelleşme yoluna gittiler, böyle olunca da sadece zenginlere büyük paralar karşılığında otomobil sattılar.

Henry Ford çok öfkelendi, "Olmaz böyle şey. Ben para için bulmadım otomobili. Ben her zaman istedim ki çalışan her insan bir eve, biraz toprağa ve bir otomobile sahip olsun." deyince işadamları bu iyi kâlpli adama arkalarını dönerek ihânet ettiler. Bu işadamları, Cadillac kasabasında bir Company kurdular. Cadillac bu yüzden zengin arabasıdır, ismi de bu kasabadan gelir; ama kaç tane satılabilmiştir ki!.. oysa Ford'un arabaları bütün dünyada milyonlarca sattı.

Bu işadamlarıyla çok mücâdele etti Henry Ford. Bıktı, usandı, atölyesi kapatıldı.

Henry Ford, yahudi düşmanı olarak bilinir. Yahudilere olumsuz bakışıyla ilgili keskin sözleri vardır. Bunun sebebi başına olmadık çoraplar ören açgözlü, hırslı işadamlarının yahudi olmasındandır. Ama buna rağmen Henry Ford, Hitlerin yahudilere yaptığı zulmü, katliamı hiç bir zaman desteklememiş, onaylamamıştır. "Böyle bir zalimliği, böyle bir vahşeti gerçekleştirmek, savunmak insanlık vicdanına aykırıdır." demiştir.

1968'de Ford fabrikası henüz 5 yaşındayken, en kuvvetli tekelci firmalardan beş kat otobobil satıyordu. Fordun yaptığı lastikler 15.000 kilometreden fazla yol katedebiliyordu. Dünyadaki ilk en uzun otomobil yarışını Henry Fordun tasarladığı otomobil kazandı. Yolun uzunluğu Atlantik kıyılarından Pasifik kıyılarına kadar, sıkı durun... tam tamına 6500 kilometre idi.Henry Ford'un ilk zamanlarda ürettiği iskelet gibi otomobile halk Teneke Lizzy ismini takmıştı. Şimdi ise "Teneke Lizzy kibarlaşmış Elisabeth olmuş" diyorlardı.

Henry Ford'un otomobil üretim rakamları yıldan yıla artıyordu. 1910 yılında 18600, 1911'de 34500, 1912'de 78500, 1913'de 168.000 otomobil üretilmişti. 1915'e gelindiğinde ise 500.000 otomobil üretildi. Bu rakam dünyada bir rekordu. Arkası vardı: 1920'de 15 milyon üretim yaptı. Artık bunların arasında kamyon, traktör ve otobüsler de vardı.

BİR YORUM

Bir hiçken yüreğiyle, azmiyle, çalışkanlığıyla dürüstlüğüyle, merhametiyle dünyanın en zengin adamı olan Henry Ford, insanlığa sadece ekonomik yönden değil, siyasal ve sosyal yönden de faydalı olmaya çalışmış, Birinci Dünya Savaşı başladığı zaman Amerika, ekonomik yönden eksikliklerini tamamen gidermiş, zirveye çıkmış bir ülkeydi. Çalışma dünyasında işçilere ilk "çocuk yardımı", "yakacak yardımı", "elbise yardımı," "sosyal rahatlama yardımı" "evlilik yardımı", hatta "otomobil yardımı" gibi yenilikleri getiren Henry Ford'tur. Bu yüzden de diğer sermaye sahipleri tarafından düşman gibi görülmüştür. Hatta başka ülkelere sattığı otomobillerin fiyatlarını insanlığa faydalı olsun diye yarıyarıya düşürüyordu. Henry Ford I. Dünya savaşına çok üzülüyordu. Şöyle demişti bu savaşla ilgili:

"Ne yapabiliriz? İnsanlığın bir hiç uğruna telef olmasını nasıl önleyebiliriz. Ben Amerika'da refah içinde yaşarken dünyanın başka yerinde insanların aç olması, ızdırablı olması, oluk oluk kanlarının akması beni üzüyor, kahrediyor."

İLK "SAVAŞA HAYIR" (NO VVAR) PROTESTOSU, YIL: 1914

Henry Ford bir gemi kiraladı ve adına "Peace Ship", Barış Gemisi dedi. Amacı I.Dünya Savaşını durdurmaktı. "Siperlerden çıkın!" yazılı büyük bayraklar çekti. Ve Amerika'dan Avrupa'ya hareket etti. Gemide bizzat kendisi ve onlarca iyi niyet sahibi ileri gelen Amerikalı vardı. Ülke ülke dolaşıp, bu savaşın durdurulması için devlet adamlarını iknâ etmeye çalışacaklardı. Bu arada bu zavallı yaşlı adam gemideki günlerce yolculuktan dolayı bitap düşmüş, soğuk almış, ciddi bir şekilde hastalanmıştı. Ama O, "Devam!" ediyordu. Barış Komisyonları kurdurdu. Bazı kendini bilmez haydut zihniyetli insanlar onun gemisine "Sersemler Vapuru" adını takmıştı. Oysa Henry Ford yüzbinlerce dolar harcamıştı bu yolculuk için.

Fakat yazık ki lâf anlatamamıştı dünyaya. Ford bundan sonra bir küskünlük hayatı yaşadı. Her şeyden gittikçe uzaklaştı, içine kapanık oldu. Sık sık şehirden uzaklaşıp, doğduğu yer olan ırmağın kenarındaki evlerine gitti. Uçsuz bucaksız kırlarda dünyanın en güzel müziği olan kendi müziğini, yani kendini dinledi. Henry Ford'un ölmeden önce sık sık mezarlıklara gidip dua ettiği söylenir, hatta mezarlığın bir köşesinde saatlerce oturduğu görülmüştür.

1947 Nisanında ölmeden 2 ay önce Henry Ford torununun oğlu ile-Edsel'in oğlu Henry Ford II'nin oğlu-Dearborn'daki köşkünün parkında geziniyordu. Çocuk elinde tuttuğu demir parayı düşürüp kaybetti. Yaşlı adam eğildi, bulana kadar çimlerde araştırdı. Çocuk hayretle sordu:

"Dede! dünyanın en zengin adamı olduğun doğru mu?" "Öyle olsa gerek," dedi. "Peki ama ne diye uzun süre demir bir parayı, aradın?" İhtiyar yarı tebessüm yarı ciddi bir hal alarak cevapladı: "Tek başına ıssız bir adaya düşsen, dünyanın bütün kâğıt parası elinde olsa yine de işine yaramaz. Fakat mâdeni para başkadır. Mâdeni paranın değeri vardır. Çünkü nihâyet madendir. Böyle bir metalden kendine bir âlet, önemli bir şey yapabilirsin. Onun için meteliğini daima sıkı tut. İnsan ne zaman ıssız bir adaya düşeceğini bilemez."

HENRY FORD'UN BAŞARISI NEREDEN GELİR?

Ford, yükselişinde çocukluk yıllarının büyük etkisi olduğunu söyleyerek anılarında şunları yazmıştır:

"O zaman çocukların bugün olduğu gibi hazır oyuncakları yoktu. Oyuncaklar evde yapılırdı. Çocukluğumun en unutulmaz hâtırası, şehre giderken bir "Lokomobil" yani silindir görmem olmuştur. İkinci önemli bir hatıram da bir saat sahibi olmamdı. O zaman 12 yaşında idim. Lokomobilde bir adam ayakta durmuş kömürü kürekliyor, buharı ayarlayarak arabayı kullanıyordu. Biz arabamızla geçerken yol vermek için durmuştu.

Beygirleri süren babamın niyetimi anlamasına vakit kalmadan arabadan atladım ve makineyi kullanan adamla konuşmaya başladım. Bu adam bana istediğim bütün bilgileri vermiş ve makineyi göstermişti. Beni otomobil yapmaya zorlayan, gördüğüm bu araba olmuştu. Onun örneklerini yapmaya çabalamış, bir kaç sene sonra bir tane yapmayı başarmıştım ki güzelce yürüyordu. Arabamızla köyden şehre indiğimiz zaman daima ceplerime somunlu vidalar, somun döşekleri ve buna benzer birçok makine parçaları doldurur getirirdim.

Çok defa da kırılmış bir saat taşır ve tamir için uğraşırdım. 13 yaşımda iken bir saati oldukça iyi tamir etmeyi başarmıştım. 15 yaşıma vardığım zaman her çeşit saatlerin, her türlü tamirlerini yapabilecek bir kabiliyet kazanmıştım. Kullandığım âlet ve malzeme pek kaba saba şeylerdi. Bir şeyi, veya bir âleti bozup, tekrar yapmakla elde edilen bilgi, başka hiç bir şeyle ölçülemez.

Her şeyin nasıl yapılmış olduğu kitaplardan öğrenilemez, iyi bir makineci her türlü makinenin nasıl yapılmış olduğunu bilmek zorundadır. Bir yazar için kitap ne ise bir makineci için de âlet ve makine odur. Makineyi karıptırır, işletirken bir takım fikirler bulurdum. Zeka sahibi bir insan ise bu fikirleri geliştirerek mükemmelleşir."

Henry Ford, kafasına koyduğu bir işi yapmak istediğinde bu işe her yönüyle odaklanırdı. Gördüğü tüm malzemeler ona yapacağı iş hakkında ilham olurmuş. Bazı günler bütün geceyi motorların çalışma sistemi hakkında düşüncelerle geçiren Ford, bu arada hayalinde canlandırdığı en küçük şeyi hemen kâğıda çizermiş. Kafasında uzun zamandır tasarladığı plân, günden güne demir, çelik, tahta ve kablodan ibaret bir makine haline geçiyordu. Otomobilin tekerleklerini, bisiklet tekerleklerinden yapmıştı. Makinenin silindirini Edison'un fabrikasından almış olduğu bir havagazı borusuyla monte etmişti.

Henry Ford'un yıllardan beri geceleri bile otomobiliyle uğraştığını gören komşuları ona artık deli demeye başlamışlardı. Ona inanan bir tek karısıydı. Hiç durmadan, uykusuz 48 saat çalıştığı olmuştur.

Henry Ford, gençliğinde bir sabah erkenden kalkarak baba ocağından ayrılma kararı almış. Çok uzaklara gitmek istemiş. O, yüreğinden gelen sese kulak vermiş. Yaklaşık 15 kilometre yaya yürüyerek bugün otomobil endüstrisinin merkezi olan Detroit şehrine ulaştığında içine bir kuşku düşmüş. "Hayatım ve Eserlerim" isimli kitabında bu durumu şöyle anlatmıştır:

"Hayatımın en heyecanlı günü o gündür. Yolda hem ağlıyor, hem yürüyordum. Bir kaç kere geriye dönmeye karar verdim. Fakat içimden bir ses geliyordu, "Ford, korkma! Yürü."

Babası Ford'un arkasından çok üzülmüştü, fakat bir taraftan da oğluna inanıyordu. Zaten bu iki inanç; yani anne babasının inancı ve karısının inancı Ford'u akıl almaz başarılara taşımıştır.

KAYNAKÇA
1) Bilginler. Çağatay Uluçay. Özyürek.
2) 12 Dev Adam. Egon Larsen. Doğan Kardeş.
3) 12 Dev Adam. Egon Larsen.
4) Büyük Adam Olmak. Cemil ongun.
5) Radyo Kültür. (Süreli Yayınlar) 1970.
6) Aydabir. Aylık süreli yayın. 02.1972.

"Güldüren Ağlayan Adam"

ŞARLO Nasıl Başardı?

Alkolik bir baba... Sinir hastası bir anne... Yetimhânede geçen çocukluk hayatı. Çok acılar çekti. Geceleri yatağında ağladı. Hiç kimsesi yoktu. Anne ve babasını kaybetti. Dünyada yapa yalnızdı. Palyaçoluk yaptı. Herkesi kahkahalarla güldürürken o için için ağlıyordu. Zengin oldu, malikhânede yaşadı, ama bazı zamanlar bir köşeye çekilip ağlardı.

"Fakir düşmüş bir zavallı insanken hiç kimse aç olduğum günlerde çeyrek ekmek vermiyordu, yüzüme bile bakmıyorlardı. Dünyaca ünlendiğimde, milyonlarca doların sahibi olduğunda, özellikte sosyete kesim etrafımda çember oldu, beni görmek için, kafesteki şebek misâli parmaklıklarını parçaladılar. Onlara dedim ki, "Ne var, Ne istiyorsunuz?"

Kızı Geraldine Chaplin: "Para onun için çok önemliydi. Yoksulluğu çocukluğunda yaşamıştı: birkez daha yaşamak istemiyordu."

Doğrusu, hayatını incelerken en çok üzüldüğüm, "Keşke yanımda olsa da dertleşsem" dediğim bir sanatçı Charlie Chaplin. Hayatı, gerçekten acınacak derecede yaşamış olan bu zavallı adam, 1890'da İngiltere'de doğdu. Anne ve baba sevgisinden mahrum büyüdü. Hep, "Şu dağın arkasında güleryüzlü bir ülke varmış" deyip hayaller kurardı. Sevgi, güleryüz aradı. Ama o sıcaklığı bulamadı.

Babası alkolikti, annesi ise sinir hastasıydı. Anne baba korkunç tartışmalarına başladığında küçük Charlie durmadan ağlarmış.

Charlie Chaplin 7 yaşındayken babası öldü. Annesi de çıldırdı, görevliler gelip onu tedavi için hastaneye yatırdılar. Çocuğu da yetimhâneye verdiler. Bir daha da annesinin yüzünü göremedi. Daha sonraki yıllarda aradı ama bulamadı. Annesini kaldırdıkları hastaneye gittiğinde aldığı cevap, "O kadın mı? Deliydi zaten, yıllar önce öldü" oluyordu. "Peki bayım, mezarı nerede, onu nereye gömdüler? Sizin deli dediğiniz zavallı kadın benim annemdi" dediyse de hiç bir cevap alamadı, annesinin mezarını bile bulamadı. Sadece bir resmini buldu, onu ömrünün sonuna kadar üzerinde taşıdı.

Daha sonraki yıllarda milyonlarca doların sahibi olup, malikhânelerde yaşayacak olan Şarlo, yani Charlie Chaplin, yetimhâneden dert ve kader ortağı olduğu arkadaşı Lakey ile oturup yine dertleşecekti. Lakey ona, "Charlie neyin var, neden mutsuz görünüyorsun? Bak bütün dünya senden bahsediyor," dediğinde onun cevabı şu oluyordu: "Lakey, dostum, bu dünyada hiç bir zaman mutlu olacağımı zannetmiyorum. Para, şan ve şöhret bende hiç bir zaman bir etki yapmadı." Benim kanaatimce Charlie Chaplin, hep annesini aradı ama bulamadı, onun acısını da hiç bir zaman unutamadı. Eğer annesini bulsaydı hayatın en mutlu insanı olabilirdi. Ama şimdi alkolik de olsa, yanında ne babası vardı; sinir hastası da olsa, ne de annesi...

17 yaşına geldiğinde yetimhâneden atıldı, dışarılarda kaldı. İş aradı, bulamadı. Gecenin soğuklarında bir köşeye sinip uyumaya çalıştı. Bir çok defâlar hastalandığı oldu. Hatta bir defâsında sabah yoldan geçenler, yarı baygın vaziyette bu gence rastladılar. Ama ne yazık ki dönüp ilgilenmediler bile. Daha sonraki yıllarda Chaplin anılarında bu olayı anlatacaktır. Saatler sonra bir polisin yardımıyla hastaneye götürülen Chaplin, ilk defa yumuşak ve sıcak bir yatakta yatmanın tadına vardı. İki gün sonra yine sokaklardaydı. Bu defa kış iyice bastırmıştı. Kederli bir halde Londra'nın sisli, yağmurlu, soğuk mu soğuk sokaklarında Çaresiz bir vaziyette dolanıp iş ararken, aklına eğlence kulübü geldi. Başvurdu. Palyaço olarak işe alındı. Görevi, gelen müşterileri güldürmekti. Başarılı oldu, insanları iyi güldürdü, adamlar gülmekten mide krambı geçirip, analarının ismini unuttular. Şarlo'nun aç kalmaması için güldürmesi gerekiyordu, yani Şarlo'nun karnının doyması onların gülmesine bağlıydı. "Şarlo," Charlie Chaplin'in lâkabı, tıpkı bizdeki rahmetli Kemal Sunal'ın "Şaban" lâkabı gibi.

Kahkahalar, gürültüler, çığlıklar, müzik sesi, zırıltı, patırtı, kulak zarına zarar verecek tüm ses çeşitleri arasında Chaplin, programını bitirdikten sonra kendini sahnenin arkasındaki sakin odasına atıyordu. Burada hüzürleniyor, kederleniyor, ağlıyordu. İçeri giren arkadaşı, "Charlie! Neyin var?" dediğinde O, "Yok bir şeyimdeyip, geçiştiriyordu.

Bir gün Londra sokaklarında üvey abisi Sidney ile karşılaştı. Sidney, Charlie'nin perişan hâlini görünce kendi perişanlığını unuttu, "Charlie, gezginci tiyatroda çalışmak ister misin? Bırak palyaçoluğu. Eğer istersen aracı olurum" dedi.

Zavallı Chaplin herkesi güldürürken, kendisi ağlayan Palyaçoydu. "Tamam!" dedi.

Gezginci tiyatro topluluğuna katılan Charlie Chaplin, ABD'ye çıktıkları turnede Mack Sennet adındaki Amerikalı zengin bir yapımcının dikkatini çekti. Şarlo'yu uzaktan göstererek," Bu adamın gözlerinde büyü var, hüzün var, âdeta okyanusun hırçın dalgaları gibi. Güngörmüş bir adam bu, işimize yarar." dedi. Yanındaki arkadaşı, "Bay Sennet! hiçbir şöhreti olmayan, sıradan bir adam sizin işinize nasıl yarayabilir?" Bay Sennet'in cevabı, "Dostum! unutma, bir zamanlar ben de sıradandım" oldu. Programdan sonra Charlie Chaplin'i odasına çağırtarak, tanıştı.

"Sana ayda 150 dolar versem, benimle çalışır mısın?" dedi. Chaplin, şu an çalıştığı işten eline ayda sadece 60 dolar geçiyordu. Teklifi düşünmeden kabul etti.

Chaplin komedi türünde 2 ayda kendine bir tip oluşturdu. Artık yıllarca bu tip konuşulacaktı: Komik mi komik bol bir pantalon, ayaklarına sağa ve sola dönmüş kayık ayakkabılar, dar ve kısa siyah ceket, tuhaf bir baston, melon şapka, acayip bir bıyık... Ve karşınızda Şarlo.

Filmlerinde genelde fakir düşmüş, saf ama haklıdan yana rolleri oynadı. Tıpkı benim de çok yakın dostum olan rahmetli Kemal Sunal tiplemesi, "Bizim Şaban" gibi.

The Tramp (Serseri, 1915), The Kid (Yumurcak, 1921) gibi filmleriyle ezilmişliğin yanında olduğu filmler çevirdi. Çok tutuluyordu, başarısı günden güne artıyordu, o zamanlar 100 dolarla ev geçindirilirken, Chaplin artık sokaklara vedâ ederek binlerce doların sahibi oldu. 1915'teki "Serseri" filmiyle tam 75 bin dolar kazandı, o zaman için böyle bir para servetti. Onu izleyen yıllarda Charlie Chaplin milyon dolara para demiyordu.

ABD'nin en tanınmış kişilerinden biri oldu. 1920'lerin başlarına gelindiğinde, filmlerinin sağladığı gelirlerin yüksekliği karşısında hiç bir stüdyo istediğini ödeyemez duruma gelmişti. Böylelikle kendi filmlerinin hem yıldızı ve yönetmeni, hem de yazarı oldu. Tüm filmlerinin müziklerini kendisi yaptı.

Bir zamanlar düştüğü o soğuk kaldırımlardan tutup da kaldırmayan 200'lü sosyete takımı, şimdi etrafını sarmış, her nedense onunla tanışmak istiyordu. Charlie Chapli'nin gösterilen ilgiler karşısında hiç bir zaman değiştiği, şımandığı görülmemiştir. Bunu bizzat çevresindeki eski arkadaşları ve kızı Geraldine Chaplin ifâde etmiştir. Hele fakir, kenar mahalle insanının kendisine gösterdiği ilgi karşısında gözleri yaşarıyordu, "Beni asıl seven bu insanlar!" diyordu.

Charlile Chaplin, orta hâlli aile kızı olan Mildren Harris ile evlendi. Karısından iki çocuğu oldu.

Chaplin sinema sanatçısı Mary Pickford ve yönetmen David Wark ile kendine ait ünlü United Artist Film Şirketi'ni kurdu. Artık o da bir film yapımcısıydı. Hem oyuncu hem yapımcıydı. Kendi oynadığı filmleri kendi çekiyordu. Filmleri büyük başarı kaydetti. 1925'te çevirdiği The Gold Rush (Altına Hücum) adlı filmi "Pabucunun tabanını yiyen adam" olarak seyirci rekorları kırdı, sinema tarihine geçti.

Charli'nin toplumsal eleştiri filmleri de vardır. Örneğin, 1932 de çevirdiği City Lights (Şehir Işıkları) adlı filmi, 1936'daki Modern Times (Modern zamanlar) filmi hep yoksulluğun acısını ve birilerinin açgözlülüğü yüzünden dünya insanlarının fakir, yoksul kaldığını yansıtan filmlerdir.

1940 yılında çevirdiği The Great Dictator (Büyük Diktatör) adlı filmi dönemin Psikopat ruhlu adamını anlatıyordu. Kimdi bu psikopat ruhlu adam? Gençliğinde Güzel Sanatlar Akademisi'nden içeri girerek, "Efendim, resime merakım var, sanatı çok seviyorum, iyi de resim yapıyorum. Hayalimde hep ressam olmak var. Beni kaydeder misiniz?" dediğinde, Akademi yöneticilerince "Dışarı çık, burası beyefendilerin yeri, önce kılığını düzelt" dedikleri, o sıralar yatacak yeri olmadığı için köprü altlarında yatıp kalkan, dışlanan horlanan bir adamdı. Kim mi? Merak ettiniz değil mi? Bu adam Hitler'di. Dikkat! Çevrenizde dışladığınız, horladığınız yanı başınızdaki çocuk bir Hitler olabilir. Çocuklarımızı ve gençlerimizi asla dışlamayınız. Eğer onlar, sizin beğenmediğiniz bir görüntüdeyse siz kendinizden utanın, çünkü onun sebebi sizsiniz, biziz, hepimiziz. Siz dışlarsanız, o gençlerin eline silah verecek çok olur. Ve gün gelir o silah size, topluma, devlete çevrilir. "Burası beyefendilerin yeri" diyen o kendini bilmez insan ne büyük bir ölüm fermanını kendi eliyle hazırlamıştı; ve sonra görecekterdi beyefendinin kim olduğunu.

Charlie Chaplin filmlerinde bazı durumların da hakkını veriyordu, Hitlerin Güzel Sanatlar Akademisi'ne gittiğini, resim sanatını sevdiği için gençliğinde bu okula kaydolmak istediğini, ancak görevliler tarafından "Defol buradan "denilerek aşağılandığını, bir sokak genci olduğu için horlandığını da anlatır.

Charlie Chaplin, "Olumsuzlukların çoğunu toplumun acımasız, merhametsiz davranışları belirliyor." diyor.

Yazar Oneil'in 18 yaşındaki kızıyla evlenen 55 yaşındaki Chaplin, çok büyük eleştiriler almıştır. Ayrıca da bu evlendiği kız dördüncü karısıydı. Bu yüzden bayağı bir eleştirilmişti. O şu cevabı vermişti bu eleştirilere "Kötü bir şey mi yapıyorum, evleniyorum."

Chaplin 1945 yıllarında ABD'de başlatılan komünist avında suçlandı, hiç alâkası yokken komünist damgası yedi. Bu sebeple Avrupa gezisindeyken, Amerikaya dönmek istediğinde, "Amerika'ya Karşı Çalışmaları Araştırma Komisyonu"na ifade vermesi istendi. Charlie Chaplin de, "İfadenizi siz kendi kendinize verin" diyerek Avrupa'da kaldı ve masmavi bir gölün kıyısındaki Malikhânesine yerleşti.

Komünist gibi saçma bir avın ve benzer Amerikan taşkınlıklarının komikliğini anlatan The King ın Newyork (Newyork'ta Bir kral) adlı filmi 1960'da çevirdi.

ABD, sonraki yıllarda gerçekten ne büyük, içli bir sanatçıyı kaçırdığını geç anladı. 1972 yılında Chaplin'e Şeref Oscar'ı ödülünü verdi. ABD, kovduğu sanatçıya, şimdi ülkesine gelmesi için yalvarıyordu. İngiltere kraliçesi 1975'te Chaplin'e Âsalet ünvanı verdi.

Charlie Chaplin daha düne kadar yaşıyordu. Bu efsâne adamın ölümünü ben televizyonlardan izlemiştim.

1980'de 90 yaşında ölen bu adamcağızın şu anki serveti milyar dolarlarla ölçülüyor.

CHARLİE CHAPLİN'İN KIZI GERALDİNE CHAPLİN BABASI ŞARLO'YU ANLATIYOR:

"Para onun için çok önemliydi. Yoksulluğu çocukluğunda yaşamıştı, bir kez daha yaşamak istemiyordu."

Babam filmleriyle herkesi çok güldürdü, çok düşündürdü. Çoğunda hiç konuşmadan, kimilerindeyse çok konuşarak... O, "sir"dü, "Baron"du, "Şarlo"ydu... ve....Babaydı...Beni çiklet çiğnerken gördüğü günü hâlâ anımsıyorum. "Bu bir faciâ" demişti. Bunu söylemesi bile yeterliydi. Çünkü "faciâ" sözcüğü bizim ailede farklı bir anlam taşırdı. Hem kötü bir şey, hem de utanç verici bir şey... İnançlı biriydi, yemekte bize dua ettirirdi.

Babam disipline hayrandı ve bize de böyle olmayı aşıladı. Ama bizi güldürdüğü zamanlar da olmadı değil. Örneğin tatillerde yerleştiğimiz otel odasında bizi çağırıp, "Hey! Bakın, bakın! Şurada gizli bir tünel var galiba!" derdi. Sonra da birden ortadan kaybolup bizden saklanırdı. İşte gerçek yaşamda da kimi kez Şarlo olmadan edemezdi.

Bu arada okuldaki durumumuzla da yakından ilgilenirdi. Düşük bir not aldığımızda sert bir biçimde cezalandırılacağımızı bilirdik. Evden çıkmamız yasaklanır ya da harçlığımız kesilirdi.

Ama herşeye karşın özel yaşamında babam müthiş bir insandı. Sıcak, disiplinli ve dürüst. Bize her zaman kimsenin hakkını yemememizi yoksa tanrının kendilerini cezalandıracağını söylerdi. Babamla ilgili anımsadığım en eski şey çok eskilere dayanır. Üç yaşındaydım, Kaliforniya'da yaşıyorduk. Saat sabahın üçüydü. Babam beni kucağına aldı ve pencereye doğru götürdü. Sonra da "Bak bak, kar yağıyor!. Görüyor musun, ne kadar güzel!" demişti.

Biz Chaplin kabilesinin çocukları için, dünyanın en ünlü babasına sahip olmak büyüleyici bir şeydi. Tüm arkadaşlarımız bizim yerimizde olmak isterdi. Babam bir dâhiydi. Ama kötü süprizler de yaşardık. Bir gün kardeşlerimle birlikte parkta oynuyorduk. Karşıdan bir kadın geliyordu. İyice yakınımıza geldiğinde, "Biz Charlie Chaplin'in çocuklarıyız" dedik. Kadın, "O da kim?" dedi. Yıkılmıştık. İlk kez dünyada babamızı tanımayan birileri varmış diye düşündük.

Para onun için çok önemliydi. Yaşamı boyunca yeniden çocukluk yıllarındaki gibi yoksul olma korkusuyla yaşadı. Sanırım sefâletin ne demek olduğunu babam çok iyi biliyordu ve ondan çok korkardı. Otuzbeş yaşında milyarder olmuştu ama hâlâ para hesabı yaparak yaşamını sürdürüyordu.

Kendi filmlerini seyretmekten çok hoşlanırdı. Ama filmlerini izlerken ne denli yaşlandığını görmekten çok korkardı. Özellikle "Şehir Işıkları" ve "Çocuk" filmini çok severdi. Onu bir seyirci olarak izlemek benim için çok değişik bir duyguydu.

Babam, Amerika'nın ikinci Dünya Savaşı'na katılmasından önce "Büyük Diktatör" adlı Nazizmi eleştiren filmi yapmıştı. Sanki Hitlerin katliamlara girişeceğini hissetmişti. Savaştan sonra bu filmden ötürü New York Eleştirmenler Birliği'nce verilen "En iyi Oyuncu Ödülü"nü almayı reddetti.

Yaşamı boyunca doğduğu kente aşık oldu. Her fırsatta ingiltere'ye gidip Londra sokaklarında dolaşmaktan çok hoşlandı. 1890'da doğduğu East End'deki evini görmeye giderdi hep. Yaşlanıp da yürüyemeyecek duruma gelince bile arabayla oraya giderdi.

Son filmi "Hong Kong Kontesi"ne hem büyük yatırım yapmış hem de kendinden çok şey vermişti. İyi bir film olduğuna inanıyordu. Ama insanlar ondan romantik bir komedi bekliyorlardı. Eleştiriler onu öldürdü. O günden sonra yıkılmış bir insan oldu. Kariyeri boyunca böylesine sert eleştirilerle karşılaşmamıştı. Bir süre sonra "The Frenk" adını verdiği bir senaryo yazmaya koyuldu. Ama bu mâcerada kimse onun yanında olmadı. Yetmişsekiz yaşındaydı. Bu yüzden sessiz filmlerinin müziklerini yeniden düzenleme işine girdi. Çok da başarılı oldu. Ama inanıyorum ki ona tekrar film çevirme şansı tanınsaydı daha uzun zaman hayatta kalabilirdi.

1) Şarlo. Radyo Kültür Yayınları: 1958
2) Aydabir. Süreli Yayınlar. Charlie Chaplin. 1972. 2.
3) Emniyet Sandığı. İstanbul. Ü. Dökümantasyon Merkezi.
4) Charlie Chaplin. Adli Moran. New Jersey- ABD. 1965
5) Bütün Dünya. Şarlo. 2002.
6) Aranan Adam. Radyo Kültür. 1975.

"Bilimde Allah'a Ulaşan Adam"

İSAAC NEWTON Nasıl Başardı?

Yoksul bir çiftçinin oğluydu. Babasını hiç göremedi. Kendi daha doğmadan genç adam hayata gözlerini yummuştu. Öksüz kaldı. Yalnızlık içinde büyüdü. Çoğu zaman bütün gıdası ekmek ve suydu. Annesi evin geçimine yardımcı olsun diye okuldan aldı. Bir yere gitmek için evden çıkacağı zaman, eski bir problemle ilgili aklına yeni bir fikir gelir ve hemen geri döner, yazmaya başlardı, bunu yaparken oturmasını bile unuttuğu olmuştur. Onu çoğu kereler ağaçların altında kitap okurken görmüşlerdir.

"Bana yaşamın neresine geldiğimi soruyorlar. Söyleyeyim. Bu güneş, gezegenler ve kuyruklu yıldızların âhenkli ve güzel sistemi ancak gücü her şeye yeten bir zâtın irâde ve kudretinden kaynaklanır. Allah ebedi ve sonsuzdur. O, zaman ve mekan değildir. O, hazır ve nazırdı. Kendimi çok mesut ve bahtiyar hissediyorum. Çünkü yaratıcının ne olduğunu, O'nun bize neler verdiğini ve bizim de gerek Ona, gerek birbirimize karşı ne gibi sorumluluklar taşıdığımızı kâinatın güçlü ve muhteşem ışığı altında açıkça görebiliyorum. Geçmişte yanlış tanrılara inananlar gerçeklere gözlerini kapatmamış olsalardı güneşe, aya, ölmüş insanlara tapma gibi boş inançlar yerine gerçek yaratıcıya inanmayı öğrenebilirlerdi. Gerçekler nedir? Bilimdir, fendir, sonsuz evrendir."

Dünyaca ünlü iktisatçı Keynes, Newton için, "O, dünyayı, Babillilerin, Sümerlerin gözüyle gören son büyük zekâdır." demiş. Gerçekten de İsak Newton ağzı kapalı biriydi, az konuşur, az yer, az uyurdu. Yaşamı boyunca sanki ışık yılı uzaklıkta yaşadı. Sürekli gözlemledi, sonuçlara vardı.

Ünlü ingiliz fizikçi ve matematikçi İsak Newton 1642'de Colterworf'ta doğdu. Doğumundan 3 ay önce babası öldü, annesi yeniden evlendi.

Newton daha çocuk denecek yaşlarda doğayı gözlemliyor, tahtadan oyuncaklar yapıyordu. Grantham'daki bir okula yazıldıysa da annesi sonraları evin geçimine katkıda bulunsun diye küçük Newton'u okuldan aldı, fakat daha sonraki yıllarda bir akrabası ondaki düşünce gücünü sezince annesine söyleyip, tekrar yakın civardaki okula kaydoldu. Ancak Newton sürekli annesi tarafından eve çağrılıyordu, doğru düzgün derslerine kafayı veremiyordu. Annesi de haksız değildi. Bu imkansızlıklar Newton'u daha çok kamçıladı.

Nihâyet çevreden varlıklı bir yakını araya girerek tekrar Grantham'daki okula kaydedildi. Ne varki pek başarı sağlayamıyordu, içine kapanık, zayıf bedenli, yoksul ve kendi halinde başı eğik olduğu için diğer çocuklar tarafından horlandı. Ama bu horlanma onda başarılı olma dürtüsü yarattı. Okulda hızla birinciliğe yükseldi. Burayı bitirdikten sonra 19 yaşında Cambridge Üniversitesi'ne girdi. O sıralar ortalıkta dehşet bir hastalık kol geziyor, insanlığı kırıp geçiriyordu. Çok daha sonraları 1880'lerde yani 15 yıl sonra Pastör'ün çaresini bulacağı bu hastalık veba salgınıydı. Bütün okullar kapandı, halk panik içinde salgının geçmesini bekledi. Bu arada üniversite kapandı, İsak Newton evine döndü. Tabiatın ortasındaki bahçeli evlerinde kendini yetiştirmeye koyuldu. Hatta denilebilir ki ünlü yerçekimi buluşunu burada yaptı.

Yerçekimi kanunu, Newton'un başından geçen bir olayla anlatılır. Ünlü Fransız şairi Voltair, "Ağaçtan düşen elma hikâyesini Newtonun yiğeninden dinledim." diyor ve devam ediyor: "Newton bir gün Woolshorpe'deki evinin bahçesinde, ağacın altında kitap okurken elma ağacının tepesindeki bir elma dalından koparak, kafasına "küt!" diyerek düşer. Başını kaldırıp baktığında elmanın daha önce asılı bulunduğu dalın sallanıyor olduğunu görür. Demekki rüzgâr veya başka bir güç dala kuvvet uygulayarak elmanın daldan kopmasına sebep olmuş, kopan elma başka destek bulamayınca, boşta kalmamış, yere doğru düşmüş. İşte Newton'un yerçekimi kuvveti ile ilgili yazacağı yüzlerce bulgunun altyapısı bu."

Onun meşhur "principia" adlı eseri mekânik bilimin temellerini oluşturmuştur. Hiç bir madde sağdan soldan veya yukarıdan aşağıdan bir kuvvet tarafından itilmediği sürece hareket etmez. Yani onun eylemsizlik ilkesine göre bir cismi harekete geçirmek için kuvvete ihtiyaç vardır. Bu buluş sabit gibi görünüyor ama öyle değil. İşin detayına inildiğindeki Newton "principia"da bu detaya iniyor - uçakların, füzelerin, uzay araçlarının nasıl yere kuvvet uygulayıp yukarıya doğru hızla fırladıklarını daha iyi anlarız. Newton evrensel çekim kanunu sayesinde ağaçtan düşen bir elmayla, güneş etrafında belli yörüngelerde hareket eden gezegenlerin çekiminin aynı kütlesel çekim kanunundan kaynaklandığını buldu ve ispatladı.

Onun ışık üzerinde yaptığı çalışmalar da vardır. Örneğin "Optick" adlı kitabından bugünkü optik kanunlarının temeli yatmaktadır. Newton güneşin içinde yeryüzündeki tüm renklerin saklı olduğunu söyler. "Güneş görüldüğü gibi sarı değil. İçinde insanlığın farkında olmadığı hatta çok ileriki zamanlarda da farkında olmayacağı acayip renkler var. Meselâ gökkuşağı yağmurdan sonra güneşten süzülüp gökyüzünde asılı kalan bir kaç renkten bazılarıdır. Eğer bütün renkler elde edilip bir prizmadan geçirilirse güneş ışığı elde edilebilir." diyor Newton.

Newton, doğa ve evrendeki bu hakikâtleri öğrendikçe yüce bir yaratıcının varlığını daha çok hissetti. Onun için kâinat hiç durmayacak olan ve tıkır tıkır çalışan muazzam bir saattir.

Kâinattaki harika düzeni gördükçe Newton'un Allah'a olan saygı ve sevgisi Galile gibi artıyordu. Ona göre bilinmeyen zamandan beri çalışan tıkır tıkır sonsuz evren ateizme karşı en büyük delildi.

Ne yazık ki söylediği ve ispat ederek açığa çıkardığı buluşları Fransız bilim adamları tarafından kabul edilmeyerek "İpe sapa gelmez şeyler" olarak nitelendirildi.

Bir ara bunalıma girer gibi oldu. Ama son anda, çok yakın dostu ünlü Halley kuyruklu yıldızını bulan Astronom John Halley ona destek olarak morâl verdi. Dostu Halley'in teşvikiyle ortalığı hallaç pamuğu gibi atacak dünyaca ünlü "Tabiat Felsefesinin Matematiksel İlkeleri" adlı eseri yazdı. Ünü tüm Avrupa'ya tamamen yayılmıştı. Kraliyet Bilim Akademisi, Newton'un makalelerini büyük bir heyecan içinde yayınlıyordu. Hatta Akademi üyeliğine ve Cambridge Üniversitesi'nde Parlemento üyeliğine seçildi. 1706'da kraliyet derneğinin başkanlığına seçildi. 1708'de kraliçe Anna tarafından "Sör" ünvanıyla mükâfatlandırıldı.

İsaac Newton, yolun yarısı 35'e dayanmıştı. Daha henüz 20 yaşlarındayken ışık için "madde mi rastlantı mı?" diye sorduğunda yanındaki kilise yetkilileri, "Ne diyorsun oğlum sen? Böyle saçma sapan şeylerle uğraşma" deyip onu tersliyorlardı. Bu yüzden Newton, kilisenin bir çok ilkelerine karşı çıkıyordu. Örneğin üçlü birlik, trinity (Teslis) inancını kabul etmiyor, "Böyle bir şey olamaz. Bu olsa olsa kutsal kitap İncil'in yanlış yönlendirilmesi ve yorumlanmasında bu şekilde yüzyıllardır inanılmıştır." dediğinde de şimşekleri üzerine çekiyordu. "Tanrı ancak birdir, isâ ise onun ancak kulu ve elçisidir," dedikçe kilise çileden çıkıyordu.

Bu dâhi adam bir müddet ağaçların arasındaki yaylalık külübesine çekilip kafa dinledi, münzevi bir hayat yaşadı. Burada yaptığı bir teleskopla jüpiteri seyretti, düşüncelere daldı. Zaman zaman kuş cıvıltıları, rüzgârın tatlı esintileri ve etrafa tatlı kokular saçan çam ağaçlarının arasında gezinti yaptı. Açık, uçsuz bucaksız kırlarda yürümeyi seviyordu. Yer yer ormanın huzur dolu sükûnetinde gezinirken bir taraftan da çok sevdiği kitaplardan kopamıyor ve zevkle okuyordu.

Newton ölmeden önce basılmış son eserinin son cümlelerinde şunları söylüyordu. "Tabiat felsefesi huzura kavuştuğu gün, ahlâki felsefenin sınırları da genişleyecek. Çünkü o zaman yaratıcının ne olduğunu, O'nun bize neler verdiğini ve bizim de gerek O'na, gerek birbirimize karşı ne gibi sorumluluklar taşıdığımızı kainâtın güçlü ve muhteşem ışığı altında açıkça görebileceğiz. Şüphesiz geçmişte yanlış uydurulmuş tanrılara inananlar, gerçeklere gözlerini kapatmamış olsalardı, kendilerinden sonra gelenlere, ruhun bir bedenden bir bedene geçmesi gibi boş inançları ve güneşe, aya, ölmüş insanlara tapmayı aşılamak yerine, gerçek yaratıcıya inanmayı öğretebilirlerdi"

85 yaşındaki bu ihtiyar adamın bedeni artık kendini taşımıyordu. İçine kapandı. Kimseyle görüşmemeye, hatta misafir dahi kabul etmemeye başladı. 20 Mart 1727'de Londradakı evınde sakın bir şekilde bu hayattan göçtü. Bu bilge adamın ölürken yüzünde tebessüm olduğu, işaret parmağını kaldırıp indirdiği, etrafını saran kişiler tarafından hayretler içinde izlendi.

İsaac Newton son zamanlarını Teolojiyle yani din bilgisiyle geçirmişti. Ölümünden sonra bile şahsiyeti ve varlığı sürekli anıldı, ileride insanlığa hizmet edecek buluşların babası oldu.

NEWTON İLE İLGİLİ ANLATILAN ÖYKÜLER

Newton, ilerlemiş yaşına rağmen masanın üstüne küvet koyar, ağzına aldığı çubuklarla sabun köpükleri yapar, bu köpükleri halkalar halinde havada daireler şeklinde uçurtmaktan büyük bir zevk alırdı. Çocukluğumuzda biz de böyle şeyler yapardık... Ama çocukluğumuzda. Ve sadece oyun olsun diye. Çevremizdeki büyükler de kızardı bizlere. Oysa, bırakın çocuklarınız böyle uçuk kaçık şeylerle oynasın, bu onların farklı yaratıcı yönlerini açığa çıkarır.

Newton gibi yaşlı bir adamın sabun köpüğü ile oynamasını komşuları gülünç bulurlardı. Pencerelerini açarak onu seyrederler, hakkında dedikodu yapmaktan çekinmezlerdi. Halbuki Newton oyun oynamıyordu, ışığa ait gizemi çözmeye çalışıyordu. Newton'un çok sevdiği köpeği Diamond ile oynaması ona büyük bir zevk verirdi. Köpeği ile ilgili anlatılan bir öykü vardır: Newton bir gece evinde pür dikkat çalışırken köpeği Diamond masanın üstündeki mumu devirdi. Mum, Newton'un yıllardır emek vererek yazdığı notlarının üzerine düştü. Çok kıymetli notlar birden yanıverdi. Yıllardı çalışarak hazırladığı birbirinden değerli bilimsel araştırma notları bir anda yok olmuştu. Bu durum karşısında Newton hiç bir sinirlilik hâli göstermedi. Sadece köpeğine şunları söyledi: "Ah Diamond! yaptığın yanlışın neleri kaybettirdiğini bir bilseydin, benden çok üzülürdün."

Newton'un ölümü, İngiltere ve Avrupa'da büyük yankılar yapmış, onunla ilgili devrin ünlü şair ve yazarları tarihe geçecek ifadeler kullanmışlardır. Ünlü bir şair onunla ilgili şunları söylüyor. "Bilinmeyen düşünce denizlerinde tek başına sonsuzluğa ulaşan bilginin mermerden yapılmış simgesi."

Newton'un ölümünden sonra evi müze haline getirildi. Devrin büyük bilginleri bu ölümsüz bilim adamıyla ilgili maden bir levha üzerine şu sözleri kazıdılar: "Dünyada gelmiş geçmiş bilim adamları tabura dizilse, Newton daima tabur başı olur.

ANLATILAN ÖYKÜLER

Önünde, dünyanın ceket iliklediği bu büyük dehâ, doğanın gizli kalmış yönlerini araştırma ve ortaya çıkarmakla Allahın gücünü dünyaya kanıtlamıştır. Şu sözleri mânidardır. "Başkaları beni nasıl görüyor bilemem. Ben kendimi kumsal üzerinde dolaşan ve midye kabuklarla çakıl taşları toplayan bir çocuğa benzetiyorum. Bir büyük bilinmeyen deniz önümde yatıyor. Bu, yaratıcının büyük sırrıdır."

Newton hiç bir zaman gururlanmaz, kendini övmezdi: "Ben ne yaptımsa benden önce gelen devlerin omuzlarında oturarak yaptım."

KAYNAKÇA

1) Bilginler ve Mucitler. 1950. Doğanı.
2) Bilginler. Çağatay Uluçay. Özyürek.
3) Yabancı Meşhurlar. Doğan Kardeş.

"Tiaytro Hizmetcisi"

SHAKESPEARE Nasıl Başardı?

O tahsilli bir adam değildi. Londra'daki bir tiyatroda hizmetçi olarak çalıştı.

"Yağmuru sevdiğini söylüyorsun
Ama yağmur yağınca şemsiyeni açıyorsun.
Güneşi sevdiğini söylüyorsun
Ama güneş açınca gölgeye kaçıyorsun.
Rüzgârı sevdiğini söylüyorsun
Ama rüzgâr çıkınca pencereyi örtüyorsun.
İşte bundan korkuyorum:
Çünkü, beni de sevdiğini söylüyorsun"

Londra'da işe başladığında acınacak durumdaydı. Tiyatro kapısında müşterilerin atlarına bakardı. İçeri girme imkânı yoktu. Soğukta saatlerce beklemek zorundaydı.

Vazgeçtim bu dünyadan, tek ölüm paklar beni,
Değmez bu yangın yeri, avuç açmaya değmez,
Değil mi ki çiğnenmiş inancın en seçkini,
Değil mi ki korkudan dili bağlanmış sanatın,
Doğruya doğru derken, eğriye çıkmış adın.
Vazgeçtim bu dünyadan, dünyadan geçtim ama
Seni yalnız komak var, o koyuyor adama.

Bir sabah vakti genç bir çocuk, kasabanın temizlikten mahrum, lağım pisliklerinin etrafa saçıldığı, fakir mi fakir olduğu her hâlinden belli olan tozlu dar sokaklarında, iki eli cebinde, başı aşağıda, yere bakar vaziyette derin düşüncelere dalmış, ağır adımlarla yürüyordu. Sanki gittiği işine isyân eder gibi bir hâli vardı. Kasap çıraklığı yapıyordu. Ailesi perişan vaziyette olduğu için 13 yaşında okuldan alıp çalışmaya vermişti. O, bu işleri yapmak istemiyor, ailesinin hâline de üzülüyordu. Ne anne babası ne de diğer kardeşleri okuma yazma bilmiyordu.

Bu çocuk John Shakespeare'ın oğlu William Shakespeare'di. İngiltere'nin Stratford kasabasında 1515 'de doğmuş, annesi Mary adında bir kadındı. İngilizcede shake sallamak, peare ise mızrak anlamındadır. Shakespeare, sallanan mızrak anlamına gelmektedir.

Genç bir köylü çocuğu olan Shakespeare, kasap çıraklığını terkederek ailesinden kaçıp, Londra'ya geldi. Londra, kasaba veya köy gibi değildi. Bu şehirde aç susuz, çâresiz bir şekilde yaşadı. Nihâyet bir tiyatroda iş buldu. İşe başladığında acınacak bir durumdaydı. Tiyatro kapısında müşterilerin atlarıyla ilgileniyordu. İçeri giremezdi. Soğukta saatlerce bu işi yapmak zorundaydı. Daha sonra birazcık terfi etti de tiyatro içinde uşak olarak çalışmaya başladı. Böyle daha iyiydi, hiç olmazsa dışarıdaki soğuktan kurtulmuştu. Oysa bu zavallı adamın ileride bu tiyatroyu satın alacağını çıkıp biri söyleseydi katıla katıla gülerlerdi.

Sabır ve azimle insanları gözlemleyen Shakespeare, hayatın bir çok yönüne kafa yormuş, "Neden Böyle?" diyerek kendi kendine sormuş, bağları kopan insan ilişkileri için sürekli bir şifâ aramıştır. Bu arada tabiki kendi durumuna da üzülüyordu. Ama bütün bu iyi niyetle kafa yorma ve gözlemler onda büyük bir ebedî birikime sebep oldu. Artık konuşmaya başlandığında ağzından bal damlıyordu. Bu durum çevresindekilerinin dikkatinden kaçmıyordu. Toplum ile ilgili bu sancıları, kabiliyeti ve çalışkanlığı sayesinde Allah ona bereket kapılarını açtı 1592'de Venüs ve Adonis adlı hikâye yazdı. O ana kadar sanat dünyasında oyuncu olarak küçük bir rol almıştı. Venüs ve Adonis büyük ilgi görünce aynı yıl şiirler yazmaya başladı. 1595'te 11 tane komedi yazdı.

Shakespeare yalnızca şiir, hikâye ve komedi yazmakla kalmadı, tarihin derinliklerine gömülmüş acı, aşk, sevgi ve inanç konularını işleyen oyunlar da yazdı. Bu yılların en değerli eseri Bir Yaz Gecesi Rüyası'dır. Fakat 1600'ların ilk yıllarında yazdığı Hamlet, artık onun tartışmasız, dünyanın en büyük oyun yazarı olduğunu haykırıyordu. Othello, Kral Lear, Anthony ve Cleopatra adlı dünyaca ünlü eserler peşpeşe geldi.

Shakespeare'nin piyesleri kitap haline de getirildi. Piyeslerinde ızdırap ve keder vardır, fakat sonra neşe ve mutluluk tâkip eder. Bu da gösteriyor ki topluma mesaj vermek istemiştir. Cefa olmadan sefanın yaşanamayacağını, yaşansa bile öncekine göre haz alınamayacağını savunmuştur.

William Shakespeare, yaşamı teoriler veya formüller olarak ele almamıştır. O, ne bir sosyologtu ne de akademisyen. Bu yüzdendir ki temiz ve olgun meyve taşlanmaktan kurtulamamıştır. Alanlarında başarılı olamayan akademisyenler, toprak üzerinde dolaşan insanları anlamaya zerre kadar kafa yormadan, tam tersi onların anlamayacağı edebiyatın adına "entellektüelizm" diyerek oturdukları yerden para kazanmaya çalışmışlar. İnsanlıkla ilgili hiç bir sancıları, söyleyecek sözleri olmayan bu ahmak adamlar kıskançlıktan olsa gerek Sheakspeare'nin her hatasını bağıra bağıra söylemekten çekinmemişlerdir. Kendilerini horoz dövüşünde zanneden adı akademisyen bu kişiler, onun, sahnede kibar ve nazik kimselerin kulaklarına hoş gelmeyen sefâletlerden bahsettiğini, şiir kurallarını iyi bilmediğini, hatta ingilizceyi iyi bilmeyen dikkatsiz bir adam olduğunu hiç de hoş olmayan uslûplerle lakırdamışlardır. Fakat Shakespeare onlara, "Siz ne diyorsunuz?" bile dememiştir, işine bakmıştır.

Evet, o çağdaş yazarlar gibi fazla okumuş bir adam değildi, köylüydü, çok sıkıntı çekmişti, fakat akademisyenlerin hiç birinde olmayan duygusal seziş, yani günümüzde duygusal zeka dediğimiz büyü onda vardı. Onun hayatı akademi koridorlarında değil çamurlu, tozlu, topraklı, kenarlarından pis derenin geçtiği yerde başlamıştır. Hem sonra o akademisyenleri kim tanıyor ki? Ama bugün Shakespeare'nin ilk baskı bir eserini dünya piyasasında satın almaya kalksanız 500 bin dolar ödemek zorunda kalırsınız.

O, "Gentlemen Outhar" yani kibar yazar değildi; ama o Shakespeare'di, hayata bakmasını biliyordu. Sıradan insanların duymak istediğini söyleme duygusallığına sahipti. Diğer akademik yazarlar gibi, "failatun, mefailun" veya "tri go to ego obligo" demiyordu, kısacası "to be or not to be" yani, "olmak ya da olmamak" diyordu. Onda sistematik düşünce yoktu, siyasi görüş de yoktu ama hayata dair herşey vardı: Büyük mevkileri işgâl etmiş siyasi şahıslara tavsiyeler, evlilere tavsiyeler, sosyal ilişkiler, şeref, düzen, huzur, inanç, Tanrı'nın yüceliği... Bütün bunları büyük bir gerçeklikle işlemiştir. Onun içindir ki Sheakspeare 'nin hâtırasına dikilen anıtta şunlar yazılıdır:

"Dur yolcu! Niçin öyle acele ediyorsun? Oku, bak, eğer okumayı biliyorsan. Kıskanç ölüm bu âbidenin içine kimi yatırmış: Shakespeare'i. Onunla şiir öldü. Mezarını süsleyen, yapılan masraf değil, onun kendi ismidir. Onun eserlerinin yanında bütün sanat onun zekâsına hizmet eden bir uşaktan başka bir şey değildir."

Sheakspeare, adı en çok kullanılarak yayıncılara para kazandıran yazardır. Spencer onunla ilgili,"Kötü insan olsaydı, insanları yanına çekip, dünyanın başına bir belâ da Shakespeare olurdu." diyor.

Shakespeare evlilere öğütler de verir:

"Siz birliktelik için doğmuşsunuz. Ölüm meleğinin beyaz kanatları sizi ayırana kadar ayrılmayacaksınız. Ama birlikteliğinizde mesâfe bırakın; bırakın ki cennetin rüzgarları aranızda raksedebilsin... Biribirinizi sevin ama aşk tutsaklığı istemeyin; ekmeğinizden verin birbirinize, ama aynı somundan ısırmayın. Birlikte şarkı söyleyin ama birbirinizi yalnız bırakmayı da bilin. Sazın telleri de yalnızdır ama aynı melodiyi seslendirirler. Birbirinize kalbinizi verin ama karşılıklı kilitleyip saklamak için değil! Sadece hayatın eli o kalbi saklar. Birlikte durun ama yapışmayın. Tapınakların sütunlarını hiç bitişik gördün mü? Öyle olsa çatı çökerdi. Unutmayın: meşeyle çınar birbirinin gölgesinde büyümezler." [2]

Shakespeare'nin eşi kendinden sekiz yaş büyüktü. Bunun sıkıntılarını yaşamadı da değil. Bu yüzden bazı oyunlarda erkeklerin yaşlı kadınlarla evlenmemeleri için öğütler verir. Onun eserlerinin çoğu insan ilişkileri ile ilgilidir. Eserlerinde insan hakkındaki en muazzam, en derin çarpıcı kesitler vardır. Shakespeare, oyunlarındaki karakterlerin iç âlemleri üzerinde duruyordu. Onun için siyaset, insan ruhunun derinliklerinde başlar. O, politikanın ne olduğuna aldırmaz, politikayla ilgilenen insanın ruh halini incelerdi. O, halkın yanında, sosyal düzenden yanaydı. Evet kral vardı ama adâletli olduğu sürece; zulmedip karışıklık çıkarmadığı sürece bu düzen içinde herkes zaten lâyık olduğu mevkideydi. Kanaatimce bunu şunun için böyle söylüyor: Kendisi köylü bir vatandaş olmasına rağmen kitaplar yayınlamış, oyunlar sergilemiş, tanınmış iki tiyatro ortağı olmuş, fakat hiç kimse çıkıp da "Hayır! Sen akademisyen değilsin, bu işi yapamazsın" dememiş.

William Shakespeare, yüzyıllarca isminin, zafer ve şöhretle dünyaya nâm salacağını hiç tahmin etmedi. Ama insanlığın hâline üzüldü, dertlendi. Londra'ya köylü kıyâfetiyle ilk geldiğinde kapıcılık yaptığı zaman zengin birisi ona aşağılayıcı bir davranış sergilediğinde üzülüp, soğukta bir kenarda ağlarmış. Ama o kendi hâlinden çok insanların böyle olabilmesine üzülürmüş. Ne oldu? Şık, parlak, kaz tüyü kalemleri ile zeki olduklarını ifade etmeye çalışan, bunu yaparken de rengârenk çiçeklerle dolu bahçeli köşkün teras penceresinden aşağıdaki zavallı insanlara, elindeki kahve fincanını dudaklarına götürürken şöyle bir bakış atarak, "Hımm! Sanat halk için mi olsun, sanat sanat için mi?" tarzındaki ecüş bücüş, tuhaf, züppece takıntıları da ihmâl etmeyen kofti yazarların hepsinden çok, onun adı şöhret kazandı. Nasıl mı? Çok basit, ama insanların bakıp da göremediği şeyle: İki damla gözyaşı. Hem göz kapaklarınızdan, hem ruhunuzdan.

Sevgili okuyucularım gerçekten de böyle değil mi? İnsan, hayatın önce gözyaşını tatmalı. Bu gözyaşları bedenden ve ruhtan dışarıya atılan kötülük zehiridir. Bir haksızlık gördüğümde hüzünlenirim, gözyaşıma hakim olamam; eğer otobüsteysem bir tek sabit noktaya bakar dalarım. Ama sonra öyle bir rahatlarım ki, dev cüce, ben dev olurum. Küçülür sıkıntılar karşımda.

Dünya edebiyatında bir kutup yıldızı gibi doğup, güneş gibi parlayan bir adam, yani William Shakespeare diğer hayatlarını incelediğim insanlar gibi adâlete önem veren, duygusal bir yapıya sahipmiş. Ve inancının sağlam olduğunu söyleyen Shakespeare'nin insanlık için akıttığı iki gözyaşına Cenabı Allah bereket kapılarını sonuna kadar açıp, buyur etmiş.

Unutmayın ki başarının dını olmaz. Hangi ilâhi dinden olursa olsun ademoğlu dua ve Cenabı Allah'a sığınmayla başaramayacağı bir şey yoktur. İsteyene Allah verir, iyi düşünene Allah iyi muamele eder.

SHAKESPEARE

Shakespeare'in hayatını en dikkatlice inceleyip yazmış olan Dr. Mackail, "Bir sanatçının hayatı, onun hayat tarihinde değil, sanatının mahsullerinde yaşar." (3) demiştir. Shakespeare'in de biz, yaşamını onun şiirlerinden çıkarıyoruz. Kahramanlarının sözlerine bakarak genel kişilik özellikleri ve edebi yoğunluğu ortaya çıkarılmıştır. O, insanları yanılgılarına, duygularına, doğruluklarına, hatalarına göre ayırmıştır. Piyeslerinde derin zekâ, yücelik, ilâhilik, akıl ve şiir vardır.

Shakespeare üzerine mersiyesiyle ünlü Ben Johnson, onun çok yakın bir dostuydu. Johnson da zamanının saygı gören dürüst şairlerinden birisidir. Shakespeare'la ilgili övücü şiiri şöyle geçer:

Ey Avon'un zarif kuğusu!

Seni henüz görünmemiş sularımızda görmek,

Thames'in, Eliza'mızı ve James'imiz;
Alan kıyılarına kaçtığını görmek ne manzara idi!
Fakat dur, çünkü seni yarım kürede ilerlemiş
Ve orada bir burç olmuş görüyorum!
Parla ey şairler yıldızı! Ve hiddetinle,
Nüfûzunla, şu mecalsiz sahnemiz;
Azarla veya neşelendir.
O sahnemiz ki senin ondan kaçışından beri
Gecenin karanlığı gibi matem içinde
Ve gündüzden ümidini kesmiştir.
Ama senin cildlerin için ışıldıyor. (4)

İngiliz şair Spencer de "Colih Clout" adlı şiirinde şu mısralarla Shakespeare'i öğmüştür:

Ondan daha nazik bir çoban hiç bir yerde bulunamaz,
Onun yüksek fikir buluşlarıyla dolu ilham perisi
Kendisi gibi kahramanca sesleniyor. (5)

Shakespeare'nin ölümünden 10 sene sonra yaşamış olan memleketlisi yazar John Aubrey onun için "O çok iyi bir arkadaş, çok hazır cevap ve hoş bir zekâ idi."

Yine Ben Johnson Shakespeare'e karşı beslediği saygı ve sevgiyi şöyle demiştir:

"O gerçekten namuslu, açık ve hür karakterli birisiydi. Mükemmel bir hâfızası, cesur fikirleri ve zarif bir ifadesi vardı." (6)

Shakespeare'in eserleri hepsi birden kendi sağlığında toparlanıp yayınlanmadı. Ölümünden 7 yıl sonra, iki aktör arkadaşı John Heminge ile Henry Condel Shakespeare'nin piyeslerini bastırmışlardır. Shakespeare'in hayatına dair ilk kitap da onun ölümünden ancak 100 yıl sonra yayınlandı. Bu kitabı Kraliçe Elisabeth'ten sonra Kraliçe Anne zamanında yaşayan Nicholas Rowe yazmıştı.

William Shakespeare'in "Hamlet" adlı eserinin az bulunan bir kopyası New York'taki Christies müzâyede evinde satışa çıkarılmıştı. Eserin kopyasının en az 2 milyon dolara satılması öngörülmüştü. Yaklaşık 400 yıllık kitabın 1611 yılında basılan 19 Hamlet kopyasından biri olduğu, New Jerseyli kitap koleksiyoncusu ve ingiliz edebiyatı uzmanı Eccles Kontesi Mary Hyde'a ait olduğu açıklanmıştı.

Christies'teki açık artırmada, yine Mary Hyde'a ait olan Kral Lear, 2. Richard ve Macbeth'in ilk baskılarının çok yüksek fiyatlarla satılacağı söylenmiştir. (7)

Shakespeare'nin ölümünden sonra yayınlanan "First Folio" adlı koleksiyon, 2001 yılında 6.2 milyon dolara satılmıştı.

Victor Hugo, Fransa'daki hükümet darbesiden sonra Guernesey adasına sığınmıştı. "Sürgünde geçecek vaktini ne ile dolduracaksın?" diye soran oğlu François Victor'a, Hugo şöyle cevap vermişti: "Okyanusa bakacağım." Sonra Victor Hugo'nun kendisi oğluna dönerek, "Peki sen ne yapacaksın" diye sorduğunda oğul François, "Ben, Shakespeare'i tercüme edeceğim." dedi. Victor Hugo da bunun üzerine Shakespeare'le ilgili şu yorumu yapmıştır: "İnsanların da okyanus olanları var, bunlardan birisi de Shakespeare'dir." (8) (Shakespeare, Evrensel Adam. Andre Maurois)

William Shakespeare'in bir çok piyesi bugün hâlâ dünyanın dört bir tarafında oynatılmaktadır. Hamlet, Lear, Macbeht, Othello ile ArielliFransa'dan Japonya'ya kadar, oradan da Rusya'ya kadar tekrar tekrar sahneye konmaktadır.

Andre Maurois " Shakespeare Evrensel Adam" isimli yazısında şöyle der: "Yüzyılın sonuna doğru bir takım sarsıntılar Shakespeare'de daha elemli tutkular uyandırdı.Bu sarsıntılar ne idi? İhtimal o ki, ağır aşk hayal kırıklıkları, ünlü sonelere anlatılanlar; muhakkak olarak, Kraliçe Elisabeth'in gözdesi Essex kontunun ikbâlinin sona ermesi, mahkûmiyeti ve ölümü üzerine Shakespeare'in sevdiği genç güzel bir kişizâde olan South Hampton'un gözden düşmesi. O zaman kötülüğün taşınmaz yükünü, terkedilmelerin hüznünü, dünyada her şeyin boşluğunu öğreniyor. O zaman, eserlerinin zincirinde, karlı, ıssız dağ tepeleri, ama yücelikleri ile önemli şâhikalar ortaya çıkıyor. Hamlet, Othello, Kral Lear, Macbeth, Timon: Dünyada insanlığa karşı yöneltitiği en sert iddianame.

Shakespeare'in piyeslerinin derinliğini de anlatan Mauris, onun eserlerinin vermek istediği mesajı hakkında şunları söylemiştir: "Elisabeth ölüyor. Yeni bir çağ başlıyor, Shakespeare'in âlicenap karakteri inatçı bir acılıkla güç bağdaşıyor. Kişilerin duygularına o kadar tabii olarak giriyor ki, müdafaa, daima iddianameyi yakından izliyor... Son piyesleri daha az isli bir ışıkla aydınlanıyor. İngilizce olarak yayınlanan Montaigne'i okuyabiliyor, onda kendininkine yakın bir felsefe bulunuyor. Fransız halkının ahlâkçılara borçlu olduğu şeyi, İngiliz halkının insiyaki ve şairâne olan akıl ve hikmeti Shakespeare'e borçludur. İnsaf, hoşgörü, itidal işte Shakespeare'in son eseri olan Fırtına'da ifâde ettiği faziletler bunlardır.

O sihirli bir adada, her türlü ahlâkın ötesinde, mazlum ile cellâdı barıştırmaya çalışacaktır, zira kötüler her şeyden önce mutsuz kişilerdir. Neden başka intikamlara yol açacak olan intikama baş vurmalı? Biz düşmanlarımızla aynı maddeden yapılmışızdır. Hayat iki uyku arasında kısa bir uyanıklıktan başka bir şey değildir. Sükûnet bul, ömürsüz mum prospero, sihirbaz değneğini kırıyor, Shakespeare da Stadford'a çekiliyor."

1) Andre Maurous (Emile Herzog). Shakespeare. Tercüme. 1996.87
2) Edebiyat Akımları. Seyit Karaalioğlu. İnkîlâp, Aka.
3) William Shakespeare. Doğan Kardeş.
4) William Shakespeare. Adli Moran. İstanbul Üniversitesi Dökümantasyon Merkezi.
5) Dünyanın Meşhur Adamları. Doğan Kardeş.
6) William Shakespeare.Adli Moran.
7) Anadolu Ajansı 3 Mayıs 2001
8) Shakespeare. Evrensel Adam. Emile Herzog. Tercüme. İstanbul Üniversitesi. Dökümantasyon Merkezi.

"Vefakâr Avlât"

JACK LONDON Nasıl Başardı?

Babasını hiç bir zaman tanıyamamıştı; mezarı bile kayıptı. Annesi yapayalnız bir kadındı. Geçim sıkıntılarının başı sonu yoktu. Çocukluğu yoksulluk ve yorgunluk içinde geçti, iyi bir gün göremedi. Kaldırımlarda ve yük trenlerinin üzerinde uyudu. Hırsız sanılarak hapse atıldı, aylarca Arizona sıcağının altında suçsuz yere cezalandırıldı. 13 yaşına geldiğinde rıhtımlarda hamallık yaptı. Gençliği sefâlet içinde ve bir insanın tahammül edemeyeceği kadar ağır geçti. Annesine çok acıyordu. Onun için durmadan çalışıyordu. Bir gün eline bir kitap geçti...

"Ben çocukluk nedir bilmedim. Serseri gibi oradan oraya itildim. Ekmek parası için her türlü ağır işi kabul ettim. Amelelik yaptım, bulaşık yıkadım, hamal oldum, çamaşırhanede çalıştım. Babasızlığın acısını yıllarca yüreğimde yaşadım. Zavallı anneme bakabilmek için kendimi unuttum."

1876 San Fransisko doğumlu genç bir adam, kir pas içindeki kıyafetiyle gürültüler arasında trenden indi. Açtı, susuzdu. Buffalo şehrine gelir gelmez kapı kapı dolaşarak yiyecek dilenmeye başladı. Yersiz ve yurtsuzdu. Herkes ona acıyarak bakıyordu. Perişan olduğu her hâlinden belliydi. Göz altları çökmüş, etrafa boş ve ümitsiz gözlerle bakıyordu. Hırpani vaziyetteki bu adamı gören polisler hırsız ve serseri zannederek içeri tıktı. Kendini birden Arizona'nın kavurucu sıcağının altında bulan bitmiş tükenmiş bu adam, aylarca taş kırdı. Taş kırarken arkadaş edindiği bir mahkûm, ona bir kitap verdi: Robinson Crusoe. Pek de düzgün olmayan okumasıyla bu kitabı bitirdi. Okumayı bayağı sevdi. Hapisten çıkar çıkmaz Dakland Kütüphanesi'ne gitti. Kütüphane memuru onu görür görmez önüne geçti.

Jack London masum ve mahzun bir halde durumunu anlattı. Memur, bu gence acıdı. Ona mâcera, yolculuk, yaşam öyküleri kitaplarını ödünç verdi. kütüphane memuru o kadar halden anlayan bir adamdı ki ona kendi kütüphanesinden Madam Bovary ve Anna Karenina isimli kitapları verdi.

Bu kitaplardan okuduğu konserve fabrikasındaki işçilerin yaşamları, ağır işlerde çalışan, uzak diyarlarda çalışmak zorunda kalan insanların duyguları, onun bu insanlara karşı candan bir yakınlık duymasına sebep oldu. Kendi yaşamı da duygu doluydu. Ama onlardan bir farkı, şu an bol kitap okuyor olmasıydı.

Kaslarından çok beyni ile yaşamak kararı alan Jack London artık Dakland'daki şehrin aydınlarının toplanıp sohbet ettiği Henry Clay'a gitmeye başladı. Bu arada geçimlerini sağlamak için bir çamaşırhanede çalışmaya başladı. Arada bir küçük hikayeler yazıyor, beğenmiyor bir başkasına geçiyordu. Overland Monthly ve Black Cat dergilerinde de yazısının çıkmasını arzuluyordu. Bir gün bu derginin birinde küçük bir hikâyesi çıkınca havalara uçtu. Tabii kitap okuma alışkanlığı da aynı süratte devam ediyordu. Spencer, Nietzche, Hacckel gibi yazarların tüm eserlerini okudu. Hatta Shakespeare'i okumayı hiç ihmâl etmemişti.

1500 yılının başında büyük bir yazar olmanın ihtirası içinde çırpınıp durdu. Hazine Adası, Monte Cristo Kontu, İki Şehrin Hikâyesi gibi eserleri okurken de dikkatle inceledi, bir daha okudu, sonra kendi de yazmaya başladı. Bir günde beş bin kelime yazıyordu. Bazen aynı günde otuz hikâye birden yazıp yayınevine gönderiyordu. Bunların çoğu yayınlanmayıp geri gönderiliyordu, ama o buna aldırış etmiyordu. Amacı yazı sanatını iyice öğrenmekti. San Fransisko Call gazetesi tarafından açılan roman yarışmasını "Japon Kıyılarında Tayfun" isimli eseriyle kazanıp birinci seçildi.

Jack London ve annesi oturdukları evin kirasını bile vermekte zorlanıyordu. Bu kadar yazı arasında gecede 4 saatlik bir temizlik işine girdi. Fakat yılmadı, yazdı, okudu; bir daha yazdı, bir daha okudu. Okuduğu bütün eserleri noktası, virgülüne kadar da iyice inceliyordu. Bu arada annesi vefât etti. Gün yüzü görmemiş zavallı annesi onun başarısını göremeden gitmişti, çok üzüldü, çok ağladı. Annesinin, zenginlerin evinde temizlikçi olarak çalışmasını istemiyordu. Onu öyle gördüğünde elinden bir şey gelmemenin çaresizliği içerisinde kıvranıp durmuştu. Şimdi ise yaşamı acılarla dolu bir zavallı kadıncağızı kaybetmişti. Bir an, kıvır

kıvır dağınık ak saçlarıyla perişan haldeki annesi gözlerinin önüne geldi. İsyân etti böyle hayata. Birileri doğar doğmaz refah içinde tanrıya sığınarak yaşarken birileri de tahammül sınırlarını aşan, yaşam denilen bilmecenin içinde kıvrım kıvrım kıvranarak neredeyse isyan bile edebiliyordu. Ama kime isyan? İnsanlara... Toplumun adâlet anlayışına... Allah'ın yukarıdan gönderdiği rızkı ve bereketi ellerini uzatıp, yoksullara ulaşmadan kapan haydut kılıklı açgözlü insanlara...

Düşündü bütün bunları Jack London. Yazmalıydı, çok ünlü olmalıydı. Kitaplarında, konferanslarında dile getirmeliydi devleti, milleti soyan hain anarşist kılıklı haydutları.

Jack London bir çok yoksul, sahipsiz çocuğun babası sayılan biryazardır. O, bu çocuklar için ilham kaynağı olmuştur, kendinden sonra bir çok fakir genç dünyanın ünlü insanları arasına girmiştir. Bunların arasında Çocuk Esirgeme Kurumu'nda büyüyüp ana baba sıcaklığından yoksun gençler de vardır. Bu gençlerin her biri milyonlarca doların sahibi olmuştur. Bunlardan biri babası belli olmayan, annesi zenci köle olan, yaşamının çolukluk ve gençlik yıllarını çilehâne sayılan yetimhânede geçiren meşhur Üç Silahşörler'in yazarı dünyaca ünlü Aleksandır Dumas'tır. Yine bir başkası, Şarlo yani Charli Chaplin'dir Jack London'dan önce veya sonra bu insanların yaşamı böyle acılarla doludur.

Bir çok öğrenci Jack London'un yaşamından, kitaplarından ilham alarak okumayı sevmiş, başarılı, faydalı bir insan olmuştur. Nasıl ki Jack London'un kendisi, dünyanın şöhretli yazarı Charles Dickens'in hayatını ve kitaplarını okuyup etkilenmişse, başka çocuklar, gençler de Jack London'un hayatından ve kitaplarından etkilenip şöhretler listesine girmiştir. Örneğin, Türkiye'nin roman yazarı Orhan Pamuk'un da bu insanların gerçek yaşam öykülerini okuyup, ilham aldığı ve kendisine, yazacağı romanında örnek model oluşturduğu söylenmektedir.

Macmillen yayınevi Müdürü George Brett, Jack London'un kitaplarını basan tek adamdı. London'un kitapları kendini hissettirmeye başlamıştı; tutuluyordu, çok satılıyordu. Hele The Call of the Wild (Vahşete Çağrı) isimli kitabı çıkınca bir anda dünyanın tanıdığı insan oldu. Amerikan sosyetesi bile bu adamı merak edip, ondan bahsediyordu. Yazdığı kitaplar gerçek yaşamdan alınmış gibiydi. [1]

Jack London'un "Martin Eden" adlı romanı on binlerce sattı. Birara uyuşukluğa kapılır gibi oldu, eline para geçtikçe fazla harcamaya başladı. Belki, bir zamanların yoksulluğundan aldığı intikamdı. Ama toparladı kendisini. Konferanslarvermeye başladı. The Century Magazine adlı dergiye öyküler verdi. Buradaki en önemli yazısı Sea Wolf, yani Deniz Kurdu'dur.

Carl Van Doren, Jack London'un kitapları için "Hikâyeleri muhteşem, sürekli bir destan parçaları" diyor. Ve o zamanki yayınevlerinin bu kitaplar için ortak görüşleri şöyleydi: "Kitapta geçen sahneler mücadelenin vahşi diyarları, ıssız pasifik adaları, insan kulağından uzak denizler ortasındaki gemiler, çeşitli şehirlerin fakir tabakası, serserilerin uğrak yolları"

London'un kitaplarındaki bu özelliği onun gemilerde amele olarak çok gezmesinden kaynaklanır. Örneğin; Amerika'da bir çok defalar hapse girip çıktı. Meksika, Japonya, Kore hep amele ve hamal olarak çalıştığı yerlerdi. Bunun üzerine bir de aile ve yalnızlık acısı eklenince ortaya satış rekorları kıran, milyonlar satan eserlerin çıkması kaçınılmazdı. Hatta Kolondiken bölgesinde altın arayıcılarla birlikte toz toprak içinde aç, susuz aylarca altın aradı, sonuç sıfırdı. Fakat bir şey vardı... Altın arama sırasında insanları gözlemledi, onların kavgalarını, ihânetlerini, bencilliklerini, ihtiraslarını, hayallerini... hep zihninde bir yere kazıldı. Şimdi de Amerika Birleşik Devletleri başkanından beş misli daha fazla para kazanıyordu.

Bir bilge adam der ki: "Elinizde sizi hayata bağlayacak mutlaka bir şeyiniz olsun. Bu şey sizi başkalarına ifade etsin, mutlaka vardır böyle bir yeteneğiniz."

İncelediğim bütün başarı kazanmış insanlarda bir mücadele vardı, içlerindeki baskın yeteneğinin ne olduğunu açığa çıkarma mücadelesi. Siz de böyle yapın. Sizin bir tarafınızda mutlaka ve mutlaka cevher vardır. Milyonlarca insanın habersiz olduğu bu baskın yetenekten sizin haberiniz olsun, seçkin insanların arasına girin.

Jack London her şeyi yaptı, denedi, bütün işlerde çalıştı. Ama kendisine ait baskın yeteneğini buldu; bir kitabı Vahşete Çağrı milyonlar sattı. Amerikan edebiyatının en ünlü kitaplarından biri olarak baş köşeye oturdu. Jack London 1916'da Kaliforniya'da bir çiftlik evinde hayata gözlerini yumdu.

JACK LONDON'UN BAŞARI KAYNAĞI

Jack London anılarında çalışma hayatındaki verimliliği şöyle anlatmıştır: "Ben metodlu çalışma taraftarıyım. Hiç bir zaman ilham beklemem.

Yaratılışça kedere, hûlyaya kapılır bir ruh yapısına sahibim. Şimdiki başarımı çektiğim sıkıntılara bağlıyorum. Günde beş saaten fazla uyumam. Bu, uykuya benim çizdiğim sınır olup, dünyada hiç bir şey beni yatakta daha fazla alıkoyamaz." (2)

London'un durmadan çalışma sabrı ve azmi, onu 1913'de dünyanın en fazla para kazanan yazarı yapmıştır. Onun inanılmaz başarısını hazırlayan başlıca etken romanlarında anlattığı konuları etinde, kemiğinde, ruhunda ve benliğinde yaşamış olmasından kaynaklanır. Ona göre bir insanın kitap yazabilmesi için önce yazacak şeyleri olmalıdır; çekilen sıkıntıların insanda yarattığı duygu, yazılacak malzemeleri oluşturan en büyük kaynaktır.

Jack London, yazmaya başladıktan sonra 3 kitap meydana getirmiştir. Toplam 51 tane kitap yazmıştır ve hepsi de dünya dillerine çevrilmiştir. O, bir bakıma hayatını yazmıştır: Acılarını, bunalımlarını, hayatın acımasızlığını, talihsiz geçen ızdırap dolu yıllarını, göz yaşlarını... Bir defasında tutulduğu hastalıktan acılar içinde inlenmişti. Ama çare bulacak bir kuruşu dahi yoktu. Bütün vücudunun derileri yarılmış, et âdeta dışarı çıkmıştı. Tedavi olacak gücü olmadığından çaresizlik içinde tek odasının bir köşesinde yapayalnız kıvrılmıştı. İşte bu duygularını kaleme almıştı, kendi acılarını dış yaşamla özdeşleştirip romanlar yazdı. Ve eserleri onbinlerce sattı. Buradan çıkarılacak sonuç, kişi kendinde gizli enerjiyi açığa çıkartabilir, bir alanda,yaşadıklarını da arkasına alarak başarılı olabilir.

Jack London, en iyi gözlemlerini kenar semtlerde yaptığını söylemiştir. Ona göre insan, yaşadığını hissedebilmesi için duyumsaması lâzım. Tok karın duyumsamaz, boş kalp duyumsamaz, acı çekmemiş beden duyumsamaz. San Fransisko'nun en yoksul, en sefil, kaderine terkedilmiş zavallılar semti olan East End'i girmeyi, zengin olduğun dabile terketmemiştir; orada yaşayanların hayatlarını incelemeye devam etmiştir. Bir eskiciden eski, yamalı ceket ve bir pantolon, bir de kirli hasır şapka ile uçları yırtık, tabanı çıkmış ayakkabı satın alan London, sık sık East End'e dalarak, kaderin tokatını yemiş, umduğunu bulamamış, hayata güvenle bakamayan, tutunamamış insanları incelerdi. Onların ne hissettiklerini iyi bildiğinden, kendisinde duygu yoğunluğu en üst düzeye çıkardı. "Uçurum İnsanları" adlı eseri dünyada yüzbinlerce satmış bir kitaptır. Bu kitap yoksul ve mahrum insanların hayat ve mücadelelerini anlatan çok başarılı bir çalışmadır.

London'un kafasında yazmak için çok konu oluşurdu. Halkın dışında değil, tam merkezinde olduğu için konu kendiliğinden oluşurdu. Ama o "İyi bir yazar, iyi bir gözlemci olmalıdır." derken, sadece halkın içinde bulunmanın yeterli olmayacağını da ifâde etmiştir. Halkın içinde olmak halktan biri gibi olmaktır. Onun başarısının altında yatan sır da budur. Halkın içinden biri olarak Jack London, çevresindeki insanları gözleyerek yazdığı ilk eseri "Kuzeyde Bir Aşk Macerası"nı ümitsiz bir halde Atlantic Monthly dergisine postalamıştı. Ama bir hafta sonra cevap gelmiş, tebrik ve teşekkürlerle birlikte kendisine 150 dolar da para gönderilmişti. Bu durumu yaşayan London, annesi Flora'yı tuttuğu gibi havaya kaldırmış ve şöyle bağırmıştı: "Anne bak, kazandık. Artık eziyet çekmeyeceksin, artık rahat yaşayacağız."

Gerçekten de büyük yazar doğru söylemişti. O, içindeki gücün farkına vardığı için kendinden emin olarak böyle konuşmuştu. Artık bundan sonra hikâyeleri peşpeşe gelmiş, zaman zaman satış rekorları kırmıştı. "Çocukluğumdan bir şey anlamadım. Sadece korkunç bir yoksulluk hatırlıyorum." (3) demiş olan güçlü yazar London, içinde bulunduğu kötü şartları sık sık düşünürken, hayatın anlamını da sorgulamaya başlamıştı. Aslında bu bir zorunluluk hâlini almıştı. Fakat karşılaştığı tuhaf olaylar karşısında kendisini aydınlatacak, o çocuk yüreğindeki sorulara cevap verebilecek hiç kimsesi yoktu; ne anası ne babası ne de bir yakını vardı. Böyle bir haldeyken yardımına kitaplar koşmuştu. O, bunu şöyle anlatmıştır: "Çok susamış bir insanın hâliydi benimki, Fakat bir avuç su uzatan yoktu. Böyle bir durumda kitaplar benim için sonsuz kaynak oldular. Onlarla coşarak, coşturdum. Onlarla hayata daha farklı bakmayı öğrendim. Yoksulluğumun anlamını öğrendim kitaplardan, bana daha iyi bir hayat kurdurttular. Tam ümidi kestiğim bir anda, kitaplardan hayata dair çok önemli sırrı öğrendim: "Sıkıntı ve eziyetlerin hayat haneme artı olarak geçtiğini, aslında herbirinin beni yetiştirdiklerini öğrendim. Ve başarının, kapının hemen arkasında olduğunu farkettim."

1) The Life of Famous Authors. Jean Grather. Perth Library. Australia.
2) Famous Authors. Jean Grater. Perth Library.
3) Batı Medeniyetinin Yazarları. Varlık. Tahsin Yücel.

"Köle Çocuğu"

ANTON ÇEHOW Nasıl Başardı?

Dedesi acınacak halde olan bir köleydi. Ailece hep yoksulluk çektiler. Acılarla dolu çocukluğunu ileride dünyanın en üyük yazarı olduğunda unutmayacaktı. Hayatını garip kılıklı bir adam değiştirdi. İki yakasını bir araya getiremeyen zavallı babası oradan oraya göç ediyordu. Babası borç yüzünden tartaklanarak hapse girdiğinde gözyaşlarını tutamadı.

"Babamın parasızlıktan dövülerek hapse atılmasını asla unutamadım. Zavallı babamın babası da yaşamın türlü eziyetleri altında ezilmiş bir köleydi, alınıp satılan prangalı bir köle. Çok küçük yaştayken hatırlıyorum dedemi, acınacak bır haldeydi, ama kimse acıyacak kalpte değildi. O an etrafımda sanki dünyanın en zâlim insanları vardı."

Bir akşam ortalık karardığı sırada köylerine garip bir adam geldi. Özgürlüğüne düşkün olduğu her hâlinden belli olan, gözlerinde mistik bir kültür ışıltısı yansıyan bu adam, üzerinde yılların yorgunluğunu taşıyordu. Bu gizemli adamın orada on dakika yaptığı konuşma, Çehov'un hayatının bundan sonraki kısmını başarı ve zenginliğe boğacaktı.

Köle torunu olan Anton Çehov, 17 Ocak 1860'da Rusya'da Azak Denizi kıyılarındaki köle oldukları bir çiftlikte dünyaya gelmişti. 1870'lerde Tolstoy'un mücadelesiyle Kas ya'da kölelik kalktığında Çehov'un dedesi, babası, annesi ve kendisi ancak özgür olabildiler. (1) Altı kardeştiler. Babaları çektiği çilelerden hayata karşı zayıf düşmüş, yer yer bünye bozukluğundan sinirlenen bir adamdı. Köle olarak çalıştırıldığı çiftlikten başka bir köye özgür olduğunda, göç eden baba Pavel burada kendine bir iş tuttu. Ardından da ailesi için küçük bir ev yapmak istedi. Ama başaramadı. Borç aldığı bir kaç kişi niyeti bozuk çıkınca icra yoluyla hem yapmakta oldukları küçük kulübelerine el koydular hem de zavallı adamı tokatlayarak hapse attırdılar. Aile öylece çoluk çocuk dışarıda kaldı.

Anne ve altı çocuk dışarıda aç susuz kaldığında kimse gelip de "Alın şu bir parça ekmeği" demedi. Anton o sıralar liseyi bitirmek üzereydi. Varlıklı bir adam oğluna ders vermek şartı ile kendilerine bakabileceğini söyleyip, onlara bir odalık yer ve biraz para verdi. Anton Çehov'un o an aklına geldi: "Ben neden hikâye yazıp para kazanamayayım." Sheakspeare'i okudu, Tolstoy'u okudu, Balzac'ı okudu, Dostoyevski'yi okudu, Victor Hugo'nun Sefiller'ini okudu. O sıralar hiç durmaksızın okudu. Artık çaresi kalmadı. okumalıydı. Tek kurtuluşları başarıydı; bu acıklı, ızdıraplı, tahammül edilemeyecek hâle gelen hayatta başarmalıydı, kazanmalıydı.

Verdiği özel dersten biraz para kazanan Çehov, annesini de iknâ ederek hep birlikte Moskova'ya gitme kararı aldılar. Moskova'ya vardıklarında istasyonun arka tarafında bulunan depo gibi bir yerde kaldılar. Bütün aile yerdeki ince bir hasır üzerinde karma karışık dağınık, bir vaziyette yattı geceleri. Yazdığı hikâyeleri "Kekeme" gazetesine gösterdi. Onlar da bir kaçını alıp yayınladılar Karşılığında bir kaç ekmek parası aldı. Hemen o anda, aklına babasının sözleri geldi. O demişti ki: "Gökteki kuşlardan ibret alın, ne çalışırlar, ne ekerler ne de biçerler, ama karınları doyar. Allah herkesin rızkını verir, yeter ki şu gökyüzündeki kuş gibi saf ve temiz olsun insan." (2)

Gerçekten de allah rızkı veriyor, yeter ki insan kötü düşünmesin.

Diğer kardeşi Aleksandır ile Nikola da karikatürler çizip, mizah dergilerine satıyorlardı. Çok para vermiyorlardı ama karınlarını doyurmaya başlamışlardı. Sonra tek odalı bir eve de çıktılar.

Antov Çehov 22 yaşına geldiğinde ilk edebi yazısı yayınlandı. Bundan sonra bir sürü yazı yazmaya başladı. Yavaş yavaş okuyucu kitlesi tutuluyordu. Bu arada toplam 15 tane de hikâyesi yayımlandı. 27 yaşına geldiğinde hikâyeleri, makaleleri yüz elliyi buldu. Küçükken ailece yediği tokatların, kamçıların ve yumrukların acısını çıkarıyordu. Bu sırada tıp fakültesine girmişti. 30 yaşına geldiğinde burayı bitirdi, doktor oldu. Fakat kendisinin sağlığı pek yerinde değildi.

Kış ayına girildiğinde küçük bir çocuk ona bir mektup uzattı. Mektup o devrin en ünlü yazarı Dunçenkov'dan gelmişti. Dunçenkov şöyle diyordu mektupta: "Hikâyelerin çok yeni ve çok canlı. Bu cevherini kullanmasını bil. Senden büyük eserler bekliyoruz. Petersburg'a yolun düşerse uğra evlât."

Bu mektup Çehov üzerinde muazzam bir etki bıraktı. Çok sevdiği yazar Tolstoy da Petersburg'daydı. Gitmek isterdi ama şu an ailesiyle ilgilenmeliydi. Derhal bir teşekkür mektubu yazdı. Dunçenkov'a şöyle dedi mektubunda: "Saygı gösterilecek bir cevher varsa bende, şimdiye kadar cevherimi şartlarımdan dolayı kısıtlı kullandım. Bütün ümit gelecekte. 30 yaşındaydım, zaman çabuk geçiyor ama bir şeyler çıkartabilirim."

Petersburg'un en büyük gazetesi Noyova Veremya (Yeni Zaman) Çehov'dan hikâyeler istedi. Bu gazeteye hikâyeler göndermesiyle birlikte artık ortaya bir yazar çıkmıştı: ANTON ÇEHOV.

"Bozkır" isimli eseri Çehov'u bir anda Rusya'nın büyük yazarları arasına kattı. 35 yaşına geldiğinde "Puşkin Edebiyat Ödülü"nü kazandı. "Kiraz Bahçesi", "İvenov", "Garip Bir Adamın Hikâyesi", "Hayatım" adlı eserleriyle Anton Çehov bombayı patlattı.

"6 Numaralı Koğuş" adlı eseri Rusya'da alkış tufanına sebep oldu. Bu hikâye yaşadığı dönemin çarpıklığını anlatıyordu. Konusu şuydu: Pis, bakımsız, hastalara değer verilmeyen bir taşra hastanesi var. Buranın doktoru hastalara, zenginle fakirin hiç bir farkının olmadığını, sonuçta ikisinin de günün birinde öleceğini söyler. Ama günün birinde doktor da hasta olur. Aklını oynattı diye tımarhaneye tıkarlar. Ve işte gerçeği o zaman anlar, çekmediği çile kalmaz. Savunmaya çalıştığı kimseler, onun üzerine bir de deli gömleği giydirmişlerdir.

"6 Numaralı Koğuş" demir kafesli pencereleri ile Çarlık Rusyası'ydı. İrâdesiz ve cesaretsiz doktorsa "Okuryazar" kesimiydi. Bazı ünlü yazarlar bunu böyle yorumlamıştı.

Bir insanın hâlini, durumunu anlamak için illâ o hâle düşmek gerekmez. Düşmeden halden anlar bir olgunlukta olmak lâzım. Çehov'un insanlara vermek istediği mesaj buydu.

Bu arada Anton Çehov rahatsızlığından dolayı kan tükürüyordu. Artık Çehov sağlığının ciddi boyutlarda olduğunu kendi de farketmeye başlamıştı.

Yolları Dunçenkov ile Moskova'da birleşti. Dunçenkov, Çehov'un "Martı" isimli eserini tiyatroya aktardı. Eser büyük ilgi gördü. Böylece Çehov'a tiyatro yolu da belirdi. Tiyatro yazarı da oldu.

Oyun sergilenirken Olga isimli tiyatro oyuncusuna sıcaklık duydu. Ama sağlığının kötüye gitmesinden dolayı evlenmek istemiyordu. Olga da, hayatı çile ve ızdıraplarla dolu bu adama ısındı. Çehov, sağlık durumunu Olga'ya olduğu gibi anlattı. Olga başını eğip evliliği kabul etti. Bu iki insanın evliliğini ayakta tutan, birbirlerine duydukları mânevi sıcaklık ve sevgiydi.

Halk her gittiği yerde Antov Çehov'u ayakta alkışlıyordu.

Abisi Nikola'yı veremden kaybeden Çehov, derin bir üzüntü yaşadı. Bu üzüntüyle Sahalin denilen adaya gitmeye karar verdi. Yanında eşi Olga da vardı. Adanın sâkin tepelerinde, fundalıklarında, tarlalarında ağaçların altında dolaştılar. Oradan Odesa limanına gelerek İstanbul'a geçtiler. İstanbul'dan Port Said ve Singapur'a gittiler. İyi bir tatilden sonra yine bir seyahate çıktılar, bu defa Avrupa'ya :Doma, Venedik, Viyana, Floransa, Napoli, Paris... Avrupa'nın birçok şehrini gezip Moskova'ya döndüler.

Daha henüz 44 yaşındayken çökmüş hâle gelen Çehov vefalı bir insandı. "İleride yeryüzünde âdil bir nesil yetişecektir." demiş, Maksim Gorki politik sebeplerden dolayı Moskova Bilim Akademisi'nden atıldığında, hiç tereddüt etmeden Akademi'den istifa etmişti. (3)

"Ben bu dünyada yaşayacak kadar güçlü değildim." diyen yazar Anton Çehov, aslında sürekli yalnız kalmaya çabalıyordu. Normal insanlar gibi yarınlara mutluluk ve ümitle bakmak yerine, sadece tarif edemediği bir korkunun sessiz gölgesini yaşıyordu Çehov. Hani yıllardır acı, ızdırap çektikten sonra; sağlığın, sıhhatin sana yaşama mutluluğu vermiyorken, servet kazanıp bir nefes yaşamak nedir ki? Yaşam kimilerinin yüzüne gülerken, kimilerininse iyi insan olmalarına rağmen neden yüzüne asık suratla bakıyor ve çile beşiğinde bir o yana bir bu yana sallayıp duruyor. Var mı bunu bir kontrol eden? Çehov en çok da iyi insanların ızdırap ve yoksullluklarına dayanamıyordu. Hele küçük çocukların kendi ellerinde olmayan bir sebepten dolayı yarıçıplak, yarı aç dolaşmaları...

İşte yenilmişti Anton Çehov. 35 yaşına kadar türlü acılar... Ardından 10 yıl gibi çok kısa bir yaşam. O da yoksulluğunda, tir tir titrediği o soğuk kışlarda kaptığı hastalığın ızdırab, elem ve keder veren dinmez rahatsızlıkları ile...

Ama yine de üzgün değildi, başarmıştı, kazanmıştı. Kendi bu yaşamdan göçüp giderken arkasında bıraktığı annesi, babası ve kardeşleri geçim sorunu olmadı. Sıcak evlerinde mutlu bir hayat yaşayacaklardı.

Değerdi buna dostum, değerdi! insan onuru için de yaşamasını bilmeli. İnsan bir yürek, bir gönül için kendini fedâ etmesini de bilmeli.

İzin istedi eşi Olga'dan. Yalnız başına Karanlık Orman denilen bölgeye gidip bir müddet kafa dinlemek istediğini söyledi. Eşi büyük bir sevgi anlayışıyla karşıladı bu isteği. Ama bir an kuşku da düştü içine.

Kara Orman sessizlik ve huzur doluydu. Kıvrım kıvrım tepelerin kenarlarından süzülen, Bir gözden kaybolup bir görünen dereleriyle, tepelerdeki maki yeşillikleriyle, aşağılardaki yemyeşil kavak ve sevlilikleriyle, yaprak hışırtıları, kuş cıvıltılarıyla insana âdeta sonsuzluğu hatırlatan bir yerdi. Aşağılarda bir yerde de ağaçlar arasından görülebilen küçük bir otel vardı. Burada kaldı Çehov.

Bu otel odasında yaşamı sessiz ve usulca sönüverdi, bir daha da gözlerini açamadı. 1910 yılında 44 yaşında göçüp gitti.

1) Büyük Yazarlar. Baha Dürder. Varlık.
2) Büyük Yazarlar. Çeviren: Baha Dürder. Varlık. 1964.
3) TERCÜME. Martı. 1966.

"Guliver Cüceler Ülkesinde
Guliver Devler Ülkesinde"

JONATHAN SWİFT Nasıl Başardı?

Çok küçük yaşta babasını kaybetti, ardından annesi onu amcasına bırakarak evi terketti. Hayatı türlü acılar içerisinde geçti. Hep hayalkırıklıkları yaşadı. İyiyle kötüyü derinlemesine sorguladı. Şöhret ve varlığa kavuşana kadar kaderin kendisine çok kötü davrandığını söyleyip durdu. Gerçekten de, Guliver lakablı Jonathan Swift hayatta yapayalnız bir oraya bir buraya sürüklendi. Ama Allah'tan ümidini kesmedi, Doğruluk mücadelesine devam etti. Mükâfatı, dünyaca tanınan ve sayılan yazar oldu.

Babasız olmak, annesiz olmak en büyük koruyucudan yoksun kalmaktır. Çocukluğun gerçek mutluluğu olan ana şefkatini tatmamak bende derin izler bıraktı. Ama belki bu derin izler sayesinde yüreğim konuştu."

Ben Güliver lâkablı Jonathan Swift'e "filozof yazar" diyorum.Çünkü hayatını incelediğimde hep iyilik mücadelesi verdiğini gördüm. Düşünen, akleden, çok iyi gözlem yapan, iyiliği diriltmeye çalışan bir adam Jonathan Swift. İnsanın ne kadar âciz olduğunu, dünya yüzeyine yapışmış amip yaratıkların, uzay boşluğunda o sonsuz kâinat ve sonsuz evrenden bihaber savaşlar yaptığını, fesatlıklar çıkardığını, birbirini boğazladıklarını, inançsızlık bataklığında çırpınıp durduklarını anlatır. İnsanlığın kurtuluşunu ancak ve ancak iyilik ve merhâmetin diriltilmesinde, tanrıya karşı içten bir sevgi ve saygı duyulmasında gören Guliver'in yazdığı yazılarındaki tüm kahramanlar aslında kendisidir.

30 Kasım 1667'deki İrlanda'nın Dublin kentinde doğan ünlü yazar Jonathan Swift, İngiltere'ye karşı verdiği mücadalelerle bilinir. O zamanlar İngiltere, İrlanda üzerinde baskı uyguluyordu. İrlanda'yı sömüren, kanını emen İngiltere buranın insanlarını medeniyetsiz bir ulus, bu ülkeyi de

yönetilmeye gereksinimi olan bir ülke olarak görüyordu. Hatta bu ülke insanlarının doğu kökenli, basit insanlar olduğunu iddia ediyordu İngiltere. Jonathan Swift de bu duruma çok üzülüyordu. Hatta ünlü yazar, "İrlanda'da doğmuş olmam benim için büyük bir yıkım olmuştur. Bu, bana yazgının oynadığı kötü bir oyundur" der. O, başarısızlıklarının sebebini biraz da İrlanda'da doğmuş olmasına bağlar. [1]

Babası çok küçük yaşta vefât eden, annesi de kendisini terkeden Gulliver amcasının yanına bırakıldı. Amcası maddi problemlerine rağmen onu okuttu. Üniversiteye geldiğinde derslere önem vermemiştir. Hatta hocaları bazı mantıkçılar hakkında soru sorduğunda, "Ben onları okumadan da akıl yürütebilirim" cevabını vermiştir. Bunun için de ancak orta derecede bir diploma alabilmiştir.

Anasız babasız büyümek, amcasının eline bakmak, hiç de sevmediği ezberci bir üniversite yaşamı onun üzerinde olumsuz etkiler yaratmıştır. Zaten amcası da ona pek ilgi göstermemiştir. Yıllarının çoğunu kendi kazancıyla geçirmiş, okumuştur. hele diğer yakınları ona hiç ilgi göstermemiştir. Yaşamı boyunca akrabalarından nefret etmiştir.

Amcası da ölen Swift yapayalnız ortada kalmıştır. Bazı yeteneklerinin farkındaydı, ama bunların hangi yolda başarı sağlayabileceğini kestiremiyordu. Elinden tutacak kimse de yoktu. Tam bu sırada devrin yazarlarından William Temple, Swift'i özel yazmanı olarak mâlikhânesine alır. Swift burada yatar, burada yer içer. Yaşlı Temple'nin tecrübeleri ve etkinliğiyle iyi bir gelecek uman Swift, bu yaşlı yazara yararlı oluyor, kitap okuyor, yazılarını yazıyor, çeşitli hizmetlerini görüyordu. Yıllar böyle geçiyordu. Jonathan Swift bu yaşamdan usanmaya başladı. William Temple'ye uşaklık yapmak zoruna gidiyordu. Hayata atılıp kendisi de bir şeyler yapmak istiyordu.

1699'da bir köy kilisesinde rahiplik yapan Swift, bu köyde geleceğinin olmayacağını anlayınca tekrar Temple'nin yanına dönmüş, yaşlı yazarın ölümüne kadar, üç yıl boyunca onun yanında kendisini iyice yetiştirmişti. Vaktinin çoğunu malikhanenin kitaplığındaki tarihi eserleri incelemekle geçiriyordu. William Temple sayesinde sosyal çevresi de genişliyordu. Hatta krala kadar tanışma fırsatı yakalamıştı. Ara sıra da İngiltere'de iyi bir kiliseye atanmak için Temple'nin yardımını istiyorsa da bir sonuç alamıyordu. Kralın verdiği sözler bile gerçekleşmiyordu. Bunun sebebi kendisinin İrlanda'da doğmuş olmasıdır. [2]

Jonathan Swift, hayatının en zor anında dışarılarda kalmamış Temple'nin yanında sığınacak bir yer bulmuştu. Ama bu büyük adamın etkisinden hiç bir şekilde yararlanamamıştır. Tek başına hayata atılmış, yapayalnız olduğu için başarılı olamamıştır. Bir çok eseri ensesi kalın tanınmış, fakat hiç bir yararlarını görememiştir. Bu zavallı adam böylesi düş kırıklıkları yaşadığı bir dönemde kendisini yıllarca hayata bağlayacak olan birini tanımıştır, Stella adında bir kız. Kendisinden on dört yaş küçük bu kız, babası öldükten sonra annesiyle beraber Temple'nin evine sığınmıştı. Kendisi 33 yaşındayken bu kız 19 yaşındaydı. Bu kızı dürüst bir aşkla sevmiş fakat evlenememiştir. Swift İrlanda'ya yerleşince onu da yanına alıp, İrlanda'ya götürmüş ve bu kız çok genç yaşta orada ölmüştür.

Talihin bir türlü kendilerine gülmediği insanlar, mutluluğu kendilerine çok uzak görürler. İşte Güliver de bir arkadaşına yazdığı duygu yüklü içten mektubunda şöyle der: "Gençtim, bir gün balık tutuyordum, oltama büyük bir balık takıldı, hemen çektim. Tam ele geçireceğim sırada balık iğneden kurtuldu, denize atladı. Büyük bir düş kırıklığına uğramıştım. Bütün yaşamım, işte buna benzer düş kırıklıkları içinde geçti." (3)

Jonathan Swift'in yaşamı hep düş kırıklıklarıyla geçti. İrlanda başyargıçlarından birinin yazmanı olarak, İrlada'ya gitmeye hazırlanırken, bozuk niyetlinin biri bu işin bir rahibe uygun olmadığını ileri sürerek başyargıcı kandırdı. Swift işinden oldu. Büyük bir kiliseye Dean (piskopos) olacaktı. Fakat etrafına rüşvet saçan insan benzeri bir adam elinden bu işi aldı. Kendisine ufak bir kilisenin rahipliği verildi.

Duygusal zekâsı ağır basan, siyasal ve dinsel konularda derin bilgiyle yazan, düşüncelerini bir köpük gibi kafa kulak şişirmeden okuyucusunun beyninde patlatan bir yazar olan Swift, İrlanda'daki çevresini terkederek Londra'ya geldi. Kitapların Savaşı ve Teknenin Masalı isimli kitapları ses getirdi.

İngiltere'nin iki partisi Whigler ve Toryler birbirleriyle kıyasıya bir çekişme içerisindeydiler.

Bu iki parti, iktidar için şiddetle biribirleriyle çatışıyor, kötü ve çirkin sözlerde bulunuyorlardı. Amaç, ülke çıkarları değil düşmanca tavırlar ve kişisel hırslardı. Whigler ve Toryler, kendi menfaatlerini gerçekleştirmek için dönemin en güçlü yazarlarını propaganda aracı olarak kullanıyorlar, onlara kitapçıklar yazdırtıyorlardı. Swift, bu alanda biçilmiş kaftandı.

Whigler'i daha iyi niyetli görerek onlara gerçekten büyük yararda bulunan bu iyi niyetli adam, Whigler'in iktidara gelmesini sağladı. Bu hizmetine karşılık İngiltere'de bir piskoposluk isteğinde bulundu. Fakat Whigler Partisi kapıyı onun yüzüne çarptı, onu tanımadılar bile. Zavallı adam büyük bir üzüntü içerisinde İrlanda'daki küçük kilisesinin başına döndü.

1710'da İngiltere'de seçim curcunası başladı. Toryler Partisi Jonathan Swift'e, ona İngiltere'de piskoposluk vereceklerine dair yeminler etti. Sonunda onu iknâ ederek, kalemini kendi lehlerine kullandırtmayı başardılar. "Examiner" isimli gazeteyi emrine verdiler. Swift de Whigler Partisine karşı ağır eleştirilerde bulundu. Bir yazara verdikleri sözü yerine getirmeyen bir partinin topluma hiç bir şey veremeyeceğini söyleyerek, Toryler partisine oy verilmesini istedi. Siyaset dünyasında güçlü bir kişi haline geldi; Swift, her toplulukta aranan adam olmuştu. Toryler iktidara geldi.

Swift, başbakanın en yakın adamı oldu. Partiler ondan çekiniyor hatta korkuyordu. Jonathan Swift iyi ve merhametli insan olduğuna inandığı arkadaşlarını korudu kolladı, onların iyi konumlara gelmelerini sağladı. Partiye onca hizmetinden dolayı kendisine İngiltere'de bir piskoposluk verileceğini umuyordu. O kadar güçlü noktaya gelip söz almasına rağmen, sırf İrlandalı olduğu için bu isteğinin kabul edilmediğini duyunca derin bir hayal kırıklığına uğradı. Resmiyetten, politikacılardan ve büyük adamlardan nefret ederek İrlanda'ya gitti, bir daha da İngiltere'ye dönmedi.

Swift iyi niyetli olarak çok şey ummuş, ama hiç bir şey elde edememişti. O, maddi hiç bir şeyin beklentisinde değildi, sadece İngiltere'de piskoposluk istiyordu. Verilen sözler yerine getirilmemiş, yeteneksiz kimselerin hak etmedikleri yerlere geldiğini görmüş, hiç bir çıkar beklemeden birilerinin uşaklığını yapmış, kitapçıkları kapış kapış okunduğnu günlerde adı herkesin ağzında dolaşırken düzenbazcıların kurbanı olmuştu. Bütün bunlar insanlara bakış açısını geliştirmişti. Londra'da parti mensuplarını, politikacıları, bakanları, milletvekillerini, saray adamlarını yakından incelemiş, korkunç derecede çirkin bir hâl almış olan parti ve mezhep kavga ve çıkarcılığın pis, iğrenç, iç yüzünü görmüş, toplumların çürük temellere dayandığını anlamıştı. Yüksek mevkilere gelmek için hiç bir hileden çekinmeyen, kendi çıkarlarını toplum çıkarlarından üstün tutan, hiç bir iyiliğin kadrini bilmeyen, birbirini kıskanan ama birbirinin yüzüne gülen bilgisiz, ahlâksız, soysuz kimseler karşısında nefretle geriye çekilmiş, bir devleti asıl bu gibi insanların yıkacağı kanaatine varmıştı. Swift, şu gerçeği görmüştür ki, insanlık bu yolda yürüdükçe huzursuzluklar son bulmayacaktı.

Jonathan Swift'in Gulliver Cüceler Ülkesi'nde adlı kitabından alıntı yapmak istiyorum: "Lilliputlular (Cüceler), hangi görev için olursa olsun, işverecekleri adamlarda büyük yetenekten ziyâde ahlâk arıyorlar. Şöyle düşünüyorlar: İnsanlığın yönetilmeye gereksinimi vardır; her insan zekâsı da şu veya bu göreve uygundur; Tanrı, ülke işleri yönetiminin, ancak yüksek dehâ sahibi bir kaç kişinin çözebileceği bir bilmece olmasını hiç bir zaman istememiştir; çünkü bir çağda böyle dehâlardan ancak iki üç tane bulunabilir.

Fakat, doğruluk, adalet, ölçü ve bunlara benzer daha başka erdemlere erişmek herkesin elindedir; her hangi bir kimsede bu erdemlerle birlikte deneyim ve iyi niyet bulunursa, o, ülkesine hizmet etmeye elverişlidir. Aklın yüksek nitelikleri, ahlâk erdemlerinin yokluğunu hiçbir zaman gideremeyeceğinden, yüksek yetenekli fakat düşkün kimselerin tehlikeli ellerine hiçbir iş bırakılmaz; çünkü bilgisiz fakat erdemli bir kimsenin düşeceği yanlışların, çoğunluğun çıkarı üzerinde, eğilimleri kendisini kötüye sürükleyen, bunu semerelendirmek, artırmak ve savunmak için büyük yetenekleri olan bir kimsenin yapabileceği şeyler kadar korkunç etkileri olamaz. Tanrı'ya inanmayanlara da iş verilmiyor. Bir hükümdarın, buyruğu altında olduğu bir gücü tanımayanlara iş vermesini çok saçma buluyorlar."

Şimdi de Güliver Devler Ülkesi'nde adlı eserde, Güliver'in, devlerin ülkesine yanlışlıkla okyanusları aşarak yolu düştüğünde neler yaşadığına, kralın karşısına çıkarıldığında kendi ülkesini anlattıktan sonra Devler Ülkesi Kralının, Gulliver'in ülkesi hakkında ne düşündüğüne bir bakalım:

"Son yüzyıl içinde ülkemizde (İngiltere, Avrupa, Asya, Dünyanın bütün normal boyda Gulliver gibi yaşayan insanların bulunduğu ülkeler) olup biten şey üzerine vermiş olduğum tarihsel bilgi de kralı şaşkınlıklar içinde bıraktı.

Kral bunun, açgözlülük, ayrılık, ikiyüzlülük, hainlik, kıyıcılık, öfke,çılgınlık, kıskançlık, şehvet, kötülük ve tutkunun neden oldukları bir yığın suikast, ayaklanma, öldürme, toplu kıyım, devrim, sürgün öykülerinden başka bir şey olmadığını söyledi. Başka bir konuşmamızda, hükümdar, bütün söylediklerimi şöyle bir derleyip topladıktan sonra, sorduğu sorularla vermiş olduğum yanıtları karşılaştırdı; sonra beni eline alarak yavaşça okşadı ve şunları söyledi (Bu sözleri, hele kralın söyleyişini ömrümde unutamayacağım):

" Benim mini mini dostum Grildig, yurdunu övmene doğrusu hayran kaldım; şunu açıkça gösterdin ki, yasalarınızı yapan kimseler, bu yoldaki yetkilerini bazan yalnızca bilgisizlik, tembellik ve ahlâksızlıklarıyla elde ediyorlar; yasalarınız da, çıkar ve yetenekleri bunları bozmak, karıştırmak ve bunlardan sıyrılmak olan kimselerce açıklanıyor, yorumlanıyor ve uygulanıyor; ülkenizde temelde pek kötü olmayan, örgütlenmeye benzer bir şeyler görür gib oluyorum ama, bunların bir bölümünün ancak silik bir belirtisi kalmış; ahlâk bozuklukları da öteki bölümünü lekelemiş, yok etmiş. Bütün söylediklerin, bir memurluk elde etmek için bir erdem gerektiğini göstermiyor; hele yurttaşlarına erdemlerinden ötürü soyluluk verildiğini; rahiplerin, dinlilik ve bilgilerine; askerlerin, gördükleri işlere ve yiğitliklerine; yargıçların, doğruluklarına; meclis üyelerinin yurt sevgilerine; danışmanların da bilgeliklerin göre yükseldiklerini hiç göremiyorum. Sana gelince (kral konuşmasını sürdürüyordu), yaşamının büyük bir bölümünü yolculukta geçirdiğin için, yurdundaki ahlâksızlıkların bir çoğundan uzak kalmış olmanı ummak isterim. Fakat, sözlerinden çıkardıklarıma, senden binbir zorlukla çekip koparabildiğim yanıtlara bakılırsa, yurttaşlarının çoğu, doğanın yeryüzünde sürünmelerine katlandığı o küçük, iğrenç böceklerin, kesinlikle en zararlıları."

Gelelim, Jonathan Swift'in devam eden hayatına. Kokuşmuş ve bozulmuşluk içerisinde olan İngiltere'deki parti menfaat çekişmeleri, toplumun ahlâk ve dayanışmadan yoksunluğu onda derin üzüntüler meydana getirdi. Zaten Gulliver Devler Ülkesi'nde, Gulliver Cüceler Ülkesi'nde adlı iki eserini, gördüğü bu manzaralar karşısında yazdı. [(4)]

Swift doğru olmayan toplum yapısında baş ağrısına da yakalandı. Tek tesellisi olan Stella da öldü. Tıpkı Cemil Meriç gibi tek tesellisinin yazı yazmak olduğunu anladı. Ömrünün sonuna kadar İrlanda'da yaşamış olan, benim, adına Güliver dediğim Jonathan Swift, İrlanda'daki yoksulluk ve fukaralığı gördükçe içi sızlıyordu. Bu talihsiz ülkenin bolluk içinde yüzen İngiltere tarafından sömürüldüğünü, kanının emildiğini her fırsatta dile getiren Swift, İngiltere'de kamu oyunu etkilemeye çalışıyordu.

Halkın çektiği yoksullukları, sıkıntıları, açlıkları her fırsatta yazıyordu.

İrlandalıların milli kahramanı, haline gelen Güliver, artık yaşlanmış, baş ağrıları şiddetlenmiş, hâfızasını hemen hemen yitirmek üzereydi.

1740 yılında günlüğüne yazdığı satırlarda şu sözleri geçiyordu: "Yoruldum. Hak ve adaletin, vicdan ve dürüstülüğün, gerçek tanrı sevgi ve duygusallığının savunuculuğunu yapmanın ağır bir bedel olduğunu gördüm. Çok kötü bir gece geçirdim. Bugün de kulaklarım artık bir şey duymuyor. Her yanım ağrıyor. Bir şeyler yazmaya çalışıyorum, yazdıklarımın bir sözcüğünü bile anlamıyorum. Allah'ın ve evrenin güzelliği gözlerimin önüne geliyor. Ölümüm yaklaştı, belki pazartesiye kadar ancak yaşarım." (5)

Öyle de oldu. Yaşamı üç günü, yani pazartesiyi geçmedi. Yaşama gözlerini yumdu. 1745'de binlerce İrlandalı ve İngiltereli vatandaş, bu, yaşamı sahipsiz ve doğruluk mücadelesiyle geçen zavallı adamın arkasından gözyaşı döktü.

Jonathan Swift'in, "Hak, adalet ve dürüstlüğü savunmanın ağır bir bedel olduğunu gördüm." sözleri, bana büyük düşünür Tolstoy'un, "Doğruluğu ve insanlığı savunmanın sonucunda mutsuz olmak da vardır." ifadelerini hatırlattı.

Evet, insan olmanın, insan gibi yaşamaya çalışmanın bedelleri olduğu bir gerçek. Fakat rûya olan bu yeryüzü yaşamı, her insan için anlaşılamadan hızla gelip geçiyor. Yapılan bütün iyiliklerin, insanca ve dürüstçe yaşam yorgunluğunun, büyük ödüllerle ebedi olarak karşılanacağına ben yürekten inanıyorum. İnsanlığın son kutsal kitabı Kur'an-ı Kerim'de "Kim zerre kadar hayır yaparsa kendine" deniliyor. Hangi dinden olursa olsun, iyi niyet ve düşünceyle dürüstlük, inanç ve doğruluk mücadelesi vermek ten sağlıkları bozulan bu insanların büyük bir mükâfatla karşılanacaklarına inanıyorum.

1) Güliver. Aydabir. Süreli Yayınlar. 1972.
2) Dünya Klasikleri. Jonathan Swift. Güliver Cüceler Ülkesi'nde. Çev: İrfan Şahinbaş. MEB.
3) Büyük Yazarlar. Adli Moran. Radyo Kültür. 1957.
4) Jonathan Swift Biyografisi. Rünya Klasikleri. MEB. Çev: İrfan Şahinbaş.
5) Jonathan Swift. MEB yayınları.

"Kalk! Allah'a Yönel!" Diyen Adam

THOMAS EDİSON Nasıl Başardı?

Öğretmeni mankafa, kabiliyetsiz dedi, 2500 buluş yaptı, Karda kışta koltuğunun altında gazete sattı. Ekmek parasını kazanırken tren görevlisi, "Seni aptal çocuk" deyip ona sert bir tokat attı, ömrünün sonuna kadar ağır işitti. Girdiği fabrikada "Bu dilenci kılıklıyı nereden buldular? diye alay ettiler. Toranto'da işe girdi kovuldu, Port Huron'da işe girdi kavuldu, İndiana polis'te işe girdi kovuldu, Cincinnati'de işe girdi kovuldu, Tennese'de işe girdi kovuldu. Açlıktan, yorgunluktan, Soğuktan bitik bir haldeydi, üstü başı çamur içindeydi. Louisville'de işe girdi kovuldu. Beş parasızdı, bir çay bile içecek parası yoktu, canı da öyle çay istemişti ki.. İş için Boston'a vardığında sersefildi, rengi solmuştu. İşe girdi, kovuldu. Sonra?... Sahip olduğu fabrikalarında 500 bin işçi ekmek yedi. Nasıl mı? Siz onu henüz tanımıyorsunuz. Okuyun, bir daha okumak isteyeceksiniz.

"Çok sıkıntılar çektim, ama hiç bir zaman halimden şikâyetçi olmadım. Edebimle yaşadım, evlendim, 6 çocuğum oldu. İçki, sigaradan nefret ettim. Yoksulluktan okula gidemedim. Sebze satıp aileme yardım ettim. Fabrikalarda çalıştım, sersefil işyeri depolarında yatıp kalktım. Fonografiyi (Ses Kayıt Cihazı) icat ettiğimde kimse inanmamıştı. Kaydettiğim ilk sözlerden biri "Kalk! Allaha yönel". Gece kalkar gökyüzüne bakardım. Yüce yaratıcının ihtişamı karşısında ona sığınırdım."

Soğuk kış günü bir çocuk sabahın erken saatlerinde usulca trenden indi, yağmur çiseliyordu. Toprakta tatlı bir koku, havada sert rüzgâr esintisi vardı. Detroit istasyonu her zamanki gibi hareketliydi. "Haydiiii!

Savaştan gelen son haberler, General Grant Güneylileri nasıl bozguna uğrattı? Yazıyooor!" diye bağıran gazeteci çocuk, koltuğunun altındaki, gazeteleri sıkı sıkıya tutarken, diğer elini ağzıyla üfleyerek ısınmaya çalışıyordu. Zavallı çocuk, insanların bakışları altında ekmek parasını kazanmaya çalışıyordu.

Yoksulluğundan ve kabiliyetsizliğinden dolayı okulu terkedip, ailesinin düştüğü sıkıntıyı bildiği için çalışıp eve ekmek götürmek zorunda kalan bu çocuk, ileriki zamanlarda dünyanın dört bir yanındaki sahip olduğu fabrikalarında 500 bin işçi çalıştıracağını nereden bilebilirdi.

Thomas Alva Edison, Amerika'nın Ohio bölgesine bağlı Milan kasabasında doğdu, 84 yıl yaşadı; geride milyonlarca hasta da dahil, kendisine milyarlarca insanın dua edeceği şerefli bir geçmiş bıraktı. Milyonlarca kişinin dua ettiğinden bahsediyorum, evet, bu doğru. Benim rahmetli dedem ve ninem beş vakit namazlı, helalı haramı bilen insanlardı. Ben onlardan çok duydum, "Şu elektriği bulandan Allah razı olsun" sözlerini. Kabul edilir edilmez, onu bilemem, ama dua ederlerdi. Ben de dua ediyorum, "Yarabbi, senin lütfun ve ihsânın genişti, bütün insanları sen yarattın, merhametin de geniştir, iyi insanlara merhamet et." diyorum.

Edison meraklıydı, sorardı, sorgulardı. Her defasında yüce yaratıcıya sığınır, şükrederdi. Yaşamı bin bir türlü sıkıntı içinde geçmesine rağmen küçük bir şikâyetini duyan olmamıştı.

"İnsanlar, hayvanlar, bitkiler, neden ve nasıl varolmuşlar? Onları yaratan niçin yaratmış? Bunları yaratan ne büyük!" diye etrafına fısıldarmış.

Okulda öğretilenleri kavrayamaz, hep yeryüzündeki yaratılmış eşyaları, maddeleri düşünür, kendinin de bunlar karşısında ne yapması gerektiğini araştırırmış. Öğretmenleri onun tuhaflığından, acayipliğinden yaka silkmişler, "Mankafalı, geç anlayan, geri zekalı" derlermiş. Bu yüzden hayatı boyunca üç ay okula gidebildi. Ama kütüphanede kitap okumayı severdi. Artık o hâle gelmişti ki, kitaplara âşık olmuştu. Başarılı olmuş insanların hayat öykülerine bayılıyordu. O, hayata hayat gibi bakıyordu, karma karışık formüllerle bakmıyordu. "İşe ya da başka bir yere giderken hep aynı yolu kullanmayın, hep aynı kitapları okumayın, hep aynı kişilerle arkadaşlık etmeyin. Böyle yaparsanız yeni bir şey öğrenemezsiniz" diyordu.

Thomas Edison 5 yaşındayken, bir gün kümesteki kazın hiç kımıldamadan yumurtaların üzerine öylece oturmuş olduğunu gördü. Şaşırdı, bunu merakla tâkip etti. Bir de ne görsün, yumurtalar kırılıp, içinden sarı sarı minik civcivler çıkıyor. Nasıl oluyordu bu? Kendisi de denemek istedi. Bir gün ortadan kaybolmuştu. Aramadık yer bırakmadılar. Sonunda samanlıkta buldular. Altına beş yumurta koymuş, kırmayacak şekilde çömelerek oturmuştu. Edison, doğanın bir sırrını keşfetmişti. İşte bu, onun için başlangıç olacaktı.

Edison, hiç bir zaman bilimin soyut konularına girmemiş, hep günlük hayatla ilişkisi olan, insanları rahat yaşatacak şeyler üzerine düşünmüştür.

Ailesi yoksuldu. Çocuklarına eğitim veremiyorlardı. Ama annesi küçük Thomas için üzerine titriyordu. Küçük bahçelerinde zar zor yetiştirdiği sebzeleri götürüp satar, hem ekmek alır, hem de Edison'a okuması için kitap satın alıp verirdi. Fakat küçük Edison ailesinin bu haline üzülürdü. Sebzeleri alıp kendi satmaya başladı. Pazarda çok satıcı vardı. O da biraz düşündükten sonra trende satmaya karar verdi. Trenle Detroit'e kadar gidiyor, sebzelerini sattıktan sonra trenin tekrar eve dönüşünü bekliyordu. Ama dönüşte her gün beklemek ona göre değildi. Şehir kütüphanesinin yerini sordu, sonra gidip kitap okumaya başladı, Tren zamanı da kalkıp evine dönüyordu.

Küçük Edison kazandığı paranın bir kısmını annesine verirken diğer bir kısmına da kitap ve deney malzemeleri satın alıyordu. Araştırmaya karşı büyük bir hevesi vardı. Kendini yetiştirebilmesi için çalışması da gerekiyordu. Gazete satmaya başladı. Sabahleyin Port Huran'dan trene biniyor hem vagonlarda hem de Detroit'te akşama kadar gazete satıyordu. Trenlere inip binerken telgraf diye bir âletten haberder oldu. Onun sağladığı kolaylığa hayret etmiş ama "Daha fazlası da yapılabilir" diye düşünmüştü.

Gazete satarken tren personeliyle ahbap olmuştu. Merakla aldığı bilimsel âletleri uygulayacağı yeri yoktu. Ama ona da bir çâre bulmuştu. Boş vagonun birini yatması, gazetelerini ve deney malzemelerini koyması için ona ayırdılar. O da boş bulunduğu vakitlerde bu vagonun bir köşesinde merak saldığı deneyler yapıyordu. Bir gün deney yaparken yanıcı bir gaz aşağı doğru akıp patlayınca vagonda kıvılcım oluştu. Battaniyeyle söndürmek istedi ama başaramadı. Yangın dışarıdan belli olunca panikle görevliler gelip söndürdü. İçlerinden sert olan bir görevli Edison'a "Seni gerizekalı" diyerek öyle bir tokat attı ki, Thomas Edison ömür boyu bunun acısını çekecekti. Edison'u eşyalarıyla birlikte dışarı attılar. Yalvardı, yakardı ama fayda etmedi. Çaresizlik içinde bir köşede ağladı. Ama yılmadı, silkelendi, ayağa kalktı. Eve geldi durumu annesine anlattı. Ana yüreği, hemen oğlunun boynuna sarıldı, gözleri nemlendi. Ona evin bir köşesinde deney yapması için yer verdi. Bu arada sebze, gazete satmaya devam etti.

Elektriğe karşı merakı vardı. Evinde ilk telgraf tesisatını kurup, arka sokaktaki arkadaşıyla haberleştiğinde telgrafın sadece devlet kurumlarında olabileceğini zanneden anne baba bir çocuğa bir de telgraf cihazına bakıp gözelerine inanamadılar.

Ayda 25 dolara çalışan bu genç delikanlı gün gelecek ayda 50 bin dolara para demeyecekti.

Ağustosun yakıcı sıcağında bir gün Mount Clemens'te istasyon çevresinde gazete satarken birden haykırarak fırladı. Tren manevra yaparken boşta kalan bir vagon hızla kaymaya başlamıştı. Biraz ileride gar müdürü Mackenze'nin 3 yaşındaki oğlu raylar üzerinde oturmuş kumlarla oynuyordu. Çocuk neredeyse vagonun altında kalacaktı. Edison gazeteleri fırlatarak ileri atıldı, çocuğu kaptığı gibi yana kaçtı. Edison'un haykırışına istasyon çalışanları dahil herkes seyirci oldu, gar müdürü de uzaktan olayı gördü. Çocuk kurtuldu. Babası sevinçten ağlıyordu. Adam kendine geldikten sonra Edison'a sarılıp öpmeye başladı. "Sağol evladım!, Sağol! Ne yapabilirim... Söyle sana ne gibi iyilikte bulunabilirim?" Onun kendisine yapacağı iyiliği aslında Edison çok iyi biliyordu. "Bana ders verin!.. Telgraf üzerine..." dedi. Müdür memnuniyetle kabul etti. Ayrıca onu ayda 35 dolara işe de aldı. Onu telgrafın başına verdiler. Yalnız burada görevli kişi, her yarım saatte bir amirine 6 sayısını çekecek, işinin başında olduğunu isbat etmek için. Geceleri kitaptan başını kaldıramayan Edison için bu zor geldi, çünkü bazen uyukluyordu. Öyle bir şey yapmalıydı ki, kendisi yerine her yarım saatte bir altı işaretini o yapsın. Böyle bir şeyin nasıl yapılabileceğini düşündü. Küçük tahta tekerleği yaptı, çevresine kertikler açtı, tekerteği saate bağladı. Saatin çarkları döndükçe tekerlek de dönecekti. Sonra telgraf makinesinin arasına tel çekti. Tekerlek saatin çarklarıyla birlikte dönerken her yarım saatte bir kertik gelince teller makineyi işletecek, mors alfabesinin 6 sayısını gösteren noktalar, kendiliğinden düşecekti.

Dediği gibi oldu, artık rahattı. Kendi yerine sinyalleri otomatik makinesi veriyordu. O da bir kenara çekilip, kitapları arasında, kurduğu deney tezgahının başında notlar alıyor, krokiler, şemalar çiziyor, yeni buluşların temelini atıyordu. Biraz önce yaptığı otomatik sinyal, Edison'un İlk icadıydı. İleriki yıllarda patentini almış, Amerikan Telgraf şirketi'ne satmıştı.

Amirleri her yarım saatte bir Edison'dan gelen sinyallere bakıp, rahatladılar. Trenler değişik hattan huzur içinde çarpışmadan gidebilirlerdi, nasılsa Edison makinenin başındaydı. Evet Edison ordaydı ama trenin yönlerini bildiren telgrafın başında değil, kendi deney düzeneğinin başındaydı. Amir birgün aniden çıkıp geldiğinde masadaki garip otomatik cihazı görünce gerçeği anladı. Edison nasıl özür dileyeceğini bilemedi. Amir, "Senden bunu beklemezdim Thomas" dedi. Yine de işten atmadı. Baktı bir tarafta yetenekle kurulmuş cihaz, bir tarafta da uğraştığı deneyler... "Bu genç uçuk kaçık ama..." diyebildi ancak.

Şimdilik yeni işinde kalmıştı Edison. Ama uslanmış mıydı? Değil. Onun işi gücü bilimsel çalışmalarındaydı. Bir gün az kalsın büyük bir felâkete yol açacaktı. Bir gece telgraf geldi; iki trenin çarpışmasını önlemek için durumu bir sonraki istasyona bildirmesi isteniyordu. Ama onun aklı deneylerde olduğu için mesaj tam anlamamıştı, çok dalgındı. Öyle ya, ileride icad edeceği bir cihazın onbinlerce dolar tutan parasını, Western Union Şirketi'nden çek olarak almıştı da, deneyden başını kaldırıp bankaya gittiğinde, memur ismini sorunca "Bilmiyorum!" demişti, işte bu kadar dalgındı Thomas Edison.

Neyse, trenler Allaha emânet, ileride çarpışmak üzere tıpış tıpış biribirinin üzerine azrail gibi gelmekteydi. Edison hapı yutmuştu, hapse bile girebilirdi. Ama Allahtan ki makinistler son anda farkedip, bir faciayı gönlediler. Edison'la da, yol gözüktü, hatta 5 yıl hapis yolu.

Hakkında idari işlem yapılmak üzere Toranto'daki Genel müdüre tutup götürdüler. Genel müdür mahkemeye vereceğini söyleyip," En az 5 yıl yatarsın" deyince "Tanrım!" diyen Edison'un saçları kalktı, dudakları uçukladı. O sırada içeri birileri girdi. Genel Müdür saygıyla ayağa kalkıp onları karşılarken Edison kedi gibi kapının kenarından sıvışıp kaçtı. Bir dakika içinde Sarnia trenine binip, vapurla Michigan'a geldi. Oradan Port Huron'a geçti.

Sevgili okuyucularım! Çok ilginçtir, neredeyse 5 yıl hapis yatacak olan aynı delikanlı, daha sonraları öyle bir buluş yapacaktı ki, hareket halindeki trenden uzaklara telgraf çekilebilecek (diz üstü bilgisayar laptopların ilk sinyali), böylece trenler, ara isyasyonlardaki telgafçıya gerek kalmadan kendi aralarında haberleşerek kazalar önlenecek, yolculardan biri rahatsızlandığı zaman ilk istasyonda indirilip doktor çağrılabilecekti. Yani bu tuhaf genç delikanlı insanlığın hizmetine koşacaktı.

1864 kışı Port Huron'da çok şiddetli geçiyordu. Büyük bir buz kitlesi sarnia ile Port Huron arasındaki telgraf kablosunu koparmıştı. Haberleşme sıfırdı. Zaten bu yıllarda Amerika'da Kuzey-Güney savaşları vardı. Başkan Abraham Lincoln dahil herkes savaşa odaklanmıştı. Bu tür işler ihmal ediliyordu. Ama Edison bu işi üzerine alarak kara kışın kızılca kıyametinde iki nehir arasındaki 1 km'lik telgraf tellerini, çift kablo sistemiyle onardı. Çevresindeki insanlardan büyük taktir aldı.

Bütün bunlardan sonra Edison yarı aç yarı tok bir çok işe girdi. Michagan'dan İndianapolise, Cincinnati'den Memphis'e, oradan sırasıyla Lousville, New Orleans, neredeyse Meksika ve Brezilya. Hepsinde de yeteneği ve iyi huyu yüzünden kıskanıldı. Yerini kaybetmekten korkan işyeri müdürleri tarafından kovuldu. Kaldığı her yerde saatlerce deneyler yapıyordu. Lousville'de çalıştığı bir sırada onun çalışkanlığını gören demiryolu yetkilileri, 1865'te Abraham Lincoln'ün öldürülmesinden sonra Andrew Johnson'ın başkan seçilmesiyle, başkan Johnson'un yapacağı konuşmayı gazetelere telgrafla iletme işini çabuk ve titiz çalışmasından dolayı Edison'a vermişlerdi. O gün öğleden sonra saat 3'ten ertesi sabahın 5'ine kadar aralıksız çalışmışlardı.

Her yerde olduğu gibi bu işyerinde de telgrafhanedeki odasında küçük labaratuvar kurmuş, boş zamanlarında deneyler yapıyordu. Bir gece deney şişesi kırıldı, içindeki Patlayıcı nitrogliserin tahta zemine yayılarak, müdürün odasından içeri çat pat, pat çat sesleriyle sızdı, yangın çıktı. Müdür bu usta telgrafçı genci sevdiği halde "Telgrafçı istiyorum kimyager değil" diyerek işine son verdi. Zavallı, eşyasını topladı, şehirden ayrıldı. Yine işinden olmuştu, dünyası yıkılır gibi oldu ama atlatacağını biliyordu, umutsuzluğa kapılmadı. Aç, yorgun, perişan bir vaziyette kendini Boston'a attı. Orada bir arkadaşı aracılğıyla Western Union Telgraf Şirketi'nde iş buldu. İşe ne zaman başlayacağı sorulduğunda aç, uykusuz olmasına rağmen "Hemen, şimdi" dedi. Genç telgrafçı orada çalışanlar tarafından kılığı kıyafeti yönünden aşağılandı, alaya alındı. Ama bilmiyorlardı ki bu genç delikanlı bir zaman sonra yaptığı buluşlarını yüzbinlerce dolara Western Union Şirketi'ne satacak, bu dev şirketin âdeta ortağı olacaktı.

Alaylı karşılanan Edison buradaki işçilerin bazılarıyla angar gibi yerde yatıp kalkıyordu. Kendisi içkiden nefret ederdi, işçiler ise akşamları sarhoş olarak Edison'a çatarlardı. Hatta kitaplarını onu kızdırmak için çalmaya başlamışlardı. Hele Faraday'ın elektrik üzerine Deneysel Araştırmalar adlı kitabı vardı ki onun için çok değerliydi. Zar zor, yalvar yakar ellerinden aldı bu kitabını.

Fabrikada bir gün hamam böceği salgını olmuştu da ilaçlar fayda etmemişti. Edison, pilli elektrikli kapan geliştirerek böceklerin kökünü kazıdı. Yine bir gün gazetede okudu: "Parlementoda karar oylarının sayımında kargaşa yaşanıyor, hep yeniden oylama yapılıyor" "Ben bunun çaresini biliyorum" dedi. Oturdu boş anlarında çalıştı, bir Oylama Makinası yaptı. Makinanın sağında Evet solunda Hayır vardı.

Toplam oy sayısı ile Evet ve Hayırları gösteren haneler de vardı. Bu makinayı bir gazete aracılığıyla meclise sundu. Hayretle karşılanıp, kabul edildi. Patentini aldığı ilk icat buydu. İlk icadı karşı tarafa otomatik elektrikli sinyal veren cihazdı, ikincisi elektrikli kapan, üçüncüsü ve de ilk Patentini aldığı buluş Oy Sayım Makinesi'ydi. Edison'un bu buluşları bilgisayarın başlangıcı olarak kabul edilir.

Artık sarhoş, zararlı insanların arasında yatmayacaktı Edison. Fabrikanın yan deposunda tek kişilik bir yer verdiler ona. Artık buluşların arka arkaya geldiği an bundan sonraydı.

Samuel Morse, telgrafı bulup nokta ve çizgiden oluşan harf şifrelerine de soyadını vermişti, "Mors alfabesi" diye. Ama telgraf geliştirilememişti. 30 yıldır bulunduğu yerde kalmıştı. Edison, bunu öyle bir hâle getirdiki âdeta "Edison telgrafı buldu" dediler. Bir gazeteci onunla ilgili şunları söylemişti: "Edison dişinden tırnağından kazandığını aç kalır, susuz kalır deney malzemelerine harcardı. Ailesine de yardımcı olurdu. İçki içmez, renkli gecelerden hoşlanmaz, sigara kullanmaz, namuslu bir insandı." (One Hundred Gread Lives-Yüz Büyük Yaşam adlı eserden) Başarısının altında yatan sır da buydu işte. Bütün gençlere ibret olsun.

O zamanlar telgrafın mucidi Samuel Morse, bütün Amerika'da ilgi görüyordu. Bir okulun Müdürü Western Union'a mektup yazarak, Morse'un hayatı üzerine konuşma yapacak birinin gönderilmesini rica etti. Bu konuşmayı yapacak kişinin konuyu iyi bilmesi, gençleri meraklandıracak şekilde konuşması isteniyordu. Şirket bu işi Edison'a verdi. O da çok sevindi. Gençlere bilim teknik konusunda yardım etmek için can atardı. Heyecan ve coşkuyla konuştu. Gençler yerinde kıpraşıyordu Edison'un konuşması karşısında, salon alkıştan inledi.

Edison'un bir projesi vardı, elindeki 800 dolarını buna harcadı, ama paranın devamı olmayınca başarlı olamadı. O da Newyork'a gitmeye karar verdi.

Newyork'a geldiğinde kalacak yeri yoktu, beş parasız, aç susuzdu. Yorulmuştu da. Çok canı çektiği halde bir çay bile içemedi. Bu zavallı meteliksiz adam kenar bir yerde iki büklüm yumulup uyudu. Sabah kalktığında, artık dayanamadı, bir telgrafhaneye gitti, yüzü kızararak kendini tanıttı, durumunu anlattı. Öna 1 dolar verdiler. Patetesli börek en ucuz yiyecekti. Aldı, yedi. Üzerine de bir çay içti kendine geldi. İleride dev fabrikalara sahip olup 500 bin işçi çalıştıracak olan adamın haline bakın!

Doğruca Western Union'a gitti. Onu saatlerce beklettiler, sonra bir de iş isteğini reddettiler. O da Altın Haberleri Telgraf Şirketi'ne gitti. Bu şirket altın fiyatlarını günü gününe kendilerine abone olan kuyumcu dükkanlarına bildirerek para kazanıyordu. Edison, şirketin içinde bir köşede beklerken birden bir panik koptu. Bütün kuyumcular şirketin önüne yığıldı, bağırmaya başladı. Telgraf sistemi bozulmuştu. New York için tam bir felâketti. Borsa çöker, esnaf hapı yutardı. Mühendisler ve şirket çalışanları ana makinanın başında toplandı, ama nâfile; arızayı çözemediler. Dışarıda aboneler, şirketi yıkacaktı neredeyse. O sırada Edison yerinden doğruldu, makinaya bir göz attı. Nasıl işlediğini hemen anlamıştı. Birden içeri şirket sahibi Dr. Laws girdi. Yüzü öfke ve panikten pancar gibiydi. Edison söz alarak, "Efendim izin verirseniz arızayı hemen şimdi gideririm." dedi. Herkes bu hırpani kılıklı herife baktı, "Hadi bakalım!" dediler.

Bir saat sonra makina tıkır tıkır işlemeye başladı. Dr. Laws, imdadına yetişen bu adama kim olduğunu sordu. O da kendini anlattı, zor durumda olduğunu söyledi. Şirket sahibi, "Yarın gel görüşelim" dedi. Ertesi gün makine sorumlusu olarak ilk defa yüksek bir ücret almaya başladı, ayda 300 dolar. Şimdiye kadar girdiği her işte en fazla 60 dolar alıyor, bir de kovuluyordu. Artık geçim sıkıntısı çekmeyecek, buluşlarına daha rahat çalışacaktı.

Newyork'ta önemli kişilerle tanıştı. Mühendisler Odası Başkanı Franklin Pope Edison'a hayran olmuştu. Birlikte yeni projeler için sözleştiler. Elektriğin gücü dünyada henüz tam bilinmiyordu. Bu arada Altın Haberleri Telgraf Şirketi'nin başına General Leffert gelmişti. Edison'un elektrik, telgraf ve kablolarla bir çocuk oyuncağı gibi oynayıp, ortaya başarılar koyması parmak ısırtıyordu. Küçük küçük, her biri binlerce dolar değerinde icatlar buluyordu.

Altın Haberleri Telgraf Şirketi Başkanı General Leffert birgün Edison'a "Bak dostum, sana bir teklifim var. Şimdiye kadarki icatlarını satın almak istiyorum, fiyat söyle" dedi. Edison durdu düşündü, çalışmalara harcanan zaman ve malzeme masraflarıyla birlikte 3 bin ile 5 bin dolar arası gibi büyük bir para istemeye karar verdi. Yalnız bunu General Leffert çok bulup kızar diye söylemedi, "Siz fiyat verin" dedi. Genel müdür "40 bin dolar" diyence Edison "Hık! guip!" diye tuhaf bir ses çıkardı. Bayılacak gibi oldu. Sakin görünmeye çalışarak "Ben de öyle düşünmüştüm" dedi. İşte mânevi çalışmaların karşılığı...

General Leffers," Tamam! sözleşmeyi hazırlayalım, imzalayalım, paranı hemen alırsın." dedi.

Edison dışarı çıkar çıkmaz koşmaya başlayarak "Heeey!" diye bağırdı. Parayı bankadan aldığında ceplerine sığdırmakta güçlük çekti, her yeri para dolmuştu. Dışarıda yalpalayarak yürüyordu. O gün rahat bir uyku uyudu, Allaha şükretti. Çok acılar çekmişti, bu paralar ilaç gibi geldi.

Sahip olduğu paralarla, bilimsel çalışmalara daha çok masraf yaptı. Gördü ki para dayanmıyor, eriyor. Bu pek akıllıca gelmedi ona. Hemen Labaratuvarda icat ettiği cihazları üretmeye başladı. Siparişler aldı, üretime geçti. Önce işçi tuttu. 150 cihaz üretti, parasını aldı, mal, gönderdi.

General Leffers bile haberleri yazıya geçiren telgraf makinesinden onlarca istedi. Edison, bu buluşu kendi adına ayırdığı için kendi üretip satabiliyordu. Bir taraftan bilimsel bazı önemli sonuçlar elde ederken diğer taraftan da mal üretip para kazanıyordu. Yanında çalışanlara insanca davranıp onların yetişmelerine de ön ayak oluyordu.

Bu arada genç yaşta annesini kaybeden Edison, büyük bir üzüntüye kapılıp işlerini bir kenara koydu. Annesini çok sever sayardı. Kendisinin yetişmesinde onun büyük payı vardı. Umutsuzluğa düştüğü anlarda, sıkıntılarında, üzüntülerinde başını hep annesinin dizlerine dayar, ondan güç alırdı. Buna karşılık o da sebze, gazete satar kazancını annesine verirdi. Hatta öğretmeni ona "Geri zekalı, mankafa" dediğinde, zavallı annesi gidip öğretmenine "Benim çocuğuma geri zekâlı diyemezsiniz, buna hakkınız yok!" diyerek, Edison'u bir daha okula göndermemişti.

O ana kadar evliliği düşünmeyen Edison annesinin ölümüyle birlikte düşünür olmuştu. O güne kadar fırtınalarla boğuşmuş, hayat rüzgârı önünde itilmiş kakılmıştı ama yorgunluk, bıkkınlık duymamıştı. Annesiyle dertleşip, herşeyi unutuyordu.

Bu yüzden güç alacağı bir aile yuvası arzuluyordu. Ama evleneceği kız onun için önemliydi. Yüz güzelliğine aşık olacak insan değildi. Kızdaki şan, şöhret, servet de umurunda değildi. O, kendini anlayabilecek insan arıyordu. Kendini bilimsel maneviyata vermiş bir erkeği öyle sıradan her kızın anlaması mümkün değildi. Peki güzel ahlâklı, iyi yetişmiş, kızı nereden bulacaktı?

Çevresi artık seçkin, zengin insanlar olmuştu. Bu çevrede çok kız vardı. Hiçbirini kendi kafasındaki "Kadın" düşüncesine uygun görmüyordu. Kimisi çok havalıydı, kimisi paracı, kimisi maceracı, kimisi çok asortikti. "Bunların hiç biriyle anlaşamam" diyordu Edison.

Aradan aylar geçiyor, Edison işlerini iyice ilerletiyordu. Artık koca bir fabrikası, 300 işçisi vardı Ve siparişleri yetiştiremiyorlardı. Bir şirket kendisiyle bir anlaşma yapmış, nakit 50 bin dolar vermişti, bir diğeri 30 bin dolar vererek, telgraf kayıt makinesi siparişinde bulunmuştu. İşçisi, mühendisi, teknisyeni hepsi Edison'u seviyor, sayıyorlardı.

Bir gün fabrikada kontrol gezintisindeyken, işçi bir kızın yanında durdu. Kız kendini işine vermişken, birden Edison'un farkına varınca irkildi. Edison tebessüm ederek, "Korkuttum mu sizi?" diye sordu. Kız heyecanlanarak, "Hayır!..Hayır efendim!" dedi. "Sizi aniden farkettim de, yaptığım işe bakıyordunuz. Acaba bir hata mı yaptım diye düşündüm."

Edison kızın yaptığı işe baktı ama sonra bakışları hafiften kızın yüzüne doğru yöneldi. Görünüşünden çok ağırbaşlı kız olduğu belliydi. Ancak bilimsel buluşlarında olduğu gibi bu konuda da acele etmemiş, tahmininin doğruluğunu tâkip eder olmuştu. Sonunda karar olarak olumlu sonuca ulaşmıştı. Nihâyet birgün kıza, "Benimle evlenir misiniz?" diye sordu. Kız çok şaşırdı. Böyle şöhretli zengin bir insanın kendisi gibi fakir bir ailenin kızını isteyeceği aklına gelmezdi. Oysa kimin kızını istese alabilirdi. "Siz.....istiyorsanız....." diyebildi.

Ama gerçekten ağırbaşlı, mütevazi bir kızdı. Bir kez olsun şımarmadı, ileri gitmedi, yine tezgahının başında, kafası önünde evlenecekleri günü bekledi.

Edison eskisi gibi işinde gücündeydi. Nişanlısını ne bir kutlamaya götürdü ne de bir eğlenceye. Akşam alıp yemeğe bile götürmedi. İkisi de işlerine baktı, tıpkı bay ve bayan Curie'ler gibi.

Evlendiler. Thomas Edison eşini ve labaratuvarını da alarak sonraları dünyaca ünlenecek olan Newyork'un 34 km güneyindeki Menlo Park bölgesine taşıdı. Burası sakin, sessiz huzur doluydu. Güzel de bir ev ve labaratuar binası yaptı.

Thomas Alva Edison elektrikte çok acayip güçlerin gizli olduğunu farkedip bu konuda derin derin çalışmalar yapıyordu. Menlo park'a çalıştıracağı personel için lojman da yaptı.

Daha sonra ki yıllarda bu insanların yani karı koca, çocuklar, Edison ailesi, personel ailesi mühedislerin, teknisyenlerin ve işçilerin kenetlenip tek bir aile gibi huzur içinde geçinip, onlarca, yüzlerce buluşlara imza atacaklarını ve dünyaya damgalarını vuracaklarını göreceğiz. Tabii büyük ustaları Edison'dan da çok şeyler öğrenerek... İnsanların kusurlarını hoş görmeyi, önemsiz olaylar üzerinde durmayarak gülüp geçmeyi, her fırsatta biribirlerine yardım etmeyi, güç durumları soğukkanlılıkla karşılayıp, sabırla çalışmayı da ondan öğrenmişlerdi. Hatta bazı çalışma üzerinde artık dayanamayacak hale geldiklerinde Edison, "Olsun! Yarın devam ederiz" der etrafındakileri şaşkına çevirirdi. Çünkü, "Yarın devam ederiz" dediği şey onlara göre aslında gerçekleşmesi mümkün olmayan şeydi. Meselâ bir defasında sesi saklayan cihaz yapmak istediğini söylediğinde çalışanları gülmüştü. Makine konuşur muydu ki? Ne garip, konuşacak hatta gösterecekti bile: Fonograf (Ses kayıt cihazı), kinetoskop (sinema).

Edison, "Gülmeyin, hele şu çizdiğim makineyi kaba taslak bir yapın..." dedi. Mühendis Krensi, İnanmadığı bir işi yaptığı için isteksiz olarak işe koyuldu.

Makine hazırlandı, elektrik verildi. Ortadaki ince sarmal, yaprak aklar hareketlendi. Şimdi sıra bir şeyler söylemeye geldi. Büyük usta geçti makinenin başına. Ve dünyanın ilk kaydedilmiş sesi olan "kuzu" şiirinden sonra şu cümleleri söyledi, "Kalkın Allaha yönelin! Bir kuzucuk vardı, iyilik yaptı mı iyi olurdu, kötülük yaptı mı kötü olurdu."

Personel, dudak altından gülüyor, kesinlikle birazdan gerçekleşecek olaya inanmıyordu. Dönen yapraklar tersine geri alındı ve bırakıldı. "Kalkın Allaha yönelin" Edison'un bu sesi yanındakileri şok etti, bir an cinler âlemiyle karıştıklarını sandılar, korkanlar bile oldu.

Haber bütün dünyaya yayıldı. Çoğu insan inanmadı. "Edison konuşan makine yapmış" dediklerinde ciddiye alınmadı. Fakat insanların çoğu inanmasa da bu makine (fonograf) daha çoook konuşacaktı. Tıpkı Galile'nin dediği gibi, "Siz inansanız da inan masanız da dünya dönüyor."

O sıralar Amerika'nın ünlü kahramanı Buffalo Bill, bu cihazı kızılderili dostları Siu şeflerinin önüne koydu. "Konuşun!" dedi, konuştular. Sonra kendi seslerini işitince, "Bu cin işidir" deyip korkuyla geri çekildiler.

Fonograf Edison'a yüzbinlerce dolar kazandırdı.

Yardımcılarından biri büyük ustayı şöyle anlatıyor. "Hata ederdik, kızmazdı. Hatanın bizden değil, tutulan yöntemden olduğunu söyleyip düzeltmemizi sağlardı. Menlo Park günleri bizim için hem okul hem de hayat kürsüsü olmuştur. Büyük ustadan çok şeyler öğrendik. Burada ailece ormanda yürüyüş yapıp, çocuklarımızla birlikte çaylarımızı da huzur içinde yudumladık."

Bu, birarada çalışmayı beceremeyip de neler kaybettiklerinin farkında olmayanlara en güzel örnektir.

Edison'un 11 yıl mutlu evliliğinden iki kez, bir oğlan üç çocuğu oldu. Ne yazikki anlaşılamayan hastalıktan karısı Mary Edison öldü.

"Hiç bir zaman bulacağından umudu kesmiş olarak sinirlilik içinde değil, daima bulacağına emin olarak umut içinde düşün. Başarının sırrı burada gizlidir" diyor Edison. Edison için "Olmuyor" yok, "olabilir" var. Buluşlarını formüle etmezdi, çok açık, basit düşünürdü. Örneğin, "Elektrik telde yürüyor da boşlukta neden sıçramasın" diyerek telsizin yolunu açtı. Edison, labaratuvarının gizemli dünyasında aradığı cini bulunca sevincinden deli gibi sevinir, "Buldum, buldum" diye haykırırdı. Sonra, "Gelin, gelin, bakın ne buldum" diye yardımcılarını çağırırdı. Bir keresinde," Hareket halindeki trenden niçin telgraf çekilmesin?" dediğinde yardımcıları böyle bir şey olamaz diye düşündüler. "Elle tutulur bir bağlantı olmadan böyle birşey nasıl olabilir?" dediklerinde, Ustabaşını gökyüzüne kaldırarak, "Keşke benim gördüklerimi siz de görebilseydiniz" dedi. Belki de Edison, havada uçusup duran doğal elektriği hissedip, bir cihazla emir ve kontrol altına alındıklarında çok işe yarayacağını görmüştü. Gerçekten de bir müddet sonra evinin yanındaki çalışma arazisindeki raylar üzerinde duran iki vagon hareket ettiğinde biribirleriyle haberleşebiliyorlardı.

Western Union Telgraf Şirketi onun bu buluşunu hemen almak istedi. Genel müdür Ortan ile Edison bir araya geldi. Genel müdür, "kaça satarsınız? diye sorunca "Siz ne veriyorsunuz?" dedi Edison. Doğrusu kendisinin aklından geçen rakam en fazla 30 bin dolardı. Genel Müdür hesabını yapmıştı. "100 bin dolar" dedi. "Neee!" diyecek oldu Edison, kendini tuttu, "Peki, kabul" dedi.

Elektriğin sıçratılabileceğini, emir altına alınabileceğini, sadece karşılıklı iki cihaza ihtiyaç olduğunu söyledi Edison. Yine bu yolla evinin bahçesindeki iki vagonun üstlerinden elektrik kablosu geçirterek, kömürsüz olarak vagonları yürüttü. Bu buluşunu da Western Union satın almak istedi.

Genel müdür ile Edison arasında pazarlık başladı. "Kaça satarsınız?" dedi Genel Müdür. Edison, "Siz ne verirsiniz?" diye sordu. Genel Müdür: "100 bin dolar", Edison:" Kabul!" dedi.

Thomas Edison telefon üzerinde de çalışmalar yapıyordu. Alexander Graham Bell adındaki bir profesör de telefonu icat etmek için kolları sıvamıştı. İkisi de Amerikalıydı. Aslında telefonu ilk önce Edison bulmuştu. Ama o bir işi tam yapmak istediğinden patent kuruluna sunmamıştı. Oysa Graham Bell, "Telefonu buldum" dedi, patent kurulu önünde cihazı yarım yamalak denedi, patenti kaptı.

O sırada alnından terler akarak incik boncuk tellerle uğraşıp, yeni bulduğu telefonu geliştirmekle meşgul bir halde bulunan Edison, patent haberini duyunca beyninden vuralmuşa döndü, dudaklarından "Olamaz!" Sözcüğü döküldü. Çünkü, işte telefon önündeydi, o zaten bulmuştu, sadece geliştirmeye çalışıyordu.

Ama iş piyasaya kalınca Edison'un telefonları dünyada yok satarken Bell'in telefon şirketi onunla yarışamadı. Çünkü Bell'in telefonları cızırtılı, kesintili ses naklederken, Edison'un telefonları karbonlu mikrofonu bulduğundan sesi net, pürüzsüz nakledíyordu. Hatta ünlü fikir adamı Bernardı Show bu işi kendine özgü bir dille yapıyor, Edison'un danışmanlığını yürütüyordu. Edison telefonlarına sevgi oluşturuyordu. Hatta esprilerinden biri şudur: "Edison telefonu iyi, hoş ama biraz haddini aşıyor bence. Artık evlerin mahremiyeti, sırrı bile kalmadı. Telefonu açtınız mı evin içinde ne konuşuluyorsa dışarıdaki herkes duyuyor."

Ünlü İngiliz devlet adamı William Gladstone'nin karısı da Edison telefonlarıyla ilgili başından geçen bir olayı anlatıyordu: "Telefonu açtım, Alo! diye seslendim. Konuşmak istediğim kişi, "Buyurun beyefendi" dedi. Dondum kaldım. Beni erkek sanmıştı. Kabahat, biraz da da benim. Sesimi duyurabilmem için kalın, gür bir sesle konuşmuştum. Meğerse bu telefonda yüksek sesle konuşmaya gerek yokmuş, sesi zaten gür veriyormuş."

Bir hatırlatma: "Alo nereden çıktı, ne anlama geliyor?" diye merak edenler olabilir. Graham Bell'in Lolita Aloha isminde bir nişanlısı varmış. Telefonu çaldığı zaman, kesin nişanlımdır diye ahizeyi kaldırır kaldırmaz "Aloha!" diye seslenirmiş. Alo buradan geliyor. Diğer bir söylenti de Edison'un uzun ismi olan Thomas Alva Edison'daki, okunuş olarak Aloğ sesi veren Alva'dan geldiğidir.

Edison, karbonlu mikrofonu bulmakla Graham Bell'e küçük bir fark atmıştı, işte bu küçük farkı satışa çıkarmıştı. Aklından geçen fiyat 25 bin dolardı. Western Union Genel Müdürü Ortan, "Kaça satıyorsun?" dedi, Edison "Siz söyleyin" diye cevap verdi. Genel Müdür, "100 bin dolar," diye fısıldadı. "Kabul!" dedi Edison.

Usta mucit çalışmalarında, birini bitirip bir buluş buldu mu hemen başkasına geçiyordu. Tezgahında başlanıp da bitirilmemiş daha çok iş vardı. Ve eğer para derseniz, her biri 100 binlerce dolardı.

Örneğin bunlardan birisi sıcağı sıcağına bulduğu "Motoğraf" makinesiydi. Telgraf önceleri sesle haberleşme sağlıyordu. Edison bunu yazıya döktü. İşte buna motograf dedi. Karbonlu mikrofon telefonunun satışından hemen sonra Westen Union ile yine pazarlığa oturdu. Genel Müdür, "Ne istiyorsun?" dedi. "Siz ne veriyorsunuz?" diye sordu. Edison. Genel Müdür "100 bin dolar" dedi. Satış oldu. Nedense pazarlık hep 100 bin dolarda gidiyor, Edison da itiraz etmeden, "tamam" diyordu.

Edison icat ettiği mikrofonu geliştime yoluna gitti. Hugos adında bir elektrik mühendisi benzer bir mikrofon yapmıştı, patent hakkının kendine ait olduğunu savunuyordu. Edison'un cevabı şu oldu, "Aynı şeyi siz de bulmuş olabilirsiniz. Aramızda şimdi yarış başlıyor. Bakalım hangimizin mikrofonu daha mükemmel olacak."

Yarışı tabiki Edison kazanmıştı. Onun mikrofonunda sineğin yürüyüşü sanki bir tabur askerin ayak sesleri gibi duyuluyordu. En ufak bir hışırtı gökgürültüsü gibi çıkıyordu.

Edison, kaloriferlerde, gemilerde, deniz altlarında, fabrikalarda, endüstride büyük patlama facialarını önleyecek âlet olan Tasimetreyi (ısı ölçer) buldu. Ama bunu çerez olarak gördü. Hiç bir ücret almadan piyasaya verdi.

Arkasından fonograf gibi müthiş bir kayıt cihazı buldu ki değeri milyon dolarlarla bile ölçülmez. Bütün dünya küçük dilini yuttu, "Olamaz böyle birşey" dediler. Arkasından telefonograf geldi. Yani telefonla karşılıklı konuşmalarınız telefon cihazına otomatik olarak kayıt oluyordu.

Megafon, diafon, arefon, Edison'un bulup da patentini satmayıp dünyanın dört bir tarafındaki fabrikalarında kendi ürettiği yüzlerce cihazından bir kaçı.

Kaydedilen ilk müzik, ünlü besteci Harendel'in İsrail Mısır'da adlı eserini 4 bin kişilik muazzam bir koro ile 1888'de çaldığı konserdir. Ünlü siyaset adamı William Gladstone, Edison'a gönderdiği fonograf mektubunda kendi sesiyle şunları söylüyordu."

"Bu sanat şöleninin kaydedilmesinden dolayı size sonsuz teşekkürlerimi sunarım. Fonografta konseri dinlerken hayatımın en güzel akşamlarından birini geçirdim. Harikulâde bir zevk duydum. Siz bize yeni buluşların yolunu gösteriyorsunuz. Yüksek şereflere ulaşmış kişiliğinizi en derin duygularımla kutlar, en içten hayranlıklarımı sunar, insanlığın iyiliği için sağlıklı olmanızı dilerim."

Biz bugün karanlık gecelerimizi bir düğmeye basıp aydınlatıyoruz ama, geçmiş tarihlerde insanoğlu, akşam olup da korkunç karanlık kabus gibi üzerlerine çökmeye başladığında ona karşı koyacak bir güç aramışlar hep. İşte bu gücü Thomas Edison yılmadan usanmadan 200'den fazla maddeyi deneyerek yıllar süren çaba ve emeklerin sonucu olarak nihâyet 21 Ekim 1879'da bulmuştu.

Elektrikten ışık olarak yararlanmanın yolları önceleri de araştırılmıştı fakat kimse bulamamıştı. O, şimdi araştırmaları sonucu bulacağı ince bir teli elektrik gücüyle nasıl aydınlatacağını arıyordu. Başkalarının yaptıkları denemelerin başarısız olması onu hiç mi hiç etkilemiyordu, O kendi yapacağı işe bakıyordu.

Edison yardımcısı Batchelar ile 2 yıl boyunca denemedik madde bırakmadı. Her maddeden incecik teller yapıyor, bunları elektrik akımıyla kor haline gelinceye kadar kızdırıyor, ampulün içine kapatarak kaç saat dayanacağını gözlüyordu. Ama nâfile.

Uzun çalışmalardan, sonra bir pamuk telini kömürleştirmeyi başardı, Ne yazık ki flaman yani ince tel, elektrik akımı verilince dayanamadı, koptu. Yine ince pamuk teli hazırladı, o da koptu. Yine... yine.....derken onlarca denemeden sonra iki saat boyunca aralıksız yanan ince pamuk telini buldu. Dünya ayağa kalktı. Edison adına borsaya yatırılan 100 dolar 100 bin dolara fırladı. Edison kömürleştirilmiş ince pamuk ipliğin ve ampulun birer örneklerini atölyesine gönderiyor orada binlercesi piyasaya sürülüyordu.

Herşeye rağmen Edison'u rahatsız eden bir şey vardı. O, iki saat değil, iki gün değil. 365 gün sönmeden yanan lambanın peşindeydi. Çünkü hızla ilerleyen icatlarının neticesinde gelecek zamanı kestirebiliyordu. Ufukta gece gündüz çalışan dev fabrikalar, dev hastaneler, trenler görüyordu. Bunlara iki gün değil aylarca yanan lambanın gerekeceğini herkesten çok önce kestirebiliyordu.

Yine labaratuvara kapandı, Hedef 365 gündü. Bir şeyi aydınlatmakta fayda görüyorum. Bazılarının dediği gibi Edison ampulu bulmadı, ampul zaten o zamanda basit bir cam kupaydı. O, kızgın ateşin hangi cins tel üzerinde ampulün içine kapatıldığında uzun süre kabileceğini buldu. Ampulü değil ama ışık çubuğunu buldu demek daha doğru olacaktır.

Siz ışığı, elektriğin en son noktada aydınlığa dönüştüğü düzeneği yani lambayı bulduğunuzda onu cam kupa gibi bir şeyin içine muhafaza etmek istemez misiniz? Tabiki böyle yaparsınız, çünkü o ateş koru, ışık görünmeyen, zararlı akım da yayar. İşte bunu önlemek için Edison cam kupa yani ampul de düşünmüş. Sırf bu düzenekten bile yüzbinlerce dolar kazandı.

Edison, elektriği mi buldu, ışık çubuğunu mu? Henüz bu iki şeyin farkını bilmeyen çocuklarımız nasıl geleceğin mucidi olabilirler? Size sorarım. Sap ayrı saman ayrı, bu durum sap ile samanı aynı tutmak gibi bir şey.

Elektrik akımı verilen flama, yani ince tel kızarıyor, sarı renge dönüşüyor, sonra ampul içine kapatılıyor, fakat iki üç saat sonra sönüyordu. İşte Edison'un kafa yorduğu şey tam burada başlıyordu. Aksilik neredeydi? Elektrik akımının verildiği ince telin kendisinden miydi yoksa başka bir şeyden mi? Bırakınız sert maddelerden yapılma ince telleri, bitki tellerini bile denedi. Ama sonunda çözüme giden yol parmuk ipliğinde görüldü. Ancak bu da iki gün dayanıyordu.

Öğrencilerimizin, belki bazı yetişkinlerimizin de yanıldığı bir başka bilgi eksikliğini de hatırlatmak istiyorum: Edison elektriği bulmadı, elektrik zaten vardı. Elektriği ingiliz Humphry Davy'nin bulduğu söylenir. Yalnız, Edison'un elektriği geliştirdiğini söyleyebiliriz. Örneğin buhar gücüyle elektrik üreten 27 ton ağırlığında dev bir makine üretmiştir.

Pamuğun incecik telleri şimdiye kadar en iyi sonucu vermişti ama acaba daha uzun yanabilecek başka bitki teli bulunamaz mıydı? Bu düşünceyle bitkiler üzerinde denemelerini sürdürüyordu. Sonunda Bambu ağacının, lifleri kömürleştikten sonra, elektrik akımına karşı daha kuvvetli direnç gösterdiğini görmüştü. Gece gündüz uğraşarak yeni geliştirdiği ince tellerin yani flamanların daha uzun süre ışık vermelerini sağladı. Şimdi bu bambu telleri bir kaç ay değil 12 ay kesintisiz ışık yayabiliyordu.

Edison'un en son geliştirdiği ışık çubuğu selülozla bazı kimyasal maddelerin karıştırılması sonucu elde edilen ince teldir. Şu an günümüzde de bu kullanılmaktadır.

Elektrik artık aydınlatma aracı olarak kullanılmaya başlanılınca önemi de arttı. Edison elektriği de geliştirdi. Akümülatörler üretti. Buhardan ve kömürden elektrik üretmek yerine, suda da barajlar vasıtasıyla elektrik üretilmeye başlandı.

Edison elektriğin sırrını anlayınca elektrikli tramvayı da icat etti. Bu icattan sonra bir hafta içinde 28 bin kişi elektrikli trenle yolculuk etti. Elektrikli trenler ABD'nın her tarafına zamanla yayıldı. Bulduğu değişik kireç taşlarından "betonarme"yi ilk keşfeden Edison'dur. "İleride bütün büyük binalar betonarmeyle yapılacak" diyen de Edisondu.

Bu arada eşi ölen Edison, iyi yetişmiş alcakgönüllü, ağırbaşlı bir hanım olan Mina Miller ile evlendi. Bu evlilikten ikisi erkek, biri kız 3 çocuğu oldu.

Edison icatlarına devam ederek kinetoskop adını verdiği sinemayı da buldu. Sinemayı Fransa'daki Lumiere Kardeşler'in bulduğu söylenir ama bu büyük bir yanılgıdır. Onlar Edisonun sesli ve hareketli sinemasını sadece duvara değil de beyaz perdeye yansıttılar. Yani dönen kara duvar yerine beyaz bir perde kullandılar.

Edison'un İcatlarının Bazıları: Lamba(Işık çubuğu), ışık, fonografi, megafon, arefon, diafon, telefon, tramvay, karbonlu baskı, fotokopi, manyeto, akümülatör, floroskop, radyoskopi, regülatör, işitme cihazları, elektrikli çalgılar, uçak motorları, sinema, betonarme, sinematogrof, taksimetre, transismatör, telsiz, motograf, gramafon, radyo (Marconi değil), oy sayma makinesi, otomatik telgraf, bilgisayar...

Silah fabrikatörleri Edison'a yanaştılar. Fakat o yaradılıştan barışsever bir insandı. Yapacağı bir buluşun, insanları öldürmeye yol açacağını söyleyerek onlardan uzak durdu.

Çocukluğundan beri ağaçları, çiçekleri, kuşları çok severdi. O yıllarda kuş tutmak için kapan kuran arkadaşlarının bu acımasız davranışlarından dolayı onları uyarmıştı.

Edison kendi kendini yetiştirmiş olduğundan, okulda yetişenlerden çok hayatta yetişenlere değer verirdi. Bir gazeteciye şunları söylemiştir: "Çalışmayı, uğraşmayı seven adamlara ihtiyacamız var.

Teknik okulların dışında üniversite diplomalı gençlere metelik vermem. Ne yapacağım? Bilgilerini mi satın alacağım? Okulda öğrendiklerinin dışında kendi çalışmalarıyla bir şey üretebiliyorsa işime yarar."

Sebze ve gazete satıcılığından gelip, okuduğu kitapları değerlendirerek, bilgiyi uygulayan, yaşamı gözlemleyen bu adam şu an yaşadığımız teknolojinin tek mimarı sayılıyor. Japonlar, "Biz çocuklarımıza Edison ruhu aşılıyoruz" diyorlarsa, durup düşünmek gerekiyor.

Birinin "Olmuyor" diye bırakacağı durumda O, "Belki başka bir türlü olabilir" derdi. Sevgili okuyucularım, ben ne diyorum ki , Allah'tanki böyle bir azim, böyle bir çalışkanlık, böyle iyi bir insanda bulunuyordu. Ya şeytani, zalim, bir insanda olsaydı tüm bu özellikler?

Edison ilk patentini 22 yaşında almıştı. Daha sonraki yıllarda aldığı patent sayısı 2000'i bulmuştur. Yani, bu 2000 tane buluş demektir ki, dehşet bir şey.

"Yaşlılığımda en büyük manevi zenginliğim, insanlığa yaptığım hizmetlerdir." diyordu. Eski günlerdeki acılar, sıkıntılar şimdi birer tatlı anı olarak gözlerimin önünden geçiyordu.

Bunları etrafına toplanan çocuklara anlatırken gözlerinin yaşardığı oluyormuş bu yaşlı adamın.

Bir sabah patika yollarının bulunduğu, yemyeşil bitkilerle kaplı kuş cıvıltıları ve yaprak hışırtılarının etrafa sükûnet kattığı mütevazi evinde Thomas Edison 18 Ekim 1931'de 84 yaşında sakin bir şekilde hayata gözlerini yumdu.

Acılar, yoksulluklar, açlıklar, çileler içinde yaşarken büyük bir sabır örneği göstererek, bir defa olsun isyan sözcüğü ağzından çıkmayan ve durmadan çalışıp insanlığa baştan başa faydası dokunmuş bu güzel insana Allah merhamet etsin, biz müslüman topluluklara da ibret ve örnek teşkil etsin.

1) Bir Dâhinin Hayatı. William Meadow. Nebioğlu.
2) Radyo kültür Yayınları 1958. (Süreli Yayınlar).
3) Thomas Alva Edison. 12 Dev Adam. Egon Larsen. Doğan Kardeş.
4) Bütün Dünya. Yıllık. 1975. Nebioğlu.
5) 12. Dev Adam. Egon Larsen. Doğan Kardeş.
6) Yabancı Meşhur Adamlar. Güzel Kitaplar. 1951.
7) Radyo Kültür Yayınları. Edison. 1959. (Süreli Yayınlar).
8) Bir Dahinin Hayatı. Charles Meadow. Nebioğlu.
9) The Life of Famous Men (Stuart Sewell).
10) Bilginler Mucitler. 12. Dev Adam. Egon Larsen. Çev: Behçet Necatigil.
11) Meşhurların Bilinmeyen Yönleri. Adli Moran. Yenigün.
12) Edison Gramafonu ve Fonografi Nasıl İcat Etti? Mehmet Aydın. Anten.

"Zalim Rus Çarını Ağlatan Adam"

DOSTOYEVSKİ Nasıl Başardı?

Ayyaş, merhametsiz, zalim bir baba... Ona katlanmak zorunda kalan zavallı, çaresiz ana... Aile geçimsizliğinin müthiş ızdırabını yaşayan bir çocuk. Milletinin bağımsızlık ve refahını düşündüğü için aylarca hapislerde yattı. Çocukluğunda yaşadığı çileleri gençliğinde de yaşadı. Kurşuna dizilmek üzere götürülürken son anda affedildiği haberi geldi. Kürek mahkumu olarak 4 yıl boyunca insanlık onuru zedelendi. Sadece kurşuna dizilmekten kurtulmuştu ama 10 yıl hapis cezası aldı. Tartaklandı, aşağılandı. Adi suçlu gibi kafası usturayla kazındı, kolları damgalandı, taş kırdı, eksi 40 derece soğukta tuğla taşıdı. Suç ve Ceza üzerine düşünmeye başladı.

"Küçük bir otel odasında ne yemek ne su ne de sıcak bir çay içebildim. Aç yattım aç kalktım, meteliksizdim. Bir parça ekmek buldum mu Allah'a şükrediyordum. "Suç ve Ceza"yı bu şartlar altında yazmaya başladım. Aile geçimsizliğinin en iğrencini ben yaşadım, huzurlu bir gün görmedim. "Karamazof Kardeşler"i böyle yaşantımdan düşündüm, yazdım. Toplumun vicdansızlığını ve merhametsizliğini yaşadım, peygamberleri örnek almamız gerektiğini söyledim ve "Budala"yı yazdım.

13 yaşında ilâhi dinleri okudu. 15 yaşında Walter Scott, Binbir Gece Masalları ve İslâm filozoflarını okumaya daldı. 17 yaşında puşkin, Gogol, Dickens, Victor Hugo, Schiller ve Goethe elinden düşmedi.

"İyilik, sabır ve adalet timsali olan Peygamberleri örnek almamız gerekir, diyen Dostoyevski 1821'de Moskova'da doğdu.

Ben tam şu an Dostoyevski'yi yazarken çalan telefonumun sesiyle irkildim. Arayan İstanbul Milli Eğitim Müdürlerinden Atilla Bey'di. Acı bir haberi bildirmek için aramıştı. Günlerden Salı, saat 15.30, 2003 yılının Temmuz 29'u.

Merakla, "Buyrun Atilla Bey" dedim. Hal hatır derken, "Nejat Bey'i kaybettik Faruk Bey" dediğinde, "Neee!" diye irkildim. İnsan inanamıyor değil mi? Ama inanılmayacak ne var ki... Her ölüm yeniden diriliştir bence. Evet, ölüm zor ama, bir de ebediyyen bu yeryüzünde yaşayacağınızı düşünsenize... Çekilmez be! Vallahi çekilmez. Efendim, ben bu yüzden acılarımda, kederlerimde hemen ölümü düşünürüm, "üzüldüğün şeye bak, gölge be bu yaşam, neye üzülüyorsunki, herşeyi geride bırakacaksın, seninle gidecek olan iyiliklerin, merhametin, yaratıcıya gücün yettiğince itaatin." derim, kuş gibi hafiflerim. Belki benim kadar mezarlıklara giden yoktur. Bir oranın ebedi sakinleri bir de ben. Mezarlıklara gidince görüyorsunuz, Sabahattin Eyüpoğlu'nu, İbrahim Çallı'yı, Süleyman Nazif'i, Mehmet Akif Ersoy'u, Kanuni Sultan Süleymani, Yavuz Sultan Selim'i, Fatih Sultan Mehmet'i. Neçe insanlar gelmiş, geçmiş, şimdi bir müddet de sıra bizde. Biz de yarın çekileceğiz toprağın altına.

Ben şu 4 yeri gezmeyene adam demem: Mezarlıklar, Yetimhâne, Yaşlılar Evi, Tımarhane.

Nejat Muallimoğlu'nu, Çarşamba günü Çapa Odabaşı Camii'nde kılacağımız Cenaze namazıyla Mevlâna kapı mezarlığına defnedecektir. Nejat Muallimoğlu Türk Ocağı'ndan hitabet hocamdı. Ondan hitabet dersleri almıştım. Halim selim, yumuşak huylu, güngörmüş bir İstanbul beyefendisiydi. 70 küsür yaşlarındaydı. Allah rahmet ve merhamet etsin, iyi bir adamdı.

Dostoyevski doğdu derken Nejat Muallimoğlu'nu kaybettik piyasada çok beğerli kitapları olan Nejat Hoca, bir dönem TRT'de program yapmıştı. Üniversiteler konuşmacı olarak çağırır, ona ders verdirirdi. Başımız Sağolsun. Dostoyevski'nin babası eşini döven, çocuklarına karagün yaşatan, merhametsiz, zalim ve ayyaş bir adamdı. "Karamazof Kardeşler"de canlandırdığı korkunç baba tiplemesi Dostoyevski'nin kendi öz babasıydı. Onun yaşadığı dönemler Çar Nikola'nın istibdat yani, baskıcı dönemleriydi. Söven söveneydi, kimin gücü kime yetiyorsa... İnsanlar arasındaki dayanışma gitmiş, acımasızlık, kuşku, eziyet her yeri sarmıştı. O da Tolstoy ve diğerleri gibi ülkesinin insanının ahlâken çöküşünü seyretmedi ve ses çıkardı. 25 yaşında "İnsancıklar" adlı kitabını çıkardı. Dönemin ünlü şairi Nerasov, "Yeni bir Gogol doğdu" demişti. Kitabını ünlü eleştirmen Biyelinski de övdü. Çeşitli dergilerde yazıları çıktı.

Dostoyevski, Fransız düşünür Saint Simon'dan etkilenmiş bir yazardı. 1789

Fransız ihtilâli diğer uluslara çok büyük etkiler yaptı ama güzel, insancıl bir ihtilâl miydi yoksa kralcı türü baskılar güden cumhuriyet karşıtı bir olay mıydı. Bu ihtilâl her ne kadar Dostoyevski'yi de etkilemiş olsa da, zannederim o da Saint Simon'un şu sözlerini okumuştur: "Fransız ihtilâli, kişinin meşru daireler içerisinde istediğini yapabildiği özgür ortam değil, istenilen her şeyin kişi üzerinde uygulandığı karanlık ortamı getirmiştir."

Saint Simon Fransız ihtilâli'nin çakıl taşlarından güçlü bir ihtilâl öncüsüdür. Ama kral zamanını mumla aradı. Öyle ki O, Voltair, Jan Jack Roussue neredeyse idam edilecekti.

Dostoyevski 23 Nisan 1845'te Rusya'da tutuklandı. 8 ay hapiste yattıktan sonra hakkındaki idam kararının uygulanması için zincirleri çözülüp bir adaya götürüldü. Fakat arkasından affedildiği haberi geldi. Ölüm cezası 4 yıl kürek, 6 yıl da âdi hapis cezası olarak Sibirya'daki Omsk kalesine sürüldü. Ayaklarına pranga geçirildi, kafası usturayla kazındı, kollarına sığır damgası vuruldu. 36 yıl süren yazarlık hayatının 10 yılı hapislerde "Ölü Ev" dediği sürgünlerde geçti. 4 yıllık kürek mahkûmluğunda insanî haysiyetini yitirdi. Gururu ve onuru ayaklar altına alındı. Tek söylediği ahlâklı, adâletli ve insani bir toplumdu. Âdi suçlular gibi iki kolu damgalandı, kafası sıfıra vuruldu, kamçılı nöbetçilerin gözetiminde sıcak sıcak tuğlaları, çıplak elleriyle taşıdı, taş kırdı, iki ayağına da pıranga yedi. Geleceğin koskoca yazarı her türlü alçaltıcı eziyetleri çekti. İşte, suç ve cezanın ne olduğunu bu sıralar düşünmeye başladı. Kürek zinciri, zavallı adamı bir hayli de yıpratmıştı; ruhu yıpranmış, gönlü yıpranmış, bedeni yıpranmıştı.

25 yaşında girdiği ağır hapis cezasının çilesini çekip bitirdiğinde 36 yaşındaydı. Mariya adında bir hanımla evlendi. Petersburg'a yerleştiler. "Ölü Bir Evden Hatıralar" adlı, eserini yayımladı. Bu kitap öyle içli yazılmıştı ki, Rusya'da büyük heyecan yarattı, Çar Aleksandr bile Sibirya sürgününün dehşetini canlandıran bu kitabı gözyaşları dökerek okudu. Dostoyevski'ye hayranlık duymaya başladı. Rus çarını bile ağlatan Sibirya sürgünlerinin dehşetengiz gerçek hikâyelerinin içinde zavallı Kırım Türkleri de vardı. Rusların zulmünden çekmedikleri eziyet kalmadı, gelen vurdu, giden vurdu. Çar gitti, yıllar sonra vicdansız, stalin başladı zulmlere. Mustafa Cemil Kırımlıoğlu bu zulümleri en iyi bilen kişidir. Benim yanımda gözü yaşlı anlatmıştı bu Rus zulmünü.

Dostoyevski zayıf ve güçsüz düşmüştü, sar'a nöbetleri geçiren bir insandı. Sibirya'da yaşadığı, gördüğü, tanık olduğu başka milletlerin zulümlerini de

"Ölü Bir Evden Hatıralar" kitabında yazdı.

Sıkıntılarını üzerinden atmak için 41 yaşında Avrupa ülkelerine seyahate çıktı. İstanbul'u, Berlin'i Paris'i, Londra'yı, Cenevre'yi, Fransa'yı, Viyana'yı bir bir gezdi. Bu arada eşi bir rahatsızlıktan dolayı ölünce Pauline adlı uysal bir kızla evlendi.

"Yeraltı Notları" kitabında kumarın, alkolün, bozuk toplum düzeninin ne kadar bozuk bir nesil ortaya çıkaracağını yansıttı.

"Suç ve Ceza" isimli eserine başladığında yayınevleri dörtgözle bitirmesini beklediler. Hatta kendisine Yardımcı bulmasını söylediler. Anna adında güzel olmayan ama ahlâkı iyi, ağırbaşlı bir kız Dostoyevski'nin yardımcısı oldu. Aralarındaki iş ilişkisi zaman'a dostluğa dönüştü, derken ikinci evliliğini yaptı. Kitabını bitirdikten sonra ikinci karısı Anna ile beraber Almanya, İtalya ve İsviçre'ye gittiler. Bu arada sar'a nöbetleri'de devam ediyordu. Hastalığından dolayı arada bir bayılan Dostoyevski meşhur kitabı "Budala"yı bu şartlarda yazdı. Tabii sağlıklı olup da orada burada gayrimeşru işler yapan, işi gücü onu bunu kandırmak olanlara da küpeli bir derstir Dostoyevski'nin hayatı.

"Ebedi Koca", "Bir Yazarın Hatıra Defteri", "Cinler", "Delikanlı", "Kumarbaz", "Ezilenler", "Karı Budalası", "Uysal Kız", "Beyaz Geceler", "Abdal", "Namuslu Hırsız", "Ev sahibesi", "Yufka Yürekli" ve daha birçok eseri, türlü eziyetler çekmiş bu insan kaleme aldı. Tıpkı Cemil Meriç gibi, bin bir türlü çileden sonra, tam iyi bir aile düzenine gelmişti ki gözlerini yitirdi Cemil Meriç de. Ama sonra gören bir insanın bile yazamayacağı kaliteli kitaplar yazdı.

Dostoyevski 60 yaşına geldiğinde Moskova'daki Puşkin Anıtı'nın önündeki koca meydanda binlerce kişiye öyle bir konuşma yaptı ki, insanlığın düzelmesi gerektiğiyle ilgili, ahlâk ve erdemle ilgili, sevgi ve eğitimle ilgili, anne baba ve çocuklarla ilgili, kutsal değerlerle ilgili, Allahın insanlığı imtihân ettiğiyle ilgili....Binlerce kişi "Sağol!", "Varol!" diye Meydanı çınlattı. O zamanın ünlü yazarı Turgenyev, Dostoyevskiyle küs olmasına rağmen, "Sen bir dâhisin, dâhi!" diyerek kucağına sarıldı.

Dostoyevski, 1881'in ilk ayında mide kanaması geçirdi. Maalesef kurtarılamadı. Ölürken son sözleri ilahi kitaplardan okuduğu "Alıkoyma beni" olmuştur. Dostoyevski ve Tolstoy yaşamlarının sonlarına doğru İslâmı araştırmışlar ve bu doğrultuda yaşamasıya çalışmışlardır. Onları islhama çeken en büyük etken islâm bilginleri ve bilgeleri olmuştur. Tolstoy ulaşabildiği insanlara yaşamın ilâhi bilgilerini taşımaya çalışmıştır. Dostoyevski, Paris'te aç susuz, yersiz yurtsuz kaldığı dönemlerde Moskovadaki bir yakınına yazdığı mektupta şunları söylemiştir. "Bana bir miktar para ve bir kur'an gönderebilir misin, senden rica ediyorum." (Bayram Yılmaz. Goethe ve İslâmiyet.Dostoyevski bahsi)

Stefan Zweig, Dostoyevski'nin dışa yansıyan görüntüsünü şöyle târif etmiştir: "Dostoyevski'nin yüzü bir köylününkini andırmaktadır. Çökmüş ve âdeta kirli sarı bir renk almış solgun yanakları, uzun yılların verdiği acılarla kırışmış, buruşmuştur. Derisi kuru bir toprak gibi çatlak çatlaktır ve renksizdir; yirmi yıl boyunca çektiği hastalık, yüzünde bir damla kan bırakmamıştır. İki yanda sivri bir kaya gibi çıkıntılı, Silâvlara has elmacık kemikleri, sımsıkı kapanmış bir ağzı daha belirgin hale gelmektedir. Toprak, kaya ve orman... İlkel ve içler acısı bir manzara... İşte Dostoyevski'nin yüzü! Bir köylünün, hatta bir fukarının, bir dilencinin yüzünü andıran bu yüzde herşey karanlıktır ve güzellikten eser yoktur, herşey toprağı hatırlatır bize; yavan, donuk ve renksiz toprağı.... Tıpkı taşlık bir zemin üzerindeki Rus bozkırlarını andıran bir manzara gibi Dostoyevski'nin asıl büyüklüğü ruhunun derinliklerindedi."

Stefan Zweig, Dostyevski'nin çektiği acıları Hz Eyüb'ün acılarına benzetmiştir: "Dostoyevskininki, kahramanlara yaraşan bir kaderdir. O, kendini Eyüp gibi her ızdırap çekişinde tanrının önünde küçültür, alçaltır. Tembellik onun harcı değildir, kendisini sevdiği için cezalandırdığına inandığı Tanrının elini her zaman üzerinde hisseder. Mutluluk içerisinde bir an olsun gevşemesine, dinlenmesine imkân yoktur, çünkü yolu sonsuza doğru uzanmaktadır. Kaderine yön veren esrarlı kuvvetin bir zaman için yatışmış gibi görünmesi ve ona hayatın normal yollarında yürüme imkânını vermesi, korkunç yumruğunu yeniden indirmek ve onu acı veren dikenlerin, çalılıkların içerisine yeniden itmek içindir. Yükseklere çıkartması, tekrar daha derin bir uçuruma yuvarlamak, ona coşkunluğun ve umutsuzluğun sonsuzluğunu tattırmak içindir. Başkaları rahat ve gevşek bir şekilde kendilerini şehvetin hazlarına bırakırken, kaderi onu umudun zirvelerine tırmanmak zorunda bırakmıştır; başkaları sadece acı çekerken, kaderi, onu en derin ızdırapların uçurumuna itmiştir. Tıpkı Eyüp gibi tam bir güvenliğe ulaştığını sandığı anda yıkılmış, çökmüştür; karısını ve çocuğunu kaybetmiş, hastalıklara yakalanmış, ezilmiş, hor görülmüştür.

İçerisinde bulunduğumuz şu kayıtsızlık çağında Dostoyevsvki, son derece büyük bir ızdırabın ve sevincin günümüz dünyasında hâlâ var olabileceğini gösteren bir örnektir. Dostoyevski bu güçlü irâdeyi hissetmiştir, hiçbir zaman kaderine başkaldırmamış, yumruk sallamamıştır."

Allah'a iki çeşit yaklaşım vardır. olmadığına inanılan tanrıya itaatsizlik, olduğuna inanılan tanrıya isyân. Hangisi affedilmeğe daha müsaittir? Dostoyevski ne inkâr etmiş ne de inandığında isyân etmiştir. Karşılaştığı zalimlikler, onun bu iki tuhaflıklar arasında zig zaglar çizmesine sebep olmuşsa da, o, bu zalimliklerden ortaya şaheser bir sanat koymuştur.

Yoksul halkların ücretsiz tedavi olduğu bir hastanede dünyaya gelmiş olan Dosoyevski'nin nerede duracağı daha doğarken sanki kendini belli etmişti. Üzerinden hiçbir zaman yoksulluk, ezilmişlik, mahcubiyet psikolojisini atamamıştır. Sefâlet içerisinde geçen ömrü, sadece maddi sefalete şahit olmamıştır, O tüm alışlagelmiş dünyanın tapılan anlayışlarının sefaletini de yaşamıştır. Denilebilir ki yaşadığı ve onun da beğendiği en güzel sefâlet buydu. Evinin duvarına asmıştı. Bu evde makam, şan, şöhret, para geçerli değildir. Tam bir uhrevi hücre, tam bir çöl ruhu, tünelin sonunda ümit edilen berrak aydınlık, onun geride bırakacağı rüya, dünyaya kıyaslandığında ortaya korkunç bir fark çıkacaktır.

Zweig, onun çocukluğunu yorumlarken Cemil Meriç'in tünelin sonundaki aydınlık fikri, inancı beni mutlu etti, bana ümit verdi. Öyle olmasa kederi kuşak yapıp belime bağlayasım gelirdi, oysa ne iyi, tünelin sonunda aydınlık var: Ne Âraf ne de Âraf'ın öbür yakası... İmam Gazâlî'nin "Cennetteki insanlar hep saf insanlardır" dediği saflar ülkesi... Dağın öte yakasındaki güleryüzlü ülke. "Hayatının ilk yıllarını Moskova hastanesinde, kardeşiyle birlikte oturduğu daracık bir yerde geçirmiştir. "Çocukluğunu" demeye dili varmıyor insanın, çünkü çocukluk diye birşey yoktur onun hayatında. Dostoyevski hiç bir zaman çolukluğundan söz etmemiştir; susması, hep utançtan veya başkasında acıma duygusu uyandırmaktan ürken bir gururdan ileri gelmektedir. Bazı şairler çocukluk hayatları ile ilgili neşeli anlardan, güzel hatırralardan, tatlı hüzünlerden söz ederler. Dostoyevski'nin hayat hikâyesinde ise bu noktada büyük bir boşluk vardır. Bununla birlikte, yaratmış olduğu çocuk tiplerine dikkatle bakacak olursak, çocukluğu hakkında bir fikir edinebiliriz. Kalbi aşkla dolup taşan, ama bu sırrını açığa vurmaktan histerik bir korku duyan küçük Netoçka Nezvanova'ya benziyordu belki de; veya ailesinin sefâletinden ve içler acısı yoksulluğundan o kadar utandığı halde, kendi ailesinin fertlerini başkalarına karşı savunmaya her zaman hazır olan ilyuşka'ya, şu sarhoş yüzbaşının oğlu ilyuşka'ya benziyordu.

Dostoyevski'nin, ilk yazdığı "Yoksullar" adlı romanında gözyaşlarının damlaları vardır. Bu romanı yazarken onun büyük dayanağı kendi yoksulluğu ve yalnızlığıydı. Bu romanı Şair Nekrasov'a ulaştırdıktan sonra, küçük odasında bir başına anılarına daldı. Gecenin bir vaktinde kapısı çalındığında şaşırmıştı. İçeri hızla dalan Nekrasov, Dostoyevski'nin kollarına sarıldı. "Sen bir bilgesin, seni kucaklayıp, öpmek istiyorum" demişti. Birlikte ağladılar, dertleştiler.

Romanı katı ve hiç bir şeyi beğenmeyen eleştirmen Belinski'ye götürdüklerinde, Belinski, "Mekrasov! Sana kalsa sokaktaki herkes meşhur olacak" diyerek alay etmişti. Ama bir gün sonra Dostoyevski, Belinski'nin yanına gittiğinde çok farklı Belinski görmüştü; çünkü, Dostoyevski'ye başını kaldırıp: "Nasıl bir eser ortaya koyduğunuzun farkında mısınız?" demişti.

"Ben edebiyatın kürek mahkûmuyum" demiş olan Dostoyevski, hep okudu, hep yazdı. 'Beyaz Geceler'den sonra geçimi için yazmaya başladı. Daha kitap bitmeden, ona kitabının parasını veriyorlardı. Böylece o hep kendini çalışmak zorunda hissetmiştir.

"Ölüler Evi" diye nitelediği ve yıllardır acısını çektiği prangalı mahkumluğundan sonra, "Yaralı ayaklarından zincirleri çıkardıkları zaman, bu kazıkları, rengi karamış ve kurt yenikleriyle dolu bu parmaklıkları ardında bırakarak..." Hasta ve güzel olmayan bir kadınla sırf kadına merhametinden dolayı evlenmiştir. Buna inat "Ezilenler ve Hor görülenler"adlı çok okunan kitabı yazmıştır. Bazı yazarlar onun bu evliliğini kahramanca bir fedâkarlık olarak görmüşlerdir.

"Kahrolası mahcubiyetim, kahrolası boynu büküklüğüm, kahrolası yanlış anlaşılır evhamlarım, kahrolası saflığım, alıngan hassasiyetim... Verirken sevinçle verip, mahrum zamanlarımda isteyememe hassasiyetim" demişimdir çoğu zaman. Ama ben Faruk Raca olarak büyük adam olduğumu asla söylemiyorum fakat... Büyük adamların ortak özelliği... Dostoyevski, Keller'in "Sevince ve ızdıraba katlanma sanatında ustalaştım ve acı çekmekten duyduğum sevinç bir mutluluk oldu benim için." sözünü doğrularcasına, kaderine boyun eğip, Allah'a bağlılığını, onun kulu olduğunu ve ilâhi mesajın yüceliğini anlamıştır. "İnsan için sonsuzluğun gücü olan Allahın önünde eğilmekten daha gerekli birşey yoktur. Ömrüm boyunca, Allah'tan acı zincirlerimi gevşetmesini istedim. Fakat o bana acı vermeye devam etti. Nereden bilibilirdim ki hemen sonrasında bana sonsuz başarılar bahşedebileceğini." diyen Dostoyevski, başına gelen sıkıntılarını kurtuluşa giden yol olarak görmüştür. Ağzı köpükler içerisinde kıvrandığı sara nöbetlerinden sonra, onu bu şekilde sınayan Tanrıya hamdetmektedir."Dostoyevski'yi en iyi algılamış olanlardan birisi Üç Büyük Usta'daki Stephen Zweig'dir:

"İnsan bu acı hayatı düşünmeğe bile cesaret edemez. Dresken, acaba burada mı oturuyordu, Saksonyalı şu küçük esnafların ve işçilerin arasında, tek başına, kendisi için yabancı olan bütün bu dağdağanın içinde mi yaşıyordu diye kendi kendime sorduğum zaman içim ürperiyordu. Bütün bu yıllar boyunca hiç bir tanıdığı olmamıştı. Oysa az ötede Naumburg'da, onu anlayabilecek biricik insan olan Nietzche yaşamaktaydı."

Richard Wagner, Hebbel, Flavbert, Keller, bütün bu çağdaşları ondan habersizdi, o da onları tanımıyordu. Asık bir yüzle, hırtı pırtı elbiseler içerisinde, vahşi bir hayvan gibi ürkek ve yabani; çalışmakta olduğu inini terk edip sokağa iniyor ve hep aynı yoldan gidiyordu. Dresden'de, Cenevre'de bu hep böyleydi, Pariste de böyle. Rus gazetelerini okumak için kahveye gidiyordu. Sırf ısınabilmek için bazen bir müzeye girip otururdu. Yabancı bir ülkede, Almanya'da sefaletle boğuşuyordu. Aç ve perişan bir halde Rusya'daki kardeşinden gelecek üç kuruş paranın yolunu titrek gözlerle beklerdi. Bankaya her gidişinde de kahrolurdu. Günlerce paranın gelip gelmediğini sormak için gittiği bankadaki memurların alaysı bakışları altında ezilirdi. Memurlar bu zavallı çılgınla ve onun bitip tükenmeyen bekleyişiyle alay ediyorlardı.

On ruble için beş kere İsa'nın adını anan, ona buna yaltaklanmak zorunda kalan, bu ezilmiş, hor görülmüş insan yazdığı mektupları okurken insanın yüreği daralır, bir kaç kuruş aşağılık para için ağlayıp sızladığı o korkunç mektuplar... Ne müthiş bir ayrışım: iki insan bir tünel....İkisi de maden, ama biri topraktan kömür olarak çıkarken, diğeri elmas olarak fışkırıyor: Oscar Wilde ve Dostoyevski.

Çektiği ızdıraplar ve bir hapishane köşesinde karanlık gecelerin aydınlığa dönüşmesini bekleyen ümitsiz bir can... Bitirmiştir onu, onlardan olmayı, onlara benzetilmeyi kabul edememiş, beyefendi denilen soyut ve karmaşık yoksullara benzetilmekten. Bu dünyalık duygu Wilde'ye mutluluk değil acı vermiştir. Merkez olamamış, merkezde durmayı becerememiş, hep takıntı yapmış acılarını... Acılarında hep beyefendiliği de taşıma kaygısı gütmüş.... Ne büyük bir çelişki. Merkez Efendi, İstanbul'da "Bırak herşeyi, acıları sen değil, acılar seni taşısın, olduğu gibi bırak, gitme üzerine, takma kafayı" derken, Oscar Wilde İngiltere'de bütün sıkıntılarına rağmen beyefendilik yükünü taşıma zahmetine girmiş; Dostoyevski ise âdeta yeniden doğmuş acılarıyla. Yaşamın eziyeti her iki yazarda da farklı sonuçlar doğurmuş. Wilde acılarıyla yumruklaşmaya kalktığı için yumruklar yemiştir, Dostoyevski ise başına gelen ızdırapları öylesine kendi lehine çevirmiştir ki amansız hastalığı sara, yoksullukları, bunalımları onu verimli hâle getirmiştir. Hiç bir vakit sıkıntılarının şikâyetini yapmamıştır. Hayatı bir trajedi, fakat ahlâkı ebedîleşen bir anıt gibi.....Klasik anlayışların yıkılışı gibi..... Ondaki sıkıntılar onda müthiş bir tahlil gücü yaratmış, dünyanın en güçlü yazarı olmuştur. Sara'sından dolayı düşüp yaralandığında, ayağa kalktıktan sonra dehşet şeyler yazabildiğini görmüş. Bu, ruhun ve düşüncenin bedene hükmedebildiği gerçeğidir. Dostoyevski bu anı şöyle ifade etmiştir:

"Sizler sağlıklı insanlar, saralı bir insanın sara nöbetinden bir an duyduğu o sonsuz haz duygusunu hiç bir zaman tahmin edemezsiniz. Muhammed Kur'anda, testisi devrilip de suyun boşaldığı o süre içerisinde Cennete gittiğini anlatmaktadır. Ve bütün o sözde aklı başında çılgınlar da onu bir yalancı, bir sahtekâr olarak görmüşlerdir. Oysa hiç de öyle değildi. Muhammed yalan söylemiyordu, o sırada hiç şüphesiz cennetteydi. Bu şiddetli haz anı saatlerce sürebilir mi bilmiyorum, ama inanın bana, bu anı hayatın bütün sevinçlerine değişmezdim." (Stefen Zweig. Üç Büyük Usta)

Aslında hepimizde başarı ve mutluluğun, yüce yaratıcıyı anlayıp, hayatı manalandırmanın tohumları vardır, fakat bu tohumları yeşertecek çağlayanlar olmadığı için içimizde, ah! ne çok şeyler kaybediyoruz, bomboş geçen zamanlar, anlamsız, manasız. Boğazımızı sıkan, yaşamın kendisi olmayıp bizim ona yüklediğimiz karmaşık duygulardır. Merkez Efendi de bu mesajı vermeye çalışmıştır. Üzerimize çullananlar aslında bizim kendi yarattığımız kartondan aslanlardır: Bütün ayıplar, bütün suçlar, insanın kendi kararının sonuçlarıdır. Elbetteki suç ve ayıpları içimizden atabilmemiz için çaba gerekiyor, ama bu çaba zaten yaşamın kendisi; suç ve ayıp içerisinde bir ömür köhne hayat mı yoksan bir müddet sabır ve çaba mı?

Yazarların biricik ailesi ve tek dünyası, kitaplarındaki kahramanlarıdır. Hep özlemini duydukları dünyayı anlatmışlardır kitaplarında, bunu da kendileri değil kahramanları yaşamıştır. Dostoyevski'nin dünyası derin duygu dünyasıdır, kahramanları bir başkadır, para ve şöhret değildir onları ilgilendiren. Victor Hugo'nun kahramanları herşeye rağmen duygusal bir doğru peşindedir, Jean Valjan gibi; Charlie Chaplin de kendisi bir kitaptır, filmleri kitaptır, onun kahramanları adâletsiz insanları sorgulamıştır; Tolstoy'un kahramanları kötülüğün anlamsızlığının peşinde koşmuş, ilâhiliğe eğilmişlerdir; Charles Dickens dünyayı yeşil bir bahçe olarak görmüş, kahramanlarını çocuk yapıp bu yemyeşil bahçede oynatmıştır; Hamsun'un kahramanları hep yoksulluk çekmiş, kurtulma mücadelesi vermiştir; Balzac'ın kahramanları ihtiras ve zenginlik düşlemiş; Jonathan Swift'in kahramanları politikanın ikiyüzlülüğünü sergilemiş, nasıl daha iyi yaşanabileceğinin üzerinde durmuşlardır. Balzac'ın Goriot Baba'sı kızlarının nankörlüğüne uğramış, o kadar zenginken sefalete düşerek bir pansiyon köşesinde ölmüştür. Para, makam, iyi yaşam, doğru yaşam, şöyle yaşam böyle yaşam.... Hep ızdırapsız daha rahat yaşam hemen tüm yazarların kahramanlarının peşinde oldukları amaçlar.

Oysa Dostoyevski'nin kahramanlarının umurunda değil bütün bunlar. Onlar sadece tuhaf bir içderinlik, ruhi çelişkiler yaşamışlardır. İnsanlar hep zengin ve güçlü olmayı, mutlu ve huzurlu olmayı arzu ederler. Dostoyevski'nin kahramanları bütün bunları elde ettikleri taktirde, hayatlarının anlamını yitireceğini söylerler. Mutluluk peşinde koşmazlar; peşinde koştukları bir tek şey yoktur, onlar herşeyin peşinde koşarlar. Dostoyevski'nin eserlerinde parayı ve mutluluğu yakalayıp bir kenara çekilmiş huzur içinde yaşayan birini göremezsiniz.

Onun kahramanlar dünyası, akıl hastahanesinin içi gibidir, çekilen ızdıraplar en derin mutluluklardır, acı çekmekten duyulan derin mutluluk.... Kanıksanan hor görülmeler... Ne çare ki ezilmişliğin karşısında durulmuyorsa, Hallac-ı Mansurun Fenafillâh gibi, Merkez Efendisinin "Merkezci" yaklaşımıyla ve belki yine Tao'nun suyun akışına bırakılması felsefesiyle bu ezilmişliklerden derin anlamlar çıkartılamaz mı? Farkında olmadan bizi bir yerlere taşıyor olamaz mı çilelerimiz? Peki neden gerçek başarılara odaklanma yerine, takıntılar yapıyoruz, çilelerimizi omuzlarımıza yüklenmiş ağırlık olarak görüyoruz?

İşte Dostoyevski budur, onun kahramanları böyledir, çelişkilerde hep farklılıklar yakalamaya çalışırlar, çünkü yapacak başka bir şey yoktur, tuzağa düşmemek gerekir. Suç ve Ceza'nın Raskolnikov'u kendi rahat ve mutluluğu için hiç bir şey yapmamıştır; bütün yaptıkları, başkalarının mutluluğu için suçtan kaçmamıştır. Karamozof Kardeşler'in İvanı iç çelişkilerinin, ruhi med-cezirlerinin derin acısını çekmiştir. Balzac'ın kahramanları zaferi milyonlara kavuşma anında bulur, Chaplininkiler sosyal düzeni değiştirdikleri anda, Charles Dickens'ın kahramanları parlak ve pembe yaşama kavuştukları anda, çocuksu bir beyaz tablo. Dostoyevski'nin kahramanları ise çektikleri acılarda zafere ulaştıklarına inanırlar.

Yıldırımın elektrikle ilgili bir olay olduğunu bulan Benjamin Franklin, neyi değiştirmiştir ki? Bu buluş, günümüz insanının, kendilerinden öncekilere göre yıldırımından daha az etkileneceği anlamına gelmez. Çünkü, yıldırım sadece paratonerin üzerine düşer diye bir kurtuluş yoktur, her an her yere düşebilir. İşte günümüz insanlığının durumu da böyle. Dostoyevski dertlerin kaçınılmaz olduğunu ve belki de çekilmesi gerektiğini yansıtır. Çünkü ona göre, insanlığın ruhsal ve psikolojik yapısının çözümünde ilerlemiş olması, bu ruhun artık kötülük yapmayacağı anlamına gelmez, o taktirde suç da kaçınılmazdır.

Burda dertlerin, sıkıntıların ve hatta suçun, tanrıya yanaşıldığı taktirde belki bir anlam kazanacağı, karanlık tüneldeyken aydınlık gökyüzünü gören adam misali, suçla ve çileyle birlikte Allaha yanaşım hissi de verilmeye çalışılmıştır. "Allaha şiddetle ihtiyacım var, çünkü her zaman sevebileceğimiz biricik varlık odur. İnsan için, önünde saygı ile eğilebileceği bir şey aramaktan daha sürekli ve daha azap verici hiç bir sıkıntı, hiç bir kaygı yoktur; bu da Allah'tır. Allahı bilmek onu tanımak çiledir, sıkıntıdır, tatlı gözyaşlarıdır. Bir suçun altında bile masum tanrısallık yatar.

Suçlu daha çok ağlar, ömrü boyunca mutluluk içerisinde yaşamış insan ağlayamaz." diyen Dostoyevski Ömer'in "Şu ağacın altında yalnız başıma bir ot olmak isterdim" dediği gibi, "Basit bir insan olmak isterdim, tıpkı ağaçtaki şu sıradan yaprak gibi" demiştir. Burada suç ve dertlerin arasında varoluş ve sorumluluk mücadelesi altında ezilen insanoğlunun omuzlarına yüklenmiş, dağların bile almaya korktuğu bir sorumluluğu, insan olma sorumluluğunu, yükünü anlatmak ister Dostoyevski. O yüzden onun yazılarında, suç, dert, tanrı eksik olmaz. Sürekli çözümlemedir O. Bir gerçeğe varmak ister, ebedi bir gerçeğe. Sadece bu dünyayla kalmak istemez, Şairin "Deryalarda Sonsuzluğu Aramaya Ne Hacet, Al Sana Deryalar gibi Sonsuz Karacaahmet" dediği gibi, bu dev yazar sonsuzluğu ölümde arar, Ona göre ölüm yeniden diriliştir. Ve hatta suçun da yeniden bir diriliş olduğu mesajını verir. Tıpkı Raskolnikov'un sonunda iç huzura kavuştuğu gibi.

Nurlu bir coşkunluğa erişmek istediğini söyleyen Dostoyevski kendisini şöyle anlatır: "Ben, içerisinde yaşadığımız bu çağın, bu yüzyılın çocuğuyum, inançsızlık ve şüphe içerisinde kıvranan bir çocuk. Ve öyle görünüyor ki, hatta kesinlikle söyleyebilirim ki, hayatımın sonuna kadar böyle kalacağım. Benim inançsızlık dediğim, çok daha sağlam inanç; Şüphe dediğim, inanç için duyulan şiddetli arzu ve yine sağlam temelli inanç. Beni inançsızlığa sevkeden kanıtlar ne kadar çok artarsa Allah'a olan inancım da o orandan artar. İşte benim inançsızlık ve şüphe dediğim bu. (Tercüme 81.1965.)

Avrupa'nın mezarlıktan başka birşey olmadığını söyleyen Dostoyevski bunu şöyle betimliyor: "Belki de değerli mezarların bulunduğu, ama pis kokulu bir çürümenin dört bir yanı sardığı bir mezarlık. Fransızlar, kendini beğenmiş gülünç yaratıklar; Almanlar, bayağı suçlulardan meydana gelmiş bir millet; İngilizler, rasyonalizmin tezgâhtarları; Yahudiler pis pis kokan kendini beğenmiş insanlar; Katoliklik, İsâ ile alay eden, onu çarpıtan şeytani bir doktrin; Protestanlık, rasyonalist bir fitne; Papa, başına papalık tacını geçirmiş, gerçekleri farkedemeyen bir şeytan; Avrupa şehirleri, o büyük fahişenin, Babil'in bir eşi; Bilimimiz boş bir yanılgı; Demokrasi, gevşek beyinlerin salgısı; İhtilâl, çılgınlardan ve aldatılmışlardan meydana gelmiş aşağılık bir grubun eseri; Barışçılık, kocakarıların boş gevezeliği; Hümanizim, gerçek bir insan katliamı." (Ruh ve madde. 5.1959)

Meydana toplanmış bin bir çeşit, yüzbinlerce insan, çağının maskelerle ve taşkınlıklarla dolu zıt topluluklarını biraraya getirme mücadelesi veren bu adamın cenazesinin ardından gözyaşı dökmüşlerdi. Öğrenciler, öğretmenler, subaylar, dilenciler, hizmetçiler, papazlar, işçiler, yoksullar, zenginler, prensler, yöneticiler... Dostoyevski'nin ardından ağlaşmışlardı, Vasiyetinde dini törenle gömülmek istediğini söylemişti. 1881'de ölüm anında söylediği son sözleri, ilâhi kitaplardan okuduğu, "alıkoyma beni" oldu.

1) Tercüme. MEB. 1961.73.74
2) Stefan Zweig. Üç Büyük Usta. Çev: Ayla yörükan. Kültür Yayınları.
3) Büyük Adam Olmak. Cemil Ongun. İnkilap.
4) Edebiyat Akımları. Seyit Karaalioğlu. İnkilap. Aka.
5) Stefan Zweig. Üç Büyük Usta.
6) Stefan Zweig. Üç Büyük Usta.
7) Tercüme. Web. 1965. 81
8) Ruh ve Madde. 5. 1959.
9) Büyük Yazarlar. Tahsin Yücel. Varlık.

"Halkına güneş olan lider"

MAHATMA GANDHİ Nasıl Başardı?

İnsanlar vardır.... Sakin, mahcup ve ürkek görünürler. Fakat bakmayın onların öyle göründüğüne, içlerinde güçlü ve cesur bir yürek taşırlar. Onların mahcubiyetleri ve belki de affedici aşırı mütevazılıkları ikiyüzlü korkaklıklarından değildir. Varoluşcu Sartre "Gasbedilmiş haklar," dan bahsederken, alkışlanıp haklı görülmüştü, fakat Gandhi, "Acil kullanımımız dışında gerekmeyen bir şeyi kabul ediyorsak şu halde hepimiz hırsız sayılırız," diyerek maddeci felsefenin karşısına bir kahraman gibi çıkmıştı... Ve, dün Sartre'yi alkışlayanlar bugün Gandhi'yi alkışlıyor.

Kişisel gelişimin güçlülüğünü yansıtan "karizma" sözcüğü eski yunan dilinde "Allah vergisi" anlamına gelmektedir. Karizmatik lider denilince akla ilk gelen sertliğe dayalı, aktif mücadele yürüten kahraman bir kişilik düşünülür. Oysa, "Büyük Ruh" manasına gelen Mahatma, böyle bir lider değildi. Son derece sıradan görünüşlü bu adam, batı tipi süslü, ağdalı sözleri de tersine çevirmiştir. Dünya, O'nun, gemiyi limana getirip getirmediğine değil, nasıl getirmeye çalıştığına bakmıştır. Ömrü boyunca şiddetin ve bozgunculuğun yanında yer almamış, karşısında durmuştur. Müslüman-Hindu çatışmalarına kederlenip, bu iki grubun arasına girrek protest bir tavırla günlerce oruç tutmuştur. Pasif direnişin dünyada ilk sembolü olan Mahatma Gandhi, Sadagraha denilen Sivil Pasif Direnişin nasıl başarıya dönüştürülebileceğini isbat etmiş gerçek karizmatik liderdir. Silah almamış ve aldırtmamış, "Ben bir isyan değil bir direnişim," demiştir.

Mohandas Mahatma Gandhi 1910 yılında fanatik bir müslüman tarafından vurulup yaralandığında, saldırgandan davacı olmaz. Sadece şu gerçek karizmatik cümleler dökülür dudaklarından: "Bu adam ne yaptığını bilmiyordu. Benim yanlış olanı yaptığımı düşündü. Bunu da kendi bildiğince düzeltmeye çalıştı... Ona inanıyorum, onu seviyorum, onu kazanacağım."

Mohandas Mahatma Gandi 2 Ekim 1869'da Hindistan'ın Kathiawar eyaletine bağlı Ponbender şehrinde doğdu. Mahatma, babası Kaba Gandhi'nin dördüncü karısından dünyaya gelmiş, ailenin en küçük çocuğuydu. Annesi Putlibai mutaasıp bir kadındı. Dini inanca çok önem vermiş, oğlu Mahatma'yı da böyle yetiştirmişti. Kendisinden altı yaş büyük ağabeyi Laxmidas, anne ve babasından aldığı terbiyeyle adalete ve namuslu yaşama önem vermesiyle tanınmış bir kişiliktir.

Gandhi'nin ailesi geçim sebebiyle Ponbender'den Raykot şehrine taşındı. Burada ilkokula başlayan Gandhi, okul hayatında pek başarılı bir öğrenci olmadığını söylemiştir. Bu dönemlerde Hindistan'ın beşte üçü Büyük Britanya imparatorluğu tarafından sömürgeleştirilmişti. Tam bir "böl-yönet" taktiğiyle diğer geri kalan bölgeler de 565 parça prensliklere ayrılmıştı. Ayrıca köksüzleştirilmiş bir kültür havası hakimdi Hindistan'da. Böyle bir hava içerisinde tahsilini sürdürmeye çalışan Genç Gandhi ortaokul yıllarında bir taraftan sosyal yaşamı sorgularken diğer yandan sömürünün getirdiği sınıflaşma ve renk ayrımcılığıyla karşılaşıyordu. Hindistan'daki kast sisteminin, en üsttekiler ve en alttakiler şeklindeki sınıflaşmaların, küçük görülme ve aşağılanmaların, bir grubun diğer gruba tepeden bakmaların yaşanması Gandhi'nin kafasında büyük bir soru işaretiydi.

Hindistan'daki toplumsal hayat "Varna" ismiyle dört ayrı sınıftan oluşurdu. Birinci sınıf Brahmanlardı. Hindistan'ın en zengin ve kudretlileri bunlardı. Prensler dahi bu ruhban sınıfını dinlerdi. İkinci grup "Kşatriya" askeri sınıfıydı. Üçüncü sınıf ise halk kesiminin büyük çoğunluğu "Vaiya"lardı. Gandhi'nin ailesi bu gruba mensuptu. Dördüncü grup "Şudra"lardı, yani köylüler. Dini törenlere katılmalarına ve servet edinmelerine izin verilmezdi.

Bu dört sınıfın dışında bir de acımasızca aşağılanan "Parya" diye bilinen sınıf vardı. Bu yoksul gariban insanların diğer sınıf elemanlarına dokunmaları dahi yasaktı. Bırakın dokunmayı, soylu sınıfın(!) gölgesine bile değdiklerinde ağır cezalara çarptırılıyorlardı.

İngilizlerin, Hindistan'i işgâliyle başlayan süreçte bütün Hint halkını renklerinden dolayı aşağılaması Küçük Dev Adam Mahatma Gandhi'ye şu sözleri sarfettirmiştir: "Tanrının nimetleri tekelleştirildiği taktirde bir zulmün üzerine daha büyük bir zulm gelir. Parya'lık, başta insanlık geleneklerine sonra da Hint geleneklerine kesinlikle uymamaktadır, derhal kaldırılmalıdır. Başımızdaki sömürü, ancak biz kendimizi düzeltiğimizde ve vicdanlarımızı hesaba çektiğimizde yok olur gider."

Mahatma Gandhi'nin, ileriki yıllarda genç avukat olarak sarfettiği bu cümleler onun evrensel insanlık ve dünya görüşünü yansıtıyordu.

Kendi insanını aşağılayan Hindistan'ın sözde soyluları, İngiltere'nin işgâliyle birlikte aşağılanan kara ırk durumuna düşünce acı gerçeği anlamışlardı. Bir grup tarafından aşağılanıp, toplum dışına itilmenin nasıl ızdırap veren bir duygu olduğunu Mahatma Gandhi, Paryalar adına yüreğinin ta derinliklerinde hissetmişti. Nasıl mı? Günlerce oruç tutarak ve dua ederek. İngiltere'nin, beraberinde Hindistan'a taşıdığı bir başka ahlâk diyebileceğimiz, doğunun yabancı olduğu ahlâkdışı kurumlarından biri olan genelevi protesto için günlerce oruç tutmuştu Gandhi.

Gandhi, lise yıllarında kendisinden yaşça büyük Metap adında bir çocukla tanışmıştı. Bu çocuk tamamen batı kaynaklı bir düşünce yapısına sahipti. Genç Mohandas Mahatmi'yi Hindistan'ın, özünde kişisel gelişime açık lâhuti geleneklerine ters davranmaya kışkırtıyordu. Bu genç, onu bir geneleve gitmeye zorla iknâ etti. Ama Gandhi içeriye girmeden son anda geri döndü, bundan sonra üç gün oruç tuttu. Aynı şekilde içki içmeye de teşvik edilen Gandhi bunu yapmadı. Sosyal yaşamına çok önem vermeye çalıştı. Daha lise yıllarında evlendi. Edeb konusunda o kadar mahcuptu ki anılarında şunları şöyler: " O ilk gece! Bu iki günahsız çocuk kendilerini hayat okyanusuna fırlatıp atmışlardı. Ailem bu ilk gecede ne yapmam gerektiğini bana bir bir anlatmıştı. Karımla gözgöze geldiğimde biribirimizin yüzüne bakamayacak kadar utanıyorduk."

Gandhi'yi, ahlâkdışı gördüğü ortamlardan uzak tutan güç, bütün bu yerlerin gayrımeşru oluşundandır.

1887'de liseyi bitirdikten sonra İngiltere'de hukuk öğrenimi gören Gandhi, mezun olduktan sonra genç bir avukat olarak Hindistana döner. Rajkot'da bir müddet avukatlık yaptıktan sonra, bir teklif üzerine Güney Afrika'daki bir firmada avukatlık yapmak üzere yola çıkar. Güney Afrika'daki Natal şehrine vardığında, Hintli olduğu için zaman zaman ağır hakaretlerle karşılaşır. Firmadaki işine başladıktan sonra duruşmalara katılır. Bir defasında ingiliz bir yargıç, Gandhi'nin yüzüne ekşi ekşi baktıktan sonra ondan, derhal sarığını çıkarmasını emreder. Gandhi bu emre uymaz ve mahkemeyi terkeder.

Mahatma Gandhi Güney Afrika'da kaldığı sürece olmadık küçük düşürücü hareketlerle karşılaşmıştır. Güney Afrika'nın o zamanki başkenti Pretoria'ya yola çıkan Gandhi elindeki birinci mevki tren biletine rağmen zorla tartaklanarak trenden dışarı atılmıştır. Arabayla gitmeye kalktığında ise beyazlar onu yanlarına almayıp, siyahî arabacının yanına oturmaya mecbur bırakmışlardır.

Hatta yolculuk esnasında dayak bile yemiştir. Avrupalıların Hindlilere taktığı, ağır hakaret anlamına gelen "sammy" diye çağrılmıştır çoğu kez. Mahkemede dahi avukat olmasına rağmen "Solukbenizli avukat" diye hakaret edici isimlerle çağrılmıştır. Gandhi artık gerçeği anlamıştı. Böylece, kimsenin aklından bile geçiremeyeceği bu kara kuru adam, Hindistanın üzerine bir kurtarıcı ışık gibi inmişti. Hindistan'da artık Mohandas Mahatmi Gandhi vardı.

O, bireysel anlamda kadının saygınlığını zedeleyen, insan ruhu ve bedenini yıpratan her türlü gayrımeşruluğun karşısında direnişe geçmiş, bu direnişte bile insana saygı ve ahlâk ilkelerinden taviz vermemiş liderdir. Toplumsal anlamda ise Muhammed Ali Cinnah'ın dahi önüne geçerek hem ezilen, aşağılanıp, hor görülen Parya'ların hem de müslümanların haklarını savunmuş, bu uğurda günlerce oruç tutup, Allah'a dua etmiştir. Kendisini silahla yaralayan bir müslümanı affedecek kadar geniş bir ruha sahipti Gandhi.

Güney Afrika'dan memleketine dönmek istediğinde çevresindeki Hindistanlı arkadaşları burada kalıp, kendilerine önderlik yapmasını istedi. Kabul etti fakat teklif edilen maaşı reddetti. Mesleği olan avukatlığı sürdürerek geçindi. 1895'te Natal Hind teşkilatını kurdu. Halkın temizlik, eğitim, öğretim ve konut problemlerini çözmeye çalıştı. 1897'de Hindistan'a giderek orada halkı geleneksel kültürleri, yönünden bilinçlendirmeye başladı. Aile bağları ve toplumsal dayanışma üzerine konferanslar verdi. Onun, bundan yıllar önce, daha genç yaşlarda Mahabharata destanından derleme bir oyun olan Harişçandra'da bir gencin ailesi, anne ve babası için yaptığı fedakarlıkları, çektiği eziyetleri izlemesi onda derin izler bırakmıştı. O da artık Harişçandra gibi adalet ve hakikat peşinde koşacak, bu uğurda gerekirse türlü eziyetlere katlanacaktı, buna and içmişti.

Gandhi'nin, hor görülen insanlar için giriştiği Ahimsa (şiddetdışı mücadele) ruhu, beyaz Avrupalıların dikkatini çekince bir grup halk tarafından yolu kesilerek dövüldü, bu da yetmedi gece yarısı evine saldırı oldu.

Onun mücadelesinde üç isim çok kıymetli yer tutar. Ünlü yazarlar Tolstoy ve Ruskin, diğeri de Tagore'dir.

Tolstoy, Mahatma Gandhi'nin mücadelesini ilahi bir mücadele olarak görüp, ona mektupla desteğini bildirmişti. Ruskin ise yazdığ İn To Last (Sonuna kadar) isimli kitapla Gandhi'ye müthiş bir ilham olmuştu.

Tagore'nin Gandhi üzerinde bütünleyici, büyüleyici ve bilgece bir etkisi olmuştur. Tagore Hindistan'ın Tolstoyu'dur. Tagore ve Gandhi, erdemli insan olmanın en soylu pratiğini özlerinde yaşamış iki insandır. Bir halkın, âdeta binlerce yıl evvelinde sırtlarında taşıdığı kamçı izlerini, bu iki bilge adam derin bir çaba ve özlem eşliğinde merhemlemişti. Yıllarca Mahatma Gandhi'nin yanında bulunan ve ingiltere'ye görüşmelere geldiğinde sürekli onunla birlikte olan Yazar Romain Rolland, Tagore ve Gandhi'yi şöyle anlatıyor: "Gandhi ile Tagore birbirlerini saygı ve hayranlıkla izleyen, ama duyguları bakımından ancak bir filozofla bir havarinin, Plato'yla ermiş Paul'un olabileceği kadar birbirlerine uzak olan bu iki büyük insanın arasındaki fark iyi anlaşılmalıdır. Çünkü, bir yanda, yeni bir insaniyetin temellerini atmaya çalışan iman ve hayırseverlik ruhu var, öbür yandaysa, anlayışlılığı ve duygudaşlığı ile bütün insanlığın çaba ve özlemlerini birleştirmeye çalışan, bağımsız ve geniş görüşlü zekâ."

Mahatma Gandhi, Hind çocuklarının arapça öğrenmeleri gerektiğini söylemiştir. Kendisi, avukat olarak bir müslümanın Pretoria şehrindeki davasını takip ederken İslam diniyle tanışmış, Kur'anı başından sonuna kadar okumuştur. Davasını yüklendiği müslüman aileye sürekli olarak Kur'anı Kerim'deki Hud süresinin 116. ayetini okuduğu söylenmiştir. Hud süresinin 116. ayeti söyledir: "Sizden önceki asırlarda bozguncülara tepki gösteren iyi insanlar olsaydı ya!"

Dünyadaki ilk sivil direniş hareketini Gandhi başlatmıştır. Hem de hiçbir şiddet gerçekleştirmeden. Sekiz defa değişik zamanlarda hapse giriyor, "Sivil İtaatsizlik" diye bir yaklaşımı dünya ilk kez ondan duyuyordu. Gandhi, çözümlemelerini "Ahimsa" adını verdiği şiddet karşıtlığı" anlayışında bulmuştur. Şiddetle yapılan işler Gandhi'ye göre çözümsüzlüktür. Çıkardığı "Indian Opinion" gazetesinde Ahimsa'ya bağlı olarak Satyagraha öğretisini de işlemiştir. Satyagraha, Güney Afrika'da 1906'da Gandhi tarafından düşünülen "Gerçek Sabır" öğretisidir. Mevlâna'nın, düşünceyle hareketlerin uyumunu yansıtan, "Ya göründüğün gibi ol, ya olduğun gibi görün" sözü Gandhi'nin yaşamını özetlemektedir.

Satyagraha, insanın, kendisine zarar verecek hareketlerden arınmasını gerektirir. Amaçlar ve eylemler, söz ve düşünce... İnsan olmanın gerekliliği, kişinin düşündüğü gibi yaşamasıdır. Gandhi'ye göre, bir düşünceyi kabul ettikten sonra onu hayata geçirmemek şerefli bir davranış değildir. "Ben liderim" diyen bir insanın lüks ve varlık içerisinde yaşaması Gandhi'ye göre doğru değildir, bu hareketin de başarısı asla mümkün gözükmez. "Bir insan ahlaki ve dini kuralları kabul eder de onları yaşamazsa içinde bir huzursuzluk ve mutsuzluk oluşur," diyor Mahatma Gandhi. "Ya düşündüğün gibi ol, ya olduğun gibi düşün" kuralında çatlaklıklar varsa, toplumda parçalanmış kişilikler o derece artar. Gandhi için madde, araçtan öteye gitmemiştir. O, araç-amaç ilişkisi hakkında şunları söylemiştir: "Biz, bedenimize yiyecek, giyecek ve barınak sağlamak için yaşamıyoruz. Bütün bunları, yaşamak için sağlıyoruz... Maddi şeyler duygusal bir amaç için araç olmak durumundadırlar. Amaç olduklarında ya da tek amaç olduklarında hayat zengin içeriğini yitirir. İnancı ile yaptıkları arasında çelişki bulunan bir insanın başvuracağı tek yol anarşidir, şiddettir. İnandığı gibi yaşayanlar düşmanlarını da kendine hayran bırakır; inandığı gibi yaşamayanlar bir müddet sonra yaşadığı gibi inanmaya başlarlar, daha sonraki aşama ise günahların helâlmiş gibi görülmeğe başlanmasıdır. Bu durum, düşmanının sana olan nefretini daha çok artırır."

Mahatma Gandhi 1904'te Tolstoy Çiftliği adında bir çiftlik kurdu. Burada temiz ahlâk öğretileri ölçü alındı. Kendi çocuklarıyla beraber burada bir çok öğrenciye nasıl yaşanılması gerektiğine dair dersler verdi. Alkollü İçki ve edebdışı davranışlar kesinlikle yasaktı. Gandhi, yaşadığı çevrede ahlâki bir sapmaya şahid olduğunda oruç tutup dua ederdi.

Gandhi, ingiliz sömürüsüne karşı işçileri ve en aşağıda yaşayan ve en çok ezilen Paryaları sürekli desteklemiştir, nasıl davranmaları gerektiğini onlara anlatmıştır. Karısı Kasturbai de sürekli Gandhi'nin yanında yer aldı, o da yıllarca hapis yattı.

20 yıl ülkesinin dışında yaşamak zorunda kalan Gandhi 1915 yılında 46 yaşındayken Hindistan'a gelip, Güney Afrika'daki gibi bir eğitim okulu kurdu: "Ashram".

Bu okulda bütün herşey kişisel ilişkileri ve gelişimi sağlamaktı. Bu okulda herkesin kendine ait işi yapması öğretiliyordu. Bir işin sadece falanca ırka ait olduğu, soyluların bu işi yapmaması gerektiği gibi anlayışı toplumdan silmek istiyordu.

Bu yüzden okulda hizmetçi veya uşak bulundurulmadı. Karşı çıkmalara rağmen tuvalet temizleme, pis işleri yapma gibi sadece Paryalara lâyık görülen işleri Gandhi bizzat kendisi yapıyordu. Gandhi okula Parya'dan bir aile getirince kızılca kıyamet koptu. Soylu Hind aileleri artık okula para vermeyeceklerini söylediler.

Okul kapanma noktasına geldi. Tam bu sırada varlıklı bir müslüman bu okulun tüm masraflarını karşılayabileceğini söyleyince Ashram'ın eğitimi devam etti. Bundan sonra Hindli bazı aileler bile Ashram'a yardım etti. Bu, basit bir gelişme değildi. Gandhi'nin en büyük sosyal inkılaplarından birisi Hind toplumunun sınıf anlayışını yerle bir etmesidir. Dini inanış gibi topluma sinmiş olan sınıflaşma ve kast yarası Hindistan'da koca bir put gibi dikilmişti. Mahatma Gandhi, İbrahim'i bir şuurla ortaya çıkıp elindeki "Mahatma" yani "Ermiş" baltasıyla, dini bir yasağı yine dini bir baltayla tek tek kırmıştı.

Artık Parya ile birlikte yemek yenilebiliyor, kucaklaşılabiliyor, memleket meseleleri konuşulabiliyordu. Gandhi, hindu ve müslümanları da bir köşe başında buluşturmuştu. Her iki kesimin de, onun kurduğu Ashram Akıl okulu'na yardım etmesi, apayrı insanların ilâhilik boyutunda birleşebileceğini ve zihin putlarının kırılabileceğini gösteren en büyük ve en güzel örnektir.

1916 Şubatında Hint üniversitesinin açılışında Konuşmacı olarak çağrılan Mahatma, artık tamamen "Ben buyum" demişti. Bu konuşma, onun dünyaya bakışını, ilâhiliğini, kişisel özgürlüğünü, inancını ve yaşam yöntemini ilân eden bir konuşma oldu. Bazı dinleyicilerin protestoları arasında ne demişti bu dev adam: "Kimsenin kimseye üstünlüğü yoktur, tanrının nimetleri tekelleştirilemez. Kardeşlerim! Biliyorum, kabul etmeniz kolay olmayacak, fakat Hindistan'da insanların çoğu açlıktan ölürken, paryalık gibi insan onurunu zedeleyen anlayış hüküm sürerken bir kısım gruplar nimet, şan ve şöhret içerisinde yüzmektedirler. Bu, Hindistan'ın gelişimini hiç bir vakit sağlamayacak bir durumdur."

Konuşma bütün Hindistan'da yankı uyandırdı. Paryalar ve yoksullar gibi yaşayan bir adam, çıkıp zenginlere karşı yoksulları savunmaktaydır. Sadece İngilizlere karşı değil Hintlilere karşı da haykırmıştı. 1916 Aralığında Hint Ulusal Kongresi'nde aynı yaklaşımı sergiledi. Motilal Nehru ile de tanışan Gandhi ileride Swaraj Partisini (Bağımsızlık partisi) kuracak olan Nehru ailesinin de desteğini almıştı.

Alçakgönüllülüğünün en son aşaması olan Ahimsa'yı iyice özümseyen Gandhi, Raykot'taki anılarında şunları yazmıştı: "İnsanların önüne geçip bir şeyleri savunuyorsam o şeylere uygun olarak yaşamam gerektiğini çok iyi biliyorum. Yüzlerine konuştuğum insanlar gibi yaşamamam gerekiyor. Mücadelem ancak o zaman başarılı olur, ben bunun böyle olduğuna bedenimdeki ruhum gibi inanıyorum. İnsan kendini en sonuncusu yerine seve seve koymadığı sürece kurtuluş beklememelidir."

1920 yılında bütün Hindistanı dolaşarak İngiliz sömürüsüne karşı boykot kampanyaları başlatan Gandhi, gezileri sırasında yanına aldığı Müslüman liderlerle Müslümanlara da hitap ediyordu. Halktan yabancı giysiseleri satın almamalarını söyleyerek meydanlarda toplanan onbinlerce kişiye şöyle haykırmıştı: "Kendi giysinizi kendinizi dokuyun.

Gittiği her yerde insanlara birlik, beraberlik ve duanın gücünü anlatmıştır. Bu arada tutuklanıp aylarca, yıllarca hapislerde ömür geçirmiştir.

Mahatma Gandhi'nin Satyagraha doktrinine göre şiddet kesinlikle yasaklanmıştır. Onbinlerce insana her hitap edişinde asla şiddet ve kavga gibi küçültücü hareketlere girişilmemesi gerektiğini söylüyordu. O, halkın kanunlar karşısındaki duruşunu da çizmişti. Ve yer yer çıkan çatışmalar karşısında kederlenmiştir.

Ahmedabad şehrindeki yaşanan halkla hükümet çatışmalarına ve bir ingilizin öldürülmesine üzülerek üç gün oruç tuttu. Ardından, kendisinin halka yaymaya çalıştığı "Sivil İtaatsizlik" görüşünü eleştirerek, hata yaptığını şöyle ifade etmiştir. "Bir toplumdaki insanların sivil itaatsizliğe hak kazanması için, devletin kanunlarına kendiliğinden uyması gerekir. Çünkü, insanlar genellikle kanunlara cezadan korktukları için uyarlar. Oysa satyagraha, toplumun kanunlarına aklını kullanarak, kendi arzusuyla boyun eğer. Ancak kanunlara bu şekilde itaat edildikten sonra, bazı kanunlar karşısında sivil itaatsizlik hakkı doğabilir.

Benim hatam, henüz böyle bir hak kazanmadan halkı sivil itaatsizliğe çağırdım."

Hayatını barışa ve huzura adamış bir insan, gittiği her yerde barışı tehdit etmekle suçlanıyordu. İngilizler gittiği her yerde onu takip ediyordu. İngiltere egemenlik ve menfaatlerinin tehlikeye girdiğini düşünerek, Gandhi'yi her fırsatta hapise tıkıyorlardı. Fakat onun etkileyici insancıllığı karşısında da etkileniyorlardı.

Gandhi'nin temel amaçlarından birisi de Hintlilerle Müslümanları biraraya getirmekti. O sıralar Delhi'de yapılacak İslâm konferansı aklına gelmişti. İngilizler, bir taraftan Hindistan'ı işgâl ederken diğer taraftan Osmanlı'nın başşehri İstanbul'u da işgâl etmişti. Gandhi, Hindistan'daki Müslümanların bu duruma da öfkelenip İngilizlere düzensiz ve dağınık olarak saldırmalarından korkmuştu, çünkü böyle bir durumda dünya önündeki masumiyetleri yok olur, hiç bir şey elde edemezlerdi. Hemen müslüman lider Muhammed Ali Cinnah ile biraraya gelerek ne yapmaları gerektiğini konuştular. Birlikte, Hindistan'ın Bengal, Assam gibi önemli bölgelerini gezdiler. Halka sakin olmalarını, kendi aralarında tekstilden ağaç işlerine kadar üretim yapmalarını söylediler. Hatta Gandhi'nin kendisi her gün beş saat yün eğirmiştir.

Gandhi, örgütsüz bir politik programın hiç bir işe yaramayacağını Güney Afrika'dayken anlamıştı. Formlar, ateşli gösteriler ve konuşmalar yerine, bizzat insanların arasına karışarak, onlar gibi yaşamadan yanaydı. Ülke içindeki boykotlar tüm hızıyla sürerken, Mahatma Gandhi, halka, sosyolg Emerson'un yazılarının ve İngiliz yazar Ruskin'in İngiliz sömürüsünü eleştiren yasaklı İn to Last (Sonuna Kadar) isimli kitabının çoğaltılarak dağıtılmasını söylemiştir. Ayrıca Kur'andan adalet, barış, insanlık, eşitlik, huzur ve iyi insan olma âyetlerini çıkararak, çoğaltıp halka dağıttırmıştı. Aynı şekilde kendisinin Hint Swaray (Bağımsızlık) adlı yasaklı kitabının ve ünlü Rus yazar Tolstoy'un bağımsızlık, özgürlük ve insan olabilme becerileri ile ilgili yazılarının çoğaltılarak halka dağıtılmasını rica etmişti.

Mahatma Gandhi'nin, Hindistan halkına geride bıraktığı en yüce değer "öze bağlılık" ilkesidir. O, bağımsızlık mücadelesi verirken bir taraftan da Batı'nın yayılmacı kompleks yaratan kültürel rüzgârına karşı yoğun çalışma içerisine girmişti. Gelişmenin, illâ da Batı'ya dönmekle olacabileceği görüşünü hiç bir şekilde ciddiye almamıştı. Batı'nın bütün kaygan koşumlarından silkinip, Avrupalılığa bulaşmadan Hindistan'ın hakettiği yeri almasını istiyordu. Nasıl ki Japonya öz kültürünü koruyarak, batı'nın karşısında önünü iliklememişti... Gandhi de bunu istiyordu. Yani bir taraftan sadece İngiltere'nin maddi istilasından kurtulma mücadelesi değildir Gandhi'nin mücadelesi, Diğer taraftan, Avrupa-Batı medeniyet ve kültürünün Hint sosyal hayatına zorladığı kompleks psikolojisi yaratma dayatmalarından da kurtulmak istemiştir. Yoksulluğu arttıran, yerli kaynakları sömürten, ülke aydınında kişilik karmaşası ve kompleksi yaratan, idâri ve hukuksal mekanizmada (eğer Batı ve Avrupa taklit edilirse) çıkmaz sokaklar yaratacak olan Avrupa kültür ve devşirme yeniliklerine topyekün savaş açmıştır Mahatma Gandhi. Batı milletleri İkinci Dünya Savaşı'nda biribirlerini boğazlarken Hint aydını, Gandhi'nin, kendilerine verdiği güçle medeniyetlerini geliştirmişlerdir. Ellerin makine gibi kullanıldığı, dokuma tezgâhlarının artırıldığı, ithal malların boykot edildiği Hindistan'da amaç, halkın sefâletini hafifletmekti. Bütün bunlar, Batı'yla hiç bir şey yapılmayacak anlamına gelmiyordu, Gandhi ve Hint aydınları ülkelerinin sömürülmesini istemiyordu. Değilse, günümüzde Bill Gates'in fikir babalığını birkaç Hintli yapmaktadır.

Microsoft Bilgisayar Şirketi'nde en fazla Hintli bilgisayarcılar vardır ve ülkelerine milyonlarca dolar kazandırmaktadırlar. Bilgisayar dünyasının en zengin üç beş kişiden birisi 7 milyar dolarlık servetiyle Wipro şirketinin sahibi 58 yaşındaki Hindistan Bombay'lı Azim Premjidir. Tam bir Mahatma Gandhi hayranı olan Premji ondan çok şeyler aldığını söylüyor ve ilham kaynağının her zaman için Mahatma Gandhi olduğunu ifade ediyor. Bünyesinde binlerce kişiyi çalıştıran Premji, Avrupa ve Amerikan bilgisayar şirketlerine de yüzbinlerce dolar karşılığında danışmanlık hizmeti veriyor. Premji'nin tek katlı evinin lambaları sabah 4'te yanıyor. Dünyanın en varlıklık kişilerinden birisi olan Hintli Premji'nin ne özel uçağı var, ne de evinde onlarca hizmetli; Şatafatlı görünen bir evi de yok. "Öncelikle halletmemiz gereken en önemli mesele eğitimimizi milli bir çizgide ilerilere taşımak. Bu manada çalışanlarımızın tamamı nazık ve iyik kalpli kişiler" diyor. Mahatma Gandhi terbiyesi aldığını söyleyen bu adamın kullandığı araba 1996 model Ford Escort. Premji'nin dürüstlüğü de iş çevrelerinde konuşulmuş, General Electric eski başkanı Jack Welch, onunla ilgili, "Bay Premji işini gözgöze ve dosdoğru yapar." diyor.

Avrupa ve Amerika'daki bir çok bilgisayar firması ve uzmanı şimdi Hindistandaki yetişmiş ve gelişmiş beyinlerden korkmakta, piyasayı Gandhi'nin ülkesine kaptırma endişesi taşımaktadır. Mahatma Gandhi'nin vefâtından sonraki hükümetler onun ilkelerinden taviz vermediler. 1977'de iş başına gelen hükümet, derhal IBM gibi yabancı bilgisayar firmalarını sınırdışı etti. Premji bu fırsatı değerlendirerek, bilgisayar firması kurdu ve 1981'de ilk bilgisayarını piyasaya sürdü. "Ben başarısızlıklara asla üzülmem, onlardan ders alırım," diyen Mahatma Gandhi hayranı dünyanın en varlıklı insanı Premji, yılmadan çalışarak Hindistan'da başka iş kollarının ortaya çıkmasını ve istihdam sahalarının açılmasını sağlamıştır. Şirketinde çalışan yönetici Kurien şöyle diyor, "Premji sabırla dinler, çok soru sorar ve etrafındakilere yardım için can atar."

Wipro Bilgisayar Firması'nın sahibi Azim Premji, Mahatma'nın, ihtiyaçtan fazlası hırsızlıktır," ilkesini âdeta, firmasında hayata geçirmiş: Kaç rulo tuvalet kâğıdı kullanıldığını takip eder, mesai bitiminde lambaların kapatılıp kapatılmadığını bizzat kendisi kontrol ederdi. Premji ve firma çalışanları uçaktan indiğinde onları havaalanında bir limuzin karşılamazmış. Herkes gibi taksiye veya trene binerlermiş.

"Şahsen yapamayacağım şeyleri başkalarının yapmasını bekleyemem" diyen Premji, personelin hatalı durumunda memnuniyetsizliğini sesini yükselterek değil, sakin şekilde muhatabına bildirirmiş. Birçok Avrupa ülkesine gitse de kendi öz benlik ve kültürünü muhafaza edermiş. (Mangeet Kripalani ve Bruce Einhor. 13.10.2004 tarihli Business Week'deki İndias Tech King isimli yazı. Çeviri Hasan Öztürk.)

Gazeteci Yazar Falih Rıfkı Atay 1943 yılında yazdığı "Hind" adlı kitapta, Mahatma Gandhi'nin her iki bağımsızlığı (Topraklarının bağımsızlığı ve kültürünün bağımsızlığı) nasıl gerçekleştirdiğine şaşırmıştır. Falih Rıfkı Atay, Hindistanın bağımsızlığının boyutları ile ilgili aynen şunları söylemiştir: "Bizler Hint milliyetçilerinin nasıl batı medeniyetçisi olmamasına şaşarız. Niçin halkın ilâhi ve mistik itikatları ile kimsenin çarpışmadığını, Hindistan'da dolaşırken hayretle kendimize sorarız. Uzun müddet ingiltere'de yaşayan bir Hintli aydınının, memleketine dönünce, eski yığın içinde kaynayıp gittiğini görmek bize garip gelir. Bunun sebebini Gandhi'nin geride bıraktığı muhafazacı ve gelenekçi karakterde aramak lâzımdır."

Dünyanın en genç doktora öğrencisi şu an Hindistan'da yaşayan 15 yaşındaki Hintli Avatar Tulsi'dir. Şu an Hint Bilimler Akademisi'nde öğrenim gören Tulsi'nin amacı 19 yaşında profesör olmak ve dünyanın en hızlı işleyen bilgisayarlarıyla, süper hızlı trenlerini üretmek. "Bilgi sistemleri ve bilgisayar üzerine yoğunlaştım, ülkeme Mahatma Gandhi gibi faydalı olmak istiyorum." diyen Tulsi'nin ismi ilk olarak 2001 yılında Almanya'da yapılan Nobel ödülleri törenine davet edilmesiyle duyulmuş. *(İndian İnstitute of Science. Tathayat12@yahoo.com. TLF NO: 984 542 61 84 944 800 21 03)*

1931 yılında Gandhi'nin konuşmasını dinlemek için Ahmedabad'daki Sabamarti Nehri kıyısında toplanan onbinlerce Müslüman ve Hindu, büyük bir çoşku içerisinde kendileri gibi gördükleri bu insana çiçekler atmışlardı. O gün orada Mohandas Karamchand Mahatma Gandhi şunları söylemişti: "Nefs temizliğinin yolu çetin ve yokuştur. Tam temizliğe ulaşmak için insanın zihnini, sözlerini ve davranışlarını her türlü tutkudan bütünüyle kurtarması, şu birbirine karşıt sevgi, kin, aşk, nefret gibi davranışların üzerine çıkması gerekir. Bana öyle geliyor ki, en ince tutkuları alt etmek, silah gücüyle dünyayı hüküm altına almaktan çok daha çetindir."

1931 Eylül'ünde Hindistan'ın geleceği için İngiltere'deki Yuvarlak Masa toplantısına katılan Gandhi Londra'ya iner inmez, ingiliz halkı tarafından müthiş bir sevgi gösterisiyle karşılandı. Herkes bu bilge adama dokunmak istiyordu. Gandhi efsanesi iyice büyümüştü. Bütün insanlar onunla görüşmek istiyordu, örneğin Charli Chaplin, Thomas Edison'un danışmanlığını da yapmış olan Bernard Shaw, Romain Rolland onu görüp konuşmak istemişlerdi. Büyük Britanya kralıyla görüşecek olan Gandhi'nin ne giyeceği merak edilmişti. Görüldü ki Mahatma Gandhi peştemal, şal ve ayağına da sandalet giymişti. Daha sonra, "Yeterince giyinik olduğunuza ınanıyor musunuz?" şeklindeki soruya O şöyle cevap vermişti: "Kral ikimize yetecek kadar giyinmişti."

Gandhi hapiste kaldığı sürece çeşitli dünya yazarlarını okumuştu. Londra'daki görüşmeden hiç bir sonuç çıkmayınca 1923'de Gandhi şunları şöylemişti, "İngiltere bütün kapıları yüzümüze kapatıyor." Bu sözden sonra tutuklanarak Jeravda Hapishanesi'ne gönderilmişti. hapis yıllarında Gandhi, Goethe'nin Faust'unu okumuştu.

1932'nin son aylarında 20 Kasım sabahı 03.30'da yatağından doğrulan Gandhi, Tagore'ye yazdığı mektupta şunları söylemişti: "Eğer kalbin benim eylemimi uygun buluyorsa senin kutsamanı istiyorum. Bu bana destek olacaktır." Tagore'den telgraf aldı: "Hindistan'ın birliği ve toplumsal bütünlüğü için kıymetli bir hayatı fedâ etmeye değer." Bu cevabı alan Gandhi uzun bir oruç dönemine girmişti. Hatta hastalanarak acilen hastaneye kaldırıldı. İngiltere, Gandhi'nin hapiste ölme tehlikesinden korkmuştu, onu serbest bıraktı. Bu defa da dışarı çıktığında Müslüman - Hindu çatışmalarına tanık oldu ve protesto için ilerlemiş yaşına rağmen ülkenin her bölgesini oruç tutarak gezdi. Gittiği her yerde çatışma derhal son buluyordu. Bu duruma, "Gandhi de en küçük olayda oruç tutuyor, siyasetle ilâhiliği karıştırıyor." deyip bir zamanlar Gandhi'ye kızan Nehru da çok şaşırmış, ve O'nun, düşündüğü gibi yaşayan, kitleleri bir el hareketiyle etkileyen bilge, erdemli bir insan olduğunu kabul etmişti.

Mahatma Gandhi, müslümanların bağımsızlığı için de çok mücadele etmişti. Karısı Kasturbai ile birlikte sükûneti sağlamak için bölge bölge gezmişlerdi, 1944'te uzun fedâkarlıklardan sonra Hindistan ulusal kongresinden müslümanların bağımsızlığı için olumlu karar çıkartan Gandhi, Hindistan'da o zamanlar nüfusu 100 milyon olan müslümanların lideri Muhammed Ali Cinnah'ı kucaklamıştı. Adı Pakistan olarak anılacak olan ülkenin başına Muhammed Ali Cinnah gelmişti.

Gandhi'nin müslümanlara ve "Parya" gibi ezilmiş mustazaflara yardım etmesi, Hinduların pek hoşuna gitmemişti. Bu yüzden bazı fanatik Hindular Gandhi'ye nefret beslemişti. Oruç tutarak Hindistan'daki barış ve huzuru sağlamak için yine karış karış gezdiği bir dönemde, karışıklık olan Kalküta'daki barışı sağladıktan sonra 7 Eylül 1947'de Delhi'ye gelmişti. Aslında Pencap'a gidecekti, fakat arkadaşlarının tavsiyesi üzerine Delhi'de barış çağrılar, yapmaya başlamıştı. Ölümün kol gezdiği Delhi'de bitkin bir vaziyette barış çağrıları yapan bu bilge adam, kitlelerin karşısına çıkıp konuşmaya başladığında bütün insanlar yönünü ona dönüp, dikkatle dinliyorlardı. İki insanın kolları arasında yorgun halde kürsüde konuşmaya başladığında bütün herkes sevgi gösterilerinde bulunmuştu. Delhi'de de sevgi ve kardeşlik tohumlarını atmayı başaran Gandhi, çevresindeki insanlarla birlikte bir akşam gece duasına başlamıştı. Aniden nereden geldiği belli olmayan bir el bombası Gandhi'nin az ilerisine düşerek ortalığı toz duman etti. Gandhi öldürülmek istenmişti ama başarılamamıştı. Ertesi gün çıkıp, "İnsanlık bu tür metodlarla kurtuluşa eremez," demişti. Bombayı atan saldırgan yakalanmıştı.

Madan Lal adındaki saldırgan, bir Hindu idi. Kendisini azmettiren Nathuram Godse'nin ismi çok daha sonraları ortaya çıkacaktı. Gandhi, saldırganın yalnız olmadığını çok iyi biliyordu. Bunun için o insanlara gönderme yaparak, "Eğer bir bozguncu delinin kurşunuyla öleceksem, gülerek ölmeliyim," demişti.

30 Ocak 1948'de yine bir dua toplantısı sırasında bir adamın ön sıralarda Gandhi'nin önünde saygıyla eğildiği dikkat çekmişti. Hemen ardından bir kaç el silah sesi duyuldu. O anda yaşlı bitkin adam yere yığıldı.

Hindistan'ın ruhu Mohandas Karamchand Mahatma Gandhi ölmüştü. Ölürken yüzü gülümsüyormuş. Ve dudaklarından şu kelimeler dökülmüş: "Yüce Tanrı!"

Yakalanan katil, bombalı saldırıyı gerçekleştiren Madan Lal'in azmettiricisi Nathuram Godse adındaki bir sözde soylu Brahmandı. Nathuram'ın amacı Hindistanda iç karışıklık çıkarıp toplumun imtiyazlı sınıf ve altsınıf Paryalar şeklinde devamını sağlamak ve müslümanlara tanınan bağımsızlık ve toprak haklarını (pakistan) geri çekip, Hindistanı eski haline getirmekti. Ama başarılı olamadı. Cinayetinde başarılı olsa da Mahatma Gandhi'nin ruhu karşısında hiç bir şey yapamamıştı.

HİNDUİZM (BRAHMAN) METİNLERİNDE HAZRETİ MUHAMMED

Hindu kutsal metinleri üç kısma ayrılır: Vedalar, Upanişatlar ve Purandar'dır. Bu kitapların geçmişi M. Ö. 4000 yıllarına kadar uzanmaktadır. Purandarlar 17 ciltten oluşur. Bunlar arasında temel kitap Bhavişya Puran olarak bilinir ki, gelecekteki olaylardan bahsettiği için bu isimle anılır. Hindlilere göre kitabın derleyicisi Mahrişi Vyasa isimli biridir, fakat sözlerin sahibi yüce yaratıcı Cenabı Allah'tır. Araştırmacıların iktibas ettikleri nüsha, Bombay'da Venkteshwar Press'te basılmıştır. Aşağıdaki satırlar bir harfine bile dokunulmadan bu kitaptan alınmıştır.

"Melekhalı öğretici dostlarıyla görünecek. Adı Muhammad olacak. Raca, ona en samimi sadakatini ve bütün saygılarını sunduktan sonra şöyle dedi: "Sana bağlı kalacağım. Sen ey parbatis Nath (İnsanlığın efendisi), Arabistan'ın sâkini. Sen şerri yok etmek için büyük bir güç topladın. Ve o, Melekha'lı düşmanlardan kendi kendini korudu."

Hinduların kutsal kitabı Bhavişya Puran'ı okumaya devam edersek hakikat apaçık ortaya çıkar:

"Melekhalılar, Araplar'ın meşhur beldelerini yağmaladılar. Bu ülkede Arya Drahma (ilahi kanun)'dan bir ve onları hidâyete çağırmak üzere Muhamad gelir ki O, pishachaları doğru yola getirmekle meşhurdur. Geceleyin melek mizacında olan o zeki adam, bir pishacha kılığında Rac Bhoy'a şöyle dedi. "Benim takipçim sünnetli, saç örgüsü olmayan, sakal bırakan, ibadete çağrı yapan (ezan okuyan) bir adam olacaktır. Domuz hariç, her türlü hayvanı yiyecektir.

Onlar kutsal su ile değil haksızlıklarla, dinsizliklerle mücadelede arınacaklardır. Onlar müslüman olarak tanınacaklardır."

Hint metinleri Veda'larda Mamah ve Ahmed Kelimeleri geçmektedir. Kutsal kitabı içeren Veda'larda şu cümleler geçmektedir:

"Sen ey Kadir-i mutlak, övülmüş meşhur yetim ile savaşmaya gelen güçlüleri mahvettin" Övülmüş meşhur yetimden kastedilen Hz Muhammed'dir.

Devam ediyor Hinduizmin kutsal cümleleri:

"Binek sahibi, doğru ve âdil olanı seven, hürmetli, güçlü ve cömert MAMAH, sözleriyle bana lûtuf bahşetti. En güçlü olanın oğlu, her türlü iyi sıfata sahip, dünyalara lûtüf 10.000 kişi ile meşhur oldu."

Sevgili Peygamberimizin "Emin" sıfatı vardı. Hendek savaşında peygamberimiz güçlü yapısıyla volkanik bir taşı kırmıştı. 10 bin sayısı da büyük bir delil ve işarettir. Mekkenin fethinde islâm ordusunun sayısı tam tamına sahabeden oluşan 10 bin kişiydi.

Hint metinleri Vedalar'ın, Sama Veda isimli kutsal kitabında şu cümleler yer almaktadır:

"Ahmed, bu dini Rabbinden aldı. Bu din sayısız hikmet doludur. Ben ondan ışığı aldım, tıpkı güneşten aldığım gibi."

Bu sözler Brahmanların kutsal kitaplarından biri olan Sama Veda'da Rişi Vatsah'a aittir.

1) Çağdaş Liderler. İletişim.
2) Mohandas Gandhi. Romain Rolland. London Library. Biography Copraight. 1950.
3) Tolstoy is Living. Edward Garnett. Copy. ABD.
4) Mohandas Gandhi. Romain Rolland. London Library. Biography Cop.1950.
5) Çağdaş Liderler. Sistem.
6) Meşhur Liderler. Doğan. 1955.
7) Brief bite of Mahatma Gandhi. jean Grafer. Perth Library. Perth-Australia.

"Son Nefesinde
"Allah Herşeyi Düzeltir" Diyen adam"

LEON TOLSTOY Nasıl Başardı?

Yoksul bir aileye mensup değildi, sıkıntılar çekerek hayatı anladı. Yaşadığı varlıklı hayattan, ölümün yaklaşmasından ve din konusundaki düşüncelerinden kaynaklanan sıkıntılar altında ezildi. Herşeyini; malını mülkünü, parasını, pulunu terkedip basit bir hayat sürdü. Issız bir tren istasyonunda, yoksul insanların kolları arasında can verdi. Öğretmenlerinin "kalın kafalı, zerre kadar bilgi sahibi olamaz, topluma bir faydası dokunmaz" dedikleri bu adam, " Savaş ve Barış", "Anna Karenin", "Hacı Murat" isimli muazzam eserlerin yazarı olacak olan adamdır.

"Hayatın en güzel yanı insanın kendisini tanımasıdır, ancak bunun sonucunda mutsuz olmak da vardır!"

"Çalışmak zorundayım, yoksa ahlâkım bozulur!"

"Aşk iffetle birleşirse en değerli mücevher olur!"

"Düşünemiyorsan konuşmamayı tercih et!"

"En tehlikeli durum herkes böyledir demektir!"

"Dünyada okuma zevki kadar başka bir zevk yoktur!"

"Ancak Allah'a inandığım zaman yaşadığımı anladım!"

Dünyanın en ünlü ve en ilginç yazarlarındandır Tolstoy. 1828'de Moskova'ya bağlı Yasnaya Polyana kasabasında doğdu. Yaşamı öyle veya böyle, bir şekilde tuhaf acılarla geçen bir insan. Duygusaldı, alıngandı. Bir dönem hercai bir genç olarak yaşadı ama merhametsiz bir insan değildi. Düşünürdü hep... İnsanların yaşamlarını gözledi. Yeri geldi yüreği burkuldu, yeri geldi haksızlıklara öfkelendi.

Tolstoy'un yaşadığı dönemde işçi patrondan, köylü kâhyadan, kâhya ağadan, ağa da bölge komiserinden dayak yiyordu. Üst kademelerde ise her türlü çirkin dolap dönüyordu: İltimas, rüşvet, tehdit, gücü yeten yetene.

Tolstoy daha 10 yaşındayken babasını kaybetti: Kont Tolstoy diye bilinen babası prenses Mariya ile evlenmiş, dördüncü çocuk olarak Leo Tolstoy dünyaya gelmişti. Bu tuhaf adamın hayatı benim çok garibime gitti. Tıpkı Binbir Gece Masalları'ndaki gibi bir yaşamı var. Okulla arası iyi değildi ama kitaplara karşı merakı vardı. Başkalarının çizdiği programa değil de kendi çizdiği programa uymak isterdi. Yani daha küçük yaşta hayatına kendisi karak vermek istedi.

13 yaşında Kazan Lisesi'ne kaydoldu, 20 yaşında bitirdi. Ardından üniversite sınavlarına girdi, kazanamadı. İkinci defa girdi, Doğu Dilleri Fakültesi'ni kazandı. Ama başaramayıp sınıfta kalınca Hukuk Fakültesi'ne girdi. Bir yıl sonra bu okulu terketti. Daldan dala atlıyordu, hiç birini beceremiyordu.

23 yaşına geldiğinde kendisini içkiye, zevke ve eğlenceye verdi. Nefsinin arzularına her uyuşta müthiş bir vicdan azabı duyuyor, günah işlediği için rahatsız edici suçluluk duygusu alında eziliyordu. Kendisiyle içe dönük nefis muhesebesi sonucu Tolstoy, kendi kendini düzeltme kararı aldı. O artık şöyle diyordu: "On cilt felsefe kitabı yazmak, bir tek ilkeyi uygulamaktan daha kolaydır.

"Çocukluk Çağı" isimli ilk yazdığı hikâye beğenildi, Puşkin'in "Sovremen" dergisinde yayınlandı. Kendisine daha çok ilgi oluşmaya başladı. Hatta eleştirmenler, "Kim bu Tolstoy?" dediler.

1853'te Çar Nikola Osmanlı İmparatorluğu'na savaş ilãn etti. Tolstoy, bu savaş sırasında subay olarak orduya alındı, Tuna boylarında bir bataryada görev aldı. Burada cesur Türk ordularının silistre'yi nasıl savunduklarını gördü. Elinde dürbün saatlerce mehmetçiğin canla başla mücadelesini izledi. İngilizler ve Fransızlar Karadeniz'e asker yollayınca Ruslar Tuna kıyılarına çekilmek zorunda kaldı.

Türk yurdu Kırım'da Türklere binbir türlü eziyet ediliyordu. Bunun üzerine Türkler de Kırım'a asker gönderdi. Tolstoy asteğmen rütbesiyle Kırım Sivastopol'a gönderildi.

Rus ordusu ve koca donanması tam bir bozgun yaşadı. Sevk ve idâre ehilsiz komutanlara bırakılmıştı. Savaşın tüm ağırlığı zavallı köylü, baldırıçıplak piyâde erlerine yüklenmişti. O kadar Rus köylüsü genci telef oldu ki, Tolstoy daha ileriki zamanlarda gördüğü bu olayları böyle yorumlayacaktı.

Savaşı bir günah olarak kabul etmişti Tolstoy; ateş hattından kurtulmak için çırpınıyordu. Sonunda Sivastopol'un 25 km uzağındaki başka bir askeri birliğe nakledilebildi. Savaşan insanları yakından görmüş, merhametle acımasızlığın, yaşamla ölümün, korkuyla cesaretin ne olduğunu burada öğrenmişti. Daha sonra "Sivastopol Hikâyeleri" ismiyle Kırım'da gördüklerini kitaplaştıracaktı.

Sivastopol düştü. Savaş Tolstoy'u üzmüştü. Bundan sonraki hayatını yazarlığa verip Petersburg şehrine yerleşti. Burada kendisinden on yaş büyük olan ünlü düşünür Turgenyev'le tanıştı. Bu sıralar Rusya'da batıya açılalım diyenlerle batı karşıtı olanların tartışması hakimdi. Ama, "Kimseyi taklit etmeyelim, ne batıyı ne de başka bir şeyi, kendi kaynaklarımıza dönelim" diyenler çoğunluktaydı. Bu çoğunluğa Slavistler deniliyordu. Yani Slav ırkının üstünlüğünü savunanlar. Puşkin'in çıkardığı Sovremenik (Çağdaş) isimli dergi âdeta batı yanlısıydı. Sonra, dergide "batıcı olan", "batıcı olmayan" türü ayrılıklar çıktı. Bu arada Tolstoy boş durmuyor, önüne çıkanla tartışıyordu, kimseyle de anlaşamıyordu, ne batıcılarla ne de batı karşıtı olanlarla. O hepten aykırı tuhaf bir adamdı. Hatta Turgenyev'le bile bozuştu. "Sizin batınızı da sizi de..." der gibi çekti Paris'e gitti. Paris'te ilginç olaylarla karşılaştı. Örneğin bir adamın idâm infâzını seyretti. Daha sonra bu olay üzerine 150 sayfa yazı yazdı. İsviçre'ye geçti, dört ay burada kaldı. Tam bir buçuk yıl yurtdışında gezdikten sonra Petersburg'a döndü.

Gerçek mutluluğun namuslu yaşamakta olduğunu söyleyen Tolstoy, hayatın anlamının sevgiye dayanan çabada gizli olduğunu ifade etti. "Namuslu huzursuzluk" kitabını da bu yüzden yazdı. "Huzur ruhun şerefsizliğidir." dedi. Ona göre mutluluk iyiden geçiyordu. İyi olmak mutlu olmaktı, ama huzurlu olmak mıydı işte o şüpheliydi. İyi olan insan hep azınlıkta kalacaktı belki, çevresindekiler tarafından anlaşılmayacaktı; iyi olmak onu zora, eziyete sokacaktı. Şöyle demiştir Tolstoy: "Ölümsüzlüğün var olduğunu, sevginin var olduğunu ve sonsuz mutluluğa ermek üzere başkaları için yaşamak gerektiğini buldum."

Tolstoy insanlar arasında barışın ve sevginin hakim olması, fakirliğin ve sefâletin kalkması için insanlara çağrıda bulundu. Bir zamanların bu serseri, içkici, geçimsiz ve lükse düşkün Tolstoy'u şimdi başka türlü yaşıyordu. Gençliğinde terzilere giyim kuşamı için avuç dolusu paralar veren bu adam şimdi köylüler gibi kaba elbiseler, ayaklarına da yine kaba pabuçlar giyiyordu. 42 odalı muhteşem mâlikhânesinde servet içinde, Rus aristokratlarının yaşamı gibi lüks ve ihtişam içinde yaşarken, şimdi tek odalı bir evde kendi odasını kendi süpürüyor, tahta bir masa üzerinde, tahta çanakta, tahta kaşıkla kendi yaptığı yemeği yiyordu. Bütün topraklarını yoksul insanlara yetecek kadar dağıttı. Kendisine "Veli", "Ermiş" diye ad taktılar. Bu defa kendisi yoksulluk ve sefâlet içinde yaşamaya başladı. Ama ileride yazacağı bir kitap dünyayı sarsıp, milyonlar satıp, milyon dolarlar kazandıracaktı. İşte iki muazzam eser: "Savaş ve Barış", "Anna Karenin"

Tolstoy hakkında şimdiye kadar 2500 değil tam 25000 kitap yazıldı, 75000 makale kaleme alındı, kendi yazdığı yazıların toplamı 100 cilttir. (1)

Tolstoy evlendiğinde çok mutlu oldu. Karısı o kadar iyiydi ki sık sık dizlerinin üzerine çökerek Allah'a yalvarıyor, bu ilâhi saadetin bozulmaması için dua ediyordu. 50 yıl bu kadınla evli kalacak olan Tolstoy, daha sonra pek de hoş olmayan olaylarla karşılacaktı.

Rusya'da köleliğin kaldırılmasında rol oynadı. Hatta kölelerin özgür bırakıldıktan sonraki eğitimlerini üzerine aldı. O da Jan Jack Rousseau gibi "doğa iyidir, toplum kötüdür" inancındaydı. Tolstoy, Rusya'daki diğer dine ve milletlere mensup insanlara eziyet edildiğini söylüyordu. Bu durumu da Rusya'nın çok geri ve cahil bırakıldığına bağlıyordu. Ona göre idârecilerin sadık eğitmenleri boş bir kağıdı rahatlıkla doldurur gibi düşüncelerini kolayca halk yığınlarının kafasına geçirebiliyorlardı. O halde? O halde, halk eğitilmeliydi. Dostoyevski de aynı fikirdeydi. Ama ne yazık ki Tolstoy'un ölümünden hemen 5, 10 sene sonra Lenin adında bir adam çıkagelip Dostoyevski ve Tolstoy'un söylediklerini kaşla göz arasında uygulayacak ve eleştirdikleri çarlık sistemini yıkarak dünyaya parmak ısırtacak çok daha büyük katliamlar, zulmler yapacaktı. Örneğin Kırım Türkleri o zamana kadar görmedikleri, özellikle Stalin zamanında bir katlimla karşı karşıya kalacaklardı. Stalin bu zavallı masum Kırım Türklerini pis, havasız vagonlara tıklım tıklım doldurarak Sibirya'nın buz tutmuş, inin cinin top oynadığı, kuş ötmez kervan geçmez yerlerine sürmüştür. Çoğu, binlerce kilometrelik yolda açlıktan telef olmuştur.

Tabii Tolstoy, Çar'ın devirip daha büyük bir zulmün, komünizmin gelerek bu denli eziyetler edeceğini bilemezdi. O, o anki başka din ve milletler üzerinde yapılan eziyetleri eleştiriyordu. Yoksa, "Komünizm gelsin, çözüm budur" diye kesinlikle bir ifadesi yoktur.

Yoksul bir aile kızı olan Sonya ile evlenen Tolstoy, herkesi şaşırtmıştı. Evliliğinin ilk 15 yılında çok mutlu oldu. Fakat sonraki yıllarda Şonya'nın çekilmez, hırçın hâli Tolstoy'u bezdirdi. karısının bu hâli Tolstoy'a ünlü "Savaş ve Barış" adlı eseri yazdırdı. Victor Hugo'nun "Sefiller" adlı eserinden de etkilenen Tolstoy toplumu incelemek istedi, bu dev eser ortaya çıktı.

Yayınevlerinin ısrarlı teklifleri üzerine yeni dev eseri "Anna Karenina"yı yazdı. Tam bu yıllarda oruç tutmaya başladı, tasavvufla ilgilendi, sık sık köy kilisesine gidip dua etti. Bu arada "İtiraflar" isimli kitabını yazdı. 1880'e geldiğinde onuncu çocuğu oldu.

Vaiz türü yazılarını okuyan bazı kimseler evine gelip gitmeye başladılar. Toplumda gördüğü fakirlik ve zenginlik uçurumu onu çok üzüyordu. İstiyordu ki herkes rahat geçinecek kadar, çocuklarının ihtiyaçlarını giderecek kadar gelire sahip olsun. Kendisini ziyarete gelen sevenleri için karısı Sonya, "Ne idüğü belirsiz çapulcular" diyordu. Çevresindekilere tütünün ve alkolün zararlarından bahsediyordu.

"Ne idüğü belirsiz"lerin artması üzerine karısı Sonya panikleyerek Tolstoy'a "çok garip bir şey! Hayatlarında başarılı olamamış, aklı kıtlar, kafasızlar, başarısızlar, ayyaşlar senin kapında soluğu alıyor." dediğinde Tolstoy, "tabiki bunlar gelecek, her şeyini halletmiş insanlar mı gelecek. Bu insanlar geliyor, düzelmek istiyorlar." diye cevap veriyordu. (2)

Bu arada 1900 yılına gelindiğinde onüçüncü çocuğu oldu. Aynı yıl artniyetli çevreler Tolstoy'un ihtilâle kalkışacağı söylentisini yaydı. Bu fısıltı Çar Aleksandr'ın kulağına gitti. Ama önemsemeyerek şöyle dedi: "Hayatıma kastetmedikçe Tolstoy'a dokunulmasını istemem. Ona zarar verip, onu mazlum seviyesine getirerek dünya insanlarını aleyhime çevirmem. Suçlu ise vicdanı bilir."

1895'lerde, "Efendi ve Uşak", 1897'de "Hacı Murat' kitaplarını kaleme aldı. 1902'de gittiği Kırım'da Maksim Gorki ve Anton Çehov'la tanıştı. 1905 eylülünde, milletinin bağımsızlığı ve vatanının bütünlüğü için İngilizlere karşı mücadele eden, bu yüzden de Johannesburg'a sürgüne gönderilen Hindistanlı Gandhi'ye moral mektubu yazarak, kötülüğe karşı gösterdiği milli mücadeleyi taktir ettiğini söyledi.

Tolstoy'u bazı zamanlar tek başına görenler onun acı acı ağladığını söylerler. Sonradan çevresine anlattığına göre masum insanların ızdırapları ve ölümden sonraki hesap günü onu duygulandırıyormuş.

Yayınladığı kitapların gelirini yoksul halka bağışlıyordu. Gençliğinde tam okuyamadı, yaklaşık 20 yaşında liseyi bitirdi, öğretmenleri "kalın kafalı, bunun kafası hiç bir şey almaz." demişlerdi. Ama yazdığı eserlerle dünya onu taktir etti. Ömrünün sonuna kadar yoksulluğun ortadan kaldırılması için uğraştı.

Leo Tolstoy bir gün aldı başını uzaklara gitti. Tüm yoculuğunu trenle yaptı. Tepelerden geçti, nehirleri , gölleri, bozkırları aştı, geniş ormanları seyretti. Tanınmamak için kılık kıyafet değiştirdi. Yolda bir ara rahatsızlandı. Trenden inmek zorunda kaldı. İndiği yer Astapovo kasabasıydı. İstasyonda bir tren işçisi, tebdili kıyafetine rağmen bu ünlü adamı tanıdı, evine dâvet etti. Tolstoy bir kaç gün bu işçinin evinde kaldı. Sonra kendine tek odalı bir ev tuttu. Bütün dünya gazeteleri, "Tolstoy esrarengiz bir şekilde ortadan kayboldu." diye yazdı.

İstasyon işçisi de söz verdi, onu kendisinin dışında kimse tanımayacaktı. Bir kaç yıl sonra hastalanınca durum öğrenildi. Bütün dünya ünlü yazarın Astapovo diye küçük bir köyde yaşadığını öğrendi. Ama çok ağır hastaydı. Haber dünyanın dört bucağına yayıldı. Onun hastalığı bütün dünyada heyecan uyandırmıştı. Çar öldüğünde kimse ilgilenmemişti bile. Ama Tolstoy hastalandığında bütün dünya dört gözle, üzgün bir halde sonucu bekliyordu. Astapovo köyü dünyanın en ünlü köyü olmuştu.

Sonunda beklenen oldu. Bu yaşlı adam 8 Kasım 1910 yılında 82 yaşında hayata gözlerini yumdu. Son nefesini verirken ağzından şu sözler döküldü: "Allah her şeyi düzeltecektir! Aramaktan bıkmayın!. Arayınız!.. Daima arayınız!.."

TOLSTOY NASIL ÜNLÜ YAZAR OLDU?

Tolstoy denilince akla sabır gelir. O, "Dehâ sabırdır" sözünü açarak şöyle demiştir: "Elbetteki öyledir, ama sabırlı bir kimse olmak manasında değil; elindeki işi, ona koyabileceğin her şeyi koymadan bırakmamak manasındadır."

Onu yakından bilen, tanıyan, onunla senelerce arkadaşlık yapmış olan Doktor Makovitski, Tolstoy'un akıl almaz çalışma gücünü şöyle anlatıyor: "Leon Tolstoy kafasına koyduğu işi bitirmeden kalkmazdı. Tembellik nedir bilmezdi. Hatta bir defasında "Ben, Çinliler gibi bayram falan tanımam" demişti.

Tolstoy'un başarısının altında merakın yattığı söylenir. Yaşadığı yer olan Polyana'daki kütüphanede birkaç bin kitabın onun elinden geçtiği, sırf doğruyu bulmak adına saatlerce hiç durmadan burada çalıştığı teyzesi Sandra tarafından ifade edilmiştir. Teyze Sandra, yeğeninin başarılı insanların hayatına çok meraklı olduğunu söyleyerek, günlüğünde onunla ilgili şunları anlatmıştır: "Lev nikolay (Tolstoy) geçmişte yaşamış başarılı insanları -ki bunların içinde peygamberler de vardı- hayatlarını saatlerce okurdu. Özellikle peygamberlerin hayatlarını yaratıcılığın gerekli şartı sayardı. Aşkla, heyecanla, zevkle okurdu. Bir yandan da doğayı gözlemlerdi. İnsanların hareketlerini incelerdi. Başarının ancak geçmişi bilmekle yakalanabileceğini söylerdi." (3)

Gerçekten de Tolstoy'un kendisi bir konferansında şöyle demiştir, "Doğru yol şudur: Geçmişi bil, atalarını tanı, onların ne yaptığını öğren."

Eski sekreteri Olen, Tolstoy'un eserlerini nasıl hazırlandığına dair şunları anlatmıştır:

"Makalelerini ve bazı kitaplarını bana dikte ettirmiştir. Bunu için basın, benden eserler hakkında erken bilgi isterdi. Ama o, buna karşı çıkardı. Edebi eserlerin hiç bir zaman vaktinden önce tanıtılmamasından yanaydı. "Bunu başkasına söylemek doğru olmaz, çünkü insan bunları kendisi için karalamıştır, bir duygudur bu; makale olsa tamam, belki olabilir, çünkü bir yazışta bitirilir" derdi. Ben sekreteri olarak onun, prensiplerine ve iş ciddiyetine bağlı biri olduğunu söyleyebilirim."

Yine esik sekreteri Tanya ünlü yazarla ilgili anılarını şöyle ifade ediyor:

"Sabah çok erken saatlarda kalkardı. Günde beş saatten fazla uyuduğunu söyleyemem. Dine olan inancı çok içtendi. İnsanın boş yaratılmadığı için boş duramayacağını, boş duranın ahlâkının bozulacağını söylerdi."

Sekreteri Tanya yazarla ilgili şahit olduğu bir anısını da aktarıyor.:

"Bir gün Yasnaya Polyana'ya Tolstoy'un akrabalarından bir kadın ressam gelmişti. Resim okulları üzerine konuşuluyordu. Ressam, öğrenim yılları sırasında bir gün etüdlerini gözden geçiren hocasının şu sözleri söylediğini anlattı:

-Şu otu buraya çizmişsiniz. Aslında belki böyleydi. Belki buraya rastgele kondu. Ama siz düşünmelisiniz bu otun burada lüzumu var mı yok mu? Her küçük taşın, üzerinde durduğun çalı gerekli midir değil midir?

-Evet, dedi Tolstoy, öyle olması lâzım.

Orada bulunan biri itiraz etti,

-Ne gerek var ayrıntılara ki, ilham yok olmaz mı?

O esnada gözlerime inanamadım. Tolstoy öyle öne fırlamıştı ki "Hayır! Asla!" dedi. Ve bağırırcasına devam etti, "İlham aranan şeyin kendini birden göstermesidir. O ne kadar parlak olursa onu gerçekleştirecek emeğin o kadar büyük olması lazım. Puşkin'in o akıcı, o içten şiirlerini okurken ondan böyle akıp gelmişler zannederiz. Hiç de öyle değil. Bu akıcılıkta ne ayrıntılar gizlidir, ne emekler saklıdır. Ama biz göremeyiz. Belki size bu resmi çok güzel gösteren şey, o ayrıntı dediğiniz ottur, çalıdır, taştır " Patronum Tolstoy, "Altın ancak toprağı ince ince yıkamakla elde edilir" sözünü sık sık söylerdi." (4)

Tolstoy'un eserleri aslında gerçeğin ta kendisiydi. Tarihi romanlarında hep gerçeğe bağlı kalmıştır: "Tarihî bir şey yazarken en küçük ayrıntılara kadar gerçeğe bağlı kalmayı severim. Tarihte yaşamış kişileri, olayları, onları doğuran sebepleri iyice öğrenir, emek harcarım"

"Savaş ve Barış", "Hacı Murat" isimli eserleri, bir çok kaynak bilgileri karıştırmasını, araştırmasını gerektirmiştir. "Romanımda tarihi kişilerin konuşmalarında , davranışlarında ben kendiliğimden birşey uydurmuyorum, yazarken koca bir kütüphane meydana getiren malzemeden faydalanıyorum."demiştir.

Tolstoy yalnız tarihi romanlarında değil, yaşadığı dönemi anlatan doman ve hikâyelerinde de gerçeğe hep uymuştur. Yeniden Dirilme'yi yazarken görmediği, bilmediği hapishane hayatını görmek, öğrenmek için çok çaba sarfetmişti. Moskova hapishanesini görmek için izin istedi, alamadı. O da Orel bölgesindeki Orel hapishanesine gitti. Moskava'da bir gardiyanın evine giderek romanındaki hapishane hayatına uymayan kısımları göstermesini rica etti. Yine bir gardiyandan sibirya'ya gönderilecek olan Kırım Türkleri ve Çeçen mahkumların sevk gününü ve saatini öğrenerek hapishane kapısına gidip bekledi. Mahkumların içler acısı halini görünce aralarına katılıp, istasyona kadar yürüdü.

Tolstoy yazarlık için iki şeyin önemini ısrarla dile getirirmiş: İnatla çalışmak ve gerçek bilgi.

Maksim Gorki, Leon Tolstoy'la ilgili şunları söylemiştir: "Tolstoy yalnız büyük bir sanatçı değil, büyük bir emekçi idi de. Onun kitapları inatçı bir dehâ emeğinin anıtları olarak yüzyıllardır okunacaktır."

Duygulu ve içli bir yazar olan Tolstoy "Çocukluk"isimli eseri üzerinde çalışırken günlük anı defterine şunları yazmıştı: "Düzeltmeden yazmak düşüncesini tamamen atmak gerekir. Beş defa, on defa düzeltmek bile azdır. Açık olmayan, çok uzun ve fazla akademik olan yazılar güzel de olsa okunmaz, hemen acımadan yok etmeli bu tarzı. Çünkü insanlar sizden kendilerini olduğu gibi anlatmanızı bekler."

Tolstoy bu çalışma metoduna ömrünün sonuna kadar bağlı kalmıştır. Onun iç temsilini ve kişiliğini geliştiren basamakları anlatan şu cümleleri kendi hâtıra yazılarından ve mektuplarından aktarılmıştır: "Nasıl ki değerli taşlar yıkamakla, elemekle elde edilirse, iyi ifade edilmiş fikirler de öyle elde edilir. O halde fikirlerinizi ve hayata bakışınızı elekten geçiriniz. Başarılı olmak isteyen adam hangi alanda olursa olsun biçimden ziyâde öze önem vermelidir. Bilgi bedendir, coşku ise ruh... Beden mi kalıcıdır ruh mu? Erdemle ve inançla süslenmeyen bilgi tehlikedir. Yaşamınızın her alanında öze önem verin. Bunu sabırla yapın, bir şeyleri değiştirmeniz gerekiyorsa, bunu derhal yapın, yaptığınız işin daha çok güzelleştiğini göreceksiniz."

"Savaş ve Barış" adlı eser Tolstoy tarafından, tamamı yedi defa düzeltilmiştir, bunu bıkmadan yapmıştır. Anna Karenina on iki, Yeniden Dirilme yirmi defa düzeltilmiş müsveddelere sahiptir. Binlerce müsvedde sayfası bugün Moskova'daki özel bir müzede bulunmaktadır. Hayata Giden Yol isimli eserindeki önsözü Tolstoy tam 105 defa düzeltmiştir. Bir önsözün beş sayfa olduğunu düşünün, ona göre 105 ile 5'i çarpın. Çıkan rakam sadece önsöz müsveddeleridir. Bu bile koa bir kitap eder.

Tolstoy'un çalışma gücü, titizliğini de bir kenara bırakın giriştiği işi bitirme aşkı ve azminden gelmektedir. O, adaletsizlikleri, toplumun yaşadığı ikilemleri yine toplumun anlayacağı ve ders çıkarıp kendini düzelteceği bir şekilde yazmıştır. "Anladığını sözlerle öyle ifade etmelisin ki, başkaları, sen anlattıkça seni senden daha iyi anlasın ve kendinden utansın" diyen dev yazar, bir çok kereler sansüre uğramıştır.

Tolstoy anne ve babasını pek tanıyamadığını, bunun acısını yüreğinde hep hissettiğini söylemiştir. Fakat bu acının sonucu, onda duygu yüklü bir inanca vesile olmuştur.Annesini iki yaşında, babasını sekiz yaşında kaybeden geniş yürekli yazar, "Ah! Anne ve babamı zor zamanlarımda şöyle bir görseydim, benim için yaşamın gülümsemesi olacaktı ve kaderin ne olduğunu bilmeyecektim." diyor.Acılar bazen güzel şeyleri görmemize engel olurken, bize çok da güzel, tatlı sürprizler hazırlar. Bu güzellik ve tatlılık, baştaki güzel şeyleri görme isteğinden kat kat üstündür, hissedebilen için. Tolstoy'un hayatı da tıpkı böyle: İnançsızlık batağından inançlılık ve başarının hazzına ulaşma.

Hatıratında şunları yazmış:

"Büyük bir düşünceye vardım, bütün ömrümü bu düşüncenin gerçekleşmesine adayabilirim. İnandım, son peyfambere de. Fakat çevremde İsa'yı gördüm. Ben dogmalardan ve muammalardan arınmış olarak görmek istiyorum İsa'nın dinini. İnsanlar din yoluyla birleşebilir, hayat daha adaletli olur o zaman." (5a)

Hatıratının o günkü son cümlelerinde daha çok coşar: "İyi anlayın beni! Dinsiz ve Allah'a inançsız milletler huzur bulamaz. Din olmayınca insan ne iyi ne de mutlu olur. Dünyada herşeyden önce Allah'a kul olabilmek isterdim; arınmış, saf, temiz, itaatkar, vicdanlı, peygamberlere imân etmiş bir kul... Allah inancı olmayınca yüreğimin kuruduğunu hissediyorum, şu an öyle kuruduğumu hissediyorum ki... Bir dinim olsun istiyorum. Allah yardım edecek bana. Bu da olacak. Allah'ım! Beni sana ait hak ve doğru yola ilet." (5b)

Tolstoy yaşadığı dönemi sanatın ve yazının yozlaşmaya başladığı dönem olarak niteler: "İnsanlarda boş gurur var... Gurur, gurur, gurur, mezarın eşiğinde bile! Yüzyılımıza özgü bir hastalık bu... Neden Homeroslar, Shakespearler aşktan, şandan, acılardan söz ediyorlar da yüzyılımızın edebiyatı gururlu kişilerin, züppelerin sonu gelmez hikâyesi olarak beliriyorlar? Bu insanlar... Aşkın, fedakarlığın büyük yasasını savunan bu günümüzün Hıristayanları, bu yaptıklarına bakıp da pişmanlık duymuyorlar, kendilerine can verirken, ruhlarına ölüm korkusundan önce iyilik ve güzellik aşkını yerleştirmiş olanın önünde diz çökmüyorlar. Sevinç ve mutluluk gözyaşları içinde kardeşler gibi öpüşmüyorlar."

Kendini geliştirmek isteyenlere bir tavsiyesi var Tolstoy'un: "Hangi seviyeye gelirseniz gelin, kendinizi asla bir seçkin sınıf sanmayın. Bu, bir insan için en büyük tuzaktır. Akıl, yaşamak için vahşice öldürmeyi öğretir. İnsanları seveceğin zaman akıl hemen karşına dikilir. Ve büyük bir tuzak. Ben akıllı değilim, akıl bana hiç bir şey öğretmedi, bütün bildiğimi yürek verdi, vicdan verdi. Gök kubbenin göz aldatıcılığında ve yıldızların görünüşündeki hareketinde bile vicdan gizlidir. O halde!.. gelişmek istiyorsan çevrene iyi bak, dikilme, eğil. Unutma, kötülük, insanların akla uygun bulduğudur. Hep akıl dersen bunalıma girersin, kalbinin ve yüreğinin sesine de kulak ver." [5c]

Tolstoy, kendi döneminde Kırım Türkleriyle ve Çeçen müslümanlarla karşılaştığını hatta Çeçenlere esir bile düştüğünü anlatır: "Saro isminde müslüman bir Tatarla dost olmuştum. Eğer aklımı dinleseydim dost olmamam gerekirdi, çünkü çevremdeki tüm akıllılar böyle söylüyordu: "Onlara yaklaşmayın!"

15 Haziran 1853'te bu Tatar arkadaşımdan dönerken çeçen müslümanlara bir Rus subayı olarak esir düştüm. Öldürülmeme ramak kalmıştı. Eğer onlar akıllarını dinleselerdi beni katletmeleri gerekirdi. Ama yürek ve vicdanlarını dinlediler. Demek ki akıl değil de yürek, vicdan dinlense herşey başarılacak. Bana sıcak kahve ikrâm edildi. Şimdi sizler! Hepiniz acınacak mahluklarsınız. Biraz da yüreğinize kulak verin."

Dev yazar, kişiliğinde yaşadığı gelişimini bakın nasıl anlatıyor:

"Daha elli yaşıma gelmemiştim. Seviyordum, seviliyordum, iyi çocuklarım, büyük bir toprağım vardı, ünlüydüm, sağlığım yerindeydi, bedence güçlüydüm. Bir köylü gibi ekin biçebilecek durumdaydım; on saat hiç durmadan çalışıyor, yorulmuyordum. Fakat birdenbire hayatım duruverdi. Soluk alabiliyor, yiyor, içiyor, uyuyordum. Ama yaşamak değildi bu.

Hiçbir şeyi arzulamıyordum artık. Arzulanacak hiçbir şey olmadığını biliyordum. Gerçeği bilmeyi bile arzulayamıyordum. Gerçek, hayatın bir saçmalık olduğuydu. Uçuruma gelmiştim, önümde ölümden başka hiçbir şey bulunmadığını açık açık görüyordum. Ben; bu sağlam, bu mutlu adam, artık yaşayamayacağımı seziyordum. Görünmez bir güç hayattan sıyrılmaya yöneltiyordu beni. Kendimi öldürmek istiyordum demeyeceğim. Beni hayatın dışına iten güç benden daha güçlüydü; eski hayat isteğime benzer bir istekti bu, ancak ters yönde işliyordu. Buna çabuk boyun eğmemek için kendi kendime karşı kurnazlık etmek zorundaydım. İşte ben, bu mutlu adam, her akşam soyunurken, yalnız kaldığım odamın dolapları arasında kendimi direğe asmamak için, ipi kendi kendimden saklıyordum. Şeytana uymak korkusuyla, silahımla ava gitmiyordum. Birinin yaptığı saçma bir şakaymış gibi geliyordu hayat bana. Kırk yıl boyunca çalış, didin, ilerle, sonra da ortada hiç bir şey olmadığını gör.

Geride hiçbir şey. Kala kala çürümüş bir beden ve kurtlar kalacak benden... İnsan ancak yaşamakla sarhoş olduğu sürece yaşıyabilir; ama sarhoşluk geçer geçmez, herşeyin bir aldatmaca olduğunu görür... Aile ve sanat yetmezdi artık bana. Aile demek, benim gibi mutsuzlar demekti. Sanat, hayatın bir aynasıdır. Hayatın bir anlamı kalmayınca, ayna da oyalayamaz artık insanı. En kötüsü, boyun eğemiyordum. Ormanda yolunu şaşırmış, yoluna şaşırdığı gibi dehşete düşmüş bir adam... [6]

Tolstoy, böylesi bir negatif durumdan çoşkulu pozitif duruma nasıl geçtiğini bir bir anlatmış. Kiliseye nasıl yanaştığını fakat şahit olduğu Hristiyanlığın dogmalarla ve çarpıklıklarla dolu olduğunu da ifade eder: "Şaraplı ekmek yeme törenleri ve bu şarabın İsâ'nın kanı olduğu iddiası çileden çıkarıyordu beni. Din, bilinçli ve çıkarcı yalancılık altında çiğnenmemelidir. Dinde yükseklik, kariyer; iyi ve erdemli insan olmaktan geçer. Hazreti İsa'nın, Allah'ın elçisi olduğuna inanıyorum, ama günümüz Hıristiyanlığının anlayışına ve teslise inanmıyorum."

Tolstoy, aslında başarısının ve kişisel gelişiminin kaynağını dinde görmüşütr. "Doğmatik Tanrıbilimin Eleştirisi" "Dört İncilin Uygunluğu" ve 1883'te yazdığı "İnancın Nedir?" adlı eserlerinde, âlemleri yaratan tek bir Allah'ın olduğunu, başarıların ve bilginin kaynağının Allah'ın vicdan, merhamet, tavsiye, istek ve yasaklarında yattığını söylemiştir. "İtiraflar" adlı eserinde bu gerçeğe nasıl kavuştuğunu uzun uzun anlatır: "Ne kadar tuhaf gelirse gelsin, bundan bin sekiz yüz sene evvelki, bin beşyüz sene evvelki, hatta ikibin beşyüz sene evvelki kuralları yeni bir keşfeder gibi keşfettim. İsâ gibi, Muhammed gibi, Buda gibi, Konfüçyüs gibi merhamet ve bilge sahibi insanların insanlığa Allah tarafından gönderildiklerine inanıyorum. Onların insanlık derslerini çok iyi inceledim. Başarımın, mutluluğumun, coşkumun, sanki yeniden doğmuş gibi olmamın kaynağını onlara borçluyum."

Tolstoy binlerce sayfa kitaplar yazmasındaki büyüyü şöhretli yazar olmasındaki sebebi şu kurallara uyma gayretine bağlamıştır:

▪ Öfkelenme! ▪ Eşini başkasıyla aldatma! ▪ Yalan yere yemin etme! ▪ Bedenine ve ruhuna zarar verecek şeyleri içme! ▪ Kötülüğe kötülükle karşılık verme, adaleti uygula! ▪ Kin ve nefretten uzak dur! ▪ Allah'ı ve bilge insanları, Alimleri kendin gibi sev! ▪ Kendine düşünme zamanı ayır! ▪ Başladığın işi yarım bırakma, belki başarıyor olduğunu görmüyorsundur!

Başarının çoşkuda olduğunu, coşkunun da inanç ve maneviyatta gizlendiğini, hayatın anlamının da bu olduğunu ifâde eden Tolstoy şunları söylemiştir: "Allah'a inanıyorum. O, aşktır, coşkudur, her şeyin ilki ve ilkesidir. Benim kendimde olduğum gibi, O'nun da bende olduğuna inanıyorum. İsa'yı tanrı saymak, ona dua etmek kutsala yapılan en büyük saldırıdır. İnsanın gerçek mutluluğunun Tanrı buyruğunu, yerine getirmek olduğuna inanıyorum; Tanrı buyruğunun her insanın, benzerlerini sevmesi, onlara karşı onların kendisine davranmalarını istediği gibi davranması olduğuna inanıyorum. Bütün peygamberler böyle söylemiştir. Kişisel gelişim gücümüzün ve sevgimizin, bu dünyada her gün büyüyecek bir mutluluk, öbür dünyada da kusursuz bir göksel mutluluk sağlıyacağına inanıyorum."

Başarısının gizemli penceresinin dua olduğunu söyler Leon Tolstoy: "Her şeyde ilerlemek için bir tek yol bulunduğuna,bu yolun dua olduğuna inanıyorum. Sonsuz hayata inanıyorum; insanın, burda ve her yerde, şimdi ve her zaman eylemlerine göre ödüllendirileceğine inanıyorum. Bütün bunlara öyle kesinlikle inanıyorum ki, bu yaşımda, mezarın eşiğinde, bedenimin ölümünü, yani yeni bir hayata doğuşu dilemek için çaba harcamam gerekiyor." (7)

▪ YILDIZ KAYIYOR...

Baştaki aynı satırları bir kez daha tekrar etmek istiyorum. 1900 yılına gelindiğinde Tolstoy'un onüçüncü çocuğu oldu. Aynı yıl bazı artniyetli çevreler, Tolstoy'un ihtilale kalkaşacağı söylentisini yaydı. Bu fısıltı Çar Aleks'in kulağına gitti. Ama önemsemeyerek şöyle dedi: "Hayatıma kastedmedikçe Tolstoy'a dokunulmasını istemem. Ona zarar verip, mazlum seviyesine getirerek dünya insanlarını aleyhine çevirmem. Suçlu ise vicdanı bilir."

1895'te Efendi ve Uşak, 1897'de Hacı Murat kitaplarını kaleme aldı. 1902'de gittiği Kırım'da Maksim Gorki ve Anton Çehov'la tanıştı. 1905 eylülünde milletinin bağımsızlığı için İngilizlere karşı mücadele eden, bu yüzden de Johannesburg'a sürgüne gönderilen Hindistanlı Gandhi'ye moral mektubu yazarak, kötülüğe karşı gösterdiği milli mücadeleyi taktir ettiğini söyledi. (8)

Tolstoy'u bazı zamanlar tek başına görenler onun acı acı ağladığını söylemişlerdir. Sonradan çevresine anlattığına göre masum insanların ızdırapları ve ölümden sonraki hesap günü onu duygulandırıyormuş.

Yayınladığı kitapların gelirini yoksul halka bağışlamıştı. Gençliğinde tam okuyamamış, yirmi yaşında liseyi bitirmiş. Öğretmenleri, "Kalın kafalı, bunun kafası hiç bir şey almaz." demişlerdi. Ama yazdığı eserlerle dünya onu taktir etti. Ömrünün sonuna kadar yoksulluğun ortadan kaldırılması için uğraşmıştı.

Leo Tolstoy bir gün alıp başının uzaklara gitmiş. Tüm yolculuğunu trenle yapmış. Tepelerden geçip, nehirleri, gölleri, bozkırları aşmış,geniş ormanları seyretmiş. Tanınmamak için kılık kıyafet değiştirmiş. Yolda bir ara rahatsızlanarak, trenden inmek zorunda kalmıştı. İndiği yer Astapovo kasabasıymış. İstasyonda bir tren işçisi tebdili kıyafetine rağmen bu ünlü adamı tanıyıp evine dâvet etmiş. Tolstoy, bir kaç gün bu işçini evinde kaldıktan sonra kendine tek odalı bir ev tutmuş. O sıralar bütün dünya gazeteleri, "Tolstoy esrarengiz bir şekilde ortadan kayboldu." diye yazmıştı. İstasyon işçisi söz vermişti, onu kendisinin dışında kimse tanımayacaktı. Bir kaç yıl sonra hastalanınca durum öğrenildi. Bütün dünya, ünlü yazarın Astapovo diye bilinen küçük bir kasabada yaşadığını öğrenmişti. Tolstoy çok ağır hastaydı. Haber dühyanın dört bucağına yayıldı. Onun hastalığı bütün dünyada heyecan uyandırmıştı. Çar öldüğünde kimse ilgilenmemişti bile. Ama Tolstoy hastalandığında bütün dünya dört gözle, üzgün bir halde sonucu beklemişti. Astapovo köyü, dünyanın en ünlü köyü olmuştu.

Sonunda beklenen gerçekleşmişti. Bu yaşlı adam 8 Kasım 1910 yılında 82 yaşında hayata gözlerini yumdu. Son nefesini verirken dudaklarıyla şu sözleri mırıldanmıştı: "Allah her şeyi düzeltecektir! Aramaktan bıkmayın! Arayınız... Daima arayınız!" [9]

1) Tolstoy is Living (Edward Garnett).
2) Tolstoy is Living (Edward Garnett).
3) The Life of Famous Men (Stuart Sewel).
4) Famous Authors. Jean Grater. Gerard Library. Perth. Australia.
5a, 5b, 5c) Meşhurların Bilinmeyen Yönleri. Ak.
6) Tolstoy'un Hayatı. Tahsin Yücel. Belkıs Boyar. Varlık.
7) Tolstoy'un Hayatı. Romain Roland. Varlık.
8) Mahatma Gandhi. Gandhi in İndia. Gerard Library. Jean Grafer. Perth Australia
9) Nasıl Yükseldiler? Tolstoy. Dale Carnegie. Plastik. Yay.

"İnsanlık Uğrana Kendini Feda Eden Bilge"

BUDHA Nasıl Başardı?

"Izdırap bir duygudur, zengini de bulur fakiri de. Izdırap ona nasıl bakıldığına bağlıdır, ya siz onu kullanırsınız ya da o sizi kullanır. Kendinin farkında olmadığın ve işlediği günahı sevap sayabilecek kör ve şaşkın bir adamsan ızdırabın kollarındasın demektir. Kötü olmayana da ızdırap vardır, fakat etki etmez. Edebiyetten esen bir ilham rüzgârı ol! Sesini semavileştir. Gerçek kudret fazilettedir. Izdırabı hatırlatmayacak, onunla ilgili tüm hatırlatıcı bağını kopartacak adam mutlu olur; ancak, kötülük, kötü duygular, çaresize eziyet ızdırabı hatırlatıcı duyguları koparmada engeldir. O halde sen iyi olki mutlu ol."

Gautama Budha Milattan önce 560 yılında, Hindistan'ın bereketli Ganj ovalarının bulunduğu bölgede doğdu. Ailesi yoksul değildi, hatta aristokrat denilebilirdi, fakat kendisi zengin mekânları mâbed, parayı da mâbud edinmemiş bir insandır. Konfüçyüs'ün Çin bölgesinde dünyaya gelmesinden 10 yıl sonra Hindistan bölgesinde Budha doğmuştur. Yani, her ikisi de aynı anda yaşamıştır. Budha'nın vefâtından 1 yıl sonra Kung Fu, yani Konfuçyüs hayata gözlerini yummuştur.

Budha, "Aydın İnsan" anlamına gelmektedir. Budha'nın, dünya malı hiç bir zaman gözünde olmamıştır. Bu, hiç de kolay bir tercih değildir. O, sanki ilâhi bir emir almışcasına zamanının insanlarına müşfik bir dille hakikati anlatmıştır.

Evlenmiştir, 29 yaşına geldiğinde de 1 erkek çocuğu olmuştur. Budha, geniş düzlüklerde, çayırlarda gezinmekten haz duyan bir insandı. Ormanlarla kaplı Vindhya tepelerinin eteklerinde bir kenara çekilip düşünceye dalınca mutlu olurmuş. Dekkan bölgesinin yemyeşil, huzur dolu yaylaları onun sığınağı haline gelmişti. Ölmeyecek kadar bir yiyecekle gerçek enerjiyi yakalamaya çalışmıştır. O, beden yönünden güçlü olabilmeyi ruh terbiyesine bağlamıştır. Ruhu kirli olanın bunu yüzüne yansıttığını söylemiştir. Sufli bir yaşam asli yaşama asla yeğ tutulamazdı. Hoş olan herşeyin faydalı olacak diye bir kuralı yoktu. Ona göre nice hoş görünen zevklerin altında aslında binbir ızdırap ve tuzaklar yatmaktadır. İnsanlar, beden ve ruh sağlıklarını çoğu kere bir anlık zevkleri uğruna sufilleştirmektedirler. Suflileşen, çirkinleşen beden nihayetinde Yaratıcı'nın karşısına gelip ruhunu, ızdıraptan kurtarmak ister. Ancak eğer bir canlıya zulüm varsa, Budha'ya göre bu insan için ahiretin hiçbir faydası olmayacaktır. O bakımdan Budha, hiç bir canlıya eziyet edilmemesini çevresine sıkı sıkı tenbihlemiştir. İlk anda Batı'nın anladığı tarzdaki hümanizm gibi anlaşılan Budha'nın bu yaklaşımı, gerçekte çok daha farklı bir öğretidir. Onun insanlık sevgisinde ilahilik vardır, batınınkinde ise inkâr ve materyalizm.... İyilik, Bazı Batı yaklaşımında olanlara göre insan için yapılır. Yani, Sanat Sanat içindir görüşünde olduğu gibi, İnsanlık İnsanlık içindir. Oysa ilahilikte insanlık (iyilik) Allah içindir; sanat neden kendisi için olsun ki, halk için olmalıdır. İyilikler de neden insanlık rızası için olsun ki, Allah rızası için olmalıdır. Peki bu neyi değiştirir? Çok şeyi değiştirir. Bir defa olayın gerçekten mantıklı sosyolojik bir açıklaması vardır. Şöyle ki: Allah rızası için değil de insanlık sevgisi adına yapılacak iyiliklerde mutlaka beğeniler, ayrıcalıklar, tercihler, karşılıklı çıkarlar, beşeri zaafiyetler araya girecektir. Yaptığınız bir iyiliğin mutlaka karşılığını görmek isteyeceksinizdir. Diyeceksiniz ki, "kardeşim tamam karşılık beklemiyorum ama insan yine de ..." İşte bu "yine de"Allah rızasında olmaz, Allah rızasını gözeten adam olgun insandır, yorum yapmaz, döner yoluna gider, psikolojik sıkıntı da çekmez.

Yaptığınız iyiliğin karşılığını göremeyince omuzlarınızda rahatsız edici bir yük hissedeceksiniz ve bu yük sizin yaşam şevkinizi kıracak; sizi "Bir daha da iyilik yapmayacağım" gibi irâde zayıflığına düşürecektir. Hatta, iyiliği karşınızdaki insanın rızası için yani insanlık adına, yani hümanizm adına yapıp, bırakın karşılığını almak, bir de üzerine kötülük görürseniz kaşarlanırsınız, siz de kötü biri olup çıkabilirsiniz. İşte hümanistı - materyalist toplumlarda böyle kaşarlanmışlıklara sıkça rastlanır ve kimse kimsenin yüzüne bakmaz, bakılsa da sözde hümanizm adına bakılır. Ama zaten bu yaklaşım değilmiydi ki araya karşılıklı menfaatleri soktuğu ve resmi soğuk iyilikler yaklaşımını sergilediği için sonuç böyledir. Bir de Allah rızası için yapılan iyilikleri düşünün, zerre kadar hiç bir menfaatiniz, beklentiniz olmadan yaptığınız iyilikler... Kendinizi, kuş gibi hafif hissedersiniz ve kötülük dahi görseniz, "Ben onun karakaşı, karagözü için değil, Allah rızası için yapmıştım, gerekirse bir daha iyilik yaparım" der, geçer gidersiniz, ama ne müthiş, ne tetikleyici bir cevap, tam bir kişisel gelişim. Siz, karşılığında kötülük görseniz de, iyiliğinizin bedelini Allah'tan alacağınıza inandığınız için ne kadar müsterih olursunuz... İşte gerçek mutluluk, gerçek kişisel gelişim budur.

Gautama Budha, saçını iyice tıraş edip, üzerine o zamanın fakir rengi olan sarı renkte uzun bir elbise giyerek iç bilincini kuvvetlendirmeye ve kendini tanımaya çalışmıştır. Budha, iç bilinci ve nefsi kontrol altına alırken vücuda zarar verilmesinden yana değildi. İnsanın her şeyi parlak görüp, anlayabilmesi için, kuvvetli bir mantığının olması gerekir, bunun için de normal hayat yaşanmalıdır. Vücüda eziyet edilerek nefs islah edilemez, Yaşamadan koparak yaşamın gizemi çözülemez. Budha bunları söylediğinde etrafındaki bir kaç taassub sahibi insan onu terketmiştir. Fakat zaman onu haklı çıkardığında geri dönmüşlerdi.

Budha, tabiatın en büyük sır olduğunu, hayvanların hareketinden insan yaşamına dair çok önemli ipuçları çıkartılabileceğini söylemiştir. 2500 yıl önce söylenen bu ifadeler bugün gerçektir. Uçak, helikopter, gemi, grader, denizaltı.... Hep tabiat sanatına göre yapılmıştır. Budha yapayalnız bir şekilde Gaya ormanlarında dolaşmayı, Neranyara nehri kıyılarında temiz hava almayı, bereketli Ganj ovalarında gökyüzünü seyretmeyi, Vindiya yaylalarının geniş çayırlıklarında tefekküre dalmayı hiç ihmal etmeden yaşamıştır. O, insanlarca bilinen tüm ruh hallerini hissetmek istemiştir. Ruhu, hissiyatı, duygusal bakışı hemen tüm gerçeklere açılmış vaziyetteydi. En karanlık ümitsizlikten en aydınlık ve en umut dolu bir yaşama nasıl dönülebileceğinin sırrını kavramıştı. Kalbini kaplayan bu coşku sırrını, bu büyük sevinci kimseye açmayıp, saklamak istedi. Ruhundaki aydınlık ve huzura kavuşma rahatlığı ona geçmek zorunda kaldığı kaygan basamaklara mal olmuştu. Yaşamı gözlemlemiş, tabiatı gözlemlemiş, insanların hareketini gözlemlemiş... Bütün bunları yapmadan çok önce kendini gözlemlemiş. Öncelikli keşifle ömrünün sonuna kadar mutlu olacağına inanmıştı. Bütün insan duygularını yaşama mücadelesi vermiş bir insan bu gerçekleri kendine saklamayıp tüm çevresine yaymalıydı. Hemen Benares bölgesine doğru yola çıktı. O, bütün dünya insanlığına, kendine ayan olan hakikatleri anlatmak istemişti.

Hikmet dolu sözleriyle, güven veren hal ve hareketleriyle kalplerdeki merhametsizliği, gelişimsizliği, şiddet dürtülerini ve ilahiyatsızlığı gidermeye çalışmış olan büyük bilge Budha'nın 4 Büyük Gerçek ilke'si vardır: Izdırap Sebepleri, Çaresi, Doğru Düşünmek.

Çile ve ızdırap gerçeği ile ilgili şöyle demiştir Budha: "Izdırap, evrensel olan ve ömrümüz boyunca bizim peşimizi bırakmayacak olan gerçektir. Doğuş ızdıraptır, ihtiyarlık ızdıraptır, hastalık ızdıraptır, ölüm ızdıraptır, isteklerin elde edilemeyişi ızdıraptır"

Budha'ya göre bir defa bu gerçek kabul edilmeli. Ama, bakışın güçlülüğüne göre aslında insanların ürettiği bir kavram olan mutluluk, yine bu gerçekte yani ızdırapta saklıdır.

Izdırabın Sebeplerini Budha, insanların, eğer isterlerse değiştirebilecekleri apayrı karakterlerinde buluyor. Daima bir istek peşinde koşmak, insanın aslında boş ve ilkel yönünü yansıtan bir duygudur. İnsan doğduğu andan itibaren istek duyar, kimi özdür kimi ilkeldir. İnsan, olamayacağını bildiği halde, kudret sahibi olmak için çırpınır.

Üçüncü büyük gerçek ızdırabın çareleridir. Izdırabı, yaşamın akışı içerisinde etkisiz kılmak mümkün. Onun engel olarak değil hız olarak değerlendirebilen kazançlıdır. Budha'nın yorumu şöyledir. "Izdırap, bir duygudur, zengini de bulur fakiri de. Izdırap ona nasıl bakıldığına bağlıdır, ya siz onu kullanırsınız ya da o sizi kullanır. Kendinin farkında olmadığın ve işlediğin günahı sevap sayabilecek kör ve şaşkın bir adamsan ızdırabın kollarındasın demektir. Kötü olmayana da ızdırap vardır, fakat etki etmez. Ebediyetten esen bir ilham rüzgarı ol! Sesini semavileştir. Gerçek Kudret fazilettedir. Izdırabı hatırlatacak, onunla ilgili tüm hatırlatıcı bağını kopartan adam mutlu olur, Ancak, kötülük, kötü duygular, kula eziyet ızdırabı hatırlatıcı duyguları koparmada engeldir. O halde sen iyi ol, mutlu ol."

Büyük bilge Budha'nın her başarılı büyük adamlar ve bilgeler gibi vermek istediği tek mesajı kötülük limanlarından demir alarak masmavi iyilik okyanuslarına yelken açmaktır.

Budha, yine mutluluğu ve sağlamlığı, iç huzuru ve dış huzuru yakalamanın yolunu şöyle ifade etmiştir: "Biz, kin ve gazabla dolu bu dünyada düşmansız olarak ve tam bir sevinç içinde yaşıyoruz! Kin ve düşmanlıkla dolu olan insanlar arasında biz kinsiz ve garazsız oturuyoruz! Hastalar arasında tam bir sıhhatle ve sevinçle yaşıyoruz. Biz hasta insanlar arasında hastalıksız yaşıyoruz! Biz yorulanların ortasında, tam bir saadetle ve yorulmadan geçiyoruz. Yorgun insanların ortasında biz yorulmadan geçiyoruz. Yorgun insanların ortasında biz yorulmamış bir haldeyiz! Hiç bir şeye malik olmadığımız halde tam bir sevinçle yaşıyoruz! Sevinç, parlak ışıklar gibi, bizim ezeli gıdamızdır."

Büyük Bilge'nin vermek istediği mesaj yapılan iyilikler karısısında ne hastalığın, ne yorgunluğun, kalmamış olmasıdır. Devamla şunları söylemiştir Budha: "Biz hastaların arasında hastalanmıyoruz, çünkü hastalara yardımcı oluyoruz, biz yorgunların arasında yorulmuyoruz, çünkü yorgunlara yardımcı oluyoruz. Ganj nehrinin garp sahillerinden geçilsin, sadaka dağıtılsın veya dağıttırılsın, kurban kesilsin veya kestirilsin, bütün bunlar için hiç bir iyilik yapılmış olmaz, çünkü bunlar zaten yapılması gereken şeylerdir."

Dördüncü Büyük Gerçek, "Doğruluk"tur. Şunları söylemiştir Gautama Budha: "Doğru görüşe sahip olmak; doğru düşünmek, doğru konuşmak, doğru hareket etmek, iyi bir hayat yaşamak, doğru çalışmak, zihnini doğru fikirlerle doldurmak, doğru problemler üzerinde zihin yormakla olur." Ona göre Vücüt, beyin ve dil doğru yolu bulmada ne kadar uyum gösterirse başarı ve mutluluk o kadar yakına gelir, elde edilir. Arhat derecesinde Nirvanaya sıyrılarak sükûnet içerisinde düşünebilmeyi gerçekleştirmek gerekir.

Budha yukarıdaki gerçeklerle (Yüce Yaratıcı, Nirvana) zamanının Hinduizm dinine de tepki duymuştur. Onun yaşadığı dönemde de Hindistan'da toplum bölümlere yani kastlara ayrılmıştı. Doğan her insanın durumunu kastlar belirlerdi. Âdeta hiçlik inancı taşıyan din adamı Brahmanlar, en üst düzeyde, fakir ve yoksul insanları yanlarına bile yaklaştırmazlardı. Hinduizm'in ahiret inancı yoktur, bir ölen bir daha bir daha dünyaya gelir. Bu dine göre fakir insanlar, paryalar, imtiyazlı sınıfa hizmet etmek zorundaydılar. Onların mutluluk diye birşeyleri olamazdı. Fakir ve paryalar, zenginlerin ve din adamı Brahmanların girdiği yere giremez, yediği yemekten yiyemezdi, bu şiddetle yasak edilmişti. Onların günlük hareketlerini, dini inançlarını Brahmanlar tayin ederdi. Hizduizm böyle bir dindi. İşte böyle bir ortamda herkesi ve herşeyi yaratan tek Allah inancı ile ortaya çıkan Guatama Budha, insanların o ana kadar duymadıkları şeyleri söylemişti, çok farklı bir mesaj getirmişti. Budha, ortaya çıktığında, insanların ne kadar zavallı durumda olduklarını söylemişti. Onun yumuşak başlılığı, merhametli oluşu insanları kendisine çekmişti.

Dini, Hinduizm'deki gibi tören olarak görmemiştir. Onun Sekiz Aşamalı Geçit'i ahlâk kaidelerine dayanıyordu. O, dinin, merhamet ve ahlak, fazilet ve edeb pratiğine dayanması gerektiğini söylemiştir. Dinî bir törenin, ahlâki yaşam açısından yeterli olamayacağını söylemiştir. Tıpkı, pratiğe geçirilmediği, hayatta hareketlerimize yansıtılmadığı sürece namazın da sadece bir dini tören olarak kalacağı gibi.

Budha, Hinduizm ve Kast sistemini inkâr etmişti. Ona göre bütün insanlar, eşitti, fakat sadece ahlâkı iyi olanlar, merhametliler, yüksekti. Tıpkı islâm dinindeki, "üstünlük takvadadır, arabın arab olmayana üstünlüğü yoktur" ilkesi gibi. Hiç bir canlının hakkının gasbedilmemesini söylemiştir. Yalan söylemeyi, çalmayı, zinayı, sarhoş edici içkileri, tanrısal gücü olduğunu iddia etmeyi yasaklamıştır. O bir yepyeni din getirmişti çağının insanlarına: Tek olan Allahın dini.

Onun ilkelerinde apaçık, harfi harfine islâm ilkeleri göze çarpar. Budha kendine inananlara ve kendi dininin rahiplerine kesinlikle namuslu bir hayat yaşamalarını söylemiştir. Budist rahipler, değil üstün olmak Hinduizmdeki gibi, bilâkis bütün insanların emrindeydiler. Budha dininde, Hinduizmdeki gibi kadınları aşağılama olmamıştır. Budha'nın bizzat kendisi kadınlarla erkeklere eşit haklar getirmiştir. Budha kadınlara verdiği ilâhi kıymet neticesinde onların büyük sevgi ve sempatisini kazanmıştır.

Budha, ömrünün 45 yılını yurt yurt, bölge bölge, dolaşarak geçirmiştir. Bütün amacı, "Nirvana" dediği Yüce Yaratıcı'nın mesajları olan doğruluk, fazilet, takva, merhamet, edep duygularını halka tebliğ etmekti. Kuzey Hindistan'da ve Bihar bölgesinde insanlar tarafından öyle karşılanıyordu ki, herkes onu evine misafir etmek istiyordu. Getirdiği mesajla, hiç bir zaman Hinduzm'e hakaret etmemiş olduğu söylenir; o sadece kendisine (Kendinin deyimiyle) ayan olan mesajları iletmiştir. Kendisi ve çevresindeki yakın müridleri son derece sade bir hayat yaşamışlardır, uzak yerlerden gelenler onu görmek için zahmetlere katlanmışlardır.

Onun şu sözü değerli insan olduğunu gösterir:

"Ben ne öyleyim ne de böyle, orta dünyalıyım; Ne bir devlet adamının kölesi olurum, ne de bir kölenin efendisi. Kendisinden başka bir tarafta oturan ancak Allah'tır."

Fenalık ve kötülüğün bir hesabının verileceğini söylemiştir Budha: "Bütün yapmış olduğu fenalıklar, sütün yavaş yavaş koyulaştığı gibi, bir gün ayaklarına dolaşacak ve kül altında kalan ateş gibi seni yakacaktır."

Yaşamda, hiç bir şeye kötülük yapmaya değmeyeceğini, kimsenin kalbinin kırılmaması gerektiğini, hiç bir şeyin ciddiye alınacak kadar önemli olmadığını, hiç bir kötülüğün sorunu çözmeyeceğini nasihat etmiştir; "Şu ızdırablı çehreye bak! içinde kimbilir ne bitmez istekler ve hevesler konuklamıştır. O halde kötülük yapmaya değer mi? Şimdi dayanacak bir gücü kalmayan bu vücut ne kadar çökmüş! O, ihtiyarlığın, acizliğin ve sefaletin bir yuvası imiş gibi yıkılıp gitmiş... Hayatın sonu ölümdür. Sonbahar kabakları gibi şuraya atılmış olan bu beyaz kemik yığınını görerek nasıl iyi insan olmazsın?"

"Gözlerini gökyüzüne çeviren adam ölümün pençesinden, fenalıklardan kurtulur, hakikati görür...

Ne tuhaftır, 2500 yıl önce Hindistan'daki Kast sistemini, imtiyazcılığı, paryacılığı tek Allah inancının mesajıyla kaldırma mücadelesi veren Budha'dan 2500 yıl sonra da Mahatma Gandhi adında bir lider çıkıp, Hindu dinine mensup olmasına rağmen Kur'andan ayetlerle Kast sistemine, Brahmancılığa, paryacılığa, köleliğe karşı çıkacaktı. Her aklı başında insan, neye mensup olursa olsun. hangi bölgede olursa olsun, hangi ırka ait olursa olsun hakikati görebilir, Newyorktan da gece gökyüzündeki yıldızlar görünür, Afrika'nın dağ başındaki bir köyünden de; Newyork'taki bir insanla Suriye'nin çöl kasabasındaki bir insanın kalbi aynı atabilir, aynı şeyleri hissedebilirler. hakikati kalplerinde duyabilirler, aynı ızdırap için gözyaşı dökebilirler.

Bu yaşama nasıl bakıldığına bağlıdır, çöldeki bir insan o kadar etkileyici malzemelere rağmen Allah tanımaz olup çıkar da, Newyork'un bir köşesindeki adam o kadar olumsuz şartlara rağmen gözyaşları içerisinde Rabbine yakarır, yalvarır, farketmez ister hırıstiyan olsun, ister musevi, isterse müslüman.

Budha'yla ilgili, başından geçen gerçek bir öyküsü anlatılır; Allavi bölgesindeki Simsapa ormanlarında yaşayan bir adam Budha'yı görmek ister. Koyun kuzu ve sığırların geçtiği hafif yokuş aşağı olan patika yolun başına oturur, bekler. Bir müddet sonra Budha görünür. Hemen kalkar, ona yaklaşarak şöyle der:

"Efendim, siz şu an mesut musunuz?"

"Budha cevap verir:"

"Evet mesudum. Mesut bir hayat sürüyorum. Bu dünyanın mutlu, mesut insanlarından biri de benim."

Bunun üzerine adam şaşırmış bir halde,

"Hava çok soğuk, nerede ise her yer donmuş. Sığırların ayak izlerindeki sular dahi buz tutmuş. Sıcak ortamlarda yatıp kalkmıyorsunuz, âdeta yapraklardan yaptığınız yataklar kullanıyorsunuz, sarı entarileriniz de (cübbe) incecik, kış rüzgârı bıçak gibi. Nasıl mutlu olabilirsiniz?"

İçindeki coşkunun tesiriyle, başarıya giden yolda kendisini terbiye etmiş olan Budha, adama karşılık şunları söylemiştir:

"Seni bu soğukta patika yolun başında saatlerce bekleten duygu ve sebep ne idiyse, bana bu gücü veren duygu ve sebep de odur: Bir işte coşkulu, kararlı inançlı ve samimi olarak istekli olunmalıdır. Mutlu bir hayat sürüyorum. Bu dünyanın mesut insanlarından biri de benim."

Budha, hiç bir vakit inandığı ahlâkından taviz vermemiştir. Ne bir yılgınlığa ne de bir ümitsizlik hissine kapılmıştır. Onun, inancını savunurken kullandığı metod, Sokrat'ın metoduna benzemektedir. Sokrates Budha'dan yüz yıl sonra doğmuş olmasına rağmen, Budha ve Konfüçyüs ile aynı inançsal metodları kullanmışlardır. Bu üç insan, çağının âdeta uyarıcılarıydılar; dürüst bir hayat yaşadılar, edebli oldular, borçlarına sadık kaldılar, kul hakkı yemediler, keskin bir zekâya sahiptiler, Allahı ve onun yüce adâletini anlattılar. İçinde yaşadıkları topluma düşman olmadılar, daima merhameti gözettiler. Başarılı olmak isteyen bir insan onların hayatını okumalıdır, görecektir ki başarıya giden tek yol kişisel gelişimden geçmektedir, o da kendini bilmektir. Çağımıza müthiş bir modeldir, Konfüçyus'un, Budhanın, Sokrates'in, Goethe'nin, Hipokrat'ın, Beethoven'ın Edison'un, Mahatma Gandhi'nin, Abraham Lincoln'ün, Florance Nightingale'in, Dostoyevski'nin, Farabi'nin, Mevlana'nın, Gazzali'nin ve daha nicelerinin hayat öyküleri.

Budha yüksek bir zekâ ve mantık kullanarak, Brahmanların yanlışlıklarını onlara izah eder, kafalarını karıştırıp düşünmelerini sağlardı. Kendisine olan güveni büyüktü. Tek bir Allah inancı dışındaki karşısına çıkan deliller ne kadar büyük olursa olsun, ne kadar etkileyici olursa olsun o kesinlikle çekinmemiştir. Bununla ilgili şunları söylemiştir: "Ben herhangi bir kimse ile tartışabilirim. Zihnimi bulandırmalarına imkân yoktur. Böyle bir imkân bulunmadığını bildiğim için sükünetimi muhafaza ederim, kendime olan güvenimi kaybetmen."

Budha'nın, ruhu okşayıcı çok güzel sözleri vardır; samimi bir kalpten döküldükleri için, okuyana kesin tesirler yapar, hatta kimilerinin kendine geldiği, kendini bulduğu, yeteneklerinin farkına vardığı an olabilir onun sözleri:

"Doğru düşün! Cezamızın sebebi bir kadın (Havva) olduğu gibi, şimdi sevaplarımızın mükâfatı da bir kadındır.

Budha'nın burada vermek istediği mesaj, gerilere gidip Hz Havva'nın, onun yüzünden cennetten kovulduğumuzu söyleyip kötülenmemesidir. Çünkü, cennet anaların ayağı altındadır. Budha bunu çok iyi biliyordu, analara gösterilecek hürmetin mükâfatının farkındaydı.

"Yollara düş! Çoğun selâmeti için, çoğun saadeti için, âlem için, hayır için... İnsanların saadeti ve Allahın rızası için merhametle yürü." Bütün başarılı insanlar incelendiğinde onların gezginci ruhlarının olduğu görülür. Bu da, gözlemin insanın başarısında ne kadar etkili olduğunu göstermektedir.

Sözden ziyâde, kişinin davranışlarının önemli olduğunu ifade etmiş olan Budha, dini törenden dahi önemlidir der davranışlar. Sözlerin ve dini törenlerin (Örneğin namaz da bir dini törendir aslında) insanı vardırmak istediği yer, iyi ve merhametli insan olmasını sağlamaktır. Değilse güzel sözler ve yapılan ibadetler aslolan değildir; evet direktir, çünkü sizi aslolana götürecek en emin yol olarak görülmüştür de ondan. Ama siz "Nasıl olsa dinin direğini cebimde taşıyorum," deme gibi bir tuzakla karşı karşıyasınız. Oysa islâmda da asıl olan kul hakkıdır. Şu anda da en çok konuşulan, en çok tartışılan konu kul hakkıdır, namaz değildir, En çok emredilen de kul hakkıdır. Kıymetli, adaletli, merhametli, biricik insan Hz. Muhammed, "Vallahi, hakkını yediğiniz, bir hıristiyan da olsa, bir yahudi de olsa, bir dinsiz de olsa hatta bir zalim de olsa onun rızasını almadığınız sürece Allah sizden razı olmaz."[5] Yüce İslâm dini ve onun Peygamberi merhametli ve adaletli insan Hz. Muhammed, işte böyle bir din, işte böyle bir peygamberdir, Zalimin hakkını savunacak kadar yüce olan böyle bir dine Goethe eğilmesin de kim eğilsin: "Kur'an yüceler yücesi bir kitaptır, Muhammed de merhamet, adalet örneği bir insandır." *(Bayram Yılmaz. Goethe Verhaltnis zor muslimischen Religion und ihrem propheten muhammed)*

İnsanın kendi kendisini ancak ve ancak hakikatte bulabileceğini söylemiş olan Guatama Budha bunu şöyle ifade etmiştir: "Biz kendi eserlerimizin meyvesiyiz. Kendi meşaleniz yine kendiniz olunuz. Tek meşaleniz hakikat olsun, O halde siz hakikat olun."

Sıradışı bir yaşam, farklı başarılara imza atma, yaşama coşku katma... Şöyle demiştir Büyük Bilge:" Bir tavuk yumurtlar, yumurtalarının üzerine oturur. Bunlardan biri kendi kabuğunu gagasının gücüyle kırar ve çıkar; şüphesiz bu, diğer yumurtadakilerin en büyügüdür. Böylece ben de cehalet yumurtasında kapalı olan beşeriyet içinden en evvel kabuğumu kırıp çıkmak istedim."

Yukarıda, toplum içindeki merhamet ve adaletin, ibadethanedeki dini törenden çok daha önemli olduğunu vurgulamıştım. Budha bu konuyla ilgili çok çarpıcı ifadeler kullanmıştır: "Asıl sözlerim söylenmemiş olanlardır. Bunu hal ile yaşamak istedim. Asıl sözlerim söylenmeyecektir. Çiçeklerin etrafındaki balarılarının titreştiği gibi, hareketlerimin etrafında titrek duygular çırpınır. Ruhlarımız böyle titrek duygularla doludur. Siz bu arıların kendilerini değil, geride bıraktıkları balları görüyorsunuz. O halde üç düşünün bir konuşun."

Budha'nın bir çiftçiyle yaşamış olduğu başından geçen çok çarpıcı bir öyküsü vardı:. Brahman Çiftçi Bhardwaya Budha'ya niçin öyle boş durduğunu, kendisinin de çalışıp ekmek parasını kazanmasın gerektiğini söylemişti. Budha, kendisinin de çiftçi olduğunu ekip biçtiğini ifade edince adam iyice şaşırmıştır, çünkü hiçbir âlete sahip değildir. Bunun üzerine Budha şu müthiş konuşmayı yapar:

"İman benim tohumum, nefsime yaptığım terbiye yağmurum, bilgi sapanım ve boyunduruğumdur. Utanma sapanı idare eder; dimağ, boyunduruğumun kayışlarını örer; düşünce, benim öğendiremdir. Yemeklerimden ve midemden kısarım. Hakikat ile biçerim, yumuşaklık benim kurtuluşumdur. Enerji, benim boyunduruğa vurulmuş öküzlerimdir. Onlar beni, yeryüzünde güvenilir hiç bir şeyle ölçülemiyecek kadar emin olan Yaratıcı'ya ulaştırır. Beni öyle bir yere götürürler ki, oradan bir daha buraya dönülmez, orada ızdırap çekilmez. İşte benim çiftliğim budur, o bana ölmezliğin meyvelerini verir."

Budha, bu tür örneklerle çok kişinin hayata dönmesini, faydalı kişi olmasını, kendi yeteneklerinin farkına varmasını sağlamıştır.

O, başarı peşinde olmakla, dünyaya bağlanmanın farkını izâh etmiştir: "Bu âleme, evinin bahçesinde bir efendiye bekçilik yapan, fakat zincirlerinin çakılı olduğu yerden daha uzaklara gidemeyen bir mahlûkat gibi bağlısın. Ömrün, yetişemeyeceğin saadete havlamakla geçiyor. Başarılı ve mutlu adam bu zinciri koparandır, mutluluğu ertelenmiş vakitlerde aramayandır, hemen şimdi yaşayandır ve kendinden kaçana, uzaklaşana yetişmek hamlesinde galip gelendir."

Budha, 80 yaşına geldiğinde ömrünün son demlerinde olduğunu hissetmişti. Ama çok ilginçtir, bu his yaşlı bilgeyi asla yatağa düşürmemiş. İrâde gücüyle ölene kadar ayakta durmuş, ilahiyyatını tebliğ etmeye çalışmıştır. Artık zamanın geldiğini, üzülmemeleri gerektiğini etrafındakilere hatırlatmıştır. En yakın öğrencisi Ananda'yı yanına çağırarak şunları söylemiştir:" Artık ben ihtiyarladım Ananda, konuşmalarım sona ermek üzere. Benim adıma bilemediğim bir borç çıkarsa itiraz etmeden öder misiniz? Birbirinizi kırmayın, boş durmayın, dünyada hep kalacakmış gibi de beklemeyin. Benden sonra da öncüler çıkacaktır, yeryüzünde iyi insanlar eksilmeyecektir. Yaratıcı Nirvana mutlaka bir ışık gönderecektir. Namuslu yaşayın, borcunuzu ödeyin, kimsenin canına kıymayın, komşunuza seve seve iyilik yapın. Kötülükler omuzlarda bir yük, sırtta bir kamburdur, İyilikler hafifliktir, huzurdur. Söyleyin insanlara, ana babalarına merhametli olsunlar, söyleyin insanlara evlâtlarına şefkatli olsunlar. Ölüm var Ananda, çünkü yaşamın bir gayesi var; yaşam var Ananda, çünkü ölümün bir gayesi var. Seksen yaşımı basıyorum. Eskimiş bir araba ancak çok büyük bir dikkatle kullanılabilir."

Bütün bunlara rağmen nasihat, tebliğ gezilerine devam etmiştir Budha. Çok zor şartlarla Kusinara şehrine vardığında insanlara şunları söylemiştir: "Sizi yalnız bırakıyorum kardeşlerim. Ölüm bütün canlı varlıkların sonudur. Siz de bütün gayretinizle ruhunuzun huzuru için çalışınız."

Milattan önce 480 yılında hayata veda eden bu iyi yürekli bilge, arkasında erdem dolu bir yaşam ve sözler bırakmıştır. Onun öğretileriyle yeniden doğmuş gibi olan insan sayısı az değildir. O, hayatın ümitsiz olamayacağını öğretmiştir. Budha'nın "Değişme" ve "Gelişme" ilkeleri insanları kendi hareketlerinden sorumlu tutup, onları ilerilere doğru hareket ettirerek yapamayacaklarına inandıkları şeylerin, aslında bedenlerinde bir inci gibi silkelenme anını beklediklerini hatırlatmaktır. Başaramama ve ümitsizlik diye birşey yoktur ona göre. O, bunalmış, yıkılmış, bezmiş, anlamsızlaşmış, ümidini kaybetmiş nice insanlara ümit vermiş, cesaret vermiş, mutluluk vermiş, huzur vermiş, büyük insan topluluklarına ruh vermiştir. O, bütün hayatı boyunca en büyük ve en yüce enerji olan "Kendinle barışıklık" ilkesini hayata geçirme mücadelesi vermiştir. Mensuplarını hiç birisi şiddete başvurmamıştır. Aradan geçen 2500 yıl boyunca Hindistanda, özgürlük mücadelesi dahil, insanlar, başta Mahatma Gandi ellerine silah almamışlardır. O yüce enerjiyi kullanma sırrını elde etmişlerdır. Bugün Hindistan'da Kast sisteminin demir balyozu insanların kafasına inmiyorsa, bunu Budha'ya, ardından Budha'dan ve Kur'an âyetlerinden ilham alan Mahatma Gandhi'ye borçludur Hindliler.

Günümüzde dev ülkeler olma yolunda hızla ilerleyen Çin ve Hindistan, çalışkanlıklarını Konfüçyüs'ün ve Budha'nın öğretilerine borçlu olduklarını ifâde etmişlerdir. Çin Devlet Başkanı Zemin devlet dairelerine, okullara Konfüçyus'ün öğretilerini astırmıştır. Aynı şekilde Mahatma Gandhi, Budha'dan çok ilhamlar aldığını ifade etmiştir. Artık saf, iyi niyetli, Allah inancı olan, peygamber inancı olan öğretilere koşmaktadır insanlık. Gerçek huzuru, 2500 yıl geçmesine rağmen insanlık tozlu tabletlerde aramaktadır. Hz. Peygambere eski denmeden önce dünyanın, ayın, yıldızların tarihine bakmamız lâzım, oysa hâlâ etraflarına ışık yansıtıyorlar. Eskilik; huzur, mutluluk ve karın tokluğu için hiç bir engel oluşturmamaktadır, önemli olanın, eskiye ve yeniye nasıl bakıldığının anlaşıldığıdır artık.

"Şehrin en uzak köşesinden bir adam koşarak gelip, Ey kavmim! dedi, Elçilere uyun! Uyun sizden hiçbir karşılık beklemeyen bu kimselere: Zira, bunlar doğru yoldadırlar!" (Yasin 20-21)

BUDİST METİNLERİNDE HAZRETİ MUHAMMED

Seylan kaynaklı Budist metinlerinde Hz. Muhammed'in ismi geçmektedir. Tıpkı Kur'an'da geçen şu âyetin bildirdiği gibi bazı gerçekler zamanla anlaşılmaktadır:"

"Kendilerine kitap verdiklerimiz Muhammed aleyhisselamı öz oğullarını tanır gibi yakından tanırlar. Böyle iken içlerinden bir topluluk hak ve hakikati bile bile gizlerler."

Budist metinde geçen kutsal sözler şöyledir:

"Ananda, mukaddes kişiye şöyle dedi, "Sen gittiğin zaman bize kim öğretecek?" Mukaddes kişi şöyle cevapladı, "Ben, yeryüzüne gelen ilk mukaddes kişi değilim. Benden sonra bir başka mukaddes kişi gelecek. Bu kişi, tam anlamıyla aydınlatılmış ve davranışları hikmet dolu bir kişidir. Hayırlıdır, kainatın efendisidir, kainatı iyi bilir. Eşi olmayan bir önderdir. Benim şimdi ilân ettiğim şekilde en mükkemmel ve en saf dini bir hayatı ilân edecektir. Onun bağlılarının sayısı binlerce olacaktır. Oysa benimki yüzlercedir."

Ananda sordu, " onu nasıl tanıyacağız?" Mukaddes kişi şöyle cevapladı, "O, Maitreya (Hayırlı kişi) olarak tanınacaktır.""

Çeşitli Budist metinleri gözden geçiren araştırmacılar çarpıcı bilgilere ulaşmışlar. Geleceği müjdelenen son kişinin isimleri bu metinlerde şöyle geçiyor: Metteya (palice), Miroku (yapanca), Byamas-pa (Tibetçe)Aramideia (Burmaca), Maitaliya (Çince), Maitreya (Sanskritçe)

Muhamet, mahomet gibi kelimelerin hepsi, moh, mah, Maha, Meh sözcüklerinden türemiştir. Hepsi de, "şerefli kişi sempatik, büyük şeref sahibi, rahmet yağmuru, ihtişam" manalarına gelmektedir. Buddha metinlerindeki geleceği müjdelenen değişik isimlerin anlamları hep aynıdır: "Sevgi öğreticisi, sevginin efendisi, adı iyilik olan, sevgi ve içtenlik, şefkatli kişi, hayırlı, Muhabbetli." Bu kelimelerin hepsi arapça "Rahmet" kelimesinin karşılığıdır. Kur'anı Kerim'de de "Biz Seni ancak alemlere rahmet olarak gönderdik." buyurulmaktadır. Uhud Savaşında yaralanan sevgili peygamberimiz, "Ya Rabbi, onları affet. Eğer beni tanımış olsalardı yapmazlardı." diye dua etmiştir.

Biography of Gautama Buddha (Ganapati Library SİDNEY - AUSTRALİA) jean gratler

Buddha is Living (Ganapati Library-SİDNEY) Frank Sewell

The Berief Life of Famous Men (New jersey, Goverment Library. Patrica Ownell).

1) Guatamo Buddha. Meşhurlar. Güzel Kitaplar. Doğan.
2) Büyük Adam Olmak. Cemil Ongun. İnkilap.
3) Önderler ve İnkilapçılar. (Yabancı Meşhur Adamlar) Doğan Kardeş.
4) Guatama Buddha. Ruh ve Madde. (Süreli Yayın.1969).
5) Yabancı Meşhur Adamlar. Doğan Kardeş.
6) Büyük Adamlar. Varlık. 1960.
7) Ruh ve madde. 1968.04.(Başarı Yaratan Fikirler.)

Kulakları duymuyordu, ama kalbi hissediyordu!

BEETHOVEN **Nasıl Başardı?**

Verem hastası yatalak bir anne. Sarhoş, geçimsiz bir baba. Kavganın eksik olmadığı bir ev. Ve ortada sefalet içerisinde bir çocuk...

Zengin olduklarında kardeşi, kendisine gönderdiği mektupta kart vizitine " Johann Beethoven-Toprak Sahibi" diye yazar. Bir müddet sonra ağabeyi BEETHOVEN'dan gelen cevap mektubunu açtığında onun şu kartvizitiyle karşılaşır: "Ludvig BEETHOVEN-Akıl Sahibi". Bu hayat öyküsünü mutlaka okuyun.

"Yoksul bir evde doğdum. Bir parça ekmeğe hasret kaldığım günleri unutamam. Her türlü yoksulluk ve sefaletin acısını tattım. Annem için geceleri gözyaşı döküp büyük Allaha dua ediyordum. Genç yaşta işitme duyumu kaybettim. Fakat çektiğim ızdıraplar beni yıldırmadı. Çok çalıştım, çok dua ettim. Biliyordum başaracağımı, çünkü Allahın yardımına güveniyordum. O, çalışana, sabredene verirdi. Geçici, fani, imtihan dünyasında zorluklara, çilelere sabır göstererek Allaha yöneldim, BAŞARDIM."

Ludwig Beethoven 1770'de Almanyanın Bonn şehrinde tek odalı bir evde, sefil bir ortam içinde dünya geldi. Daha küçük yaşta açlığın ne olduğunu yaşadı. Çocukluğunda oyuncak bir yana ekmek bulamama korkusuyla yaşadı. Babası ayyaş adamın biriydi. İçkiye verdiği para yüzünden evini dahi geçindirmekten acizdi. Öbür tarafta annesi verem hastası bir yatalaktı. Zavallı kadın küçük Beethoven'ı gördükçe yüreği sızlıyordu ama elinden de bir şey gelmiyordu. Anne ile baba arasında bitmek tükenmek bilmeyen kavgaların tam ortasında henüz 6 yaşındayken hıçkırıklara boğuluyordu Ludwig Beethoven. Sefalet ve kavga diz boyuydu evlerinde.

Küçük Ludwig babasının çalıştığı kiliseye sık sık giderdi. Ondaki müzik aşkı kilisede duyduğu piyano sesiyle başladı. Babası da onun piyanoya olan ilgisini sezinlemişti. Kilisede boş bulunduğu bir sırada piyanonun başına oturan Ludwig bu alanda yetenekli olduğunu apaçık sergiliyordu. Küçüktü ama, o küçük parmaklarının altındaki piyano tuşları, ılık rüzgâr esintisindeki narin bir ceylan gibi hareket ediyordu.

Baba, bu yetenek karşısında heyecanlandı. Zaten içkiye de para yetirememeye başlamıştı. Eve doğru düzgün yiyecek almıyordu. Bu gidişle her gün içtiği içkiden de mahrum olacaktı. Kafasında hemen şimşekler çaktı. Ona göre bu işin çözümü hemen ayakları dibindeki Ludwig Beethoven'du. Çocuk henüz 5 yaşındaydı. Ama olsun. Bu yaştaki bir çocuk dinleyicilerde daha fazla ilgi uyandırabilirdi. Belki kraliyet salonlarında çalamazdı ama kiliselerde çalıp içki parasını çıkartabilirdi. Ayyaş baba bu plânları yaparken küçük Ludwig babasına dokunarak "Baba karnım aç!" diyordu.

Baba, kilisenin hemen yanındaki boş odada atılı duran piyanoyu kilise yetkililerine binbir dil dökerek evine getirdi. Küçük Beethoven'ı hemen oturttu piyanonun başına. Harikalar yaratıyordu Beethoven. Sırf kendi ihtirası yüzünden babası gecenin üçünde yıkılacak derecede sarhoş bir halde eve geldiğinde Beethoven'ı yataktan kaldırarak, "Bu merete çok çalışıp, çok para kazanmalısın" diyor ve onu piyanonun başına oturtuyordu. Henüz 5 yaşındayken Beethoven hemen her gece bu işkenceye katlanıyordu. Hatta babasından kötü söz işittiği tokat yediği de oluyordu. Fakat daha sonraları bütün bu olanlara alışmaya başladı. O da hep çalmak, daima çalmak istiyordu. Öyle bir ana geldi ki Beethoven, piyanonun başından kalkmak istemiyordu.

Ortaçağ öncesi ve sonrasında dahi kiliseler, halk kiliseleri ve saray kiliseleri diye ikiye ayrılıyordu. Oysa islamda halk camileri ve saray camileri diye bir ayrım hayal bile edilemez. Halk kiliselerinde org çalışınırken saray kiliselerinde piyano çalınırdı. Beethoven 13 yaşına geldiğinde halk kilisesinde org çalarak eve katkı sağlamaya başlamıştı. İlk bestelerini de bu yaşta yaptı. Bu arada bir kardeşi daha dünyaya gelmişti.

Bir rivayete göre dönemin ünlü müzisyeni Mozart ilham almak için Viyana'dan kalkıp Almanya'nın Bonn şehrine gider. Sefaletle boğuşan kenar mahallelere iner. Etrafta sahipsiz kalmış gibi, belki de açlıktan ağlayan çocuklar, kirli lağım sularının kapı önlerinden aktığı dar tozlu sokaklar, çatısı çöküp de içine geçecekmiş gibi yan duran tek odalı virâne evler.... Bu görüntüler Mozart'a ilham vermişti.

Mozart dalgın dalgın ara sokaklardan aşağı doğru yürürken kulağına birden çok hoş bir piyano sesi gelir. Derhal durur. Sesin geldiği yöne dikkat kesilir. Ağır ağır o yöne doğru ilerler. Sesin geldiği ev tek odadan oluşmuş, çatılı virâne bir yerdir. Mozart duvardan atlayıp sesin geldiği odaya iyice yaklaşır. Pencereden başını kaldırıp baktığında donar kalır. Tek bir odanın köşesinde yanakları içine çökmüş, mahsun mahsun pürdikkat sabit noktaya bakan yatalak bir kadın, diğer köşede sert zeminde yatar vaziyette ağlayan bebek, tam ortada da piyanosunun başında harika nağmeler seslendiren 15 yaşında bir çocuk. Mozart bu manzara karşısında gözlerinden aşağı doğru süzülen yaşlara engel olamaz.

Mozart henüz 6 yaşında konser vermeye başlamış. Dönemin en şöhretli müzisyenlerinden olan bir müzik hocasıdır.

Kendini derhal toparlayarak başını kaldırıp odanın içine seslenir, "Delikanlı ne kadar güzel piyano çalıyorsun, doğrusu hayran kaldım." der. "Adın ne senin?" Beethoven mahcup bir edayla, "Beethoven. Ludwig Beethoven" diye cevap verir küçük çocuk. Mozart da kendini taktim ettiğinde Beethoven şaşırır ve kendini tutamaz, "Efendim sizinle tanıştığıma inanın çok memnun oldum, sizi yüce Allah gönderdi. Bana da ders verebilir misiniz? Çalışmalarımda yardımcı olabilir misiniz?", "Memnuniyetle, seve seve" der Mozart ve Beethoven'a adres kartını verip, oradan ayrılır. Bir diğer rivayete göre Beethoven bu diyalog hadisesini Mozart ile değil, ünlü müzisyen Haydn ile yaşamıştır.

Beethoven 16 yaşında Viyana'ya gider ve Mozartla karşılaşır. Ondan bir müddet ders alır Beethoven'ın kabiliyetini keşteden tek kişi, müzik hocası Mozart'tır. Bir gün piyano başındaki Beethoven'ı göstererek: "Bu çocuğa dikkatle bakın. Gün gelecek dünya işte bu çocuktan bahsedecek", demişti Mozart.

Sevgili annesi de oğlu Beethoven'a övgüler yağdırmıştı zamanında. "Biricik yavrum Beethoven'ım, kalbimde bir his, senin çok büyük bir insan olacağını söylüyor. Tanrı izin verirse, inşaallah başarılı olacaksın. Çalış, ona dayan, ona güven." demişti anne Beethoven.

Ne yazik ki zavallı kadın acılar içinde kıvranıyordu. Verem günbe gün kadıncağızı bitiyordu. Genç yaşta yaşamının çoğu yatakta geçiyordu.

Beethoven'ın dışında iki küçük çocuğuyla da ilgilenemiyordu. Annesinin hastalığının ağırlaştığını haber alan Beethoven, büyük besteciden aldığı derslerine uzun bir süre ara vermek zorunda kaldı. Kolları arasına aldığı sevgili anneciğiyle ilgilendi. Annesinin, "İşlerini ihmal etme oğlum "şeklindeki uyarılarına rağmen Beethoven sanki dünyanın yüzüne çarpar gibi şu sözleri haykırdı," Canım annem! Çilelerle bir ömür bizi büyütmeye çalışan anneciğim, sen böyleyken işin ne önemi var ki!" Ne yazık ki zavallı kadın hastalığın verdiği ağrı ve sızılara daha fazla dayanamayıp oğlunun kolları arasında son nefesini verdi. Beethoven, biricik dert ortağı annesini kaybedince aylarca hüznünden, kederinden kendine gelemedi, Hatta bununla ilgili bestelediği bir eseri, daha sonraki yıllarda dünyada yıldırım etkisi yaptı. Binlerce kişi bu eserin konserinde ayakta önlerini ilikleyerek muhteşem alkış tufanında bulundu.

Annesinin ölümüyle baba iyice içki mübtelası oldu. Evin geçimi de genç Ludwig'in üzerine kaldı. İki kardeşine bakabilmek için 5 yıl boyunca gece gündüz çalıştı. Viyana'ya dönüp Mozart'tan yeniden ders almak istiyordu. Fakat Mozart 1791'de öldü. Bu da Beethoven için talihsizlikti. Mozartın ölümünden bir yıl sonra yani 22 yaşında Viyana'ya dönüp kendini iyice yetiştirmeye başladı. Geçimini de bir kaç öğrenciye verdiği özel derslerden sağlıyordu. Ama buna rağmen bir tavan arasında çoğu zaman açlıktan kıvranıyordu. İşte tüm bu acı dolu hayatının duygularını bestelerine yansıtıyordu. Viyana'daki ilk konseri muhteşemdi. Ünü gittikçe yayılıyordu. Eline iyi de para geçmeye başlamıştı. Viyana sosyetesi tarafından aranan müzisyen oldu. Her gittiği yerde itibar görüyordu. Her yere dâvet ediliyordu. Fakat çok geçmeden bu pembe tablodan sıkılmaya başladı. Çünkü duygu yoğunluğu kayboluyordu. Duygusuz, üretmeyen insan olmaktan korkuyordu. Ünlü bestecinin üretebilmesi için yalnızlığa ihtiyacı vardı. Yalnız yaşamalı, yaşamın geçiciliğini, acısını, ızdırabını duyumsamalı ki muhteşem eserler verebilsin. Böylece sosyeteden tamamen uzaklaştı.

Beethoven öyle eserler yaptı ki piyanonun bir tuşuna dokunduğunda sanki gökte şimşekler çakıyor, yüzbinlerce atlı yıldırım hızıyla konser salonuna girecekmiş gibi oluyordu. Piyanonun bir tuşunca dokunduğunda hınca hınç konser salonundaki binlerce kişi arasında kendinizi gökyüzünde bir başınıza huzur içinde uçuyor hissediyorsunuz. Eserlerine tüm dünya yayınevlerinden siparişler yağıyordu.

DUYMA HİSSİNİ KAYBEDİYOR

Beethoven henüz 27 yaşındayken sinsice yaklaşan bir ızdıraptan habersizdir. Bir sabah uyandığında yağmur sesine benzer sesler işitti. Odasından dışarıya baktığında gökyüzünün masmavi olduğunu gördü. Kulakları gece gündüz tuhaf seslerle uğulduyordu. Olması mümkün olmayan şey mi gerçekleşecekti yoksa. Ömrünün ve başarısının baharında bir müzisyen sağır mı olacaktı. Kendisi bunu düşünmek bile istemiyordu. Ne yazıkki beklenen gerçekleşti. Beethoven sağır oldu. Bestelediği eserleri duyamamak onu kahrediyordu. Arkadaşlarına, "Duyamıyorum, daha yüksek sesle konuşun" demekten utandığı için onların arasına girmekten sürekli kaçıyordu.

Beethoven karşısına çıkan hiç beklenmedik olumsuzluklar karşısında panik yapmıyor, isyân etmiyordu. O hep böyle durumlarda derin tefekküre dalardı. Onu huzura kavuşturan tek yer tabiattı. Sessiz, ağaçlı bir yer, çiçekli bir köşe onu mutlu ederdi. Sık sık ormana gider, bir ağacın kenarına oturarak, başını iki eli arasına alır, derin düşüncelere dalardı. Yakınları onu aradıklarında çoğu zaman bu halde bulurlardı. Çevresindeki ormanlık sessizliğin eşsiz güzelliğine hayran kalarak "Yaratıcı ne muhteşem yaratmış" der, doyasıya yemyeşil tabiat güzelliklerini seyre dalardı. Beethoven yaşamı boyunca tek teselliyi Allaha sığınmakta buldu. Sağırlığı her geçen gün artarken eserlerinin sayısı da artıyordu. Dünyaca ünlü Dokuzuncu Senfonisini sağır haliyle 9 yılda bitirmişti. Dokuzuncu senfoniyi dinleyenler böyle muhteşem bir eser karşısında kulaklarına inanamıyorlardı.

Beethoven'ın Dokuzuncu Senfonisi onun ölümünden hemen önceki son büyük başarısıdır. Bu eser Viyana Kraliyet Salonunda çalınacağı zaman eserin idaresini de sağır haliyle kendisi üstlendi. Orkestra üyelerine sağır Beethoven'ın elindeki değneğe uymamaları tavsiye edildi. Eser, seslendirilip bittiğinde, O hala elindeki değnekle orkestrayı yönetiyordu. Tâ ki, elinden tutularak seyircilere döndürüldüğünde yüzlerce dinleyicinin ayakta alkışladıklarını görünce durumun farkına vardı. Başarı şahaneydi. Dev salon alkıştan çınlıyordu. Beethoven gözyaşlarına hakim olamadı. Dinleyicilerin bir çoğu da çoşkudan ağlıyordu.

BEETHOVEN ONURLU BİR ADAMDI

Beethoven'ın Küçük kardeşlerinden Johann ilaçlar üzerine yaptığı çalışmasıyla ve âbisi Ludwig Beethoven'ın da yardımıyla zengin bir iş adamı olmuştu. Aslında tüm servetini âbisi Beethoven'a borçluydu. Başarılarını her yerde anlatıp ne kadar çok malı olduğunu sık sık dile getirip öğünüyordu. Kardeşi Johann aynı zamanda toprak arazisi de satın almıştı. Bir gün ağabeyi Ludwig Beethoven'a gönderdiği mektupta kart vizitine Johann Beethoven-Toprak sahibi diye yazar. Bir müddet sonra ağabeyinden gelen cevab mektubunu açtığında onun şu katvizitiyle karşılaşır: Ludwig BEETHOVEN -Akıl Sahibi

Beethoven, gurur ve özgürlüğüne çok düşkündü. Mal ve mülkle böbürlenip bu dünyayı aşırı sevenlerden hoşlanmazdı. Haklı bildiği konuda da tehditlerden korkmazdı.

Günlerden bir gün Beethoven, Avusturya prensinin sarayındayken büyük kahramanlıklar yapmış olan Napolyon'un onuruna üçüncü senfonisini seslendirmek ister. Fakat Napolyon'un, fedakar halk kahramanı ünvanını beğenmeyerek kendisini imparator ilân etmesi Beethoven'ı sinirlendirir. Bunun üzerine konser vermekten de vazgeçer. Avusturya prensi de bu duruma öfkelenerek tehditkâr bir üslûple Beethoven'a, "Misafirlerimizin huzurunda piyano çalmazsan, savaş esiri olarak şatoda hapsedileceksin!" der. Beethoven de hiç bir şey demeden şatodan derhal ayrılarak gözgözü görmeyen ağaçlık patika yolda, soğuk, ayaz ve sağanak yağmuru altında uzun bir yol yürüyerek kasabaya gelir. Burada prense bir mektup yazar. Beethoven, mektubunda direk "Prens!" diye hitap ederek aynen şunları söyler: "Sen bugünkü halini böyle doğmuş olmana ve talihine borçlusun. Bense kendi kendimi yetiştirdim. Bugüne kadar yeryüzünden binlerce prens geldi geçti, bundan sonra da binlercesi gelip geçecek. Ama ne gariptir, hiç birinin ismi bilinmez. Fakat yeryüzünde yalnız bir tek Beethoven vardır."

Dışarıda korkunç bir fırtına varken ünlü besteci hizmetçisiyle birlikte yalnız yaşadığı evinde mahsun bir şekilde yatağına doğru yöneldi. Gök gürüldüyor, şimşekler loş odayı arada bir aydınlatıyordu. Yatağında bir müddet başını iki elleri arasına alarak öylece düşünceye daldı. Sonra başını yukarı kaldırarak bir iki dakika dua etti. Yatağına uzandı. Dudaklarında bir şey mırıldanıyordu. Sağ yumruğunu havaya kaldırdı, hafifçe boşlukta salladı ve tek bir sabit noktaya bakıp öylece kaldı. BEETHOVEN ölmüştü.

Binlerce insan ölümsüz bestecinin tabutuna dokanabilmek için çırpınıyordu. Kalabalıklar içinde insanlar ağlaşıyor, tabutu gül yağmuruna tutuyorlardı. Sabır, azim, çalışma ve en önemlisi inançla, tezgahta lime lime emeği dokunmuş bir acılı insanın her türlü engellere rağmen nasıl başarılı olduğunu gösteren en güzel örnektir Beethoven. Şimdi dahi bestelerini dinlediğimiz bu büyük insanı, büyük besteciyi bütün içtenliğimle saygıyla anıyorum.

BEETHOVEN'IN SANATI KİŞİLİĞİDİR

Beethoven, hissettiklerini sanatına aksettirmiştir. Tanrı, zaman, kader 19. yüzyılın başlangıcında tekrar yorumlanmaya başlanmıştır. Bu da müzik sanatının tesiriyle olmuştur. Öğneğin Goethe, Beethoven'ın sanatından etkilenmiştir, beethoven de Goethe'nin sanatından etkilenmiştir. Bu, şu anlama gelmektedir. İlk defa düşünceyle müzik Beethoven'la birlikte anlam kazanmıştır.

Beethoven, Goethe'nin şiirleriyle ilgili şu ifadeleri kullanmıştır: "Goethe'nin şiirleri, yalnız özü bakımından değil, ritmi bakımından da bende büyük bir tesir yaratıyor. Ve ben, sanki kendimi, ruhların tesiriyle en yüksek nizama yücelten ve ahengin sırrını esasen kendinde taşıyan o dil ile, eser yazmak isteğine, heyecanına kapılıyorum. Bu taktirde ilhamın en heyecanlı anında, melodiyi her yana boşaltırım, onları kovalarım, ihtirasla onlara yetişirim, onların kaçtığını, Çeşitli heyecanın yarattığı bir kesafet içinde onların kaybolduğunu görürüm; taze bir ihtirasla onları gene yakalarım, onlardan ayrılamam, ani bir vecd içinde, onları modülasyonlarla çoğaltırım ve ancak son dakikada, o ilk müzikal düşüncenin zaferini kutlarım; gördünüz mü işte bir senfoni; evet müzik, fikir hayatından his hayatına geçişte, en yüce bir araçtır. Ben bu hususta Goethe ile görüşmek istiyorum, acaba o bana hak verecek mi? Goethe'ye benden bahsediniz, ve ona benim senfonilerimi dinlemesini söyleyiniz. Bu taktirde, müziğin daha yüksek bir bilgi dünyasına götüren mânevi bir geçit olması bakımından bana hak verecektir." (Mektuplar) Bettine'den Goethe'ye.

"İnsanı saran bu dünyayı anlamak istemeyen de gene insandır." diyen Beethoven müziğin maneviyatla ilgili gizemli bağına şu açıklamaları getirmiştir: "Müziği esas cevheriyle kavrayabilmek için, ruhun ritminden faydalanmak gerekir, bu cevher insana seziş verir, kutsal bilgilerin ilhamına yönettir. Ve ruhun, bu cevherden duygu yoluyla aldığı şey ise, ruhi marifetin bedenleşmiş şeklidir. Tıpkı hava ile yaşandığı gibi, ruh da bu cevher ile yaşar ama , onu, ruhun yardımıyla kavrayabilmek, büsbütün başka bir iştir; ruh hissi gıdasını bu cevherden elde etme yolunda geliştikçe, onunla mutlu bir anlaşma yolunda da gelişir. Fakat az insan bu gâyeye varabilir, çünkü binlerce kişi vardır ki, aşk uğrunda evlenirler de, aşk, bunların bininde de bir defacık olsun gerçekleşmez; tıpkı bu insanların, kendilerine aşkı iş edinmiş olmaları gibi, daha binlerce insan vardır ki, müzikle meşguldürler de ondaki gerçeğe ulaşma imkânını elde edememişlerdir."

Müzikte ahlak ve yaratıcı ruhu nasıl işlenebilir? Siz dinlediğiniz bir müzikte ahlâk veya yaratıcı kokusunu hissedebilir misiniz? Beethoven bu gerçeğin var olduğunu söylemiştir. "Ahlak anlamının yüce delilleri, her sahada olduğu gibi müzik sanatına da temeldir, her gerçek buluş, bir ahlâk kemâlidir. İnsan kendini müziğin ruhuyla terbiye etmektedir ki, bunu ancak kendini müzik ruhuna veren insan hissedebilir. Sanattaki sırrı çözebilmek nefsi, ilahi varlığa terketmektir. Bu ilâhi varlık hayata en yüce faaliyeti verir. Onun için sanat, her an uluhiyyeti temsil eder ve insanla arasındaki bağ ise dindir. Sanat yoluyla elde ettiklerimiz, bize tanrıdan gelen şeylerdir, ilâhi ilhamdır. Bu ilham, insan gücüne, ulaşacağı hedefin ne olduğunu gösterir.

Marifetin bize neyi vereceğini bilemeyiz-sımsıkı kapalı tohum, sürmek, idrâk etmek, idrak ettiğini açıklayabilmek için, yaş, elektriki hararete sahip olan zemine muhtaçtır. Müzik, içinde ruhun yaşadığı, düşündüğü, yarattığı elektriki zemindir. Felsefe, müzikteki elektriki ruhtan doğan bir beyandır; musikinin, herşeyi ilkel bir usule göre kurma isteği, felsefe yoluyla önlenir; ruh müzikle yarattığı şeyi, kendi kendine yaratabilme gücünden mahrum olmakla beraber, böylesine bir yaratış içinde gene de mutludur, ve her gerçek sanat yaratışı da bundan dolayı bağımsızdır, sanatkârdan daha güçlüdür; meydana geldiği anda, gene ilâhi varlığa döner, ve bu varlıkta bile, yalnız insana bağlı kalır ki, böylelikle sanat, ilâhi varlığın insan ruhundaki aracılığına şehâdet eder."

Bettine'ye gönderdiği mektupta Goethe, Beethoven'ın sanatıyla ilgili şunları söylemiştir. "Beethoven'e benim içten gelen saygılarımı söyleyebilirsin ki fikir ve his teatisi bakımından şüphesiz büyük fayda sağlayacağına emin olduğum şahsi tanışmayı temin için her fedâkarlığı yapmaya memnuniyetle hazırım. Ondan bazı şeyler dinleyip öğrenebilme yolunda en iyi ilham perilerini elde edebilmem ihtimali olan Karısbad'a inşaallah gelir. Onu aydınlatma arzusu, benden çok daha üstün düşünüşe sahip olanlar için bile cinayettir, çünkü ona kendi dehası ışık verir ve bir şimşek gibi onu hep aydınlatırken, karanlıkta kalan bizler, daha günün nerden doğacağının farkında değiliz. Beethoven'in benden bestelediği iki şarkıyı, rahat okunabilir bir halde yazıp göndermek lûtfunda bulunması, beni son derece sevindirecektir, ve bunları dinlemeyi çok istiyorum. Eski bir duygunun tesiri altında yazılmış olan böyle bir şiirin, Beethoven'ın çok doğru olarak söylediği gibi, melodi ile, yepyeni bir ifade içinde duyurulması, benim için ziyâdesiyle müteşekkir kalacağım bir zevk olacaktır."(Tercüme.6 Haziran 1810. Anlam Mektupları)

Beethoven'in toplam 9 senfonisi vardır. Altıncı ve dokuzuncu Senfonileri farklıdır. Altıncı Pastoral Senfonisi, Beehoven'in tabiata bağlılığının göstergesidir; Dokuzuncu Senfonisi ise Schiller'in "Neşeye Od"undan bestelenmiştir.

BEETHOVEN'DEN WEGELER'E MEKTUP

(16 Kasım 1801 Viyana)

İnsanlar arasına daha fazla karıştığım için şimdi biraz daha hoş bir hayat yaşıyorum. İki yıldır ne kadar yalnız, ne kadar hüzünlü bir ömür sürdüğümü tasavvur edemezsin. Sağırlığım bir hortlak gibi her yerde karşıma dikildi. Ve ben insanlardan kaçtım, insanlardan hiç de nefret etmediğim halde öyle görünmek zorunda kaldım. Bu değişikliği beni seven, benim de sevdiğim şirin ve füsünkar bir kız husule getirdi. İki yıldır şimdi yine bazı mesut anılarım oluyor ve ben ilk defadır ki, evlenmenin insanı bahtiyar edebileceğini hissediyorum. Fakat ne yazık ki o benim küffüm değil. Hele şimdi, şüphesiz artık evlenemem de... Bana artık iyice gezip tozmak düşüyor. Sağırlığım olmasaydı, çoktan yarı dünyayı dolaşmış olacaktım; bunu yapmalıydım da...Benim için sanatımla meşgul olup, onu göstermekten daha büyük bir zevk olamaz. Sizin yanınızda mesut olabileceğini sanmıyorum. Beni bundan fazla da ne mesut edebilir ki? İhtimamınız dahi bana azap verecektir. Her an yüzünüzde merhamet ifadesi okuyacak ve kendimi bir kat daha bahtsız hissedeceğim. Yurdumun o güzel illerinden benim nasibim ne oldu? Daha iyi bir duruma ulaşmak ümidinden başka hiçbir şey...Bu bela olmasaydı, ben o duruma ulaşmış olacaktım. Ah, bu olmasa idi, dünyayı kucaklardım ben! Gençliğimin asıl şimdi başladığını hissediyorum. Zaten öteden beri, mariz bir insan değil miydim? Birkaç zamandan beri vücudumda ve ruhumda her zamankinden ziyâde bir dinçlik duyuyorum. Her gün hissettiğim fakat târif edemeyeceğim gayeye biraz daha yaklaşmaktayım. Senin Beethoven'in ancak burada yaşayabilir. Dinlenmek istemiyorum. Bana uykudan başka dinlenme lâzım değil. Şimdi uykuya bile her zamankinden daha fazla zaman ayırmak mecburiyeti bana azap veriyor. Bu dertten biraz kurtulayım, ondan sonra olgun bir insan olarak sizlere gelir eski dostluğu tazelerim. Beni bu dünyada, bana nasip olduğu kadar bahtiyar olarak görmenizi isterim. Bedbaht değil... Hayır buna tahammül edemem. Kaderin gırtlağına sarılacağım, beni herhalde büsbütün yere seremeyecektir. Ah, hayatı bin kere yaşamak ne kadar güzel! Bundan sonra artık sâkin bir hayat yaşayamam. Bana kabil olduğu kadar çabuk cevap yazacaksın, değil mi?"

BEETHOVEN'İN VASİYETNÂMESİ (6 Ekim 1802)

Ey beni nemrut inatçı ve merdümgiriz sanan veya öyle tefsir eden insanlar! Bana karşı ne büyük haksızlık ediyorsunuz. Sizler, dışardan size böyle görülen şeyin gizli sebebini bilmiyorsunuz. Aklım ve hislerim daha çocukluğumdan beri tatlı şefkat hissine meyyaldiler ve ben hatta büyük işler dahi başarmak istidadında idim. Fakat şifasız bir derdin 6 yıldan beri bana ârız olduğunu, bu halin akılsız doktorlar yüzünden günden güne daha da kötüleştiğini bir düşünün. Seneden seneye iyi olmak ümidiyle aldatılarak, sonunda şifası belki senelere bağlı, belki de hatta hiç mümkün olmayan devamlı bir dertle karşılaşmak zorunda bırakıldım. Ben ki ateşli ve canlı bir insan olarak yaratılmıştım. Ve insanları, eğlendirmekten kendim de hoşlanırdım; halbuki erken yaşta bir köşeye çekilmek ve hayatımı tek başıma geçirmek zorunda kaldım. Arasıra bütün bunlara aldırmayacak olsam bile, sağırlığımın katmerli tecrübeleriyle ne acı bir şekilde inkisara uğradım; buna rağmen, yüksek sesle konuşun, bağırın, çünkü sağırım demeye dilin varmıyordu. Başkalarından daha mükemmel bir şekilde bende bulunması gereken bir hissin zaafını nasıl ilan edebilirdim? Öyle bir his ki, ona bir zamanlar, mesleğimde olanların pek azında bulunan bir mükemmeliyete sahiptim. Hayır bunu yapamam. Bunun için aranıza karışmayı çok istediğim halde sizlerden uzaklaştığımı görürseniz beni affedin.

Bir de böyle anlaşılamayışıma sebep olduğu için felaketim bana iki katlı azap veriyor. İnsanlar arasında avunmak, onlarla zevkli görüşmeler, karşılıklı dertleşmelerde bulunmak artık benim için bahis konusu olamaz.

İnsanlar arasına ancak ve ancak, o da büyük bir zaruret olunca çıkacağım. Bir sürgün gibi yaşamam lâzım. Bir kalabalığa yaklaşmıyor muyum, Sağırlığımı belli etmek tehlikesi ile karşı karşıya kalacağım diye heyecandan her yanımı ateş kaplıyor. Köyde yaşadığım bu 6 ay da böyle geçti.

Doktorumun, kulaklarımı mümkün olduğu kadar korumaklığım hususundaki makul tavsiyesi benim şimdiki mizacıma çok uygun gelmekle beraber, içimdeki hissin sevkiyle insanlara doğru koşmaktan yine de kendimi alamadım. Fakat yanımda duran birinin uzaktan bir flüt sesini işitmesi ve benim bunu işitememem, yahut da herhangi bir kimsenin şarkı söyleyen bir çobanı dinlemesi ve benim yine bir şey işitememem, benim için ne büyük bir azap oluyordu. Bütün bu olaylar beni ümitsizliğe düşürmek üzere idiler. Hayatıma kendi elimle son vermeme de az kalmıştı. Beni bundan alıkoyan tek kuvvet, o, sanat oldu.

Başarmak için yaratıldığı işleri yapmadan dünyadan göçmek bana imkânsız göründü, ve ben, bu sefil hayatı uzattım. Gerçekten Sefil bir hayat.... Zira o kadar hassas bir vücudum var ki, en ufak bir değişiklik beni en iyi durumdan, en kötüsüne düşürüveriyor. Sabır. İşte bu lazım. Bana sabrı rehber edinmek düşüyor, ve edindim de...Umarım ki amansız mukadderat yaratıcısının gönlü olup da hayat bağımı koparacağı ana kadar kadar da hep sebat edeceğim. Belki daha iyi olur, belki de olmaz. Yirmisekiz yaşında filozof olmak zorunda kalmak, kolay iş değil. Hele bir sanatkâr için, herhangi bir insandan daha güç.

Allahım! sen ruhumun derinliklerini görüyorsun. Orada insan sevgisi ve iyilik hevesinin barındığını sen biliyorsun. Ey insanlar! Bir gün bu satırları okuduğunuz zaman, bana karşı ne büyük haksızlık etmiş olduğunuzu anlayacaksınız. Bahtsız olanlarınız da benim şahsımda tabiatın bütün engellerine rağmen büyük insanlar ve sanatkarlar sırasına geçmek için iktidarda bulunan her şeyi yapan bir benzerlerini bularak teselli duyacaklardır.

Sizler, kardeşim Karl ve Johann, ben öldüğüm zaman Profesör schimd hayatta olursa ona benim adıma rica edin. Hastalığımı tarif etsin. Ve sizler o hastalık raporunu şu yazdığım kağıtlara ekleyin ki, hiç değilse ölümümden sonra dünya, biraz olsun benimle barışsın.

Aynı zamanda sizleri, eğer buna servet demek caizse, küçük servetimin varisleri yapıyorum. Onu adilâne bölüşün. Birbirinizle iyi geçinip daima birbirinize yardım edin. Bana karşı yapmış olduklarınızı, biliyorsunuz, ben çoktan affettim.

Kardeşim Karl! Sana bilhassa şu son günlerde bana gösterdiğin bağlılıktan dolayı teşekkür ederim. Bütün arzum sizlerin benden daha iyi ve daha dertsiz bir hayat sürmenizdir. Çocuklarınıza fazileti öğün. İnsanı ancak o bahtiyar eder, para değil. Bunu tecrübeme dayanarak söylüyorum. Beni sefaletimde dahi yükselten fazilet oldu. Hayatıma kendi elimle kıymayışımı sanat sevgisinin yanında fazilet duygusuna da borçluyum. Hoşça kalın ve birbirinizi sevin. Size mezarımdan dahi yardım edebilirsem ne mutlu buna.

İşte bu kadar. Ölüme sevinçle koşuyorum. Eğer ölüm sanat kabiliyetlerimi geliştirmeme imkan vermeyecek kadar erken gelirse, haşin kaderime rağmen yine de pek erken gelmiş sayılır. Ve ben onun daha geç gelmesini isterim. Bununla beraber, erken de gelecek olsa, yine memnun olurum. Çünkü böylelikle beni sonsuz bir azaptan kurtarmış olmaz mı?

Ne vakit istersen gel, seni cesaretle karşılayacağım. Hoşçakalın ve öldükten sonra beni büsbütün unutmayın. Hayatımda sizi mesut etmek için çalıştığım için mutluyum. Mesut olun kardeşlerim!

Böylece senden üzgün ayrılıyorum. Buraya beraberimde getirdiğim, hiç değilse bir dereceye kadar iyi olmak hususundaki o tatlı ümit beni artık büsbütün terkediyor. Dökülen sonbahar yaprakları nasıl solmuşsa, bu ümit de benim için öyle kurudu. Hemen hemen buraya geldiğim durumla buradan gidiyorum. Güzel yaz günlerinde maneviyatımı yükselten cesaret de şimdi yok oldu. Ey kader! Bana bir kere gölgesiz bir neşe günü göster! Ruhum hakiki neşeye o kadar zamandır yabancı kaldı ki.... Ne vakit ey Allahım, ne vakit tabiatın ve insanların tapınağında ben bu hissi bir kere daha duyabileceğim! Asla mı? Ah, bu çok acı olacak.

LUDVIG VAN BEETHOVEN

1) Büyük Besteciler. Erich Valentin. Öğretmen Yay.
2) Meşhurların Bilinmeyen Yönleri. Dale carnegie Ak.
3) Yabancı meşhur Adamlar. Doğan Kardeş. 1961.
4) TERCÜME. Alman Mektupları. 1946.77.80.MEB.
5) TERCÜME. Alman Mektupları. (Bettine'den Goethe'ye).
6) Biographies Of Famous Men. (Jean Grater) Perth Library. Australia.
7) Tercüme. Beethoven'dan Wegalere. Alman Mektupları. Sayı 80.1801.
8) Beethoven. Heiligentadt Vasiyetnâmesi. 06.10.1802. Tercüme. Alman mektupları. Beethoven, Goethe, Schiller.

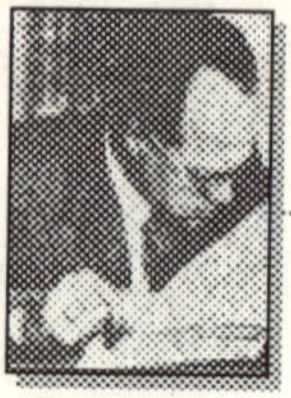

"İyi Yürekli Bir Adam"

CEMİL MERİÇ Nasıl Başardı?

Çile hamurunda yuğrulan, çektiği acı ve ızdıraplar karşısında "Hayat! Gözün kör olsun!" demeyip, yaşamın tozlu ve katranlı tünelinde çözme ve çözülme mücadelesi vererek nefesinin her anını, erdemiyle yaşayan, bu uğurda da gözleri görmez olan bir çile adamından haberdar olmamak... Var mı böye bir şey? Karısı hamile. Yapayalnız. İstanbul'un ortasında. Bin bir acı ve kederle. Cemil Meriç Elazığ'da bir lisede eğitimci. İzin alıyor İstanbul'a gitmek için. Dönüşündeki rapor kabul edilmiyor: "Görevden atıldınız" deniliyor kendisine. İki yıl Elazığ'da yapayalnız çile dolduruyor, dayanamıyor. Eşiyle birlikte İstanbul'da. Bir önsözüne bir ayını harcadığı, karşılığında ancak bir ekmek parası aldığı tercümeleri. Yayıncılar tarafından iç edilen çok kıymetli tercüme kitapları... Karşılığında bir kuruş alamazken, aç susuz yapayalnız, koca bir şehirde, Antakya'dan gelmiş taşralı bir çilekeş. Okumuşun çilesi okumamışın çilesinden daha acıklıdır, daha hüzünlüdür. Gözlerini kaybetti, intihar etmek istedi, korktuğundan edemedi.

"Yıllarca aç kaldım. Koca bir şehirde yapayalnız. Ama beni üzen açlıktan çok tek oluşumdu. Aç ve tek olmak. Gurbet ve açlık. Bu şehrin kaldırımlarında bir başka aç insan hiç bir zaman dolaşmamıştır diye düşündüm. Antakya Reyhaniye'nin çamurlu sokakları, çamurdan evleri. Sanki kötü yazılmış bir romanın müsveddeleri. Gözlerimi yani her şeyimi kaybetmiştim. Tekrar çarka takıldım. Ölümü arıyordum. Meselelerimi ancak o çözebilirdi, korktuğum için intihar edemedim. Körlüğün küçüklük duygusu. Düşünce adamının boğuluşu... Yaşamak için istemediğim işlerle uğraşmak mecburiye tindeyim. "Emil" tercümesi, "Sefiller", bu angaryanın mükâfatı yok. Bazen bir kuyuya benziyor hayat; kör, pis, zehirli bir kuyuya. Boğuluyorum, ölüme koşacak mecalim kalmıyor, kimseyi görmüyor gözüm. Sevdiklerim yabancılaşıyor. Kitaplar tuğla oluveriyor birden. Dostların sesini tanımıyorum. Varlığım bir tele asılıyor. Bir kâbus bu, bir hastalık. Gözlerimi kaybettikten sonra bu kuyuya sık sık düştüm. İstediğini yapamamak, rezil bir hassasiyetim var. Aczime tahammül edemiyorum. Bugün işimden kovulabilirim. Ve hiç bir iş yapamam. Bu, hayatımın perde arkasındaki ardı arkası kesilmeyen bir uğultu. Fakat iki şey: Yok olup gitmek, avutmak. Ben ikincisini seçtim."

Anlatacağım yaşam hikâyesi hayatta kimsesi olmayan, anne babasını kaybetmiş, edebinden, onurundan, mahcubiyetinden hiç bir şey kaybetmeden, fakat bu manevi direnişin yıllar yılı acısını çeken yapayalnız bir adamın, sadece Türkiye'de değil dünyanın bir çok yerinde, bugün nasıl kitaplarının yirminci baskıya kadar zirveye ulaştuğuna dair hikâyedir.

Cemil Meriç 1916'da Hatay'da doğdu. Antakya henüz Fransızların denetimindeyken "Lycee Antioche" yani Antakya Lisesi'nde okudu. Bu arada bir kelimenin daha üzülerek Türkçe olmadığını öğrendim. Tercüme bürosunda çalıştı. Bir müddet eğitmenlik yaptı. 25 yaşlarında geldiği İstanbul'da, İstanbul Üniversitesi Fransız Dili ve Edebiyatı'nda öğrenim gördü. Yine bir müddet eğitmenlik yaptı. Çocukluğundan beri okumaya ve yazmaya hevesli olan Meriç, İstanbul'daki çeşitli dergilerde yazılar yazdı. yâni başındaki "İstanbullu Yazarlar" dediği yazarlarla taşralı olduğu için pek kaynaşamadı. Ama bugün onları kimse tanımazken Cemil Meriç, çile okyanusunda boğulmadan kıyıya ulaşabilen ender yazarlardan biridir. Ben derim ki, şimdi okuyor olduğunuz benim kitabımı fırlatın bir kenara, koşun dışarıya, dalın bir kitapçıya Cemil Meriç'in "Mağaradakiler"ini mi, "Bu ülke"si mi, "Jurnal"ınımı, "Bir Dünyanın Eşiğinde"sini mi, "Saint Simon"unu mu, "Kırık Ambar"ını mı alırsınız, farketmez, hangisini alırsanız alın. Ama Allah aşkına okuyun, boş gözlerle değil, değişmek için, gelişmek için okuyun, bugünümüzün yarınımıza eşit olmaması için okuyun, karanlığa sövmekten kurtulup çözüm olmak için okuyun, sizi meydanlara döküp sürü gibi naralar attıracak ilkel kitaplar değil, insanın direkt kendisini geliştirici kitaplar okuyun, bırakın başkalarını önce kendinizi okuyun, geliştirin; bu sonsuza kadar böyle sürecek olsa bile... Bre Allah aşkına hiç olmazsa Allah'ın ilk emri "OKU!"olduğu için okuyun. Eğer evliyseniz, eşiniz ve çocuğunuz ayrı bir konu, onlar sizin boynunuzdaki kolyedir, onlara kayıtsız kalıp da sadece kendinizle ilgilenmeniz doğru olmaz. Ama bunun dışında bırakın başkalarını, siz kendinize bakın. İnsanı öldükten sonra da yaşatacak tek şey hayır ve ölmez bir eserdir. Ömrü boyunca kendine vakit ayıramamış, kendiyle ilgilenmemiş bir insan nasıl birileriyle ilgilenmeye kalkar; bütün anarşiler de böyle doğuyor zaten.

Yaşlı ve güngörmüş bir adam hayatının en büyük hatasını dalgın gözlerle çevresindekilere anlatıyordu; "Ben gençken ülkemi baştan sona düzeltmek için çalıştım. Fakat biraz büyüyünce bunun mümkün olamayacağını gördüm ve kendi kendime dedim ki, ben artık yaşadığım şehri düzeltmeye çalışacağım. Yine başarılı olamadım. Ve bu arada biraz daha yaşlandım. Ama çevremdeki kötülükleri düzeltmek için bir şeyler yapmak gerektiğine inandığımdan, bu defa kendi ailemi düzeltmeye çalıştım. Fakat yine başarılı olamadım. Artık iyice yaşlanmıştım. O zaman iyice anladım ki, başlangıçta işe kendimi düzeltmekten başlamış olsa idim, belki oldukça başarılı olabilirdim."

Değerli dostlarım, çevrenize faydalı bir şeyler anlatmayacaksınız değil. Tabiki anlatacaksınız, şu an benim yaptığım gibi. Ama bir şeyler anlatmaya çalıştığım bu kitap 20 yıllık "kendimi hesaplaşmanın ve terbiyenin" birikimi. Diyeceğim o ki iki cümle başkalarınaysa yirmi cümle kendinize olsun. Dünyanın en güzel müziği insanın kendini dinlemesidir. Cemil Meriç de yıllardır bunu yapmış, yaşamı gözlemlemiş, tâ derinliğe onu sorgulamış, kendini aramış bulmuş:

"Kimim ben? Hayatını Türk irfanına adayan, münzevi ve mütecessis bir fikir işçisiyim. Kendimizi tanımak, irfanın varabileceği en yüksek merhale. Güliver kompleksi. Kendini ölçüye vurabilmek. Mağdurluk numarasına yatmadan, mazoşizm şehvetine yaslanmadan gerçek hüviyetini tesbit edebilmek. 50 yıldır yazıyorum. Kendimi tanıyabilmek için yazıyorum. Bir adamı tanımak için acılarını, çilelerini, heyecanlarını düşüncelerini tanımak lâzım. Hayatın maddi olaylarıyla sadece krolonoji yapılabilir. Nerede acılar, çileler, ızdıraplar, ağlayışlar, gülüşler, hüzünler, mutluluklar... Onun içindir ki kronoloji aptalların tarihidir.

Cemil Meriç kendini tanımlarken duygularını şu satırlara döküyor: "Belli yaşa kadar ki hayatım bulanık, başsız, sonsuz bir hatıralar yığını.

1916'da Anadolu'nun ücra bir kasabasında dünyaya gelmişim. Doğduğum tarih bile kesin olarak belli değil. Ailem Dimetoka'dan göçmüş. Babam hayata küsmüş bir adamdı. Annem, bu yabancı dünyada âşinası olmayan hasta bir kadıncağızdı."

İtilip kakılmış bir hayatı olduğunu söyleyen Cemil Meriç gençliğindeki bu acıları kitaplara kaçarak dindirmiş: "Bir çocuk itilmiş kakılmış, düşman bir dünyada dostsuz büyümüş. Daima başka daima yabancı... Hasta bir gurur, pencerelerini dış dünyaya kapayan bir ruh. Böyle bir halde ister istemez kitaplara kaçıyorum. Anlıyorum ki zalim ve yıkıcı bir gerçekten kurtulmanın tek çaresi kitaplar dünyasına sığınmak."

Cemil Meriç tüm sıkıntılarına rağmen gözleri kör olması pahasına da kitap okumaktan geri durmamış. Okuduğu yazarları üniversiteye benzetirken "Ben yüksekokulsam O üniversitedir" demeyi yıllar sonra güçlü bir fikir adamı olduğunda da ihmat etmemiş: "Beni ben yapan İbrahim Ethem'in "Terbiye-i İrade" başlıklı eseridir. Disiplin içinde çalışmayı bu kitaptan öğrendim. Dostoyevski'nin "Suç ve Ceza"sını baştan sona okudum. Henüz çok gençtim, evli de değildim. Bu girdablar ve zirveler dünyasında tek başıma dolaşacak yaşta değildim, kıyıdan seyrettim ummanı... Dünyam romanların dünyasıydı, "Ekmekçi Kadınlar"ın, "Tunçtan Kız"ların, "Simon ve Maria"ların dünyası... Kuklalarla dolu bir dünya. Çocukluğumda Scott'un "Talisman" adlı eserini de okuduğumu yıllar sonra hatırladım. Çok şey borçluyum onlara. On sekiz yaş... Fetih ve macera çağı. Karliostro, Nostradamus, Sör William, Balzac benim için hazinenin gerçek bekçileriydiler. Andre Gide'nin de yazı ve yaşamı bende tesirler yaptı. Balzac'ı keşfettim ve ona aşıktım.

Okudum. Fakat bir gün düşündüm: Ya Reyhaniye kahvelerinde ömür çürüten, vaktiyle okuyan fakat yeteneği olmadığı için vazgeçen, basit, bayağı, adi bir genç... Veya gözlerini, hayatını hakikat uğruna feda ederek bir zafer ve fedakârlık numunesi olacak hakiki bir insan

"Her büyük adam, kucağında yaşadığı cemiyetin üvey evladıdır" diyen fikir çınarı bu büyük parasızlık ve yoksulluğuna rağmen verdiği kişilik gelişiminde üvey evlât olmaktan kurtulamamıştır. Hasta bir ana, asık suratlı bir baba, cahil mi cahil sağlıksız bir çevre. Böyle bir çevrede insanın kendini kurtarmasının birtek yolu olabilir: Kendini tanıma.

Hafızasıyla iz bırakan en eski yıllarda sadece itildiğini, istenmediğini, dövüldüğünü hatırlıyor. Oynamadı, çocuk olmadı, içine ve kitaplara kapandı. O, tam bu şekilde anlatıyor kendini, "Okumak istediğim zaman kitaplarımı yırttılar, cemiyet bel kemiğimi kırdı. Gençliğim Allahsız bir çölde akıp giden başı boş bir ırmakta."

Aile ve çevre hayatının derbederler, tarımalar içinde geçtiğini öğrendiniz Cemil Meriç, aslında içimizden birilerinin hayatını yaşamış, yani sıradan bir yaşam değil.

Eğer şu an şu kitabı zaten okuyorsanız kanaatimce Cemil Meriçler olsun, Beethovenler olsun, Madam Curie'ler olsun, Abraham Lincoln'lar olsun, Edisonlar olsun, Pastörler olsun, insanlığı gökyüzünde uçuran Müzmin bekârlar Wright Kardeşler olsun, Chartes Dickensler olsun, Jack London'lar olsun... Onların çektiklerinin benzerini çekuyorsunuzdur. Fakat bu çekilen acılar karşısında nasıl direnileceğini de bu insanlardan öğreniyorsunuz. "Belli yaşa kadar olan hayatımda bir tek ferahlatıcı hatıra yok" diyen yazar, hayatında en fazla yalnızlığına ağlamış. En iyisi onun ağzından dinleyelim:

"Yıllarca aç kaldım. Koca bir şehirde yapayalnız. Ama beni asıl kederlendiren açlık değil tek oluşumdu. Aç ve tek olmak, Gurbet ve açlık. Bu şehrin kaldırımlarında bir başka aç Cemil Meriç hiç bir zaman dolaşmamıştır diye düşünürdüm. Ben düşünen, okuyan, acılardan kendine güzel yaşam çizen, değerlerini lekelememek için aç kalmağa, açlıktan kıvranmaya razı olan adam."

İncelediğim tüm büyük adamlarda gördüğüm önemli bir şey oldu: Hepsi kitaplara yönelmişler. Yazarından bilim adamına, müzisyeninden iş adamına kadar tüm başarmış insanlar, sahip oldukları coşku ve başarma arzusunu kitaplardan kapmışlar. Bu kitabın okuyucusu olarak her ne iseniz, ister ilkokullu, ister üniversiteli, deneyin bir... Kitap alacak paranız yoksa, kütüphaneler henüz paralı olmadı. Bom boş, mahsun mahsun bizi bekliyor. Eğer kitap okuyan bir insan değilseniz yaşamınızda her şeyle ilgili boşa kürek sallıyorsunuz demektir; Allah'ın ilk emri "OKU!" değil mi?

Maxime Rodinson 'un "Batı'yı Büyüleyen İslâm" adlı eserini Türkçe'ye kazandıran hüzünlü yazar Meriç tımarhane diye benzettiği yaşadığı yerden kurtuluşu kitaplar sayesinde olmuş.

Usta kalem Cemil Meriç kitaplara olan ilgisini bir kez daha şöyle anlatıyor: "Kitaplar acılarımı dindirdi. Yaşadığım yer tımarhanenin şubesi gibi bir yerdi. En karanlık ızdırablar yan yanaydı hayatımda. Kitap bir imandı benim için. Kitaplarda yaşadım. Ve kitaptaki insanları sokaktakilerden daha çok sevdim. Kitap benim için has bahçemdi. Hayat yolculuğumun sınır taşları kitaplardı. Bir kanat darbesiyle Olemp, bir kanat darbesiyle Himalaya. Ayrı bir dil konuşuyordum çağdaşlarımla. Gurbetteydim. Benim vatanım Don Kişot'un İspanya'sıydı. Emma Bavari'nin yaşadığı şehir... Sonra Balzac çıktı karşıma, Balzac 'ta bütün bir asrı yaşadım, zaman zaman Votren oldum, Rastinyak oldum, Balzac'ın hayatını okudum, yaşadığı sosyal şartları. Bu muhafazakâr yazarın nasıl olup da zamanının toplumunu bütün çelişkileriyle canlandırabileceğini okudum. Kitabın içindeki ışık, içindeki sevgi, içindeki ruh, içindeki çile , içindeki gözyaşı, içindeki tecrübe, içindeki ilahi güç çekiyordu beni."

Hayatını birinci ve ikinci perde diye ayıran Cemil Meriç, birinci perdesini anlatıyor: "Genç bir adam kapıyı çalıyor, şefkate susuz,hayata susuz. Tenin açlığı, ruhun açlığı ve anlaşılmayan bir kafa ve anlaşılmayan bir vücut. Bir pansiyon odasındadır, koca şehirde yapayalnız. Kültürüyle yalnız, ızdıraplarıyla yalnız. Tahta kapıyı yumraklayan eller, soğuk bir kış günü."

Birinci perdeyi evleninceya kadar ki zaman olarak değerlendiren Meriç, bu geçen zamanı katran gibi bir geceye benzetiyor. Yıldızsız, Allah'sız, cıvıltısız bir gece. Vıcık vıcık ızdırab. Bir kaç şehri fethe yetecek bir enerji, yeldeğirmenlerine saldırmakla harcanmış.

İkinci perdenin İzdivaçla başladığını söyleyen Cemil Meriç, "Yoksulluk, daha büyük, daha derin, daha uzun acılar, sorumluluklar yumağı. Fakat vahaları olan bir çöl bu. Ve göğü yıldızlarla dolu:: Çocuklarım, kitaplarım" diyor ve devam ediyor, "Bir kadın ilk defa olarak adımı taşımaya razı oluyordu. Bir kurtuluştu bu paryalıktan... Ve bilmediğimiz ülkelere yelken açan, bir gemiye atlar gibi elele hayata atladık. Ben heyecandım, şiirdim, bohemdim. Karım, sakin bir yaz akşamı, fırtınasız bir liman... Karım mükemmel bir anneydi.

Bayağı tarafı yoktu, temizdi, saftı, eski Roma'nın istikrarını, üstünlüğünü yapan feragatkâr, vazifeşinas kadınlardan biri. Kasırgadan kaçmak isteyen bir geminin güvenle sığınacağı bir liman."

Eşi Fevziye Hanımefendi'ye hitaben içinden gelen şu cümleleri söylemiş Merhum Meriç: "Ben seni tanıdıktan sonra yaşamaya başladım... Gelişen, kökleşen bir sevgi bu. Bir sevgi ve bir hayranlık."

Gerçek aydını târif ederken şunları söylüyor Cemil Meriç: "Gerçek aydın önce ülkesinin haklarını düşman bir dünyaya haykırmakla görevlidir. Şu veya bu sınıfın ideolog ve demogogu olmadan ülkesinin bütünlüğünü, bütün ülkelere karşı savunmak zorundadır."

İnsanından kopan, tarihini unutan aydınların kızmadan, usanmadan uyarılmasını istiyor Meriç: "Aydın olmak için önce insan olmak lâzım. Münakaşada zafer, mağlub olanındır, yenilmek zenginleşmektir. Aydın, güzel ülkemizin gelişmesini istiyorsa tartışmalarla yenmek peşinde olmasın, düzeltmek peşinde olsun, ülkesini düzeltmek."

"Kırk Ambar" adlı kitabın 454. sayfasında şunları söylüyor büyük fikir adamı: "Karanlıkları devirmek ve aydınlık bir çağın kapılarını açmak için en mükemmel silah, kalem. Sözle, yazıyla kazanılmayacak savaş yok... Kalem sahiplerine düşen ilk vazife, telaş etmemek, öfkelenmemek, kin kışkırtıcı olmamak. Halkı okumaya, düşünmeye sevmeye alıştırmak. Bir kılıcın kazandığı zaferi başka bir kılıç yok edebilir. Kalemle yapılan fetihler tarihe mal olur, tarihe, yani edebiyete."

Cemil Meriç'in bu hayat hikâyesi beni gerçekten duygulandırdı. Çok daha güçlendim, şevk doldum, coştum, mutlu oldum, milletim ve ülkem için günde 10 saat okuma ve yazmayı günde 15 saatte çıkardım. Milletim ve ülkem içir 24 saatin bile yetmeyeceğini yıllar önce "Bu Ülke"den sonra anlamıştım, şimdi bir kez daha hatırladım.

"Bu Ülke"yi mutlaka alın, okuyun.

Düşünebiliyor musunuz, bir zamanlar yapayalnız, aç, açıkta, soğukta, karnını nasıl doyuracağını düşünüp, koca İstanbul'da tek, gariban ve bir kenara itilmiş iken, şimdi 2 çocuğu var. Birisi, yani Mehmet Ali Meriç Bey Saint Joseph Lisesi'ni bitirmiş, İstanbul Üniversitesi Hukuk Fakültesi mezunu, Paris Üniversitesi'nde masterını tamamlamış, doktora çalışmaları yapmış, bir Fransız şirketinde üst düzey yönetici avukatı. Diğeri yani Ümit Meriç, İstanbul Üniversitesi Edebiyat Fakültesi Sosyoloji mezunu. Geçen yılllara kadar aynı fakültede doçent olan Ümit Meriç Kurumlar Sosyolojisi Ana Bilimdalı Başkanı olarak öğretim üyeliği yapmaktaydı.

Böyle babaya helâl olsun denilir. Helâl olsun Cemil Meriç, helâl olsun Fevziye Hanım. Milli ve Manevi değerlere bağlı, kalbi "Ülkem", "Türkiyem" diye atmış bu dev fikir adamını önümü ilikleyerek, saygıyla anıyorum. Allah rahmet ve merhamet etsin.

"Kuduzu Yenen,
Pastörize Gıdaları Keşfeden Adam"

LUİS PASTEUR Nasıl Başardı?

Yoksul bir ailesi vardı, ayağına giyecek bir şey bulamadı, çıplak ayakla dolaştı. Yoksulluğundan dolayı kışın bir palto dahi giyemez, titrer dururdu. Ağzına kadar dolu çuvalı sırtına yükler, ısınması için dağlardan annesine odun getirirdi. Cömert bir adamdı, zavallı birini görse kendi zavallılığını unutur, elindekini ona verir, "Tanrı bizi düşürür" derdi. Evlenmek istediği kızın babasına: "Doğrusunu söyleyeyim, tamamen yoksul bir kimseyim. Ama karakterim, insanlığım ve yürekliliğim var." dedi. Büyük insanların hayatlarını büyük bir heyecanla okurdu.

"Başarmak isteyen herkese söylüyorum: Yükselmek istiyorsanız Cenabı Allah'ın Yaratılış sırrını öğreniniz."

Zehir gibi soğuk bir rüzgar esiyor, gece yaklaşıyordu. Yırtık pırtık elbisesiyle, yalın ayak tepeden aşağı doğru ağır ağır ilerliyordu. Yağmur da başlamıştı. Yürüyüşü hafifledi. Yağmur hızını kesiyordu. Kendini bir an evvel annesinin yanına atmak istiyordu. Sevgi dolu bir insandı annesi. Onun için canını verse değerdi. Günlerdir unlu suyla karıştırılmış bulamaç yediği için fazla bir enerjiye sahip değildi. Bu yüzden de bir ara bir ağacın altında dinlenmeyi düşündü, ama vazgeçti. Bir an evvel annesine odun yetiştirmeliydi. Kapının önüne kendini zor attı. Her yeri üşümüştü, "Anne, odunları getirdim." diyebildi. Annesi oğlunun acınası halini görünce ana yüreği işte, içi titredi: "Luis, evladım, katlandığın şu zorluğa bak. Tanrı seni korusun, işini rast getirsin." (1)

Louis Pastör Fransa'nın fakir Arbois kasabasında 27 Aralık 1822'de doğdu. Ailesi yoksuldu. Babası her gün 5 km yürüyerek gittiği deri fabrikasında işçiydi. Çocukluğu mahrumiyet ve yoksulluklarla geçti. Bulamaç dışında pek bir yiyecek tanıyamadı. Bazı zamanlar odun topladığı karşılardaki tepelere gider, bir ağacın altına oturur, derin derin düşüncelere dalardı. Bu arada ailesi onun inançlı, tanrı sevgisiyle dolu bir insan olması için ona peygamberlerin hayatlarından bahseder, manevi ahlâk vermeye çalışırlardı. Küçük Pastör büyük insanların hayatlarını dinlediği için zamanla şöhretli, başarılı insanların yaşamlarını acılarıyla birlikte derinlemesine okumaya başladı, onların tavsiyelerini büyük bir zevkle dikkate aldı.

Küçük pastörün kitaplara ve bilgiye karşı müthiş bir sevgisi vardı. Eline geçen kitapları bir solukta okurdu. Başarılı insanların hayatlarını okuduğundan çok çalışması gerektiğini biliyordu. Onunla ilgili şöyle bir hikâye anlatılır:

Pastörün yaşadığı bölgede iki tatlıcı varmış. Bu tatlıcılardan biriyle yolda giderken karşılaşmış. Tatlıcıyı bir hayli üzgün görmüş, "Hayrola, bir sıkıntın var gibi" demiş Pastör. Adam da "Dükkanımı kapatıyorum" demiş, "Benim rakibim çok iş yapıyor kasabadaki müşterilerin çoğu ona gidiyor."

"Kasabadaki insanların hep onun dükanına gittiklerini nereden biliyorsun?" diye sormuş Pastör. Adam cevaplamış, "Dükkanımın kapısından baktığımda, onun dükkanına giren ve elleri dolu çıkan herkesi görüyorum."

"Senin bütün problemin işte bu demiş pastör ve ardından şu uyarıyı yapmış: "Eğer onun dükkanını gözetlemek için harcadığın zamanı, kendi işyerini geliştirmek için kullansaydın, sen de başarılı olurdun." (2)

Ona başarısının sırrını soranlara şu cevabı verirmiş, "Güzel düşünmek, çalışmak, yalnızlık, dua"

Luis pastör merhametli bir insandı. Hiç bir canlının acı çekmesine dayanamazdı. Onun içindir ki o dönemin lanetli hastalığı kuduzun aşısını bulabilmiştir. Ağırbaşlıydı, aynı zamanda coşkuluydu da. Eğitimci olup insanlara faydalı olmak istiyordu. Orta öğrenimini Arbois'te tamamladıktan sonra 1843'te Ecole Normalle'ye girdi. Burası eğitim yüksek okuluydu. Fakat profesör bir hocası onun fizik ve kimyaya olan ilgisini görünce onunla özel olarak ilgilenmeye başladı. Fakir ve yoksul bu çocuğu yanına yardımcı olarak aldı. Bu vakitten sonra Pastör kararlılıkla kendini yetiştirmeye başladı. Çok umutlu ve coşkuluydu. Bu güzel haberi anne babasına heyecanla ulaştırdığında ailesi sevinçten ağladı.

Pastör üniversiteye gelişinin daha ilk aylarında cesaret ve kararlılığıyla bir profesörün kızıyla evlenmek istediğini, bakın bu profesöre nasıl söylemişti: "Doğrusu söyleleyim, tamamen yoksul bir kimseyim. Tek varlığım karakterim, sağlığım, çalışkanlığım, açık yürekliliğim. Kendimi kimya araştırmalarına adamış durumdayım. Çalışmalarımda beklediğim sonuna varırsam ileride Paris'e yerleşmeyi düşünüyorum. Kabul ederseniz Allah'ın izni ve bereketiyle kızınızla evlenmek istiyorum. "Evet" dediğiniz taktirde resmi evlenme teklifi için babam hemen Strasburg'a gelecektir." (3)

İsteği kabul edildi. Nişanlılıktan sonra düğün hazırlıkları da bitince evlenme töreni yapılacağı sırada Pastör hâlâ ortada yoktu. Onu labaratovardan çekip getirdiler.

Hayatı boyunca her türlü sıkıntısında ilmi araştırmalarında büyük desteğini göreceği eşi Maria Laurent'e çok şey borçludur. Karısını çok seviyordu, mutlu bir evliliği vardı.

Bilimsel araştırmalarına kendisini iyice kaptırmıştı. Şarap ile biradan gelen zararlar ve hastalıkları üzerine çalıştı. Çok önemli bulgulara ulaştı. Bunun dışında fermantasyon yani mayalanma tekniğini buldu. Biliyorsunuz o dönemde buz dolabı olmadığı için yiyecekleri bekletmek büyük sorun oluyordu, yiyecekler bozuluyordu. İşte pastör yiyecekleri bozan bakterileri açığa çıkardı. Böylece yiyeceklerin, kendi ismiyle anılan pastorize sistemiyle uzun süre saklanmasını sağladı. Süt, peynir, tereyağı gibi gıda maddelerinin pastorize edilerek bozulmamalarını ve daha dayanıklı olmalarını sağladı.

O sıralar kuduz denilen korkunç hastalık insanları telef ediyordu. Fareden, köpekten, kediden ve benzeri hayvanlardan bulaşan bu hastalığa çarenin mümkün olmadığını savunuyorlardı. İnsanı kudurtarak, çıldırtarak, ağzından salya getirterek öldüren, mahveden bu hastalığın sebep olduğu trajediye pastörün içi sızlıyordu.

O hayvanları da insanları da seviyordu. Çünkü o yaratıcıyı seviyordu. Anne babası onu inançlı yetiştirmişti. Bütün peygamberlerin hayatlarını ona okuyarak, "Oğlum onlar gibi insanlığa faydalı olmaya çalış. Dertler, sıkıntılar, acılar karşısında ümitsiz olma. Derdi veren dermanı da vermiştir." derlerdi. Evet, "Derdi veren Allah dermanı da vermiştir." Bu sözler iyi adam Pastör'ün kafasında şimşek gibi çaktı. "Eğer kuduz mikrobu varsa, onu yok edecek bir canlı da vardır"diyerek işe koyuldu. Eğer kuduz aşısını bulursa insanların yanı sıra hayvanlar da kurtulacaktı. çünkü bu hastalığa yakalanan zavallı hayvanlar da çıldırarak ölüyorlardı.

Bir defasında Pastör'ü köpek ısırmıştı. Onu pansuman eden doktor, kuduz diye bir şeyden bahsetmişti. Buna yakalanan bir insanın kudurarak öldüğünü söylemişti. Doktor, "Bir gün mutlaka bir hekim çıkıp, bu amansız mikrobu yenerek insanlığı bu beladan kurtaracaktır." demişti. İşte o an Pastör, "İnsanlığa böyle hayırlı bir hizmeti yapacak doktor ben olmalıyım." diye düşünmüştü.

Onlarca kuduz köpek üzerinde deneyler yapıyordu. Kendini tehlikeye atarak çeşitli kuduz mikroplarını büyük bir dikkatle topluyor, gece gündüz inceliyordu ve kuduz köpeklerin salyalarını kendi elleriyle tüplere dolduruyordu.

Aylarca geceli gündüzlü çalışmanın sonunda hihâyet bir tür serum elde etti. Bu serum kuduz köpekleri tamamen iyileştiriyordu. Fakat aynı serum kuduza yakalanmış, ölmek üzere olan insanları da kurtarabilecek miydi?

Çalışmalarını yoğun bir şekilde sürdürdüğü sırada Joseph Meister adında 9 yaşındaki bir çocuğun kuduz köpek tarafından bir çok yerinden ısırıldığı haberi geldi. Çocuğun durumu ümitsizdi. Anne babası gözyaşları içinde Pastör'e yakarıyordu. Pastör, çocuğa çeşitli şekilde hazırlanmış zararsız serumları ayrı ayrı şırınga etti. Bu durum iki gün böyle devam etti. İki günün sonunda terler içinde kıvranan çocuk terlememeye başladı, bir gün sonra da yüzünde tebessüm işaretleri belirdi. Anne babası bu defa sevinçten ağlıyorlardı. Yavrularına sarıldılar, Tanrı'ya şükrettiler. (4)

Haber bütün dünyayı sevince boğdu. Bu açık yürekli, inançlı iyi adam milyonlarca kişinin duasını aldı, hasta olanlar ve onun aileleri, bütün dünya Luis Pastör'ün adından bahsediyordu. Düşünün bir, yıllarca yaptığı araştırmalar sonucunda kanserin kesin ilacını bulan insanı dünya nasıl karşılır? İşte o zamanın kanseri de kuduzdu.

Pastör, bu buluşuyla ülkesi Fransa'ya müthiş bir servet kazandırdı. Devlet ona En Büyük Onur Madalyası verdi. Fransa'da "Tarihin En Büyükleri" adlı halk oylamasında Pastör birinci geldi. Napolyon ancak beşinci sırada yer aldı. Bugün Fransa'da pek çok cadde, bulvar onun adını taşımaktadır. 1888'de açılan Pastör Enstitisü dünyanın önce gelen araştırma merkezlerinden birisidir.

Bu kadar şan, şöhret ve paraya rağmen Pastör alçakgönüllüğünden, mütevaziliğinden ve merhametinden zerre kadar bir şey kaybetmedi. Pastör aynı Pastör'dü. O yine ızdırap çeken insanların varolduğunu çevresine söylerdi: "Şu ana kadar günde 2 saat uyusaydım kuduza daha erken çare bulmuş olurdum, ızdırap çekerek ölen insanlar da yaşıyor olurdu."

İnsanlar, her şeye rağmen kendilerini ızdırap içinde ölüme götürecek sebeplere teslim olmuyor, kader demiyor, eceldir demiyor çare yolları arıyorlar.

Zevk ve sefadan, bencillikten, edepsizlikten, kişilerle uğraşmaktan uzak durup, bilim uğruna gece gündüz çalışan insana da şifanın formülünü vermek yüce Allah'ın adâletindendir. Bilim adamının vesilesiyle ömrü bir müddet uzatıp, ızdırap içinde insanın ölmemesini sağlayacak olan da yine yüce yaratıcıdır.

"Yükselmek Yaratılış Sırrını Öğrenmekte Olur." diyordu Pastör.

O, öğrencilerini hep şu tavsiyelerde bulunurdu:

"Çalışın, dört elle sarıldığınız işi bırakmayın. Dünyada her şey çalışmaya bağlıdır. Gençler, şuna inanın ki, sizin, çirkin arzularınızdan alacağınız zevk, çalışarak önce kendine, sonra ailenize, milletinize dünya insanlığına sunacağınız hayırlı bir hizmet zevkinin yanında çöldeki aldatıcı serap gibi kalır. İnsanlara iyi davranıyorsanız, dua ediyorsanız, hangi mesleğe sahip olursanız olun siz insanlığa hizmet ediyorsunuzdur. Büyük insanları ve onların hayatlarını okuyunuz. Onları kendinize örnek edininiz. Büyük çileler yaşıyorum diye düşündüğünüzde peygamberlerin çilelerini açıp okuyunuz. O zaman çilenin neresinde olduğunuzu öğrenirsiniz, bu da sizi rahatlatır." [5]

Buluşlarıyla acıları dindirip, bir çok hayatın devamına vesile olan Luis Pastör öldüğü zaman 73 yaşındaydı. O, arkasında kendisini saygıyla, hürmetle, duayla anacak insanlık bıraktı. Adını ölümsüzleştiren mutlu insanlardan biri olarak yaşadı. PASTÖR

İLE İLGİLİ ANLATILAN ÖYKÜLER

Napolyon Bonapart, Fransız bayrağını Atlas okyanusundan tâ Moskova'ya kadar yüceltmişti. Pastör'ün babası da Napolyon ordusunda askerdi. Fakat ne yazık ki Napolyon'u gün gelip yenilgiye uğratılarak esir edilmesi baba Pastör'de tarifsiz bir acı ve keder yaratmıştı.

İşte Luis Pastör, büyük imparator Napolyon'un 1820'de esir edilmesi ve bir müddet sonra da ölmesinden hemen sonra dünyaya geldi. Babası, Napolyon'un esir edilip bir çok gencin ve toprakların yitirilmesine şahit olduğu için oğul Pastör'e şu nasihatlarda bulunmuştu: "Sen Fransa'nın saygınlığını yüceltmek için çalışmalısın."

Pastör, hayatı boyunca, aziz vatanım dediği Fransa'nın yükselmesi ve her zaman her yerde saygınlığının artması için durmadan çalıştı.

Almanya Fransa'ya savaş açtığında bir hayli öfkelenmiş, Almanya'daki Bon Üniversitesi profesörlerine bu savaşı protesto eden şu anlamlı mektubu yollamıştı: "Bilim adamları uluslarının onurlarını yükseltmek için ellerinden gelen gayreti göstermeliler." (6)

Pastör dünyanın en ünlü kimyacısıdır. Oysa sıkı durun, bu adam ortaokul ve lisede kimyada hep zayıf alırmış. Pastör, kimya derslerini hiç başaramıyormuş. Tâ ki kendisine kimyayı sevdiren sevecen bir öğretmene rastlayana dek. O tarihten sonra Pastör kimyayi sevmeye başlıyor, bu sevgi onda coşkuya sebep oluyordu.

Gerçekten de bir konunun sevilmesinde, o konu uzmanlarının sevecenliği pek önemlidir. Ben lise ikideyken kimyayı sevmeye başladım. O zamana kadar fenden kimyadan korkar nefret ederdim. Fakat lise ikideki kimya hocamız Nurettin Bey bana "Faruk ne biliyorsan yaz, formül yaz, yanlış yaz, doğru yaz, ama bir şeyler yaz." demişti.

Ben de hiç biri doğru olmamasına rağnem bildiğim karma karışık şeyleri yazmıştım. Sonuçta yazılıdan on üzerinden yedi aldığımda gözlerime inanmamıştım. O günden sonra, karşımda buz kütlesi gibi duran kimya erimeye başlamıştı.

PASTÖR FRANSA'YI YOK OLMAKTAN KURTARDI.

Pastör, Fransa'nın tek gelir kaynağı ve can damarı olan ipek böcekçiliği, tavukçuluk ve büyük baş hayvancılığın yok olmasını önledi. Fransa'da ipek böcekleri tek tek ölmeye başladı. Bu bir salgın hastalıktı. Pastör 3 yıl süren çalışması neticesinde nihâyet ilacı buldu ve ipek böcekçiliğini yok olmaktan kurtardı.

Fransa'da tavuk kolerası yüzünden hergün binlerce tavuk ölüyordu. Böyle giderse Fransa'da bir tek tavuk kalmayacaktı. Bir çok bilgin, veteriner buna çare bulamadılar. Pastör, yoğun çalışma sonucunda tavukları telef eden mikrobu buldu ve tekrar tavuklara şırınga etmek istedi. Bilginler, "Sen deli misin?" dediler. Fakat sonuç Pastör'ün dediği gibi çıktı.

Fransa'da 1880'de şarbon diye bir hastalık türedi. Hem insanları hem de koyun, inek ve diğer büyük baş hayvanları kırıp geçiriyordu. Derhal Pastör'e durum iletildi. Ölen binlerce koyunu görmesi için Pastör çağrıldı. Bütün gazeteciler ve çiftçiler heyecanla Pastör'ün gelmesini bekliyorlardı. Bir çiftçinin, "İşte geliyor!" demesiyle birlikte yüzlerce göz Pastör'e çevrildi. Pastör yerde yatan ölü koyunların yanına gitti. Pastör'ün sistemi belliydi; Hastalığa yakalanan hayvanların mikrobunu alıp diğer sağlam hayvanlara şırıngalıyordu. Koyunlarda da bunu yapmak isteyince orada bulunan veterinerler: "Şarbonu da böyle yenebilmen imkânsız, öyleyse kanıtla" dediler.

Pastör hemen harekete geçti. 50 sağlam koyundan 25'ine bir şey yapmadı, diğer 25'ine şarbon hastalığına yakalanmış koyunlardan aldığı mikrobu aşıladı. Bir müddet sonra Pastör'ün dediği oldu. 25 aşılı koyun yaşadı, aşılanmayan 25 koyun öldü.

Ünlü bilim adamı Baron Lister bir konferansta Pastör'e dönerek şunları söylemişti: "Siz şifalı elinizi dünyaya uzatmış, insanlığa sağlık ve güven vermiş bir insansınız. Size müteşekkiriz."

Kendisini ziyarete gelen öğrencilere daima şu öğütleri vermiştir: "Çalışınız! Çalışmaktan geri durmayınız, bu sayede ahlâğınız da bozulmaz."

▪ PASTÖR'ÜN BAŞARI KAYNAĞI

Büyük adamların hayatları incelendiğinde pek fazla ortak özelliklere sahip oldukları görülür. Onları başarıya götüren etken, onların hayata ortak olan bakış açılarıydı. Bu ortak bakış açılarının bazıları, sabrı kavramış olmaları, edepli olmanın önemini bilmiş olmaları, yüce yaratıcı Allah'a saygının gerekliliği, duanın ehemmiyeti, dürüstlük, güzel düşünce...

Pastör'ün şu ifadeleri yaşam özetler niteliktedir âdeta: "Şu üç şey irâde, çalışma ve başarı, bizim bütün hayatımızı kaplar. İrade, parlak ve mesud bir mesleğin kapılarını açar. Çalışma, eşiği atlayarak ilerlememize yardım eder; yolculuğun sonunda erişeceğimiz başarı da bütün gayretlerimizi mükâfatlandırır." (7)

Dünyanın savaş yanlısı, devlet adamları ve bilim adamlarına da protest tavrını koymuştur. Onu göre içinde sevgi olmayan bir insanın bilim adamı olması mümkün değildir. Bonn Tıp Fakültesi'ne, Fransa-Almanya Savaşı nedeniyle bir protesto mektubu göndermişti. Bu mektupta aynen şunları söylemişti:

"Kendi caniyâne gururlarını okşamak için iki büyük milleti birbirine kırdıranları kınıyorum. Barbarlıklarını ve riyâkârlarını şiddetle eleştiriyorum. Bir bilim adamı ülkesinin devlet adamlarını doğru yola yönlendirebilmelidir. Bilim adamlarının diğer asli görevi memleketlerinin şerefini yükseltmektir."

Kazandığı büyük şan, şöhret ve paraya rağmen daha önce de belirttiğim gibi hiç bir zaman alçak gönüllüğünden ve merhametinden bir şey kaybetmemiştir.

İşte bu insanların başarısı buradan gelmektedir: Her şeye rağmen değişmeyen düzgün karakterin altında yatan irâde.

27 Aralık 1892'de Paris'te düzenlenen Dünya'nın En Büyük Bilginleri toplantısında tanınmış bilim adamı Lister Pastör'e şu içten övgülerde bulunmuştu:

"Sizin araştırmalarınızın parlak ışıkları cerrahinin en karanlık noktalarını aydınlattı. Yaraların tedavisini, ne olacağı belirsiz, çok defa feci bir şekilde neticelenen bir iş olmaktan çıkararak insanlığa faydalı bir ilim hâline soktu. Bu hizmetlerinizin karşılığı asla unutulamayacak ödüller olacaktır. Sizin parlak zekânızdan ve alçak gönüllüğünüzden ben de sayenizde istifâde ettim. Size teşekkür ederim."

Pastör, zamanını sürekli çalışmakla geçirmiş ender bilim adamlarından biridir. Onun dünya görüşü sevgi, dua ve çalışmak üzerine inşaa olmuştur.

1) Bilginler ve Mucitler. Güzel Kitaplar Doğan. 1951.
2) Büyük Adam Olmak. Cemil Ongun. İnkilâp.
3) Yabancı Meşhur Adamlar. Doğan Kardeş Yayıncılık.
4) Bilim Adamları. Çağatay Uluçay. Özyürek.
5) Meşhurların Bilinmeyen Yönleri. Dale Carnegie. Ak.
6) Napolyon'un Hayatı. 1970. Radyo Kültür.
7) Büyük Adamlar. Adli Moran. Ak. 1966.

"Faziletinden Dolayı Öldürülen Bilge"

SOKRATES Nasıl Başardı?

Sokrates, 2450 yıl önce yaşamış olsa da, onun yaşamı şu an bizim yaşadığımız dönemlerden hiç de farklı değildi. Bizim gibi sıkıntılar yaşadı, bizim gibi hayaller kurdu, bizim gibi hissetti; hülasa bizim gibi yaşadı ve içimizden biri gibi öldü. Ama belki birçoğumuzdan farklı öldü: O fazileti için idam edildi. Affedilme şansı varken, reddetti: "Affedilmek... Haksız değildim ki affedileyim." dedi.

Sokrates, Milâddan önce 469 yılında doğmuştur. Doğum yeri Atina'dır. Gösterişsiz bir insandı. Dürüst bir insan olduğu için hak olanı savunma uğruna ölümü bile göze almıştı. Onun ahlâk anlayışının temelinde, insanı kötülüğe iten sebeplerin ortadan kaldırılması yatar. Bunun da bilgili bir toplumla gerçekleşebileceğine inanmıştır.

Sokrates, Atina'daki geleneksel tanrıları reddedip, evrenin bir tek büyük kudretin yarattığını her fırsatta söylemiştir. Bu yüzden de dönemin idarecilerinin nefretini üzerine çekmişti. Fakat inancından bir adım geri atmamıştı. Onun bu kararlılığı ve dürüst davranması bir çok kişinin de kendisini sevmesini sağlamıştır. Kendinden önce yaşamış büyük insanların hayatlarını, düşüncelerini incelemiştir; yeri geldiğinde de eleştirmiştir.

Zaman zaman maddi darlığın içerisine girmesi karısı Ksanthippe'den uyarı almasına sebep olmuştur. Fakat onun, aklıyla maddi problemlerini de çözdüğü gurülmüştür. Hiç bir hak yemeden evinin masraflarını çıkarabilmiştir. Onun fikirleri, hayata ve ölüme dair söyledikleri bütünüyle diyaloglarda görülür. Bu diyalogları da kaleme almış olan Eflatun'dur.

Eflatun, arkadaşı Dion'a yazdığı 7. mektupta Sokrates ile ilgili şunları yazmıştır: "Çok güvendiğim Atina'nın yeni idaresi bir müddet sonra eskisini aratır oldu. Birçok zorbalıklardan başka, o zamanın en doğru adamı olduğunu çekinmeden söyleyebileceğim, yaşlı dostum Sokrates'e de saldırdılar. Onu başka kimselerle birlikte, bir yurttaşı yakalamaya göndermek; bu yurttaşı ölümle cezalandırıp, Sokrates'i istesin istemesin, siyasetlerine karıştırmak istiyorlardı. Sokrates onları dinlemedi; cinayetlerine karıştırmak istiyorlardı. Sokrates onları tersledi; cinayetlerine ortak olmaktansa, bütün tehlikelere göğüs germeyi tercih etti. Ben de bu türlü şiddetli hareketler ve buna benzer, bunlar kadar önemli daha başka zorbalıklar karşısında nefret duydum; olup biten iğrençliklerden uzaklaştım. Az zaman sonra, Otuzlar düştü; kurmuş oldukları idare şekli de onlarla beraber ortadan kalktı." (Tercüme 77-80. 7. mektup)[1]

Sokrates Atina'daki idareciler tarafından dinsizlikle suçlanmıştı. Bunun sebebi Sokrat'ın, gerçekte dinsiz oluşundan kaynaklanmamıştır, onların çok tanrılı dinlerini reddedişinden kaynaklanmıştır. Çünkü O, yeri göğü yaratan bir olan Allah'a inanmıştı. Bunu da her fırsatta halka ve idarecilere haykırmıştı. Bütün varını yoğunu insanların doğruyu görmesi uğruna harcayan Sokrat, birgün yargılandığı esnada şöyle bir konuşma yapmıştır: "Eğer bana, seni serbest bırakacağız ama bir şartla, artık bu tür konuşmalar yapmayacaksın, tanrılarımıza dil uzatmayacaksın, yoksa öldürüleceksin." derseniz, kurtulmam için böyle bir şarta karşı ben de derim ki: "Atinalılar!" size saygım ve sevgim vardır. Ancak ben size değil, yalnız tek olan tanrıya baş eğerim. Ömrüm ve kuvvetim oldukça da, iyi biliniz ki bunları söylemekten çekinmeyeceğim. Karşıma çıkanlara her zaman dediğim gibi, yine şöyle diyeceğim. "Sen ki, dostum, Atinalısın, dünyanın en kuvvetli, en ünlü şehrinin hemşerisisin; paraya, şöhrete, üne bu kadar önem verdiğin halde, hiç durmadan yükseltilmesi gereken akla ruha bu kadar az önem vermekten sıkılmaz mısın?" Atinalılar! Hakkımda ister beraat hükmü verin, ister vermeyin. Şunu iyice bilin ki, bir kere değil, bin kere ölmem gerekse bile, yolumu asla değiştirmeyeceğim." [2]

Hakkında ölüm cezası verilmiş bir insan, hangi kaynaktan aldığı bir güçle zamanının kudretli idarecileri karşısında bu şekilde konuşabilirdi? Ancak iç temsilinin sağlamlığından ve Allah'a olan inancın ona verdiği ruhsal ve mânevi kuvvetten dolayı henüz yargılanma aşamasındayken böyle konuşabilmiştir. Aynı şekilde iç temsilini kurmuş, neyi söylediğinin farkında olan, hayata çok daha geniş pencereden (dünyevi ve uhrevi pencereler) bakan bir insan neler başarmaz ki? Ama bazı doğruların, bizi aşan kuvvet karşısında kurban edilmesi kabul edilecek bir durum olmayacaktır. İyi bir nedenlerimiz, niçinlerimiz olduğunda ve doğrularımıza inandığımızda başarının hiç de uzak olmadığını görürüz. Unutulmamalıdır ki, inanç ve doğrularını çiğneyen, onu bir makam uğruna kurban eden kişi gerçek başarılara sırtını dönmüştür. Yüzyıllar boyunca çok şeyler başarmış günümüze kadar ulaşarak kendini hâlâ okutturmuş olan kahramanların ortak özelliği, inandıkları doğruları her zaman dile getirmiş olmalarıdır. Nedir bu "İnanılan Doğrular"? Dürüstlük, vicdanlılık, açıklık, akıllılık, ölümsüzlük inancı(Ahiret), hizmet aşkı, iyilik ve merhamet aşkı, manevi inanç aşkı, başladığını bitireceğine inanma aşkı...

Ölüm, Sokrates'in umurunda bile değildi. Çünkü o fazilete inanmıştı, ruhunun ölümden sonra yaşayacağına inanmıştı, yaptığı şeyin doğru olduğuna inanmıştı. Konfüçyüs'ün dediği gibi, "Bir insan, vicdanında yanlış bir şey yapmadığına inanıyorsa neden kaygı duysun? "Konfüçyüs'ten yaklaşık 100 yıl sonra yaşamış olan Sokrat da yaptığı şeyin dürüst ve doğru olduğuna inanmıştı. Onun inandığı din, Atinalıların resmi dini olan Mitolojik tanırılara tapma dini değildi. Onun ahlâk görüşünün temelini tek tanrılı din oluşturur. O zamanlar tek tanrı, yeri göğü yaratan tanrı ağıza bile alınmazken O, bunu söylüyordu.

"Bazı zamanlar bazı şeyleri yapmamam için içimden bir ses duyuyorum." demiş olan bu bilge adam, tıpkı bir zamanlar doğrulara kulaklarını tıkayan topluluklar gibi kendi topluluğunun da, yani Atinalıların da, doğrular karşısında hiç vicdana gelmediklerinden şikâyet etmiştir: "Atinalılar! Beni suçlayanların üzerinizdeki tesirini bilemiyorum. Fakat onların (Güç sahipleri ve idareciler) etkisinde kaldığınız şüphesiz. Ben de sizlere birşeyler söylemek isterim. Onların sözleri o kadar inandırıcı idi ki, ben kendi hesabıma onları dinlerken az daha kim olduğumu unutuyordum. Böyle olmakla beraber, inanın ki doğru tek söz bile söylememişlerdir. Onları can kulağıyla dinlediniz. Neden? Çünkü onların içi boş kudretlerinin etkisinde kaldınız, oysa yanlış şeyler dinliyorsunuz. Beni de can kulağıyla dinleyiniz, güçlü değilim fakat söylediklerim hak, söylediklerim doğru. Beni de dinleyiniz." (3)

Sokrat'ı dinleyen ve kabul eden Atinalılar da olmuştur, ama az miktarda... Zamanın idarecilerinden Kritias, politikacı Alkibiades, Kriton, Eflatun, Ksinefon, filozof Kebes, Perikles, trajedi yazarı Öripides onu dinleyen, onun etrafında toplanıp yaşamın gerçek amacı hakkında tavsiyeler almak isteyen kişilerdir. Aralarındaki Perikles bilge ve atina'da saygınlığı olan sanatçı bir devlet adamıydı. Yoksullara yardım eder,adaletsizliklere karşı çıkardı. Karısı Aspasya ile birlikte Sokrates'i çok kereler dinlemişlerdir.

Sokrates'in iki eşi vardı. Myrtone adlı eşinden iki oğlu olmuştu. Diğer eşi Ksatip'ten ise bir oğlu olmuştu. Sokrat, konuşmalarında çok sade bir dil kullanmıştır. Hep dinleyicilerini "iyi"nin târifini yapmaya sevk ederdi. Tek amacı iyilikti.İyilik olmaksızın insanın hiçbir özelliğinin olmayacağını söylemiştir. İyinin ne olduğu doğru öğrenilirse insanların biribirlerinden şikâyet etmelerinin ve bozgunculukların azalacağını söylemiştir. Eşlerini ve çocuklarını da bu konuda aydınlatmaya çalışmıştır. Fakat başta da söylediğim gibi karısı Ksantip (Ksanthippe), yaşamın kurallarıyla ilgilenen Sokrat'a ağır sözler söyleyip, zengin olamadıklarından yakınmıştır.

Eflâtun Sokrat'ın haksızlığa uğramasıyla ilgili olarak akrabalarına gönderdiği mektupta şunları söylemiştir: "İdareci olanların, tanrının lûtfu sayesinde bilge olmaları hâlinde kurtulacaklarına inanıyorum. Ardı arası kesilmeyen ziyâfetlerle dolu hayatı hiç sevmedim. Herkes karnını günde üç kere tıka basa dolduruyor; gece kimse yalnız yatmıyor; herkes böyle bir yaşayışın açmış olduğu yolda yürüyüp gidiyor. Yaratılıştan ne kadar mükemmel yetileri olursa olsun, yeryüzünde gençliğinden itibaren böyle yetişmiş hiç kimse bilgeliğe erişemez; ölçülü de olamaz. İdareciler ve halk bütün benlikleriyle şatafata ve renkli eğlencelere dalarsa doğruyu yanlıştan ayıramaz; dostumuz Sokrates'i haksızlığa uğrattıkları gibi. Böyle devletler tiranlık, oligarşi, demokrasi gibi birçok idare şekillerinden geçmek zorunda kalırlar; iktidarda olanlar da, doğruluk ve eşitlik üzerine kurulmuş bir idare şeklinin adını bile işitmeye katlanamazlar. Sokrates'e bunu yaptılar işte. O Sokrates'i, dostumuzu, hiç haketmediği hâlde, iğrenç bir şekilde suçlandırarak mahkemeye sürüklediler. Dâvayı açanlar dinsiz olduğunu ileri sürdüler. Onu mahkûm edenler de buna inandılar. Ve işte bu adamı, kendileri gibi sürgün dostlarından birini, dine aykırı olacağından yakalamayı, kendileri de sürgün ve felakette oldukları zaman kendilerine hiç bir zararı dokunmamış sokrates'i öldürdüler." (TERCÜME. 7. Mektup) (4)

Sokrat yakalanarak mahkemeye getirildiğinde ona affedilen suçlar şöyle sıralanmıştı: Devletin tanrılarına inanmamak, Atina'nın gençlerine zararlı fikirler aşılamak.

Zamanın en büyük hatiplerinden Lysias Sokrates'in hâline üzülmüştü. Onun lehine çok güzel bir savunma yazmıştı. Fakat Sokrat bu savunmayı redderek: "Teşekkür ederim. Fakat bu savunmayı kullanmayacağım. İnandığım doğrular ne ise onu mahkemede yine söyleyeceğim." demişti. Onun, inandığı doğruları mahkemede nasıl bir uslûple anlattığı ve "Bir kere değil bin kere öleceğimi bilsem yine de inandığım dâvamdan dönmem" dediğini önce de ifâde etmiştim.

Atina mahkemesi, ölüm kararını Sokrat'ın yüzüne okuduğunda O şöyle demişti: "Artık yollarımız ayrılıyor. Ben ölmeye, siz yaşamaya. Hangisi daha iyi? İşte bunu Allah'tan başka kimse bilemez."

İdam zamanına kadar zindana atılan Sokrates'in bacaklarına zincir vuruldu, tıpkı Dostoyevski'ye vurulduğu gibi. Öğrencileri sık sık ziyaretine gelerek onu yalnız bırakmamışlardı. Karısı Ksantip onun o hâlini görünce, "Ne yaptılar sana?" diye ağlamaya başladı ve ardından "Seni haksız yere idam edecekler!" deyince Sokrates şu çarpıcı cevabı vermişti: "Ne yani haklı yere mi idam etselerdi, onlar mı haklı olsaydı yani?"

Sokrates'in öğrencisi Eflâtun, onun son günlerini Phaidon adlı anılarında çok duygusal bir şekilde anlatmıştır. Bu diyaloglar Phaidon'dan alınmadır. Sokrates hücresindeyken bir ara bacaklarına bağlı zincir prangalar ona acı vermişti. Öğrencileri durumu yetkililere bildirince kısa süreliğine bacaklarındaki zincirler çözülünce bacaklarını acıyla oğup eğile büküle yatağına oturmuştu. Bir müddet öylece suskun bir vaziyette dudaklarını kıpırdatarak birşeyler mırıldanmıştı. Daha sonra dışarıdaki öğrencilerine dönerek onlara bir konuşma yapmıştı. Hayatı, ölümü anlatmıştı. Ruhun ölümden sonra da yaşayacağını ifâde etmişti. Gökleri ve yeri yaratan bir tek yaratıcının olduğunu söyleyerek sakın bu yoldan ayrılmamalarını, bilgilerini ve ahlâklarını artırmalarını tavsiye etmişti. Tam bu sırada içeri bir devlet görevlisi gelerek görevini yapmak zorunda olduğu için ondan özür dilemiş ve gözyaşlarını tutamamıştı. Etrafındaki dostları da dayanamayarak ağlamaya başlayınca Sokrates onlara seslenerek, "Ne yapıyorsunuz? Kendinize gelin, metin olun." demişti.

Sokrates, görevlinin getirdiği baldıran zehirini içmeye başladığında en sadık öğrencisi Kriton, dayanamayarak yere çökmüştü. Sokrates, son kez olarak öğrencilerinden kendisine ait bir borcu ödemelerini rica etmişti. Daha sonra zehir etkisini göstererek vucudunu takatten düşürmeye başlamıştı. Nihayet 70 yaşındaki bu bilge adam daha fazla dayanamayarak gözlerini yumdu.

Sadık öğrencilerinden Eflâtun onun ölümünden sonra şu sözleri sarfetmiştir: "İşte, şimdiye kadar tanıdığımız en iyi insanlardan birisi, en bilgini, en doğrusu diyebileceğimiz dostumuzun sonu böyle oldu."

Sokrat, ahlâk felsefesinin kurucusu sayılmıştır. O, sadece dünyacı bir ahlâk üzerinde durmamıştır, ilahi ahlâkı da anlatmıştır. Bu yönüyle o aslında felsefe yapmamıştır, hakikatleri dile getirmiştir. Bu yüzden de eleştirilmiştir de. Bazıları onun hep günlük hayatla uğraştığını insan ve insanlığı incelediğini, insan sorumlulukları üzerinde durduğunu söyleyerek, bundan pek hoşlanmamıştır. Ona filozoftan ziyade bilge ve öncü demek daha doğru olacaktır.

Sokrates öldükten bir müddet sonra, Atina halkı ve idaresi pişmanlık duymaya başlamıştı. Onun aleyhinde iftiralar uyduranlar, bir grup Atinalı tarafından protesto edilmişti. Roma düşünürü ve devlet adamı Çiçeron, "Sokrates, felsefeye çok değişik boyut getirdi." demiştir.

Sokrates dış görünüm itibariyle değişik bir insandır. Kişinin kendisini değiştirebileceğini, yaşamı ve kendisini sorgulayarak kötü huylardan vazgeçebileceğini isbat eden en güzel örnektir. Onun görüntüsü bir Atinalıya tuhaf gelerek Sokrates'le ilgili şunları söylemişti: "Kısa boylu, koca burunlu, kalın dudaklı, patlak gözlü bu adam ahlâksız, bencil, vicdansız bir adamdır." Bunu, Sokrates'in öğrencileri duyunca adama hemen müdahele edip, tartaklamak istemişlir. Fakat Sokrates buna engel olarak, şu samimi ifâdeleri kullanmıştır: "Adamın söyledikleri doğrudur. Ancak, ben içimdeki kötülük eğilimlerini, okuyarak, düşünerek, kendi vicdanımda mücadele ederek iyiye çevirdim."

Sokrates, yüzüne vuran kötü görüntüsünün istek ve arzularını, sürekli aradığı ruh güzelliği sayesinde yenmesini bilmiştir. Dolayısıyla, istenildikten sonra değiştirilmeyecek kötü ruh hâli yoktur. Nasıl bakılırsa öyle görülür. Hem sonra sokrates kötü biri olsaydı, bir mâna uğruna idama gider miydi?

1) TERCÜME. 19.80 (7.Mektup).
2) TERCÜME. Sokrates. 1972.77. (Konuşmalar).
3) Dünya Meşhurları. Stuart Sewell. Varlık. Çev: Baha Dürder.
4) TERCÜME. Yunan Mektupları. Eflâtun. 7. Mektup. 79.1964.

"Gökyüzü ne Kapı Açan Adamlar"

ORVİLLA ve WİLBUR (WRİGHT KARDEŞLER) Nasıl Başardı?

Kırlarda ölü öküz ve at kemiklerini topladılar, bir gübre fabrikasına sattılar. Sokak sokak gezdiler. Kâğıt parçaları, teneke ve demir parçaları topladılar, sattılar, annelerinin hastalığına harcadılar. Annelerinin yıllardır süren hastalığı onları derinden etkiledi, hüzünlendirdi. Sırf annelerinin baş ucunda kalabilmek ve onun ihtiyaçlarını giderebilmek için evlenmediler. Çok ızdırab ve acı çektiler. Onlara güç veren tek şey inanç ve imanları oldu. Çevrelerinde yoksulluklarına rağmen ağırbaşlı, edebli ve namuslu oldukları için saygı ve itibar gördüler. Sabır ve sebatla çalışıp, çile şerbetini içerek, insanlığı bulutların arasında kanatlandırıp, havacılık devrini başlattılar, uçağı buldular.

"Genç yaşta babamızı kaybettik. Annemizin hastalığında gece gündüz başucundan ayrılmadık. Ne yazık ki hastalığa yenik düştü. Çok ağır bir darbe yedik. Dünyada yapayalnız kaldık. Ne bir akrabamız vardı, ne de kol kanat gerecek kimsemiz. Ama hiç birzaman yaşama ve yaratıcıya isyân etmedik. Çünkü anne babamız bizi böyle yetiştirmişti: «Her insan ölümü tadar. Önemli olan ne kadar yaşadığınız değil nasıl yaşadığınızdır. Siz içinizdeki inancı yitirmeyin. Her zorluğunuzda sabırlı olun, tanrıya sığının» derdi annemiz."

Bir kilise papazının "Bakın Otta adındaki adam da deniyordu. Ama ne oldu? Başaramadı, teneke parçalarıyla öldü. Ümit ederiz ki böyle şeylerle uğraşan sizler de bu kazadan ders alırsınız. Eğer Cenabı Hak kuşlar gibi uçmamızı isteseydi, bize de kanat ihsân ederdi." deyince Wright Kardeşler Orvilla Wright ve Wilbur Wright şu cevabı verdi: " Efendim şüce

Allah hiç bir kutsal kitabında insanların hayrına, yararına olan bilimle uğraşmayın dememiş." [1]

1867'de Wilbur, 1871'de Orvilla doğdu. Biri İndiana'da diğeri Ohio'da dünyaya geldi. Fakat ikisi de Dayton'da öldü.

Wright Kardeşler mânevi inançlarına bağlıydı. Yaşadıkları sürece kutsal günlerinde iş yapmadılar. Ya düşünmeye zaman ayırdılar, ya kitap okudular, ya kiliseye gittiler dua ettiler ya da annelerinin sohbetlerini dinlediler. Bir pazar günü İspanya kralı, Orvilla ve Wilbur'un yaptığı uçağa binmek istedi. Fakat O, ısrarlara rağmen bu isteği geri çevirdi.

Bu iki kardeş şöhretin ve paranın değiştiremediği insanlardı. ABD başkanının elinden ödül aldıktan sonra bile kendi hâllerinde mütevaziydiler. Bir defasında, Wilbur mendilini çıkartmak için elini cebine götürdüğünde, cebinden kırmızı bir şerit düşürdü. yanındaki arkadaşı, yere bir şey düşürdüğünü, onun ne olduğunu sordu. "Haa! O mu? Dün Fransa hükümeti bana Leigon Honneur ödülü verdi. Bu şerit de onun kurdelasi" diye cevap verdi.

Bir gün Orvilla Wright Ohio'ya bağlı Dayton kasabasında bir kitabevine giderek küçük bir kitap satın aldı. Bu kitapta Otto Liliental adında bir Almanla, Hazerfen Çelebi adında bir Türk'ün makine kullanmadan uçabildiklerini okudu. Orvilla Wright o gün uyumaya çalıştı fakat uyuyamadı. Gece yarısı kardeşi Wilbur'u uyandırdı. Aklından geçenleri heyecanla anlattı.

İkisi de okullu felan değildi, ellerinde hiç bir diploma yoktu. O zamanın en modern ulaşım aracı bisikletti. Otomobil henüz ismi duyulan fakat cismi çok nadir araçtı. Bir ara bisiklet tamirciliği yaptılar, ama akıllarında hep uçmak vardı. Elleri de tamir gibi işlere yatkındı. Örneğin otomobiller ilk çıktığında şöyle bir baktılar, "Bunda bir sürü düzeltilebilir ayrıntı var." dediler, kafaları çalışıyordu. Ama onlar uçak icat etmek istiyorlardı. O esnada uçak denemelerinde bulunan Otto on metreden düşüp öldü. Dünyanın ilk uçan adamı Türk'tür, Hazerfen Çelebi. Ve uçma denemelerinde başarılı oldu, burnu bile kanamadı. Fakat ölümü içerideki hain entrikacılar yüzünden oldu.

Otto'nun bu uğurda ölümü iki kardeşi korkutmadı, tam tersi meraklarını artırdı. Olaya kabataslak bakmadılar, daha sistemli incelemelerde bulundular. Gökyüzündeki kartallara batıp, nasıl uçtuklarını incelediler .

Hatta bazen kuşların kanat çırpmadan süzüldüklerini ama düşmediklerini ve sarsılmadıklarını gördüler. Bu olayı da ciddi bir şekilde inceleme altına aldılar. Onlar, uzun okuma ve araştırmaları sonucunda uçabilmeyi tek bir esasta gördüler: Denge.

1900'e girerken, yani bundan fazla değil 100 sene evvel, Wright Kardeşler'in uçak modelleri hazırdı, ama başaramadılar. Uçağın icâdı uğruna düşüp ölen Otto Liliental ile Türk Hazerfen Çelebi'ye "Üstat" adını verdiler. Herkes Wright Kardeşler'le alay ediyordu. Washington hükümetinden yardım istediklerinde aldıkları cevap hiç de hoş değildi. Paralarının olmadığını, yoksul olduklarını, biraz parasal yardım olursa ciddi uçağı icât edebileceklerini söylediler. Ama aldıkları cevap, "Böyle olur olmaz, gereksiz, mümkün olmayan işlerle bizi meşgul etmeyin" oldu. (2)

Bu arada Glasgow Üniversitesi profesörlerinden Sinclair uçak yapma girişimlerinde bulundu, "Ben kendimi Otto'nun talebesi sayıyorum" dedi, atına bağladığı planörünü, kendisi içinde olarak, hava akımı kanatları kavrayınca ipi birden çözdü ve planörle birlikte düşerek can verdi. Bu olayı duyan Wright Kardeşler, küçük bir ürperti hissederek gözgöze geldiler. Sanki biribirlerine "Devam mı" der gibi.

Bu uğurda ölen Profesör Otto, Profesör Sinclair'in bütün hataları uçakta denge esasına önem vermemiş olmalarıydı. Bu, ölümlerin tek sebebiydi. Wright Kardeşler böyle düşünüyorlardı, "Denge"... Ama nasıl ve uçağın neresine yerleştireceklerdi?

Orville bu meslek için uzun zaman kafa patlattı ama çözemedi. Wilbur ise birgün tesadüfen dâvayı çözmüştü. Tamircilik yaparken bir adam gelip ondan iç lastik istedi. Wilbur tezgahın altından bir kutu iç lastik çıkardı ve müşteri ile konuşurken de kutunun iki kapağına vurmaya başladı, iç lastiklerden birini dışarı çıkartmaya çalıştı. Ama o da ne? Gözleri birden faltaşı gibi açılda. "Oldu bu iş" diye fısıdadı.

Adam, "Hayrola, rahatsızlandınız mı?" dedi, "Ne rahatsızlanması bayım. Şu an hayatımda bundan daha iyi olamam" diye cevap verdi.

Wilbur'un gözleri yine kutunun iki kapağına dalmıştı. Parmakları, her iki kapağı çeşitli açılar halinde kıvırmıştı. Uçağın kanatları da uçuş sırasında yukarı ve aşağı kıvrılabildiği taktirde uçağı bütün rüzgâr şartlarına karşı koruyabilirlerdi. Yani? Yanisi şuydu: Kanatların ikisine de iki göz açılacak, gözlerin ikisine de minik dümen yerleştirilecek. Böylece rüzgâr, sağ tarafa ağır bastığında sol dümen o nisbetle harekete geçerek uçağı sağa dengesizce yığılmasını önleyecek. Buna uygun planör hazırladı. Sıra uçuş için uygun bir alan arandı. Yaşadıkları yer Dayton'a en yakın ve de bu iş için en uygun yer Kitty Hawk adında bir köydü. Hemen hazırlandılar. Ama, şu an için Wilbur gidecekti, Orvilla hem para kazanacak hem de annesine göz kulak olacaktı. Tarih Eylül 1900'dü.

Wilbur, Kitty Hawk'a gitmek için Elizabeth istasyonuna geldi. Fakat istasyonda Kitty Hawk'a nasıl gidebileceğini sorduğunda sanki Tanzanyayı veya Kuala Lumpur'u sormuş gibi gözünün içine bakarak, "Öyle bir yeri duymadık" dediler. O da istasyon şefine sordu, Şef, "Öyle bir yer var ama haftada bir gemi gidiyor. O da henüz dün gitti." dedi. Wilbur da biraz paraya kıyarak orada duran eski bir kayığı kiraladı. Bir iki saat gittikten sonra korkunç bir fırtına başladı. Bir koya sığındılar Wilbur açlıktan ölmek üzereydi. Bir günleri öyle geçti. Tekrar hareket ettiler, Kitty Hawk'a vardıklarında Wilbur'u bırakan adam geri döndü. Saat gecenin yarısıydı. Kitty Hawk'ta en küçük bir ses, hareket yoktu. Karanlıklara gömülmüştü köy. Nihâyet ortalık aydınlanınca postacı Bill Tate'nin ofisine gitti. Orada verdikleri yumurta ve ekmekle de karnını doyurdu.

Planör, Bill ve karısının da yardımıyla monte edildi. Fakat aksilik bu ya hava şartları berbattı. Orvilla'ya telgraf çekip, bir kaç günlüğüne mutlaka gelmesini istedi.

Orvilla annesinden izin alarak onu bir komşusuna emanet etti. Kitty Hawk'a geldi.

Kitty Hawk'ta rüzgâr ya fırtına gibi esiyordu ya da hiç. Böyle olunca işler umdukları gibi olmuyordu. Planör'ü, Bill Tate, karısı ve Orvilla'nın da yardımıyla kum tepesine çıkardılar. Wilbur ve Orvilla sırasıyla uçmayı denediler. Ama her defasında sonuçsuz kalıyordu. Köyün yerlisi postacı Bill Tate ve karısı da usanmışlardı. Bu arada kış da iyice bastırınca Wright Kardeşler "Bir dahaki yaza" diyerek oradan ayrılmaya karar verdiler. "Demek artık sizi göremeyeceğiz" dedi Bill Tate. Orvilla, "Yok canım, yazın yine geleceğiz. Gelecek sefere yeni uçakla" diye konuştu. Wilbur'un hiç ümidi yok gibiydi.

Genç yaşta annelerine duydukları derin sevgi yüzünden yuva kuramamışlardı. Annelerinin vefâtıyla birlikte büyük bir yalnızlık ve çile günleri geçiren bu kendi halinde iki kardeş artık evlilik diye bir şeyi düşünmüyorlardı.

Tek gayeleri, giriştikleri bu işte başarıyı yakalamaktı; zaten yoksullardı, ancak kendilerine bakabiliyorlardı. Artırdıkları ufak tefek parayla bu işleri yapıyorlardı. Wright Kardeşler şunu her zaman söylemişlerdir: "Zengin bir aile değildik evet, ama biz öyle bir yuvada büyüme saadetine sahip olduk ki ailemizde çocuklar yeteneklerine göre hareket etmek ve meraklandıkları şeyleri araştırmak konusunda teşvik edilirlerdi." (3)

Kitty Hawk'tan evlerine döndüklerinde bitkin bir vaziyetteydiler. Üç şeyin üzerinde durmaya karar verdiler; Hava tüneli, pervane, motor.

Bisikletçi dükkânlarına hava tüneli yapıp, havanın kanatlar üzerinde basıncını denediler. Değişik değişik kasnaklı uçurtmalar yapıp incelediler. 200'e yakın değişik uçak profili ve kanat modeli üzerinde durdular. Wright Kardeşler'in rüzgâr tüneli denemesi, insanlığın havayı zaptetmesinde bir dönem noktasıdır. Bu tünellerin şu anki geliştirilmiş hali Amerika'nın Arizona Utah bölgesindedir. Bu tünel dünyanın en güçlü fırtınalarının, hortumlarının gücündedir. Öyle ki bir boğayı bağlasalar boğa nefessizlikten anında ölürdü. Ben ABD kanalının bir belgeselinde izledim. Dünyanın en büyük dev pervanelerinin olduğu kapalı bir alandı rüzgar tüneli. Bu pervanelerin boyu hiç abartmıyorum bir apartman boyundaydı. Bunlardan bu tünelde onlarca vardı. Bir insan bu tek bir pervanenin önüne geldiği zaman gözükmüyordu bile. Böyle bir tünele tecrübeli havacı sokuldu, kemerlere bağlandı. Makineler çalıştırıldı, gözlerime inanamadım. Adam "Müthiş" denecek kadar bu işte uzmandı. Sadece bir iki pervane karşısında adamın yüz şekli değişmeye başlamıştı, yani felç olmuş gibi. Derisi yanlara doğru sarkmaya başladı. Tek kelimeyle korkunç birşeydi. İşte Wright Kardeşler böyle "Deneme Rüzgâr Tüneli"ni ilk keşfeden kişilerdir.

Kitty Hawk'a varıldı. Planörü tepenin üstüne çektiler. Şimdi hareket zamanıydı. Önce Orvilla uçacaktı. Çünkü yazı tura attılar o kazandı. Uçak serbest bırakıldı, ancak başarısızdı. Hatta bir ayağı kırıldı, yerinden demi çubuk çatladı. Yaşadıkları Dayton'a dönüp, özel demir çubuk almaları gerekiyordu. Orvilla gitti. Bir hafta böyle geçti. Orvilla bir hafta sonra çubuğu, getirdi. Uçak tamir edildi. Uçağı yine kum tepeye çektiler. Bu defa Wilbur kullanacaktı. Ama yine olmadı. Wilbur, artık dayanacak gücünü yitirmişti, "İnsanlığın daha bin sene havalarda uçacağı yok" dedi. Orvilla da sıkılmıştı, hele Kitty Hawk'ın sivrisinekleri sinirini bozmuştu. Sabah olunca çekip gitmeyi, bu işi de bırakmayı düşündüler.

Fakat Orvilla'nın aklına birden rahmetli annelere geldi. O, "Her işinizde sabredin, tanrıya güvenin" demişti. Orvilla ağabeyi Wilbur'u iknâ etti, bir hafta daha kalmaya karar verdiler. Daha sonra kalmayıp, Dayton'a döndüler. Tekrar diğer yaz gelmeyi kararlaştırdılar.

Dayton'da tekrar tekrar Vantilatör'ü soktukları rüzgar tünelinde kanatların gücünü, dengesini ölçtüler. Motor konusunda da otomobil motoru kullanmaya karar verdiler.

Çalışmalar esnasında iki kardeş sıksık münakaşa da ediyordu. Uçak 12 metre boyunda,iki kanatlı olacaktı. Yükseklik ayar dümeni önde bulunacaktı. Kuyrukta da iki büyük yan dümen olacak, iki kanat arasında iki metre mesafeden az aralık olacaktı. Bu planı yaptılar. İki pervaneyi sağ sol kanatların gerisine koydular.

Şimdi en önemli sorun pervanelerdi. Çünkü uçağı öne doğru çekecek olan pervanenin hassas dengesiydi. Bu konuda gemi pervanelerinden bilgi toplamak istediler. Fakat hayretler içinde kaldılar 1800'den beri yani 70 yıldan beri gemiler pervane ile çalıştırılıyor, fakat aylardır aramalarına rağmen bu konuda teorik bilgi veren en küçük kayıt bulamıyorlardı. Yoruldular, bıktılar, ne yapacaklarını şaşırdılar. Onlarca pervane yapıp da deneyecek takatları da kalmadı. Pervanenin devir sayısı, kanatların havayı keseceği açı, kanatların büyüklüğü ve kalanlığı, uçağın ileriye doğru sürati... Tüm bunlar üzerine saatlerce, haftalarca tartışıyorlardı. Orvilla bu durumu sonradan şöyle açıklayacaktı: "Saatlerce tartıştıktan sonra tek adım ilerleyemiyorduk. Çünkü her birimiz münakaşanın sonunda, ötekinin başlangıçtaki fikrini savunuyordu. Kafamız bu derece yorulmuştu."

Nihâyet bir pervanede karar kıldılar. Uçağı tamamen bitirip,toplam 10 kilo parçalar halinde Kitty Hawk'a gittiler. Bu, hemen hemen son şanslarıydı. Daha az azim gösterecek mucitler olsaydı Kitty Hawk'taki zorluklar karşısında 3 ayda cesaretlerini kaybederlerdi. Fakat Wright Kardeşler 3 yıl sabır ve sebatla çalıştılar.

Kitty Hawk'a vardıklarında, kum tepedeki uçağı koydukları tahta kulübenin yıkıldığını gördüler. Tamir etmeye başladılar. Aniden çıkan bir fırtına ikisini kuma serdi. Zor bela kulübeyi onardılar. Uçağı fırtınadan oraya gizlediler. Fırtınadan pervanenin bir mili kırılmıştı. Mil almak için Wilbur yola çıktı. Orvilla onu bekledi. Kasıma doğru mil pervaneye takıldı.

Hava çok soğuktu. Sert rüzgâr, deniz kıyısında buz parçaları ile karışık kar yığınları getiriyordu. Az ötede ise deniz köpürüyor,kıyıya çarpan dev dalgaların sesi gökgürültüsüne karışıyordu.

İki kardeş böyle bir havanın gecesinde uçaklarını nazlı bir çocuk gibi fırtınaya karşı korumaya çalışıyordu. Fırtına olmasa dünden uçmuşlardı. Orville uçağın dalgın dalgın bakımını yaparken "O da ne!" diye haykırdı, "Kuvvetlendirilmiş millerden biri kopmuş!" Orville hemen tekrar Dayton'a dönerek daha kuvvetli, iki mil hazırlamaya karar verdi. Aralık ayı sonuna doğru Kitty Hawk'a döndü.

İki gün sonra fırtına dinince, uçak kulübedeki raylardan dışarı çekildi. Wilbur uçağa yerleşti, motor çalıştırıldı. İnsanlar etrafta birikmiş heyecanla sonucu bekliyorlardı. Tarih 15 Aralık 1903. Fazla değil, 100 yıl önce, çok çok benim dedemin zamanı. Dünyanın ilk makineli motorlu uçağı Wright Kardeşler tarafından yapıldı.

Çok ilginçtir, iğneden ipliğe, şu anki tüm buluşlar 1850'den sonraya rastlar, (Televizyon, radyo, telefon, telsiz, uçak, buz dolabı, otomobil, gökdelenler, uzay araçları, aya çıkış matbaa, çamaşır makinesi, sinema, klima elektrik, bulaşık makinesi, tren, bilgisayar). Dikkat edin! Hep bizim zamanımıza veya yakın zamana denk geldi, bütün bu buluşlar. Yanı bu buluşlardan hiç olmasa bir tanesi 500 yıl önce niçin olmadı? Birden üst üste sırayla, sanki bir güç tarafından bilinerek peydah etti. Artık bundan sonraki insanlık tarihinin en büyük buluşu bence, İstanbul'daki bir insanın gözünü kapayıp açtığında kendini Newyork'ta bulması olacaktır. Olmaz demeyin, cin işi de demeyin., Yoksa Edison'un dönemindeki çağdaş cahillerden oluruz, her şeye gülüp geçen "Olur mu canım, makine konuşur mu?" diyen caillerden. Edison, kendi sesini kaydedeceğini söylediğinde en yakınları ona gülmüşlerdi, "olmaz öyle şey, bu mümkün değil" demişlerdi. Kendi sesi bir makineden çıkınca da bütün dünya "imkânsız, yalan söylüyor, o sihirbaz, büyüyle uğraşıyor, konuşan makine olur mu?"demişti. Hem de en çağdaşları, İngiliz ailesinden insanlar.

Yüce yaratıcı herşeyin kapısını açık bırakmış. Bir Wright Kardeşler gibi, bir Edison gibi sabır ve sebat örneği bir adam daha çıksın da kendini, bulunduğu yerden 2000 km uzağa bir saniyede taşısın. Şu an İstanbul'dan Newyork'a bir saniyede taşınan bir şey var, o da cep telefonundan çıkan ses, hatta görüntü. Bugün ses, görüntü yarın insan. Kimbilir?.. Belki de bizim Türk evlâdı bir yavrumuz bulur, neden olmasın?

Wright Kardeşler sıkı çalışmalarının ürününü aldılar. Uçak 10 metre gittikten sonra, ağır ağır raylardan kalkıp havalandı. İki metre yükseldi, tekrar alçaldı, 30 metre ileride tepeye indi. Ayakları kuma saplandı, kırıldı. Seyirciler hayal kırıklığına uğradılar, uçuş şimdilik başarısızdı. Bu uçuşta süre 3.5 saniyeydi, yükseklik 2 metre, mesafe 30 metreydi.

Bu sefer de Orvilla deneyecekti. O da 12 saniyede 5 metre yüksekten, 60 metre uçabildi.

Dördüncü denemeyi Orvilla yaptı. 7 metre yüksekte 260 metre yol katederek havada 60 saniye kaldı. Fakat uçak da hurdaya döndü. Ama köylüler çılgınca alkışladı bu son seferi. İşte o zaman bu işin artık buraya kadar olduğunu anladılar.

Kitty Hawk köylüleri, insanlığı ilgilendiren bu önemli olayı ülke gazeteleri olan Virginian, Pilot, The Journal, Newyork Herald, Weekly News, gibi gazetelere telgrafla bildirdiler, fakat hepsi "Bir makine havada uçamaz, saçma" diye itibar etmedi.Sadece Ohio bölgesinin "Medine" şehrinde bir okuldaki öğretmen bu olayı, Wright Kardeşleri överek öğrencilerine anlatmıştı. Yani o öğretmen böyle bir şeyin olacağına inanıyordu.

Gazeteciler 20. yüzyıl medeniyetinin bu önemli buluşuna inanmayıp hâlâ haber yapmazken, bu olayı dünyada ilk haber yapacak olan gazete Ohio'nun Medine şehrindeki bahsettiğimiz öğretmenin "Bee Culture" isimli, aslında arıcılık kültürüyle ilgili minik okul gazetesidir.

Orvilla 9 Eylül 1908'de 1 saat havada kalarak dünya rekorunu kırdı. Yanına bir yolcu alarak, Newyork'ta gökyüzünde tur attı. Wilbur ise Governor Adası'ndan kalkıp, Hudson ırmağını geçti, Grand Tomb'a indi, sonra geri döndü. Haziran 1909'da Başkan Taft, Beyaz Saray'da Wright kardeşleri konuk ederek Yüksek Onur Madalyası verdi.

Bu yiğit iki kardeş sonuçta yine bir Türk'ü, Hazerfen Çelebi'yi örnek olarak aldı ve yaratıcının açtığı ilim kapısından içeri girerek insanlığa büyük hizmetleri dokundu.

Bu, muazzam bir olaydı. Uygarlık tarihinin dönüm noktalarındandı. İlk defa olarak iki insan (Hazerfen Çelebi hariç) yer çekim kuvvetine inatla kafa tutarak insanlığın yararına yıllarını harcamıştı. Bu olay, sabrın, sonunda kazanca dönüşeceğinin en büyük delilidir.

ABD Cumhurbaşkanı, Wright Kardeşler'in adına Washington'da Ford

Myer alanında ükümet ve ordu temsilcilerine bir gösteri sundu. Orvilla Washington'un tepesinde uçarken Başkan Roosevelt neler hissettiğini şu sözleriyle açıklamıştı: " Halk heyecandan çılgına dönmüştü. Makine ile ilk defa yükseldiği zaman halkın hayreti, yalnız uçmanın hayranlığı ile değil, olayın inanılmazlığının da etkisi altında idi. Bu sırada halktan yükselen o garip şaşkınca bağırışları hayatımın sonuna kadar unutmayacağım"

Aslında asıl şaşıran Washington semalarında uçtuktan sonra aşağı inen Orvilla oldu. Gazeteciler kendi gözlerindeki yaşları silerek, duygu ve biraz da mahcubiyet içerisinde onun etrafını sardılar. Gazeteciler uçan bir insanın manzarasına dayanamayıp, heyecandan ağlamışlardı.

İnsana kanat takan bu mucize adamları dünya ayakta alkışlıyordu.

Şu an ABD'de Kitty Hawk'ta kum Tepesi diye bahsettiğim orijinal adı Kill Devil Hill (Öldüren Şeytan Tepesi) olan ve 15 Aralık 1903 uçuş eziyetlerinin, çilelerinin yaşandığı tepede bir dev anıt kulesi var.

Bu yoksul ama yiğit iki kardeşin ince tahta ve bezden yaptıkları toplam 70 kilo gelen zavallı uçakları şimdi bir fetih sancağı gibi Kitty Hawk'ın en yüksek tepesinde dalgalanmakta. Eğer Amerika'ya yolunuz düşerse Kitty Hawk'a mutlaka uğrayın, tepede bayrak gibi dalgalanan bu zafer uçağını seyredin.

İki kardeşin ikisi de para ve şöhretlerine rağmen ömürleri boyunca ana ocağı Dayton'daki evlerinden ayrılmadılar. İkisi de Dayton'da hayata gözlerini yumdular. Yokluktan, anne sevgisinden ve insanlık uğruna bir idealden dolayı evlenmediler. Eğer evlenmiş olsalardı şimdi Wright soyadını taşıyan çocukları olacaktı. Şu an bu aileden geride kalan Wright soyadında hiç bir kimsenin yaşamadığı söyleniyor.Uçağı icad eden Orvilla 50 sene öncesine kadar yaşıyordu. 1950'de 79 yaşında vefât etti. Şu an 60 yaşında olanlar, bu önemli şahsiyeti televizyondan veya gazeteden görmüştü, hatırlar.

Ağabeyi Wilbur ise çok genç yaşta hastalanarak 42 yaşında vefât etti. Cenabı Allah bu iki kardeşe merhamet etsin.Benim de diyeceğim o ki varlıklı ana babalar kendinize ve topluma bir iyilik yapın da çocuklarınızın altına araba almayın, ellerine hazır para vermeyin. Çocuğunuzun iyiliğini, geleceğini, içinde yaşadıkları insanlığı anlamalarını istiyorsanız onlara 15 ay aslanlar gibi askerlik yaptırın. Askerlik ocağında sabrı öğrenmeyene adam denmez, orada yeterince hizmet etmeyene kız verilmez.

Varlıklı olabilirsiniz, ama siz çocuğunuza askerliğin bütününü yaptırtın.

Anne, babalar! Evlatlarınızı hazırcılığa alıştırmayın, gerekirse onlara tavır koyun, sabah erkenden işe kalksınlar, erken kalkıp çalışmayan insanın ahlâkı bozulur. Ahlâkı bozuk, ahlâk anarşisti yetiştirmeyin; davranış bozuk davranış anarşisti yetiştirmeyin; edebi bozuk edeb anarşisti yetiştirmeyin, kısacası toplum anarşisti yetiştirmeyin.

Yabancı insanlar arasında yılışık , ukala, ne yaptığını bilmeyen, saygısız, ağzı dilinden uzun laf yapan, suratı aşık, sert veya dalgacı, yavşayan, hissiz, acıma duygusunu kaybetmiş, her şeyin çözümünü kuvvette gören, müşteriye âdeta, "İster gel ister gelme, biz zaten zenginiz!; başını bile kaldırmadan "Haa söyle!" de gibi tavırlar sergileyen çocuğunuza o anda derhâl müdahale ediniz.

Eğer bunları ciddiye almazsanız vallahi mezarınıza gelip, bir çift dua okumazlar. Hatta bir müddet sonra mezarınızın yerini bile unuturlar. Bir zaman sonra da derler ki: "Biz zaten evde dua ediyoruz, mezarlarına gitmeye gerek yok."

NEREDEYDİ O İYİ İNSANLAR?

(Sizden önceki asırlarda bozgunculara tepki gösteren iyi insanlar olsaydı ya!) (hud sûresi 116)

Stalin çıkmış, milyonlarca insanı önüne katmış bir kötü adam

O zaman neredeydi iyi insanlar?

Hitler çıkmış, milyonlarca insanı önüne katmış bir kötü adam.

O zaman neredeydi iyi insanlar?

Neredeydi bir iyi insan, çıksaydı da o etkileseydi insanlığı. (4)

Kimsenin iyi olmadığı yerde bir diktatör, zalim çıkar, bütün herkesi kırar.

İyi insanın olmadığı yerde kötü insan olur, hakimiyeti o ele alır, herkesi herkese kırdırtır. Bu durumda ana evladı için gözyaşı döker, ortalık mahşer yerine döner.

O halde;

Genç çocuklarınızı, "Bu topluma parmak atacaksın, "Bizim millet adam olmaz, sen de çalacaksın, çırpacaksın", "Bu devirde dürüst olmayacaksın"gibi çarpuk çurpuk zihniyetle yetiştirmeyin. Onların yanında bu tür konuşmalar yapmayın. Devletin ve milletin kutsallığından bahsedin. Her zaman büyüğe karşı saygı disiplini veriniz. Unutmayınız ki tanımadığı yabancı bir büyüğe nasıl davranıyorsa yavaş yavaş size de öyle davranmaya başlar. Öyleyse anında, derhal müdahale edin. Karşıdaki büyük ve yaşlı kişi kısmen hatalı dahi olsa, asla "İyi yaptın oğlum, sen haklıydın" demeyin; çünkü yarın sizin de, oğlunuza göre haksız olacağınız durumlar olacaktır. Onu merhametli ve duygusal yetiştirin. Hovarda olmamasına özellikle özen gösterin. Hemen evlensin. Çoluk çocuğu olsun, sorumluluk taşısın, hayatı öyle anlar. Ama sakın, her düştüğünde yanında olacakmışsınız gibi davranmayın, ondan uzak durun. Fakir hırpani ve düşmüş insanlarla diğerleri arasında fark gözeten evlât yetiştirmeyin. Çünkü ileride sizi de öyle görmeye başlar, öyle davranır. Nasıl olsa yaşlanacaksınız. Evlâdınıza İbrahim Hakkı Hazret'lerinin şu sözünü öğretiniz: "Harabat Ehline Hor Bakma Şakir Defineye Malik Viraneler Var."

ATATÜRK, WRİGHT KARDEŞLER'E SPONSOR OLMUŞ

Türkiye'nin ilk sponsoru Atatürk'tür. Üstü açık ve tek pırpır uçakla Atlas Okyanusu'nu geçerek rekor kırmak isteyen ABD'li iki pilotun sponsor aradığını öğrenen Atatürk, ülkenin tanıtımı için bu iki pilota maddi destek verdi.

Tarih arşivlerinden Atatürk'le ilgili ilginç bir bilgi çıktı. Bu bilgi Amerika'daki uçuş vakıflarındaki tarih arşivlerince de doğrulandı. Atatürk'ün bu bilinmeyen yönü, onun sıradışı bir lider olduğunu bir kez daha ortaya koymuş oldu.

Isparta Üniversite'nden Tarihçi Doçent Doktor Şenol Kantarcı tarafından ortaya çıkartılan bu gizli kalmış arşiv bilgisi, aynı zamanda Atatürk'ün Türkiye'nin ilk sponsoru olduğunu da gösteriyor.

Orvilla ve Wilbur Kardeşler Atlas Okyanusu'nu geçerek rekor kırmak istediler. Ancak, buna sponsor olabilecek kimseyi bulamadılar. Çünkü bu sponsorluğun içerisinde, onların ölümleri karşısında sigorta giderleri de olacaktı. Bunu duyan Atatürk derhal emir vererek, "Türkiye'nin tanıtımı için bu bir fırsattır. Bu kıymetli iki pilotun yolculuk masrafları derhal tarafımızdan karşılansın," dedi.

Atatürk'ün bu girişimleri sonucu iki pilot, bu sponsorluğu kabul etti.

Atatürk'ün direktifleriyle sağlanan maddi kaynakla ABD'li uçağın mucidi meşhur pilotlar uçuş rotalarını Newyork'tan İstanbul'a çevirdiler.

Amerikalı tarihçiler bu bilginin doğruluğunu elde edince, "Bu olay, Atatürk'ün sıradışı lider olduğunun kanıtıdır." dediler.

1) İnsanlığı Kanatlandıran Kardeşler. Egon Larsen. Çev: Behçet Necatigil. Doğan.

2) Yabancı meşhur Adamlar. Doğan Kardeş. 1951.

3) Meşhurların Bilinmeyen Yönleri. Dale Carnegie. Ak.

4) Hud Suresi 116. "Sizden önceki asırlarda bozgunculara tepki gösteren iyi insanlar olsaydı ya!"

"Alla'ım! Senden Başka Hiç Bir Şeyi Olmayan Ben, Senden Başka Herşeyi Olanlara Acırım"

KONFİÇYÜS Nasıl Başardı?

Konfüçyüs şöyle demiştir:
Bildiğini bilenin arkasından gidiniz!
Bildiğini bilmeyeni uyandırınız!
Bilmediğini bilene öğretiniz!
Bilmediğini bilmeyenden kaçınız!

Konfüçyüs M.Ö. 550 yılında Şantung bölgesindeki Lu eyaletine bağlı Tsow şehrinde doğmuştur. Asıl adı Kung Fu'dur, yanı "Filozof" ve "Üstad"tır. Konfüçyüs, Kung Fu-tze adının kolay söylenen biçimi olduğu için, 1583'te Pekin'e gelen misyoner Avrupalılar tarafından bu şekilde telaffuz edilmiştir.

Konfüçyüs Şöyle Demiştir:

Ya bir yol bul, Ya bir yol aç, Yada yoldan çekil,

Konfüçyüs, Çin'in ak alnı, gurur kaynağıdır. Çünkü O, ömrü boyunca doğruluk, alçakgönüllülük, sadakat, iyilik severlik, göreve bağlılık, edebli olma , göğün sahibine (Allah'a) saygı konularında Çinlileri yetiştirmiştir. Çinlilerin çalışkanlığı, terbiyesi, iyi yürekliliği, edebli olmaya önem vermeleri bu büyük öğretmenin etkisiyle gelenekselleşmiştir. Konfüçyüs, Çin ahlâk kurallarını sadece toplumsal hayata değil, devlet hayatına da oturtmak istemiştir. İdare edenle idare edileni tıpkı baba oğul ilişkisi gibi görmüştür. Onun gümüş kanunu, aslında yaşamın kendisini özetlemektedir: "Kendin için istemediğini başkası için de isteme" sözünü Konfüçyüs 2500 yıl önce söylemiştir. Bir devlet idaresinin, baba ile oğul arasındaki ilişki gibi, dürüstlük, sevgi, bağlılık, güven, içtenlik üzerine kurulması gerektiğini ifade etmiştir. Bunun için de karşılıklı saygı kununu olan Gümüş Kanunu'nu toplumun tüm kesimine yaymaya çalışmıştır. "Eğer itaat bekliyorsan şefkatli ol, merhamet bekliyorsan merhametli ol, düzen bekliyorsan düzenleyici ol, sevgi bekliyorsan saygılı ol, ya olduğun gibi görün ya da göründüğün gibi ol; sana yapılmasını istemediğin bir şeyi başkalarına yapma!" diyen Konfüçyüs [1] Çin'de halen "En akıllı eski öğretmen" diye anılmaktadır.Babası Shuh-Liag de çevresinde akıllı adam olarak bilinirmiş.

Çocukluğu ve gençliği yoksulluk içinde geçen Konfüçyüs, karşılıksız hiç bir şey kabul etmemiştir. Beş yaşında babasını kaybettikten sonra annesi zor şartlar altında geçimini sürüdürmüştür. Sıkıntılı geçen bu yıllardan sora 19 yaşına geldiğinde evlenir ve iki çocuğu olur. Bu vakitten sonra kendisini ilime adar.

Konfüçyüs şu dört esas üzerinde tüm döneminin insanlarına mesaj vermeğe çalışmıştır: Bilgi, Ahlâk, Fazilet ve Göğe (Allah'a) saygı.

Depo bekçiliği gibi işlerde çalıştıktan sonra saraylarda yöneticilere öğreticilik yapmıştır. Onbeş yaşından beri kendisini ilme vermiş olan Konfüçyüs yirmi beş yaşına geldiğinde bir çok öğrenci yetiştirmeye başlamıştır. Aralarında devlet adamlarının da bulunduğu 3000'e yakın öğrenci yetiştirmiştir. Kültürün canladırılmasının toplumun topyekün refaha ulaşmasında önemli araç olduğuna inanan, eğitimli insanların milletin adaletle yönetilmesinde büyük yararlar sağlayacağını söylemiş olan Konfüçyüs, bilgiyi yalnızca bilgili olmak için edinmemiş, bunu ahlâk ve faziletle süslemiştir. Gerçek bilgiyi, insanın kendini bilmesinde gören Konfüçyüs şöyle demiştir: "Sana bilmenin ne olduğunu söyleyeyim mi? Bildiğin zaman bildiğini, bilmediğinde de bilmediğini söylemek... İşte bilgi budur."

Konfüçyüs, ahiret inancı sağlam olan bir insandı. Bu yüzden de dünyadayken faziletli insan olmaya önem vermiştir. Kendisi faziletli insan olmaya çalıştığı gibi etrafında da fazilet sahibi insanar yetiştirmeye çabalamıştır. Onun şu sözleri uyarıcı niteliktedir: "Bir insanın hareketleriyle faziletli oluşunu yansıtması onun ruh itibariyle mükemmel insan olduğunu gösterir kişi faziletli olabilmesi için işe kendisinden başlamalıdır. Zeki, başkalarını bilendir; kendini bilense akıllıdır. Seçkin kişi nefsini aklıyla idare eder, bayağı kişi aklını nefsiyle yönetir. Sizler, evinizin eşiğini temizlemeden komşunuzun damındaki karların dedikosunu yapmayınız." [2]

"Üstün insan kendini arayıp bulmaya çalışır, küçük insanlar da başkalarını arar," diyen Konfüçyüs, insanın önce kendini, kendi nefsini tanımasının gerekliliğini önemle vurgulamıştır. Önce kendini tanımadan hiç bir işin başarılamayacağını ifade etmiş olan bu bilge adam şunları söylemiştir: "Eskiden faziletin ışığıyla ortalığın aydınlanması için önce devlet işlerini yoluna koyarlardı. Devlet işlerini yoluna koyabilmek için önce ev işlerini yoluna koyarlardı. Ev işlerini yoluna koyabilmek için önce kendi kendilerine çeki düzen verirlerdi. Kendi kendilerine çeki düzen verebilmek için önce kendi içlerindeki düzeni yoluna koyarlardı. Kendi içlerindeki düzeni yoluna koyabilmek için önce düşüncelerini yoluna koyarlardı.Düşüncelerini yoluna koyabilmek içinse önce bilgi eksikliklerini giderirlerdi. Bilgi eksikliklerini giderebilmek için kendi nefslerini tanırlardı." [3]

Konfüçyüs devlet kademelerinde de aktif görev almıştır. Lu devletinde adaletten sorumlu kişi olarak çok büyük başarılara imzâ atmıştır. O, Lu devletinde adaletten sorumlu iken suçlar birden bire azalmış, halkta karşılıklı merhamet ve iyiliğe doğru inanılmaz bir gidiş olmuştur. 50 yaşındayken geldiği bu görevi yüzünün akıyla sürdürmüştür. Onun, çalışmalarının ve bilgeliğinin değeri anlaşılmıştı. Devlet yönetimine yeni tarz bir anlayış getirmişti. Ülkenin adaletini derin düşünce ve ilahi motiflerle süslemişti. Neydi bu derin düşünce ve ilahi motifler?

1) Kendin için istemediğin bir şeyi başkalarına yapmayacaksın.

2) İffetli olacaksın.

3) Çalmayacaksın.

4) Göğün sahibine saygılı olacaksın.

5) Saygılı olacaksın ki saygı bulasın.

6) Kendini tanıyacaksın, göğün sahibini tanıyacaksın.

7) Adaletten ayrılmayacaksın.

8) Can yakmayacaksın.

Onun zamanında namussuzluk, eşkiyalık baş kaldırmadı. Adı dillerden dillere dolaşan bir destan oldu. Merhamet, iman ve affedicilik erkeklerin, iffet ve itaatse kadınların başlıca karakteri oldu. O, sadece yoksulları beslemekle kalmadı, düşkün çocuk ve kadınlara devletin adalet ve şefkat kanatlarını gerdi. Herkese gücüne göre iş verdi. Ülkedeki ticareti geliştirdi, ölçü ve tartıda kurallar koydu. Bir metre kumaşı ölçmede bir santim; bir kilo patatesi tartmada bir gram adaletsizlik olmadı. Yollar, köprüler yaptırdı.

Adaleti ülkenin her yerine yayarak, bütün insanlar kanun karşısında eşit muamele gördü.

Konfüçyüs'ün, Lu ülkesinin adâlet işlerine bakarken bir kişiyi idam ettirdiğini söylersek sanırım çoğunuz şaşıracaksınızdır, çünkü öğrencileri de çok şaşırmıştı.

Konfüçyüs devletin hükümdarı olan prensin ricası üzerine adâleti ele aldığında hatırlı ve kuvvetli olan Şaoçeng'i idam ettirmiş, üç gün de açıkta kalmasını emretmişti. Hem de göreve geldiği günün ilk haftası. Öğrencileri saygınlık içerisinde, "Şao-Çeng bu şehirde hatırı sayılır kuvvetli biriydi. Âdaletin başına gelir gelmez ilk işiniz onu astırmak oldu. Neden efendim?" Konfüçyüs manalı manalı gençlere bakarak şöyle cevap verdi: "Niye böyle bir şey yaptığımı size anlatayım. Dünyada 5 ağır suç vardır. Haydutluk ve hırsızlık bunların arasında değildir. Bu 5 suç şunlardır: Birincisi uyumsuz ve asi bir tabiatla birlikte gözüpeklik; ikincisi aşağı bir hayat tarzıyla birlikte inatçılık; üçüncüsü çenesinin kuvvetli olmasıyla birlikte yalancılık; Dördüncüsü herkesin ayıbını, kusurunu aklında tutmamakla birlikte herkesle dost geçinmek; beşincisi ve en tehlikelisi hak ve adâlet duygusu olmamakla birlikte yaptığı haksızlıkları süslü ve parlak gerekçeler arkasına gizlemek. Şao-Çeng'de bunların beşi de vardı. Nereye gitse taraftar toplayabiliyor, aldatıcı fikirlerini parlak konuşmaların arkasına gizleyebiliyordu. Zulmüyle adâleti tersine çevirebiliyordu. Sinsi kötü niyetler birleştiği zaman millet için yıkım olur, yoksulluk artar, rüşvet ve iltimas insanları yoldan çıkarır, adâletsizlik her yere yayılır, yönetim kadrosu bozguncuların eline geçer. Ben de şehir halkı için tasalanmak yerine bu adamı idam ettirmeyi tercih ettim." (4)

Konfüçyüs'ün adalete dayalı uygulamaları bazı menfaat sahiplerinin çıkar çarklarına çomak sokmuştu. Bunun için saraya şehvet uyandıran kadınlar getirtilmeye başlandı, geceler gündüze karıştı, eğlence ve şatafatın sonu gelmedi. Hükümdarın etrafındakiler tarafından Konfüçyüs artık dikkate alınmamaya başlandı. Hatta hükümdarın kendisi bile, Konfüçyüs'ün sağladığı huzurlu ortamdan gaflete düştü. Oysa komşu devlet Tsi Hükümdarlığı, Lu devletinin bu kadar iyi ve bolluk içinde geliştiğini görerek tedirgin olmuş, kültür ve siyasi ajanlarını devlet içine göndererek, eski bir (Çin entrikasını -kaleyi içten fethet) uygulamaya koymuştu. Bütün bu devlet üzerindeki kara bulutlar düşman devletin sinsi planlarıydı. Ne yazık ki hükümdar bile sinsi planların etkisi altına girmişti. Konfüçyüs, "İffetin kalmadığı bir ülkede fazla duramam," diyerek yavaş yavaş hazırlığını yaptı ve Lu ülkesini terkederek yabancı memleketlere doğru yola çıktı.

Konfüçyüs gittiği bir çok memleketlere prensler gibi ağırlandı. O hiç bir zaman hiç bir hükümdarın uşaklığını kabul etmedi. Bir hükümdar tarafından kendisine kasabanın geliri bağışlanmak istendi. Fakat O bunu kabul etmeyerek şöyle cavap verdi: "Üstün bir adam ancak yaptığı bir hizmetin karşılığı olarak para alır. Ben hükümdara nasihat ettim, nasihatlarımı tutmadı, şimdi de bana para veriyor. Ben buna hiç bir anlam verememedim. O, beni anlamaktan çok uzaktır. Öyle yaşamaktansa pirinç yiyerek, su içerek kolumu başamın altına yastık yapmayı tercih ederim. Bunlar beni daha fazla memnun eder. Haklı olmayarak şeref ve zenginlik kazanmak bana göre havadan geçen bereketsiz bir buluta benzer."

Konfüçyüs refah ve bolluk içinde olduğu kadar çile ve ızdırap içerisinde yaşamaya da alışkındı. Hatta öğrencilerinden biri onu aç ve perişan bir halde gördüğünde de kendisini tutamayıp, "Üstün insanın böyle yaşaması yakışır mı, neden para ve mal sahibi olmuyorsunuz?"diye sorduğunda cevabı şu olmuştu: "Evlâdım, asıl üstün insanlar zor şartlarda yaşadığı için üstün olmuşlardır. Asıl üstün insan buna katlanabilendir; küçük adamlar irâdesine hakim olamayanlardır."

Kendi ülkesi Lu'da hükümdar ölmüş, yerine oğlu geçmişti. Başarılı generallerin, bu başarılarını Konfüçyüs'e borçlu olduklarını söylemeleri üzerine genç hükümdar onu sarayına dâvet etmişti. Konfüçyüs bir kez daha yönetimde yer aldı.

Konfüçyüs'e göre toplumun idârecileri vicdanlı oldukları ölçüde kitlelerin güvenini kazanabilirler. Konfüçyüs lider olan insanlara da doğruluk, saygı, eli açıklık, alçakgönüllülük tavsiye etmiştir. O, nasıl bu seviyeye geldiğini de açıklamıştır: "Öğrettiğim konuların mimarı ve mucidi değilim, yüzyıllar boyunca gelişmiş tecrübelerden istifâde ederek öğrendiklerimi aktarıyorum."

Bir gün kendi ülkesinden bir devlet adamı Konfüçyüs'e gelerek sormuş: "İnsanları nasıl kendime vefalı, işine sadık kılabilirim ki hevesle çalışsınlar?" Konfüçyüs cevap vermiş: "Onlara başkanlık ederken saygınlığı eksik etme ki ciddi olsunlar. Babacan ve şefkatli ol ki sadık olsunlar. Haklarını ver ki vefâlı olsunlar. Öğret ki hevesli olsunlar." (5)

Zamanın devlet adamlarından Chou, Konfüçyüs'ü kendisine soranlara şöyle tarif etmiştir: "Hoş sohbet, güven verici, cömert, alçakgönüllü, kendisine güveni olan bir insan. Başkalarına saygı gösteren ama kendisine de saygı gösterilmesini bekleyen bir bilge adam. Yükselmek için kimseyi ezmez, büyük görünmek için asla küçümsemez, insanlara değer verir."

Konfüçyüs bilgiye kafanın içerisinde kalan bilgi olarak bakmamıştır. Bilgiyi sokakta, evde, okulunda, devlet işlerinde, ikili insan ilişkilerinde, ailevi ilişkilerde hep kullanmış, hayata geçirmiştir. Bilgiyi ahlâk ve devlet sorunlarıyla ilgili çalışmalarında araç yapmıştır. Bilgiyle, acı dolu dünyayı, merhametsizliklerle dolu yaşamı mutluluk bahçesine çevirmeye çalışmıştır.

Konfüçyüs'ün yazılı sadece bir kitabı vardır, onu da kendi elleriyle yazmıştır. Onun dışında bütün sözleri, hal ve hareketleri öğrencileri tarafından not edilmiştir. Konfüçyüs'ün bu kitabının adı "Ch-u Chiu King" yani "İlkbahar ve Sonbahar"dır. Kitap, kendisinden önceki 250 yıllık geçmişi anlatan tarih içerikli bir eserdir.

Konfüçyüs öğrencilerine öğretilerini toplayıp yazmalarını vasiyet etmiştir. Bunun sonucunda da ortaya üç kitap çıkmıştır: "Teachoung-Young" (Değişmezlik İlkesi), Tao-Ltio (Büyük Okuma), Zung-You (Felsefe sohbetleri). Bu eserler, devletin bütün okullarında öğrencilere okutulmuştur.

Konfüçyüs ahlâk ilkelerine çok önem vermiştir. Onun ahlâk anlayışı bazılarının dediği gibi sadece dünyevi bir ahlâk değildi. O, ahiretteki cennetten sıkça bahsetmiştir. Onun ahlâk anlayışının geldiği son nokta Yüce Yaratıcı'dır, yani Gökyüzü Kanunu'dur. Konfüçyüs hümanist çizgiden sıyrılıp dünya yaşamını ilahi bir boyutla da taçlandırmıştır. Onun şu sözü, ilkesel ahlâktan çok ilâhi ahlâka önem verdiğini gösterir: "Allah'ım! Senden başka hiç bir şeyi olmayan ben, senden başka her şeyi olanlara acırım." Öğretilerinde kullanıldığı kelimeler derin, felsefi, anlaşılmaz kelimeler değil, ilâhiyati çağrıştıran kelimelerdir, gayet açık ve anlaşılırdır: Fazilet, fıtrat, kâmil, ilahi... "Fazilet sahibi kişi ne kadar zor olursa olsun, hizmeti öne koyar; onun için para sonraki meseledir,"; "Fıtrat eğitimin önüne geçerse, bir dağ adamı yetiştirmiş olursunuz. Eğer eğitim fıtratın önüne geçerse, katip yetiştirmiş olursunuz. Fıtrat ve eğitimin her ikisi harmanlanabilirse o zaman üstün özellikleri olan insanlar yetiştirirsiniz."

Fıtrat, tanrı tanımaz felsefe ve ahlâki görüşte hayvansal içgüdü olarak geçer, insanı alçaltıcı bir hiçlikmiş gibi değerlendirilir. Oysa Konfüçyüs'te direkt fıtrat olarak geçer. Kimi tanrı tanımız felsefeciler, Konfüçyüs'ün öğretilerini dünyacı ahlak görüşü olarak kendi yanlarına çekmektedir; ona "Din kurucusu değildir" diyerek, sanki tamamen dünyalık hümanistmiş gibi yaklaşmakta, kitlelere onu bu şekilde tanıtmaktadırlar. Oysa yeryüzünde zaman zaman hanif topluluklar olmuştur, 124 bin tane peygamber ve öncüler gelip geçmiştir. Durum böyle olunca bu bilge insanların tüm gayesi bozgunculuğu, merhametsizliği önlemeye çalışan insanların, Göğün Kanunları deyip gerçekte Alllah'ı insanlara hatırlatma mücadelesi vermiş olan bu iyi kâlpli insanların Darwinci tanrı tanımazlar tarafından çarpıtılmaya çalışılmasına dikkatli olunmalıdır. Dö Mazö (De Masse), dö Sadö (De Sade) ve Narsivus'un bile filozof kabul edildiği günümüzde yaşantılarında ilahi boyut kazanmış bilge insanların filozofmuş gibi işlenmesi çok farklı kaypak zeminler hazırlar. Biri çıldırarak mazoşist duygularla ölen, diğeri annesini dahi testereyle biçen bir ruha sahip sadist duygular içinde intihar eden, bir diğeri narsist duygularla kendini beğeni noktasından, Yüce Yaratıcı'yla eş tutma noktasına gelecek kadar küçülen; annesine hakim olduğu için babasına düşman olan evlât hortlatan ve daha ana karnındaki bebeğe seksüel şehvet donu biçen Freud ve Jung'la birlikte aynı felsefe kitabında Konfüçyüs'ü veya Buda'yı görmek istemem doğrusu. Çünkü evrensel tanrı anlayışı gibi sonunda uçurumun gözüktüğü Mazo gibi Sado gibi bohem ahlâk anarşistleri yaratan anlayış, artık Olimpus tanrısını da aşarak UFO tanrısı gibi kafa karıştıran, tedirginlik ve huzursuzluk veren, ülkeleri ve bayraklarını reddedip kaos dünyası arzulayan anlayışın yanında Stalin, Bolpot ve Hitler cüce kalır. Konfüçyüs'ün sözlerini, hâl ve hareketlerini, insanlık görüşünü ve yaşamını anlatan kitapların Mao tarafından yakılması durumun açıklığını göstermektedir.

Yüce tanrı inancı olan konfüçyüs'ün ahlâk anlayışında Kâmil insan şöyle tarif edilir: "Kamil insan, kişisel olarak ciddi, insanlık olarak güleryüzlü, büyüklere hizmet ederken saygı elden bırakmayan, halka karşı çok nazik olan ve onları yönetirken de adâletli davranan kişidir." [6]

İnanan insanla inanmayan insanı tarif etmiştir Konfüçyüs: "İnanan insanın fıtratı yel, inanmayan insanın fıtratı da ot gibidir; yel estiğinde ot hep eğilir."

İlâhi olgunluğa ancak 50 yaşında ulaşabildiğini söyleyen Konfüçyüs yaşamını şöyle özetler: "15 yaşımda kendimi öğrenmeye verdim, zihnimi vidanıma bağladım. 30 yaşımda dimdik durdum. 40 yaşımda şüphelerimden kurtuldum. 50 yaşımda ilâhi kanunları anladım. 60 yaşımda seziş yoluyla herşeyi kavradım. Şimdi 70 yaşımda doğruluğu elden bırakmadan kalbimin tutkularının peşinden gidebilirim. Çünkü bu tutkular bana fayda verecek tutkulardır." [7]

Konfüçyüs ahlâk anlayışını 3 kanunda toplamıştır:

Gökyüzü Kanunu, Ödev Kanunu, İnsan Kanunu

Ulaşılan olgunluğun ilâhi boyutta kavranılmasına gökyüzü kanunu denir; insânî sorumlulukların yerine getirilmesine Ödev Kanunu denir. En yüce değer ödev kanunudur. Çünkü insan Gökyüzü Kanunu'na karşı sorumluluklarının bilincinde olmalıdır. Hayatın herşeyi aslında ödevdir. Mutlu ve huzurlu insan ödevini bilen insandır. İnsan ancak ödeve boyun eğmekle şereflenir; kişinin kendisini bilmesi, tanıması da İnsan kanunudur. Bir insanın veya tüm insanların adâletli olması aslında zor bir olay değildir; sadece kendisine yapılmasını istemediği bir hareketi başkasına yapmasın, insan, adâleti kavramış demektir.

Yukarıdaki açıklanan kanunlar Konfüçyüs'ün 8 Gümüş Kanunu'ndan 3'üdür. Diğer 5 Gümüş Kanunu ise şunlardır;

İyi niyet: Yalancılıktan ve riyakarlıktan sakınmayı emreder.

İnsanlık: İyi niyet olmadan insanlık olamaz. İyi niyet şefkati doğurur, şefkat de insanlığı...

Bilgelik: Ruhun kurtuluşu ve tehlikeden korunmayı sağlar. Bilgiyi iyi niyet ve insanlıkla yuğurmayı emreder. Yüce yaratıcıya ve törelere saygıyı tavsiye edr.

Doğruluk: Huzur içinde yaşamaya götürür. Doğru olan bir insan omuzlarındaki yükü atmıştır.

Adâlet: Herkesin arzuladığı adâlet, "İyi Niyet", "İnsanlık", "Bilgelik" ve "Doğruluk" olmadan gerçekleşmez. Herkese eşit daranmak ve herkesin hakkını vermek adalettir.

Çoğumuz içinde bulunduğumuz sorunların dağlar kadar olduğunu zannederiz. Oysa karşımızda dağlar değil sadece küçük bir tümsek durmaktadır; ve büyüyen dağlar değil, cüceleşen bizlerizdir. Konfüçyüs bunu az ve öz şöyle ifade eder: "Derin olan kuyu değil, kısa olan iptir."

Bizler düşünmeden öğrenmeye alıştırıldığımız için bilgiden faydalanamıyoruz; öğrenmeden düşünenlerimiz ise Dr. Freankeştayn olup çıkıyor. "Düşünmeden öğrenmek faydasız. Öğrenmeden düşünmekse tehlikelidir" diyen Konfüçyüs sözlerini şu çarpıcı ifadelerle sürdürür: "Öğrenmeye karşı bir sevgi beslemeden iyilik yapmaktan hoşlanmak insanı basitliğe götürür; öğrenme sevgisi olmadan bir şeyi anlamaya çalışmak insanı karışıklığa götürür; öğrenme sevgisi olmadan samimiyeti istemek insanı zararlı sonuca götürür; öğrenme sevgisi olmadan doğruyu istemek insanı başkaldırıya götürür; öğrenme sevgisi olmadan dayanıklı olmayı istemek insanı gereksiz daranışlara iter." (8)

Büyük insan olmanın gereklerini ve sonuçlarını alışılmışın dışında yorumlayan Konfüçyüs şöyle der: "Büyük insanların taşıdıkları özellikler şunlardır, doğruyu teşhis etmek, yumuşak konuşmak, doğruluk, iyi bir dinleyici olmak, işini severek yapmak, bilmediğini sormak, kızgınlıktan uzak durmak, başarılı olduğunda âdil davranmak. Kariyeri ezmek için değil, öncelikle ezilmemek için istemek; büyük insanlar kendilerine, küçük insanlarsa başkalarına sıkıntı çektirirler; büyük insan sıkıntı ve rahatsızlığını belli edip, çevresindekileri rahatsız etmez; büyük insanın gururu alçakgönüllülüğündendir; büyük insan verirken severek verir, ihtiyacı olduğunda istemeye yüzü varmaz; büyük insan yalnızca doğruluğu, küçük insan yalnızca faydayı düşünür." (9)

"Ya bir yol bul, ya bir yol aç, ya da yoldan çekil" diyen Konfüçyüs, bir şekilde işe yaramak gerektiğini vurgulamıştır. Ömrünün hiç bir döneminde boş durmamış, devamlı insanlığa faydalı olmak için mücadele etmiştir. Özellikle idarecilere ve idare etmeye büyük önem vermiştir. "İdare etmek dürüstlük demektir. Sen doğru yönetirsen , yanlış olmaya kimse cesaret edemez." diyen Konfüçyüs, sözlerine şöyle devam etmiştir: "Halk cezalarla yola getirilmek istenirse, onlar kendilerini cezalardan kurtarmaya çalışacaklar, ama hiç utanç duymayacaklardır. Onlar güzel ahlâkla yönetilir ve terbiye gerekleriyle yola getirilmek istenirse utanç duyacaklar ve böylece iyi olmaya çalışacaklardır."

Dönemin birinde Konfüçyüs, memleketini terkedip yollara düştüğünde başından geçen bir olayın hikâyesini anlatmıştır. Öğrencileriyle birlikte Tai Dağları'nı aştıkları bir sırada bir mezarın başında ağlayan bir kadın görmüşler, üzülmüşler. Bunun sebebini yaklaşıp kadına sorduklarında kadın şu cevabı vermiş: "Kocamın babasını bir kaplan öldürmüştü. kocamı da öyle. Şimdi de sevgili oğlumun başına aynı felaket geldi, onu kaplan öldürdü." Bunun üzerine niçin bu memleketi terk etmediği sorulduğunda kadın şöyle konuşmuş:" Buranın hükümeti zalim olmadığı için gitmek istemiyorum." Bu cevabı alan Konfüçyüs derhal öğrencilerine dönerek: "Bunu daima hatırlayın çocuklarım, demek ki zalim hükümetler, hükümdarlar, devlet adamları kaplandan daha yırtıcı ve daha korkunçtur. Bir bölgede yırtıcı hayvanlar da olsa eğer o bölgenin yöneticileri, idarecileri adâletli ise insanlar o bölgeyi terk etmez." demiş (10)

"Kötülük yapmamak yeterli değildir, iyilik de yapmak gerekir" diyen Konfüçyüs, bir elin verdiğini öteki elin bilmemesi gerektiğini ifâde etmiştir. Konfüçyüs, "Fedakârlıklar gizli kaldığı sürece, karanlık gökteki parlayan yıldızlar gibidir" demiştir.

Gök inancına yani bir tek Allah inancına sıkı sıkıya bağlı olan Konfüçyüs, bu konuda şöyle demiştir: "Göğü (Allahı) gücendiren bir kimsenin, dua edip sığınacak başka yeri olamaz."

Konfüçyüs kendi ülkesinin çeşitli kademelerinde başarılı çalışmalar yaptıktan sonra 55 yaşına geldiğinde ülkesini terkederek 15 yıl başka diyarlarda insanları irşâd etti. Daha sonra tekrar ülkesine döndüğünde hayli yaşlanmıştı. Başa gelen yeni hükümdar tarafından Konfüçyüs'e, devlet kademesinde üst düzeyde görev alma teklifi geldiyse de O bu teklifi kabul etmemiştir. Son günlerin huzur içerisinde bir tepede geçirmiştir.

Konfüçyüs M.Ö. 478 yılında 72 yaşında vefât etmiştir. Şu an mezarı Cifu şehrindeki Kung mezarlığındadır. Öldüğünde öğrencileri mezarının başında aylarca yas tutmuşlardır. Şöhreti öldükten sonra bütün dünyaya yayıldı. Aradan binlerci yıl geçmesine rağmen bugün bile milyonlarca insan onun sözlerinden istifâde etmektedirler.

KONFÜÇYÜS ÇİN'E NE KAZANDIRDI?

Dünya, geçmişin özlemini mi duyuyor acaba? 1400 yıllık eskiler deniliyor ama Güneş'in yüzbinlerce yıldır dünyaya ısı ve ışık verdiği unutuluyor. Gerçeklere kulak tıkamak için "Eski kafalar, eski zihniyetler" deniliyor ama, içinde yaşanılan dünyanın daha eski olduğu unutuluyor.

Modern çağ şu an yaşanılan gerçeklerin ışığında eski öğretilerin özlemini çekiyor. 3 bin yıllık sözler en yeni adamın odasının baş köşesinde yön gösteriyor. Eski öğretileri, eski yaşamları anlatan kitaplar yok satıyor. Üniversite mezunlarının çoğaldığı ama kitap okuyanların azaldığı; medeniyetin ilerlediği ama acımasızlık ve adâletsizliğin arttığı; zenginliğin ve servetin arttığı ama ahlâkın azaldığı; doğruyu söyleyenlerin çoğaldığı ama yapanların azaldığı; hakikatlerin bilindiği ama tatbik edilmediği; Herkesin kötülükten şikâyet ettiği ama bu kötünün nerede ve kim olduğunun belli olmadığı; Aslında şu an, "İslâmın misyonunu yüklendim," diyenlere bile ölümün, musalla taşının, kabrin, sorgu sualin masal gibi geldiği, bunu her hâllerinden belli ettikleri, kimin asıl dünya ehli olduğunun ortada olduğu ama hâlâ yüzleri kızarmadan "iman" ettiklerini zannedip, kalpleri değil de sembolleri -nefsi, heva ve hevesi için kişisel menfaati için- diretenler, malzeme olarak kullananlar...

Çağımızın en vahşi ve en çelişkili yönü: Var da yok; Öyle de böyle; Orada da burada da; Olur da olmaz; Bak da bakma... Zavallı cennet, acaba bunları kabul edecek mi? Ama onlar kendilerinden çok emin. Asr mı? Orada başka şey söylenmek isteniyor efendim, ümmet müstesna... Yukarıda kelaynaklar da kargalara karışmış, terkediyorlar bu diyarları, Kaf dağının ötesindeki güleryüzlü ülkeye... Mistik ilâhi öğretilerin olduğu ülkeye.

Çin'de son yıllarda üretimde ve servet alanında inanılmaz yollar katediliyor. Fakat bununla birlikte ahlâki yapıda yozlaşmaların başladığı söyleniyor. Eskilerin, son 30 yılda, Konfüçyüs'ün öğretilerine bağlı kalarak çok çalıştıkları dürüstçe çalıştıkları ve ortaya muazzam bir üretim koydukları gözlemlenirken, yeni neslin rotlarının gevşediği, Konfüçyüs öğretilenlerden habersiz kalarak ahlâki sapmalar yaşadıkları Çin yetkililerinin teşhisleri.

Çinli yöneticiler, ilhamlarını Konfüçyüs'ün öğretilerinden aldıklarını söylüyorlar. Başta Devlet Başkanı Zemin olmak üzere diğer yöneticiler, ekonominin getirdiği Mekanik ve Madeni kültürün toplumda ahlâki değerleri bozmasını önlemek ve bireycilik yerine toplu menfaatlerin öne çıkarılması amacıyla Konfüçyüs öğretilerini yaygın şekilde eğitim ve medya yoluyla kitlelere aşılamaya çalışıyorlar. Bütün Asya'da, Batı'nın soğuk, madeni ve metalik kültürüne karşı Konfüçyüs öğretileri yeniden diriltiliyor. Bölgedeki müslümanlar bile ondan etkileniyor. Başta Çin olmak üzere Asya ülkelerinde yakın bir gelecekte bambaşka bir Asya Medeniyetinin doğuşundan bahsediliyor.

İngiltere'nin Başbakanlık danışmanlarından ünlü Teorisyen Peter Mandelson'un "Üçüncü Yol" Teorisi ve Huntington'un "Medeniyetler Çatışması" tezi aslında Doğu'nun ahlâkçı ve lâhuti silkelenişini içermektedir. Özellikle Harvard profesörü Huntington, uzak doğu'daki islâmi ve

Konfüçyüst, budist, taoist yüce yaratıcı inançlı ahlâkın Batı'yla ciddi, kaçınılmaz bir çatışmaya gireceğini ifâde etmiştir.

Konfüçyüs'ün Çin üzerindeki inkâr edilemez etkisi 2500 yıl sonra Batılıların korkulu rüyası olabiliyor. Hayatın bütün değerlerini Yüce Yaratıcı'ya ve iç vicdana bağlayan öğreti karşısında Batı'nın ahlâki dejenere taktik tuzakları bir bir etkisiz kalıyor. Kültüre sempati ve ardından ürün pazarlanması taktikleri, Doğu ve Asya'daki ilâhi ahlâk sayesinde pek tutacağa benzemiyor. Şimdilerde batı rüzgârları esintisi görülüyor gibi olsa da, Doğu'ya has ahlâk öğretlilerinin yine şimdilerde canlandırılıyor olması, müslümanlarla Konfüçyüstlerin karışık olduğu "Uyanan Ejderha" ekonomik örgütünden belli oluyor.

Kaynaklar: Büyük Adam Olmak. Cemil Ongun. Kung - Fu. Ajladies Jonathan. (Konfüçyüs)

1) Büyük Adam Olmak. Cemil Ongun. İnkilâp.
2) Konfüçyüs. Bilge Felsefe. Radyo Kültür.
3) Bir Bilgenin Portresi. Aydabir. 1972.03.
4) Meşhur Filozofların Bilinmeyen Yönleri. Ruh ve Madde. Fritz Lindeman. 1974.7.
5) Yabancı Meşhur Adamlar. Doğan.
6) Büyük Adam Olmak. Cemil Ongun. İnkılâp.
7) Büyük Adamlar. Varlık.
8) Konfüçyüs. Bilgeler. Mustafa Uluçay. Özyürek.
9) Dünyanın Bilge Adamları: Konfüçyüs. Doğan Kardeş.
10) Kung - Fu. Ajlais Jonathan. Perth Library. Australia.

Bu bölümde, başarılı olmuş insanların kısa ve öz yaşam öyküleri sunulmuştur. Bu insanlar isimleriyle bir dünya markası olmayı başarmışlardır. Yakından tanıdığımız dünyaca meşhur markalar gerçekte hep bir isimden doğmuştr. Tıpkı bizdeki AKBANK yani Sabancı'ların kurduğu ADANA KAYSERİ BANK gibi. Yalnız, bu insanların bir özelliği var, öncekiler gibi yoğun acılarla pek kıvranmamışlar. İçlerinde sadece bir kaçı acılara sabırla göğüs gerip başarıyı yakalamışlar.

Bu bölümde bir çok markanın nasıl oluştuğunu ve nereden geldiğini görüp şaşıracaksınız.

Arabalardaki vitesi ilk o buldu. O dönem için yeni bir buluş olarak kabul edilen geriye giden araba üretti. Canından çok sevdiği genç yaştaki iki erkek kardeşi Ferdinand ve Marcel'i kaşbetti. İsmi dünyanın en ünlü otomobili oldu. Soldan direksiyonu ilk o yaptı.

"3 Vitesin Mucidi"

LOUİS RENAULT Nasıl Başardı?

Louis Renault 1877'de Paris'te doğdu. Daha öğrenciyken eli mekanik araçlara yatkındı. Biriktirdiği paralarla üç tekerlekli bir araç satın aldı. 20 yaşına geldiğinde bu aracı Paris'in dış mahallelerinde eski bir garajda parçalara ayırdı. Pek çok ayrıntısını inceledi. Şimdiye kadar yapılmış olan piyasadaki bir iki araçta çok büyük eksiklikler gördü. Bu eksiklikleri giderdiğinde ortaya "Voiturette" isminde otomobili çıktı.

Yeni ürettiği otomobilinde şimdiye kadar herkesin yabancı olduğu özellikler vardı. Örneğin 3 ileri vites ve 1 geri vites o zamana kadar bilinmeyen özelliklerdi. Hele arabanın geriye hareket ettirilmesi hepten önemli problemdi. Bu problemi Louis Renault giderdi.

Renault'un ürettiği bu yeni otomobil birkaç sipariş aldı. 25 yaşında araba üretmeye başlayan bu adam, ileride dünya otomobil sanayiine ismiyle damgasını vuracak olan adamdı. Kardeşleri Ferdinand ve Marcel ile birlikte Renault Fröres şirketini kurarak, buluşu için patent aldı.

Motorlu yarış sporların kendi adına iyi reklem olacağını kestiren Renault yarışlara katıldı. Kendi arabasıyla yaptığı ilk yarışı, 175 km'lik Paris-Troville yarışıydı. Bu yarışta birinci geldi. Bu yarış, ürettiği arabaların satışını hızlandırdı. Önceleri toplam beş otomobil sattı. Bir kaç yıl içinde yani 1905'lerde onlarca araba siparişi aldı. Bunların bir kısmını kısıtlı imkânlarıyla üretip sattı. Bu satıştan eline iyi paralar geçti.

Zamanla işini genişletti. Bu fabrikada bir iki yıl içinde 100 kişi çalıştırmaya başladı. Bir yıl sonra yarış için ürettiği spor bir araba Paris-Berlin yarışlarında birinci gelerek büyük alkış aldı. Daha sonra kardeşi Marcel'in yaptığı dört silindirli "K" modeli bir otomobil Paris-Viyana yarışlarında birinci geldi.

Renault'un otomobili Paris'te taksi olarak yaygınlaşmaya başladı. Otomobilin seri üretimine geçti. Dış ülkelerde ABD'de, Londra'da, Berlin'de şubeler kurdu. Gemi ve uçak motorları da üretti.

1903'te Marcel'in, 1905'te Ferdinand'ın ölümüyle birlikte Louis Renault, uzun bir zaman acı ve üzüntü içinde kaldı. İki yıl sonra kendini toparladı. Fabrikasını tek başına yönetti. Ülkesinin en büyük otomobil üreticisi oldu.

Amortisör, yumuşak fren, sol direksiyon Renault'un bulduğu yeniliklerdi. 1920 yılından sonra otomobillerinin uluslararası üstünlüğü kabul edildi, kısa mesafedeki yarışların gözdesi oldu. Otomobi sahasındaki bir çok yeniliklerin yanı sıra günden güne yeni model araçlar piyasaya süren Renault'un bulduğu Vivaxatre, Fransa'nın her yerinde taksi olarak kullanılmaya başlandı.

İkinci Dünya Savaşı Louis Renault'un hiç işine gelmedi. Hitler, Almanya'da iktidarı ele geçirmiş, hızla Avrupa'nın diğer ülkelerini nasıl alacağının planlarını yapıyordu. Bir kaç yıl sonra ömrü boyunca çalışıp didinerek maydana getirdiği fabrikaları Hitler'in askerlerinin eline geçti. Daha sonra da fabrikası bombalandı. Renault, bu durumu çaresiz bir halde gözyaşları içinde izledi.

Kendisi Almanların yenilip, ülkesinin kurtuluşunu görebilirdi. Ama 70 yaşında öldüğünde, Renault otomobil markasının nasıl dünyanın bir numaralı markası haline geldiğini göremedi.

"Kaplumbağanın Mucidi"

Ferdinand PORSCHE Nasıl Başardı?

Musluk tamircisi babanın oğluydu, üniversiteye kayıt olamadı. Ancak dinleyici öğrenci olarak Viyana Teknik Üniversitesi'ndeki derslere girdi. Dünyada hâlâ kullanılan bir şeyi buldu

Ferdinand Porsche 1875'te Almanyanın Behemya kentinde doğdu. Babası yoksul bir musluk tamircisiydi. Çocukluğunda babasının yanında, elinde tamir takım çantasıyla çoğu kez işlere gitti. Bu arada teknik işlere karşı merakı iyice arttı. Sadece iş zamanı değil, boş zamanında da teknik ve elektrik tamirleriyle uğraşıyordu.

Liseyi bitirdikten sonra Teknik Üniversite'ye gitmek istedi, fakat kaydolamadı. O da dışarıdan dinleyici öğrenci olarak derslere katıldı. Büyük bir dikkâtle dersleri dinleyen Porsche ileride pahalı ve kaliteli bir araba üreteceğini nereden bilebilirdi ki? Bugün bile Türkiye'de en meşhur, en elit ve en pahalı arabalardan biri porsche marka otomobildir. Kaldı ki Wolkswagen tipi kaplumbağa arabalarını çizen de, motorundan bujisine ve şekline kadar üreten de aslında Ferdinand Porcshe'dir. Kaplumbağa, halk arabası olarak Hitler'e mal edilir. Hatta bu arabaların dizaynını Hitler'in çizdiği söylenir, fakat bu büyük bir yanılgıdır.

Porcshe'de otomobil merakı tâ genç yaşlarda başladı. Elektrik motorları üreten bir firmada iş buldu. Orada 2 yıl çalıştıktan sonra, o zamanın tanınan Şirketi Lohner otomobil şirket'inde çalışmaya başladı. Burada kendi tasarımı olan otomobilini yapma fırsatı yakaladı. Elektrik motorunda iyice uzmanlaşan Porcshe, istenildiği tarzda yerleştirilebilen dingilli elektrik motoruyla çalışan otomobil üretti. Paris fuarında kendi ürettiği bu tarz otomobilleri sergilediğinde herkes hayran kaldı. Lohner- Porcshe olarak tanındı bu otomobiller. Elektrik motorunu benzinle besleyen bir tür değişik motor üretince, motor takımındaki bir iki parçaya gerek kalmıyordu.

Yine o dönemin meşhur şirketlerinden olan Daimler Otomobil

Şirketi'nde çalışmaya başlayan Porcshe, uçak motorları dahil, ağır savaş topları taşıyan araçlarda üretti.

Hitlerin araç danışmanlğını da yapan Ferdinand Porcshe, halkın satın alabileyeceği bir otomobil cinsi tasarladı. Hitler'in ona emrettiği tarzdaki arabanın koşullarını söyledi: 100 km hız 5 kişilik yer, 100 km'de en fazla 8 litre benzin tüketimi, 1000 markın altında satış fiyatı.

Wolks halk; wagen wagon (araba) yani halk arabası Wolkswagen ve böcek manasına gelen Porcshe otomobillerini üreterek bu alanda bir ilki yarattı.

Alman Nasyonel Sosyalist Partisi'ne üye olup, oradan da SS'lere katılan ünlü Porsche otomobillerinin sahibi Ferdinand Porsche, askeri araç üretimi de yaptı. İkinci Dünya Savaşı'nın başlamasıyla buna ağırlık verdi. Alman devletinin en büyük Ulusal Onur Madalyasını aldıktan sonra profesör ünvanı da kazandı. Tasarladığı Walkswagen'i, savaş cipi ve yüzer araç tiplerinde de üretti.

İkinci dünya savaşında Hitler'in yenilmesinden sonra Porsche tutuklandı. Fransız cezaevine kondu. Fakat bir şey gözden kaçıyordu. Bu adam yahudiydi. Hitlerin danışmanı olmasına ve SS'lere katılmasına rağmen bu adam bir yahudiydi. Bu yüzden olsa gerek binlerce zavallı masum insanların, çoluk çocuk, kadın erkek, genç yaşlı cayır cayır yakılmasına rağmen Porsche kefaletle serbest bırakıldı. 65 yaşına geldiğinde kendini Porsche otomobil fabrikasına adadı. Oğlu Ferry de kendisine yardım etti. İlk spor arabasını da piyasaya sürdü bu arada. Şu an Porsche işletmelerinin merkezi stutgart olarak bilinir. Yine aynı şehirde, stutgart'ta 75 yaşında öldü.

Ferdinand Porsche, Hitler'in Partisi Nasyonel Sosyalist İşçi Partisi'ne üye olmasında hiç bir kastı olmadığını söylemişti. Yapılan katliamları da her defasında kendi imkânları dahilinde önlemeye çalıştığını, hatta yaşayanlar arasında buna şahit olanların bulunduğunu, sonuçta kendisinin de bir yahudi olduğunu ifade ederek şu açıklamalarda bulunmuştu: "Hiç bir zaman siyasetle uğraşmadım. Partiye üye olmamdaki sebep, araç üreticisi olarak danışman seçilmemdi. Sadece işime gücüme baktım. Bir kişinin dahi öldürülmesinden sorumlu değilim. Ben herkes için bir şeyler üretmeye çalıştım. Hiç bir zaman da Hitlerin yaptıklarını tasvip etmedim. Hiç bir zaman sami karşıtı (Antisemit) olmadım, olmam da mümkün değil. Çünkü ben de sâmiyim. Ben ülkem Almanya için çalıştım."

"Elektriğin Dev İsmi"

GERARD PHİLİPS Nasıl Başardı?

Sosyal adalete önem verdi. Dünyada ilk işçi evlerini (Lojman) inşaa eden adam... İşçi çocuklarını kendi eliyle okuttu. Eğitim fonu kurdu. Karısıyla beraber yaptıkları yardımlaşma ve dayanışma çalışmaları sonucu binlerce kişinin duasını aldılar.

Gerard Philips 1860'da Hollanda'da doğdu. Liseyi bitirdikten sonra ticaretle uğraşan babasına yardımcı oldu. Sonra Delft Teknik Üniversitesi'nde makine mühendisliği okudu.

Mezun olunca Glasgow Üniversitesinde doğa felsefesi üzerine araştırmalar yaptı. Çeşitli elektrik şirketlerinde çalışan Philips, kıymetli projelere imza attı.

Amacı ampul üzerine bir fabrika kurmaktı. Babasından aldığı birkaç kuruş ve kendisinin biriktirdiği parayla "Philips Company" şirketini 35 yaşında kurdu. Kaliteli üretime çok önem verdi.

Yüksek kaliteli mal üretmek gerektiğini söyleyen Philips, genç girişimcilere de şu kısa tavsiyede bulunmuştur: "Kalitenin olduğu yerlerde her zaman yüksek üretim rakamlarına ulaşılır. Üretilecek malda ucuz malzeme kullanılırsa, üretim kalitesizleşir; o yüzden kaliteli emek, kaliteli mal demektir."

37 yaşında Willigen adındaki bir hanımla evlenen Philips'in toplam 3 çocuğu oldu. Karısıyla beraber bir dayanışma vakfı kurdu. Eğitim ve yaşam şartlarını iyileştirmek isteyen bu iyi yürekli çift, gerçekten de dediklerini yaşadıkları sürece yaptılar. Lojmanlar inşaa ettiler, hastaneler kurdular yeni eğitim sistemi için para harcadılar, işçi çocuklarını yüksek eğtim seviyesinde yetiştirdiler.

Philips-Willigen Eğitim Fonu kurdular, bu iki insan hayırlı ve faydalı işler yaparken Allah da onların işini açıyordu. Philips'in bulduğu telli lamba yeni ve ilk defa görülen bir buluştu.

Gerard Philips, Volfram telli metalik bir lamba yaptı. Ayrıca bir tek parçadan çekilerek yapılmış telli bir lamba da yaptı. Bu teknik buluş dünyada satış rekoru kırdı. Küçük lambalardı ama argon gazıyla doldurulduğu için çok aydınlık veriyordu, ekonomikti de.

Günde 100 bin adet bu lambalardan üreten hayırsever Philips, çok para kazandı. Kazancının çoğunu da eğitim ve çocukların geleceğine harcadı. İşçilerin sayısı 5 bini geçmişti.

Philips, ayrıca cam, hidrojen gazı, mini paketler, mukavva kutular üreten fabrikasını kurdu. ABD ve Fransa'da da şubeler açtı.

Philips, artık bir dünya markası olmuştu. Satış faaliyetleri bütün dünya üzerine yayıldı. Bozulmayan, sağlam, dayanıklı radyo ve tüplerini de üreten Philips, buradan da elde ettiği gelirlerle kendi ülkesinin çocuklarına daha fazla kaliteli eğitim fırsatı yarattı.

Delft Üniversitesi'nden onursal doktor ünvanı taşıyan Gerard Philips, "Eğitim, bir ülkenin kalbidir, çocuklar da bu kalbi besleyen kan damlacıklarıdır. Eğitimi, kıymet verilen çocuklar yaşatır, ayakta tutar. Eğer çocuklara kıymet verilmezse böyle bir ülke kendi adına karar veremez, başkaları bu ülke adına karar verir. Çünkü bu ülkenin yetişmiş insan gücü yoktur." diyor.

Çok çeşitli elektronik eşyalar "Philips" imzası taşır. Gerard Philips, 80 yaşına geldiğinde şirket yönetimini kardeşi Anton'a bıraktı.

85 yaşında ölen Gerard Philips, arkasında büyük bir hizmet çemberi bıraktı. Hemen 1 hafta sonra da karısı Willigen hayata gözlerini yumdu.

"Sporcukarı Giydiren Üç Çizgili Adam"

ADİ DASS Nasıl Başardı?

Babası ayakkabı fabrikasında sıradan bir işçiydi. Küçük yaşta annesini kaybetti. Ülkesinde fakirlik ve geçim zorluğu had safhadaydı, adım başı dilenci vardı. Babası onu okula gönderemedi. Geçim zorluğu çektikleri için bir ayakkabı tamir atelyesinde çırak oldu. Soğuk havalarda sıcağı ve sıcak yemeği ancak çalıştığı işyerinde gördü. Sonra, üç çizgi attı, dünyayı fethetti.

"Güzel yaşamak ve kazanmak istiyorsanız, mâzeret ve bahaneleri bir kenara atmalısınız. 100 yıl önce de geçim zorluğu vardı, siz şu an hangi tarihteyseniz sizden 100 yıl sonra da olacaktır. Herşey, sizin isteyip istemediğinize ve coşkunuza bağlı. Size hitap eden kitaplar okumayı asla ihmâl etmeyin."

Adolf Dassler 3 Kasım 1900'de Almanya'nın Bavyera eyaletinde doğdu. Babası sıradan bir işçiydi. Evlerinde mum kullanıyorlardı. İçecek sularını 3 km uzaktaki bir kuyudan 2 saat sırada bekleyerek alıyorlardı. Hepsi aynı sofraya oturdukları zaman yemeğe dokunmadan önce diz çöküp, Allaha, verdiği nimetler için şükür ve dua ediyorlardı. Aile içinde ne bir kavga ne de gürültü olurdu. Evlerine sükûnet hakimdi. Fakirlerdi, yoksullardı ama huzurları vardı. Arkadaşları kısaca ona "Adi" derlerdi. Evleri izbe kupkuru bir yerdi. Dışarı çıktığı zaman burnunu tutmak zorunda kalırdı. Etraftaki lağım suları o kadar pis, iğrenç kokardı ki sanki burnunun direği kırılacak gibi olurdu. Evleri kuruydu ama gönlü, ruhu, içi yemyeşildi Adi'nin. İnsanlara selâm vermeden geçmiyordu, coşkuluydu. Yeşillikler arasındaki patika yolda yürümeyi severdi. Kimseye zararı dokunmazdı. "Ah keşke param olsa da şu zavallı çocukcağıza yardım edebilseydim." dediği günleri bir kenara yazdı, bu sözleri bir borç olarak kabul etti. Zamanı gelecek bu borçlarını fazlasıyla ödeyecekti.

O kadar yoksulluk çekiyorlardı ki bir gün yükselmek, zengin adam olmak istiyordu. Hiç bir zaman Çocukluğunda ve gençliğinde uçları delinmiş arka topukları yana kaymış ayakkabıdan kurtulamadı. Bu yüzden yürürken yalpaladıkça utanıyordu.

Ayakkabı tamircisinde çalışırken işini iyi yapıyor, mesleği kavramaya çalışıyordu. Ara verilip öğle yemeği yendikten sonra az ilerideki ağacın altına geçip tek başına oturuyordu. Düşünüyordu... Kendi yaşamını, başka insanların yaşamını, ülkesinin içinde bulunduğu durumu, mahrumiyeti, fakirliği, babasının durumunu kardeşlerinin durumunu, annesizliğin ızdırabını...

Hepsini bir film şeridi gibi gözlerinin önüne getirdi.

Adi Dass, gün gelip dünyanın bir numaralı ismi olacağını hayal bile edemezdi. Ama içinde hep bir kıpırtı vardı. Çok çalışıyordu, insanlarla iyi geçiniyordu, tanrıya her gün dua ediyordu. Ama bunları, yapması gereken şeyler olduğu için yapıyordu.

Yine bir gün işyerindeki öğle arası tatilinde yemeğini yedikten sonra her günkü ağacın altına çekilip tek başına oturdu. O sırada hemen karşısındaki tepenin patika yolunda yokuş aşağı inekler ve keçiler inmeye başladı. Keçi ve ineklerin ayakları dikkatini çekti, "Keşke benim de böyle ayakkabıya ihtiyacım olmasaydı, böylesi daha iyi olurdu" diye aklından geçirdi. Arkalarından bakakaldı hayvanların. İşte ne olduysa her şey o anda oldu. Adımını ileriye atıp geri çekerken, ayaklarını hafifçe yukarı kaldıran hayvanların tabanlarını arkadan gördü. Bu durum onda bir şey hatırlattı. Fakat o an iş saati gelince düşüncesi yarım kaldı. Yani Arşimet gibi Eureka, Eureka (Buldum! Buldum!) diye bağırmadı. Arşimet bir gün hamama gitti. O, garip şekilde tuhaf oyunları seven bir adamdı. Hamamda da suyla ve sabun köpükleriyle oynamaya başladı. Bu tuhaf adam, bir ayağını suya sokuyor, bir kolunu daldırıyor, şapur şupur suyla oynuyordu. Bazen kafasını içi su dolu küvete daldırıp, glu! glu! diye sesler çıkartıyor ve bunu yapmaktan pek de hoşlanıyordu. Arşimet ayağını suya soktuğunda bir anda küvetin taştığını gördü.

Vücudunu az daldırdığında sular az, çok daldırdığında fazla kabarıyordu. Birden irkildi, "hıııhh!" diye bir ses çıkardı, gözleri faltaşı gibi açılmıştı. Bir anda Yunanca Eureka, Eureka (buldum! buldum!) diye çılgınca bağırarak kendisini çırılçıplak sokağa attı. Sokakta koşarak evine doğru yöneldi. Bu esnada tanık oldukları manzara karışısında dışarıdaki insanlar hayretler içerisinde donakaldı. Herkes çırılçıplak gezen bu adamın manyak, deli olduğunu sandı, O, hala "Buldum! Buldum!" diye bağırıyordu. Bir müddet sonra hamamdan çırılçıplak dışarı fırlayan bu acayip adamın manyak değil bir bilgin olduğu anlaşıldı.

İşte tıpkı Adi Dass da böyle hiç beklenilmeyen bir anda orijinal fikir yakaladı. İş çıkışı yaptığı ilk şey hayvanların otladığı alana gitmek oldu. Keçilerin ve ineklerin ayaklarının altına baktığında ön uçlarının geriye doğru sivrilip, tabanda doğal bir yükseklik meydana getirdiğini gördü. Hatta bu çıkıntı yükseklik köpeklerde dahi vardı. "Acaba..."dedi; aslanlarda, leoparlarda, pumalarda hep aynı model vardı. Belki de bu ayak tabanlarındaki çıkıntı yükseklik hayvanların hızlı koşmalarını da sağlıyordu.

Adi Dass 28 yaşındaydı. Elinde biraz birikmişi vardı. Kardeşi Rudolfla da konuştu. Rudolf, "Tamam!" dedi. Onlar için milâd olacak bir karar vermişlerdi. Derhal faaliyete geçtiler. Projelerinden kimseye bahsetmediler. Evlerinin bir köşesine tamir malzemeleri aldılar. Çivi ve pençe de almayı unutmadılar.

Yıl 1928. Adidas ve Puma markaları işte böyle doğuyordu.

Kardeşi Rudolf ile birlikte ilk çivi pençeli yani kramponlu ayakkabıları üretmeye başladılar. Özellikle sürat koşusu (atletizm) üzerine ürettikleri bu ayakkabılar spor dünyasında devrim yarattı. Tasarımı tamamen Adi ve Rudolf Dass'a ait bu ayakkabılar Amsterdam Olimpiyatlarında kullanıldı. Adi Dass'ın ürettiği bu ayakkabılar, bir sporcunun aldığı dünyaca meşhur ödüller sayesinde üne kavuştu. Amerikalı sporcu Jesse Owens, Berlin Olimpiyat Oyunların'da uzun atlamada, 200 m sürat koşusu ve 400 m bayrak koşusunda spor tarihine adını altın harflerle yazdırırken ayağında Adi Dass'ın ayakkabıları vardı.

Tırmanış hızlı oldu Adi Dass için. 7 yıl boyunca 7 santim bile büyümeyen, fakat yedinci yılın ilk 3 haftasında 40 metre olan Bambu ağacı misâli, 30 yıl acılarla, sefalet içinde yaşadıktan sonra otuzuncu yılın ilk 3 haftasında servet sahibi oldu.

20 yıl sonra bir tartışma sonucu abisi Adi Dass'tan ayrılan Rudolf, "Puma" adında kendine ait bir şirket kurdu. Adi Dass da "Adidas" adı altında ürünlerini sunmaya başladı. Sembol olarak ayakkabılarında "Üç çizgi" kullandı. Neden böyle üç çizgi kullandığı bilinmiyor. Kimileri onun bu üç çizgi yaklaşımını, "trinity" yaklaşımına bağlıyor, yani üçlü teslis. Kendini hatırladı hatırlayalı babası, kardeşi Rudolf ve kendisi dışında dünyada başka hiç kimseleri yoktu, ne akrabası ve ne de başka bir yakını. Bu yüzden başarısını dine olan güçlü inancında gördü.

"Adidas" ve "Krampon" isminin doğduğu tarih 1950'dir. İkinci dünya savaşının hemen sonrası, yani harap olmuş bir Almanya; fakir fukaralıkta beli bükülmüş, çeyrek ekmeğe hasret kalmış Alman insanı. İlk çıktığı zamanlarda çivi pençeli futbol ayakkabısı diye söylenen ayakkabılar, şimdi kramponlu diye söylenmeye başlandı. Adi Dass, sonraki yıllarda Alman Futbol Takımını, Dünya Futbol Şampiyonluğu'na hazırlarken onların ayaklarını kramponlu ayakkabılarla donattı. Bu ayakkabı eskinin deyimiyle çivi pençesi yani kramponları sayesinde her tür zeminde anında sâbit duruş sağlıyordu.

Futbol ve atletizm alanındaki ürün başarısından cesaret alan Dass, bu arada evlenmiş, bir tane de erkek çocuğu olmuştu. Bütün ürünlerinde bulunan, başkalarıyla karıştırılmayacak üç çizgi, ürünlerinin tanınması ve reklâmının olması açısından büyük değer taşıyordu. 1950'lerde televizyonun da yaygınlaşmasıyla şirket hızla tanınıp büyüdü. Dass'ın eşi Ketty de kocasının şirketinde çalışıyordu. Adi, sürekli sporcularla görüşüyor, yeni ürün tasarıları için onların beğenilerini dinliyordu.

1980'li yıllara gelindiğinde beş çocuğa sahip bir adamdı. Eşi ve beş çocuğuyla birlikte şirketin bütün kısımlarında ailece görev aldılar.

Dünyada bir futbol fırtınası esmeye başladı. Federal futbol liglerinin başlamasıyla, futbol topu üretimine giren Dass, bu konuda da başarılı oldu. Dünyada ilk kez "Şampiyonluk Ligleri Resmi Üreticisi ve Satıcısı" ünvânını aldı. Bu ünvânı daha sonra coca cola gibi markalarda göreceğiz. "Dünya Kupası Resmi içeceği" şeklinde.

Dass'lar giyim sektöründe de çıkış yaptı. Dünyada ilk kez üç çizgili Adidas Eşofman takımı üretti. Adidas kramponlu ayakkabı, Adidas futbol topu, Adidas eşofman takımı, Adidas tişört milyonlarca sattı.

Ürettiği ürün ve dünyaca ünlü markayla milyarlarca dolar kazanan bu adam yaptığı hayırlarla, 75 yaşına geldiğinde etrafında insanlardan sevgi çemberi oluşturmuştu.

"Sporcuları Giydiren Üç Çizgili Adam" diye anılan, bir zamanların fakir ve yoksul genci, 78 yaşına geldiğinde, insanların gözyaşlarının sel gibi aktığı evinde hayata gözlerini yumdu. Sonradan anlaşıldı ki bu adam hiç kimsenin haberi olmaması koşuluyla 500 öğrenciye karşılıksız burs vermiş, yüzlerce fakiri doyuracak yoksullar evi inşaa ettirmiş.

"Beni doğduğum yere gömün" diye vasiyet bırakan bu iyi insan arkasında yardım yaptığı, kendisini duayla anacak milyonlarca insan bıraktı.

"AEG, Auer, Simens Gibi Dev İsimlerin Babası"

CARL SIEMENS Nasıl Başardı?

Hitleri "Şansölye" seçti. Ona büyük faydaları oldu. Birinci Sınıf Savaş Yaralılık Haçı Ödülü'nü aldı. "Ülkem için yaptım" dedi, ama onun bu savaş özelliği pek sevilmedi.

Werner Siemens'in oğlu olan Carl Siemens 1872'de Almanya'nın Berlin şehrinde doğdu. Liseyi bitirdi, ama o hep eliyle uğraştığı teknik işlere meraklıydı. Münih Teknik Üniversitesi'ne kaydoldu. Öğrenimini ABD, İngiltere, Fransa'da sürdürdü. Babasının maddi durumu iyiydi. Zaten baba Werner Siemens de bir mühendisti.

Carl Siemens öğrenimini tamamladıktan sonra babasının atölyesinde çalışmaya başladı. Burada kendini yetiştirdikten sonra Londra'ya giderek kendisine ait Siemens Brothers şirketini kurdu. Babasıyla bir olup aile şirketi haline gelen Siemensler, elektrik ve akımı üzerine yeni buluşlar gerçekleştirdi.

Birinci Dünya Savaşı sırasında askere çağrıldı. Askere gitti, fakat ordu, bir süre sonra Siemens'i aile şirketlerini ilerleterek, orduya mekanik ve elektrik cihazları üretmesi için evine gönderdi. O da seyyar telsiz ve telgraf üretti. Carl Siemens, Siemens Company adı altında şirket kurduktan sonra ileride bütün dünyanın tanıyacağı AEG, Siemens, Auer gibi markaları oluşturdu. Şirketini daha da büyülterek Siemens Elektro'yu kurdu. Yurt dışındaki ilk şirketini Japonya'da oluşturdu. Kendi ülkesinde orduyla kurduğu iyi ilişkiler sayesinde hükümete telefon, telgraf, teleks sattı. Carl Siemens, demiryolları ve karayollarındaki sinyalizasyon sistemini kurma işini de alınca hızla büyümeye başladı.

Carl Siemens, Alman Demokrat Partisi'nin genel başkanlığını da yaptı. Ekonomi alanındaki tecrübelerinden dolayı Ekonomi Kurulu başkanlığına getirildi. Ülkesinde aynı bizim ülkemizdeki Türk Standartlar Enstitüsü gibi Alman Verimlilik Denetim Dairesi oluşturdu. Dünya Ekonomi Konferansı'nda Alman heyetinin başında bulundu.

Siemens bütün bunları gerçekleştirdiğinde 45 yaşlarındaydı.

Çalışanların şirkete ortak olmaları gibi bir yaklaşımı ilk defa Siemens gerçekleştirdi. 1926'da radyonun Almanya'ya iyice tanıtılmasından sonra, bu cihazın çok çeşitli parçalarını üretti. Film sektörüne de girip, film şeridi üretimi yaptı.

Çalışanların, satılan her maldan kâr almaları usulünü başlatan Siemens, gelecek yıllardaki üreticilere prim usulü denilen bir metodu aşılayacaktı. Satılan maldan elde edilen kârın bir kısmının işçiye verilmesi prim oluyordu ve maaş yerine ücret ödeniyordu.

Çalışma Ekonomisi okuyanlar bilirler, maaş ve ücret farklı şeylerdir. Ücret politikasında ek güvenlik önlemleri maaştaki gibi değildir ama Avrupa'yı da bugünkü Avrupa yapan onların akılcıl maaş yerine ücret politikaları olmuştur. Bu bir tür, personeli memur zihniyetinden kurtarıp, üretime ek katkılar sağlamaktır. Çalışma saatlerinde de adâletli bir yöntem bulan Siemens, pazar tatil olmakla birlikte 8 saatlik çalışma saatini 7 saate indirdi ve cumartesi öğleden sonraları tatil verdi.

Almanya'da Adolf Hitler diye bir hızlı adam çıkmıştı ortaya. Bir hayli de taraftarı vardı. Sanayi ve banka çevreleri her nedense bu adamı destekleme kararı almışlar, bunu Carl Siemens'e de iletmişlerdi. Siemens "Hayır!" demedi, Hitler'i destekledi, hatta bu kızgın, badem bıyıklı küçük adamın şansölye seçilmesinde rol oynadı. Hitler'in silahlanma programında çok yardımları dokundu. Savaş sırasında kullanılacak elektronik araçlar sattı. O sıralar devlet başkanı Hindenburg'du. Hindenburg, Hitler'e destek veriyordu. Siemens de Hindenburg'u destekliyordu.

Birinci sınıf savaş yararlılık Haç Ödülü ile mükâfatlandırılan Siemens, eğer 1940'da ölmeyip de Hitler'in yüzbinlerce Yahudi'yi çoluk çocuk demeden canlı canlı yaktığını görseydi herhalde bu adama destek vermezdi. Carl Siemens 68 yaşında öldü.

SIEMENS

“İnsanların Güvenini Kaybetmektense Para Kaybetmeyi Tercih Ederim” Diyen Adam

ROBERT BOSCH Nasıl Başardı?

Alp dağlarında bir köylü çocuğuydu. İyi bir dini eğitim aldı. 12 kardeştiler. Geçim derdi yüzünden Almanya'dan kalkıp ABD'ye çalışmaya gitti. O da Henry Ford gibi Edison'un yanında iş buldu. Çok çalıştı. Dürüstlüğe önem verdi. Çünkü ailesi onu böyle yetiştirmişti.

Robert Bosch Almanya'nın Albeck köyünde bir köylü çocuğu olarak 1861'de dünyaya geldi. Kendisinin dışında 11 kardeşi vardı. Ailesinin gelir kaynağı, bir kaç arabacının gecelediği vakit atların temizlenmesi için bıraktıkları bir kaç kuruştu. Geçinemeyeceklerini anlayan ailesi, daha büyük bir kasabaya taşındı.

Burası eski yerlerine nisbeten biraz daha canlıydı. Kasabanın panayır gibi meydan pazarı vardı. Bu meydanda bir hayli para dönüyordu.

Fakat Bosch ailesi burada yabancı oldukları için eziliyorlardı. Bu arada küçük Robert bir demir atelyesinde çalışmaya başladı.

Bosch, bulunduğu çevrede anne, baba ve 12 kardeş, çok zor şartlar altında geçindiklerini görünce kendi hâlerine üzülüyordu. Kendi hâli neyse de, anne ve babasının ezik ve başı eğik oluşları onu kahrediyordu. Bunun için de kafaya koydu, ABD'ye çalışmaya gidecekti.

Robert Bosch, elindeki küçük bir parayla, ailesiyle vedâlaşarak bir yük gemisine bindi. Bu gemi ABD'ye direkt gitmiyordu.

Bir sürü ülke dolaşması gerekiyordu. Bu da geminin Amerika'ya çok geç varacağını gösteriyordu. Bu durumda Robert Bosch haftalarca ne yiyip ne içecekti?

Hemen kaptanla görüştü. Kaptana “Efendim benim maddi durumum iyi değil. Ben size geminin temizlik işlerinde yardımcı olsam bana yemek verir misiniz?” dedi. Kaptan, babacan ve iyi yürekli bir insandı.

Bu genç çocuğun gönlünü kırmayarak arzusunu yerine getirdi.

Genç delikanlı tam iki buçuk ay boyunca geminin ambar ve kazan dairesinde çalıştı. Bu arada çalışan insanları da yakından izledi. Hayatın hiç de kolay olmadığını gördükçe ümitsizliğe kapılır gib oluyordu, Fakat yalnız kaldığı gecelerde aldığı dini terbiye sebebiyle saatlerce ibadet edip yüce yaratıcıya dualarda bulunuyordu.

İçli bir adamdı Robert Bosch. Dünya hayatının geçiçi olduğunu çok iyi biliyordu. O, bu dünyada iyilik ve dürüstlüğün geçer akçe olduğuna inanıyordu, Anılarında, basamak basamak yaşam merdivenini tırmanırken çektiği çile ve ızdırapları, dürüst kalabilmenin zor ve mutsuzluğunu bir bir anlatmıştır.

"Ben, hiç bir vakit servet peşinde olmadım. Sadece muhtaç olmama peşinde oldum. Bir kuruş bile haksız ve haram para kazanmış olduğuma inanmıyorum. Yaratıcının verdiği servetimin kuruşuna kadar olanı helâldir. Her geçen gün geçmişime arkamı dönüp baktığımda gözyaşlarıma hakim olamıyorum. Ömür, çöldeki ağır ağır giden bir mahsun kervan gibi ilerliyor. Bu durumun acı tarafı, hiç birimizin bunun farkında olmayışımız."

Robert Bosch Amerikaya geldiğinde Kaptanla vedâlaşıp, "Allah yardımcınız olsun!" dedikten sonra bu yeni kıtaya ayak bastı. Önceleri, barınacak yeri olmadığı için kuytu köşelerde sabahladı. Her doğan günde kalabalık şehirde iş aradı durdu. Aylarca iş bulamadı. Bir ara şehrin dışındaki bir villanın bahçivanlığını yaptı. Mal sahipleri çok zengin olmalarına rağmen bu gence yemek bile ikrâm etmiyorlardı. O da burayı terketti.

Amerika sokaklarında yarı aç yarı tok dolaşıp dururken bir taraftan da ana baba ve kardeşlerini düşünüyordu. Ne yapıp edip bir iş bulmalıydı. Bir mekanikçi mağazasının önünden geçerken dikkatini bir şey çekti. Mağazanın camekanında şimdiye kadar hiç görmediği şekillerde mekanik parçalar vardı. Kendisi de tamirci olduğu için bu tuhaf şekillerdeki demir parçalarını doğrusu çok merak etti.

Tam içeri girmek üzereyken bir atlı araba mağazanın önünde aniden gürültüyle duruverdi. Arabanın üzerinden mağazaya hızla atlayan adam bir taraftan da bağırıyordu: "Bay Smith! Bay Smith! Bay Edison bir şeye ihtiyacınız olup olmadığını soruyor. Eğer ihtiyacınız varsa sekiz mağazaya mal getireceğiz, listenizi verin!." Mağaza sahibi, yardımcısına dönerek, "Barni ihtiyaç listemizi kasadan çıkarıver de şu deli çocuğa uzat" dedi.

Genç Robert gördükleri karşısında çok şaşırmıştı, "Bu adı geçen Edison acaba benim duyduğum şu ünlü Edison mu?" diye kendi kendine sordu. O sıralar Thomas Edison 37 yaşında idi. Yani 24 yaşındaki Robert Bosch ile aralarında 13 yaş vardı, Edison tam da mesleğinin ve ününün zirvelerine doğru tırmanıyordu.

Mağazadan içeri dalan genç adam, "Bayım özür dilerim, şu bahsettiğiniz Edison ünlü Thomas Edison mu?" diye sordu. Mağaza sahibi bay Smith, başını kaldırıp sesin geldiği yöne baktığında karşısında tuhaf ve de garip kılıklı bir genç gördü. "Evet evlât, şu senin adını duyduğun ünlü Thomas Edison." dedi.

Kendisini nerede bulabileceğini soran Robert Bosch'a adam, Thomas Alva Edison'un yerini târif etti: "Şehrin biraz dışına çıkacaksın. Ağaçlık bir saha görürsün, ağaçların arasında lojmanlık bir kaç ev, bir kaç da depo dikkatini çekecektir. İşte orası Edison'un hem evidir hem de işyeri." Robert Bosch hemen oraya gitti.

Bosch, söylenen adrese yaklaştığında tak tak çekiş sesleri, zımpara sesleri, mekânik aletlerin kendine has gürültüleri ile karşılaştı. O esnada orada çalışan insanlar da basit insanlar değildi. Örneğin bunlardan birisi Henry Ford'tur. (Ford otomobillerinin mucidi). Bir diğeri Wright Kardeşlerdir (Gökyüzüne kapı açan, uçağın mucitleri). Diğeri Rudolf Dizeldir (Dizel motorlarının mucidi). Bu insanlar hep acı ve ızdıraplarla, inanç ve sabırla başarılı olmuşlardır. Sizlere bu üç iyi adamların hayatla ilgili kısa sözlerini aktarmak istiyorum.

Henry Ford: "Ne yapabiliriz? İnsanlığın bir hiç uğruna telef olmasını nasıl önleyebiliriz? Ben Amerikada refah içinde yaşarken dünyanın başka yerinde insanların aç olması, oluk oluk kanlarının akması beni üzüyor, kahrediyor. Bu yüzden yüzbinlerce dolar, harcayıp yardım ve dayanışma kampanyası başlatıyorum."

Wright Kardeşler: "Genç yaşta babamızı kaybettik. Annemize bakabilmek, onun ızdırap veren hastalığına çâre olabilmek uğruna evlenemedik. Hayatta yapayalnızdık. Ne bir akrabamız ne de bize kol kanat gerecek kimsemiz vardı. Ama hiç bir zaman yaşama ve yaratıcıya isyân etmedik. Çünkü anne babamız bize şunları söylemişti: "Her insan ölecektir. Önemli olan ne kadar yaşadığınız değil, nasıl yaşadığınızdır. Siz içinizdeki inancı yitirmeyin. Her zorluğunuzda sabırlı olun, tanrıya sığının"

Rudolf Dizel: "Allahın çizdiği yolda hayır vardır. Geçim darlığından çok acı duydum. Okurken aynı zamanda geceleri çalıştım. Günde ancak bir öğün yemek yiyebildim. Hayatımı güç bela kazandım. Ama hâlimden hiç bir zaman şikâyetçi olmadım. Bulduğum bütün boş zamanlarda sürekli okudum."

İşte gelecekte bu sözleri tarihe geçecek olan bu insanlar ellerinde çekiç, Edison'un atelyesinde bir şey üretmeye çalışıyorlardı. Robert Bosch atelyeye girer girmez, Thomas Edison'u sordu. "Benim, buyrun!" dedi Edison. Durumunu anlatan bu gence Edison şöyle dikkatle bir baktı.

Onun aradığı tek şey inançlılık ve dürüstlülüktü. "Buyrun önce sıcak bir çay içelim" diyen Thomas Edison'a heyecandan, "Çok teşekkür ederim bayım!" diyebildi Robert Bosch.

Küçük bir denemeden sonra Edison'un yanında çalışmaya başladı. Dürüst, ciddi ve sıkı sıkıya çalışması sayesinde Edison'un yanında hem mesleğini ilerletti hem de para kazancı iyi oldu. Kazandığı paradan bir çoğunu ailesine gönderiyordu. Diğer çalışma arkadaşlarıyla çok iyi dost olmuştu. Bir aile gibilerdi Edison'un atelyesinde.

Hem artık sıcak yatacak yeri ve yiyecek yemeği de vardı. İçinden, "Tanrı Edison'u korusun" diye geçirdi.

Uzun bir müddet burada huzur içinde çalıştı. İş bitiminde Edison ve diğer iş arkadaşlarıyla birlikte ormanın içlerine sohbet ederek yürüyüş yapıyorlardı. Bu yürüyüşlerden Robert Bosch müthiş derecede istifâde ediyordu. Duymadığı yeni şeyler duyuyordu. Birlikte olduğu bu insanlara büyük coşku içerisinde minnettardı. Çünkü hep hayırlı ve güzel işlerden bahsediyorlardı.

ABD'de güzel anlar ve anılar yaşayan Bosch, nihâyet Stutgart'a dönerek küçük bir atelye açtı. Daha sonra arkadaşının kız kardeşi olan Anna Kayser ile evlendi. Bu evlilikten 2 çocuk sahibi oldu.

Robert Bosch bir kalfa ve bir çırakla açtığı atölyesini 10 yıl içinde 45 kişi çalıştıran bir şirket hâline getirdi.

Tabii, bu o kadar kolay olmadı. Açtığı atelyesinde her türlü elektronik eşyayı, telefon telgraf, paratoner (sivri uçlu yıldırımsavar) gibi cihazları monte ediyorlardı. Bosch, gazlı motorlar için ürettiği manyetoyu daha da geliştirerek firmaların dikkatini çekti. Bir ara büyük bir ekonomik sıkıntıya düştü.

Bu büyük firmaların taleplerini karşılamak için aldığı yedek parça makinelerden kaynaklandı bu sıkıntısı. Ancak 7 yılda kendini toparlayabildi.

Kendisinin ürettiği manyeto artık bir motorlu araca takılabiliyordu. İcat ettiği bu cihaz yani manyeto, ateşleme hızı bakımından daha çok avantaj sağladığı için rakip firmaların ürünlerinden üstündü. Bosch bir kaç yıl içinde dünyadaki bütün otomobil fabrikalarından sipariş almaya başladı. Sene 1910'da artık koca koca fabrikaların sahibi olmuştu. Amerika'da Edisonun yanında çalıştığı zamanlarda ondan iş ahlâkı ve iş adâletini görmüştü. O da aynı şekilde işçilere adâletli davrandı.

Para ödemelerini alınlarının teri soğumadan günü gününe saati saatine ödüyordu.

1915'te Bosch ürünleri dış ülkelere satılıyordu. Dünyanın bir çok yerinde kendi şirketleri ve temsilcilikleri vardı. Robert Bosch dış ülkelerden sağladığı tüm gelirini yardıma, dayanışmaya ve eğitime harcadı, bağışladı. Bu arada kendisini sarsacak iki önemli problem de yaşadı. Oğlunun biri öldü. Bu acıya dayanamayan karısı, ağır depresyonlar geçirerek hastaneye düştü.

1927'de "Bosch Yardım Vakfı"nı kurarak, evlenecek olanlara ve emekli olacaklara daha rahat bir yaşam sunmak amacıyla bu vakıftan yardım yapılması kararını aldı.

Robert Bosch'un fabrikaları buzdolabı ve çeşitli elektrikli ev âletleri de üretiyordu.

Yaşlı Bosch, şu meşhur sözünü hep tekrar ederdi: "İnsanların güvenini kaybetmektense para kaybetmeyi tercih ederim!"

1942'de 80 yaşında öldüğünde geride karınca gibi çalışan dev fabrikalar bıraktı.

"Kahve Kralı"

JOHANN JACOBS Nasıl Başardı?

İki yaşındayken annesi öldü. Köylü çocuğuydu. Bir yoksul terzi kızıyla evlendi. Toplancı ve perakendecilerde yıllarca ayak işlerine koşturdu. Yahudi olduğu için Hitler'in gazabına uğradı.

Johann Jacobs, Almanya'nın Bremen şehrinde doğdu. Annesinin yüzünü hiçbir zaman göremedi. O daha 2 yaşındayken kadıncağız ağır bir hastalıktan öldü. Köy okulunu bitirip yetişkin hâle geldiğinde geçim sıkıntısından ABD'ye göçmeyi düşündü. Fakat, "Almanya'da da kazanabilirim" diyerek 16 yaşında bir toptancının yanına ayakçı çırak olarak girdi. Jacobs, büyüyüp tüccar olmak istiyordu.

Bu yüzden de çok titiz ve dürüst çalıştı yıllarca. Patronu, Jacobs'un kahve çeşitleri ve kavurma işlemindeki üstün yeteneğini hemen farketti. Onu, 20 yaşına geldiğinde kalfa olarak toptancı bürosuna aldı. Burada 7 yıl başarılı çalışmalarda bulunan Jacobs'a imza yetkisi bile verildi. 28 yaşına geldiğinde kazandığı bir miktar para da olmuştu, bu parayla kendi işini kurmak istedi.

Bremen'de çok farklı bir dükkân açan Jacobs, sattığı ürünlerle ilgi çekti. Kakao, çay, kahve, çikolata, bisküvi, kaymak gibi ürünleri satmaya başladı. Dükkânına ilginin olduğu şüphesizdi. Fakat dükkânının yeri çok ıssızdı. Bu yüzden neredeyse iflâs edecekti. Bir miktar borç para bularak kentin işlek, ana caddelerinin birine taşındı. Böylece rahat bir nefes aldı, çünkü çok müşterisi olmaya başladı. Öyle ki, müşteriler özellikle önemli günlerde kapının dışarısına taşmaya başladı. Bu arada reklâma ve el ilânlarına önem verdi.

30 yaşına geldiğinde yoksul bir terzi kızıyla evlendi. İşleri iyi gidiyordu. Kazandığı bütün parasını bir kahve kavurma tesisine yatırdı. O zamanlar kahve kavrulurken, kimse kahve cinsine göre ayrım yapmadığı için kalite düşük oluyordu. Jacobs ise kahve cinslerine göre kavurma işlemi yapınca ortaya daha kaliteli ürün çıkıyordu.

Eve teslim servisini de kuran Jacobs, 11 çeşit kahveyi sipariş üzerine yanında çalışanlar vasıtasıyla evlere ulaştırıyordu.

İşlerinin iyi gitmesi Jacobs'a cesaret verdi. Fakat ne yazık ki o yıllar, Hitler'in Yahudiler üzerinde çoluk çocuk demeden yaptığı kıyım yıllarıydı. Jacobs da yahudiydi, korktu, panikledi. Gerçi hiçbir zaman aleyhte işler peşinde olmamıştı, sadece işine gücüne bakıyordu.

Hitler hükümeti savaş ekonomisini bahane ederek neyi var neyi yok el koymuştu. Bütün işletmesi ve kahve deposu artık ona ait değildi. Binbir zahmet ve zorluklarla anasız babasız büyüyerek namusuyla iş kuran Jacobs'un bir de zavallı bir karısı vardı. Karısının ailesi de yoksuldu. Onlardan da geçim yardımı bekleyemezdi. Jacobs iflâs etti. Benzer durumları Birinci Dünya Savaşı'nda da yaşamıştı. Ama o zaman sadece kahve stoklarına el koymuşlardı. O yine pirinç ve şeker satarak geçimini sağlamıştı.

Savaşın, Hitler'in aleyhine olmasıyla beraber, Almanya'ya giren Amerikalılara bir kaç kilo kahve ısıtıp, karısıyla beraber satmaya başlayan Jacobs, kısa sürede işlerini yoluna koydu. Bir firma kurdu, firmasının ismi de hazırdı: Jacobs Kaffee.

Üzerinde "Jacobs'un Kahvesi" yazılı motorsikleti şehrin sokaklarında gezdiren Jacobs, bir yandan da insanlara sıcak kahve ikrâm ediyordu. Yeniden canlanan Jacobs, şehrin dışındaki siparişleri de karşılıyordu. "Jacobs'un Kaliteli Bremen Kahvesi" sloganıyla, ambalaj içindeki kahvesini mağazalara dağıtmaya başladı. Karısıyla birlikte çok bitkin düşmüşlerdi ama başarılı da oldular. Jacobs, "Kaffee Company" adlı şirketini kurunca aracılar yoluyla kahvesi, küçük küçük dış ülkelere de gönderildi. İyice tanınan "Jacobs Kahvesi" artık bir dünya markası hâline gelmişti. Türkiye'de de Jacobs kahvesi en lüks, en pahalı kahve olarak bilinir.

Kahve kralı Johann Jacobs 90 yaşında doğduğu şehir Bremen'de öldü.

"Öğretmen Çocuğu"

BİLL GATES Nasıl Başardı?

İki arkadaşıyla oyun için kurdukları 5 m2'lik bilgisayar bürosu, bugün binlerce metrekare alana yayılmış milyonlarca kişi çalıştırmaktadır. Dünyanın heryerinde milyonlarca kişi onun yazılımlarını pazarlıyor. BASIC, FORTRAN, COBOL, PASCAL, WORD, EXCEL, WİNDOWS gibi yazılım ve program dilleri bu saf adama 30 milyar dolar kazandırdı.

1955 Washington doğumlu Bill Gates hareketli, oyun oynamayı seven ama son derece iyi niyetli, saf, eline vur ekmeğini al cinsinden bir çocuktu. 12 yaşlarındayken arkadaşı Paul Allen ile birlikte bilgisayar tipi cihazlarla oynamayı çok severdi. Yaşı ilerledikçe bilgisayar üzerine çalışmalar yaptı. İnformatik kursları aldı. Bu kurslarda nasıl iletişim sağlanacağı, günlük hayata pratik uygulamaların nasıl yansıtılacağı hakkında bilişim dersleri veriliyordu.

1970'lerde bilgisayar cihazları şimdiki gibi küçük ekran değildi, daha büyük boyutlardaydı. PC denilen bilgisayarları yani personel Computer (Kişisel Bilgisayar) henüz ortalıkta yoktu. İşte bu bilgisayarı ileriki yıllarda çıkaracak olan da henüz 15 yaşındaki Billi Gates'tir.

Billi Gates, bedava bilgisayar kullanabilmek için bir şirketin bilgisayarındaki yazılım ve grafik hatalarını kontrol ediyordu. Böyle yaparak bilgisayar konusunda farkında olmadan uzmanlaşıyordu. 20 yaşlarına geldiğinde Altair şirketinde çalışmaya başladı.

Sonra birden, bu genç delikanlı bir program dili geliştirdi. Bilgisayar kullanıcıları bundan sonra cihazlarını kendileri programlayabilecekti. Bunun adına da BASİC denmişti. Çalıştığı şirket, bunu daha çok geliştirmesi için kendisiyle anlaştı. Fakat Bill Gates böyle yapmadı, arkadaşı Allen ile birlikte New Mexico'da Microsoft adlı şirketi kurdu.

Burada COBOL, FORTRAN, PASCAL program dillerini geliştirerek,

General Electric gibi dev şirketlerden yüzbinlerce dolarlık siparişler aldı. Bill Gates 1980'da sadece 10 kişilik çalışma grubuyla 3 milyon dolarlık satış gerçekleştirdi.

Microsoft'un tasarladığı MS- DOS yani Microsoft Disc Operating System (Diskli Çalışan Sistem) 15 yıl öncesine kadar dünyada satış rekorları kırdı. Tam tamına 120 milyon nüsha satan Gates, kafayı kullanarak ürettiklerini saklı tutarak diğer yazılım donanım üreten şirketlere de sattı. İleri zamanlarda personel sayısını 1000'e çıkaran Microsoft, Avrupa'da şubeler açmaya başladı.

Bill Gates, iş ciddiyetine önem veriyordu. Bu şirkette işini en çok ciddiye alan grup da Hindistan'dan çağrılan bilgisayarcılardı. Hindistanlı olan bu zeki beyinler, denilebilir ki Microsoft'u asıl geliştirenlerdir.

Fare (Mouse) ilk kez 1983'te Microsoft'ta kullanılmaya başlandı. Buna MSWORD (Microsoft-Word) dendi. Bu metin işleme programında "Mouse" diye birşey kullanılınca, Avrupa'da Word Metin İşleme Sistemi çok satmaya başladı.

Microsoft'un yazılım alanındaki başarısı, Macintosh isimli bilgisayara, Word ve daha sonra Excel sistemlerini uyarlaması ve geliştirmesiyle oldu.

1990'dan sonra grafik sistem üzerindeki MS-DOS'un bir versiyonu olan Windows geliştirildi. Windows, 1990'da pisaya sürüldüğünde tartışmasız olarak bilgisayarda tek lider oldu.

Hâlen yaşıyor olan Billi Gates'in kişisel servetinin 15 milyar doları bulduğu söyleniyor. Yıllık cirosu 4 milyar dolar olan Microsoft'un borsadaki değeri 30 milyar dolar.

"Radyo ve Televizyonun Efsaneleşmiş İsmi"

MAX GRUNDİG Nasıl Başardı?

Zor koşullar altında büyüdü. Babası ambar işçisiydi. Kendisi enaz 12 yaşındayken babası vefât etti. Zavallı annesi dört çocuğuna bakabilmek için bir fabrikada temizlikçi olarak çalıştı.

1908'de Almanya'nın Nürnberg şehrinde doğan Max Grundig yoksul bir ailenin çocuğuydu. Çalışmaktan her gece perişan bir vaziyette eve gelen baba, yaşamın bu yüküne daha fazla dayanamayarak bel fıtığından yaşamını yitirdi. Baba Grundig'in böyle acı içinde ölüvermesi, oğul Max Grundig'i çok sarstı. 12 yaşında olmasına rağmen babasının, çalıştığı yük ve eşya ambarlarında ne şartlar altında ezildiğini çok iyi biliyor, üzüntüsünden bir şeyler yapmak istiyordu. Ne yazık ki buna zaman yetmedi. İşte bu acı ve keder Grundig'i hırslandırdı. Para kazanmak, adam gibi yaşamak, hiç olmazsa gün yüzü görmemiş zavallı annesine güzel ve mutlu günler yaşatmak istiyordu.

Grundig'in annesi kocasının ölümüyle birlikte dört çocuğuyla ortada kaldı. Kadıncağız perişan bir hâlde ne yapacağını bilemedi. Bir fabrikada ancak düşük bir ücretle temizlik işi bulabildi. Sekiz saatten fazla çalışan bu kadın, çocukları için çırpınıyordu.

Kafası işlemez, saf diye söylenen Max, gerçekten de görüntü itibariyle öyleydi. Okul derslerine de kafası pek çalışmazdı. Fakat el işleriyle uğraşmayı seviyordu. Makinelere karşı sevgisi ve tutkusu vardı.

İnsan bir şeyi kafaya koydu mu, bir işe girişip o işte kararlı olduktan sonra işçi de olsa mühendis de olsa ülkesi çapında, dünya çapında tanınan, bilenen bir insan olabilir; kendine ve başkalarına faydalı işler yapabilir. Hele ki Türk çocukları kafaları ve zekâları itibarıyla dünyaya açılacak çaptadır. Türk çocukları, Türk gençleri eğer isterlerse, bir zamanlar dedelerinin ihtişamlı ve coşkulu devirlerini tekrar yaşatabilirler, yüksek teknoloji ve uygarlık alanlarında dünya çapında kahramanlar ve mucitler olabilirler. Şu gerçek unutulmamalıdır ki bireyler, anne, babalar kendilerine karşı olan sorumluluklarını yerine getirmedikleri, çocuklarının üzerine titremedikleri sürece gökyüzünde millet olarak daha çok hayalet avcılığı yaparız. Yani durmadan suçu devlette ve yönetimde buluruz. Gücüne ve seviyesine bakmadan sekiz, on çocuk yapan anne babaya devlet ne yapsın? Unutulmamalıdır ki dünyanın bir numaralı bilgisayar devi Microsoft'ta 60 tane Türk genci çalışmaktadır. Demek ki istense olabiliyor.

Max Grundig'in, her zaman milletiyle övündüğü söylenir. Ailesinin yoksulluğundan ve kendine imkân tanıyamamalarından hiç gocunmamış, onlara surat asmamıştır. İçinde bulunduğu mahrumiyetten ve sefâletten dolayı hiç bir zaman devleti suçlu görmemiştir.

O, insanların üzerlerine düşen sorumlulukları yerine getirdiklerinde kazanabileceklerine inanıyordu. Annesini, babasını ve kardeşlerini çok seviyordu. Her zaman yoksul hamal babasıyla övünmüştür. Grundig, ailesine olan sevgi ve düşkünlüğüyle nâm salmıştır. Onun Almanya'ya olan sevgi ve coşkusu da meşhurdur.

Max Grundig, ailesinin içinde bulunduğu zorluğu bilerek, yaşadığı şehirdeki dükkânlarda iş aramaya başladı. Sonunda bir dükkâna çırak olarak girdi. dükkân sahibi çok iyi bir adamdı. Bu genci görür görmez gözü tutmuştu. Bu genç çocuğun sözlerinden ve davranışlarından çok memnun olmuştu. Dükkân sahibi onu çocuğu gibi seviyordu . Grundig kibar ve duygusal bir gençti. Aynı zamanda da iyi bir gözlemciydi.Dükkân sahibinin bir de tamir atölyesi vardı. Grundig arada bir, oraya da iş icâbı giderdi. Orada tüm gördüklerini kısa sürede not alırdı. Böylelikle bilgi ve becerisini artırırdı. Grundig kibar, duygusal ve alçakgönüllü bir insan olmasına rağmen gurur ve onuruna saygı gösterilmesini isterdi. İyilik damarı dumura uğramış birinin mihneti altına girmeyi istemezdi.

Satış dükkânında bir iki yıl çalıştıktan sonra tamir atölyesine alınan bu sorumluluk sahibi genç, 18 yaşına kadar burada çalıştı. Daha sonra terbiyesi ve duygusallığı sayesinde aynı atölyenin daha büyük üretim fabrikasına yönetici olarak atandı. En büyük tutkusu Almanya'da daha henüz o yılı, yani 1926'da yayına geçen radyo işini yapmaktı. Çünkü el becerisi kuvvetliydi, radyoyu da seviyordu, imkânı olsa kendi eliyle yüzlercesini üretebilirdi. Ancak elinde biriktirdiği çok az parası vardı. Bir gün işten çıkıp eve dönerken bir tanıdığıyla karşılaştı. Hemen aklından geçeni ona anlattı. Adamın hâli vakti yerindeydi, çıkardı Grundig'in ihtiyacı olan parayı verdi. İşte bu an Grundig için milâd oldu.

Kendi parasıyla birlikte "Grundig Company" adlı şirketi kurdu. Radyo kanallarını çeken transformatörü üreten genç adam, satış patlaması yaşadı. Akıl almaz bir yekilde kâra geçti. Ve bir anda zengin oldu.

Grundig ilk büyük fabrikasını kurduğunda 40 yaşındaydı. O yıl yeni düğmeleriyle, ses ayarlarıyla, orta ve uzun dalgalarla birlikte kısa dalgayı da bulan Grundig, radyoda çığır açtı. Onun getirdiği yenilik, radyonun en uzak mesâfelerden dinlenebilmesini sağlıyordu. Âdeta dünyanın sesi radyosuydu.

1950'li yıllardan sonra Grundig, dünyanın en büyük radyo üreticisi oldu.

1952 yılı, Almanya'da televizyonun ortaya çıktığı yıldır. Grundig, hemen televizyon ve alıcılarını üretmeye başladı. Kendi ülkesinde şube açmakla kalmadı, dış ülkelere de şubeler açtı. Fiyatları en mâkul düzeyde tutarak satışları arttırmış, kârı yükseltmişti.

1970'li yıllarda kurduğu "Grundig Yardım ve Dayanışma Vakfı" aracılığı ile çeşitli yardımlar yaptı. Vakıfın başına da herhangi bir usulsüzlük yaşanmaması için kendisi geçti.

Grundig, iş hayatında herkesin kendi hareketlerini kontrol etmesini isterdi. İşçilerini seçerken dürüstlüklerine önem verdi.

Grundig'in annesi şimdi rahata kavuşmuş, yüzü gülüyordu. Zaten bir vakfın kurulması gerektiğini oğluna o söylemişti.

Bu meşhur adamın çok ilginç özel hayatı vardı. 4 kez evlilik yaşamış, her bir eşinden birer çocuğu olmuştu.

Meşhur Grundig televizyon ve radyoları Türkiye'de de kaliteli marka olarak kulanılmaktadır. Daha düne kadar yaşayan bu efsâne isim 1992'de 84 yaşında hayata gözlerini yumdu.

"Yarış Arabalarının Mucidi"

ENZO FERRARİ Nasıl Başardı?

Babası sıradan bir tamirciydi. Bir tarafı sakattı. Fakat azimliydi. Çalıştı, çabaladı, yarış ve spor arabası üretti. Hatta 1980'de ürettiği araba, 1981'deki yarışlarda dünya şampiyonu oldu.

1898'de İtalyada doğan Enzo, demir tamircisi bir babanın oğluydu. Sakat olduğu için askere alınmadı. Otomobil fabrikalarında işçi olarak çalışma hayatına başladı. Sakat olduğu için verimsizmiş gibi gözüküyordu. Askerlik kontrolündeki "Çürük" damgası onu çok üzmüştü. Ama bu üzüntü ileride bir dev yaratacaktı. Enzo Ferrari yarış arabalarının babası olarak tarihe geçecekti. Yürümekte zorlanan bu adam, peşinden hiç bir aracın yetişemeyeceği otomobiller üretecekti. Hatta 1920'de, yani 22 yaşında Büyük Sicilya Yarışları'nda, bir tarafından lenk olan, bu yarım adam birinciliği elde edecekti.

Yarışmalarda ve ürettiği otomobil tiplerinde çok başarılı olduğu için İtalyanın o zamanki lideri Benito Musolini, Ferrariye 30. doğum gününde "Commendatore" yani "Kumandan" ödülünü verdi.

Bir müddet sonra Alfa Romeo ile bütün bağlarını koparıp kendi Auto Ferrari şirketini kuran Enzo, 1946'da işyerinin bilinmeyen sebepten dolayı iki kez yanması üzerine pes etmeyip, üçüncü kez atelyesini kurdu ve bir yıl atelyeden dışarı çıkmadı. Bir yıl sonra dışarı çıktığında yanında biri daha vardı: FERRARİ FORMULA 1. Yani dünyanın ilk ciddi yarış arabası; ve ünvanı: FORMULA 1.

Bu arada yoksul bir ailenin kızı olan Laura Domenica ile evlenmişti. Bir erkek çocuğu oldu.

1949'da Avrupa otomobil yarışlarında Ferrarı Formula 1'in birinci gelmesi, bu otomobili dünyaca ünlü yaptı. Daha sonra bir yandan otomobil üretimi devam etti, bir yandan da birincilikle sonuçlanan yarışlar...

Kurduğu "Auto Avio Costruzinoni Ferrari" adlı şirket sonraları dünyanın en sayılı şirketleri arasına girip hisseleri milyon dolarlarla ölçülecekti.

Romadaki havacılık derneği ve Breda fabrikalarıyla yakın ilişkiler içinde olmuştur. Bu fabrikalarda Enzo'nun da ortaklığı vardı. Lemans yarışlarında Formula 1 en yüksek dereceyi aldı. Üç yıl sonra da Ascari En Üstün Spor Otomobil alanında Ferrari dünya şampiyonu oldu.

Enzo Ferrari şirket yönetimi konusunda muhafazakârdı. Yani bir aile gibi ana baba geleneklerine uydu. Halkın arasına da girdiğinde yine bu imajını korudu. Otomobil yarışçılığı konusunda en büyük başarılara imzâ atan Ferrari, şirketinin parasal sorunlarıyla da boğuştu. Şirket hisselerinin birazını satınca rahatladı.

Ferrari, Mussolini'den ikinci defa, üstün başarı madalyası olan "Commendatore" ödülünü aldı.

Torinolu FIAT şirketi Ferrari şirketinin %50 hissesini satın aldı.

Güney Afrikalı Jody Schecter, 1980'de Ferrari'ye son dünya şampiyonluğunu kazandırdıktan sonra, Enzo Ferrari, özel spor otomobili üretimine geçti. Bu otomobiller dünyanın her yerinde efsanevi bir marka hâline geldi. Otomobil dışında Ferrari markasıyla başka malzemeler de üretildi.

1977'de hayli yaşlanan Enzo Ferrari, şirketin biraz dışına çekildi, sadece yarışlarla ilgilendi.

Daha düne kadar aramızda olan ve sakat diye yan gözle bakılan bu adam, bugün hepimizin bildiği efsanevi yarış otomobillerinin sahibidir. Enzo Ferrari bir hastalığından dolayı 1990'da 92 yaşında vefât etti.

"Dizel Motorun Mucidi"

RUDOLF DİZEL Nasıl Başardı?

İnsanca yaşamak için mücâdele veren bir baba. Çocuklarının geleceği için endişe duyup çırpınan bir anne. Ve ortada dört çocuk. Parasızlıktan okuyamayıp başkalarının himâyesinde uzak diyarlarda tahsil yapmak zorunda kalan Rudolf Dizel, bütün acı hatıralara rağmen baba evini özlüyordu. Augsburg'daki ufacık öğrenci odası ile baba ocağı arasındaki farkları hissediyor ve kendisini, hayatının tek anlamı teşkil edecek olan mesleğinden alıkoyacak olan başka işlerle uğraşmak zorunda bırakıyordu. Bunu sırf büyük borçlar altında ezilen ana babasının ızdırabına karşılık yüreği parçalandığı için yapıyordu. Kızkardeşi Lusi'nin ölümü onu hepten yıktı. İnsanlığın acı ve kederi onu az kalsın intihara bile sürükleyecekti. Tek başına ülkesi için adâletli bir sosyal yapı kurmak istedi, oysa karşısındakiler öyle değildi, yoruldu, çöktü. Ama bu bahtsız adamcağız arkasında bıraktığı zaferi keşke görebilseydi.

"Allahın çizdiği yolda hayır vardır. Geçim darlığından çok acı duydum. Okurken aynı zamanda geceleri çalıştım. Günde ancak bir öğün yemek yiyebildim. Hayatımı güç bela kazandım. Ama halimden hiç bir zaman şikâyetçi olmadım. Bulduğum bütün boş zamanlarımda sürekli okudum. Bilgilerimi genişlettim."

Rudolf Dizel 1858'de Fransa'da doğdu. Aslen Alman kökenli bir ailedendir. Babası Thedor Dizel, annesi Elise Dizel yaşamın zorlukları karşısında sık sık tartışırlardı. Bu durum küçük Rudolf'u çok üzerdi. Çok çalışkandı, henüz 12 yaşında iftihar madalyası kazandı.

Parisin kenar mahallelerinin birinde yaşayan Dizel ailesi çok hırpalandı. Alman oldukları için yabancı gözüyle hor görüldüler. Onlar da bu psikolojik baskı karşısında Fransayı terkederek Londra'ya sığınmak zorunda kaldılar, Durumları çok kötüydü. Diğer çocukları okutamamıştı aile, ama hiç olmazsa bu zavallı çocuğu, Rudolf'u okutmak istiyorlardı. Bunun için de Ausburg'daki birisinin yarım yamalak yardımıyla oraya gönderdiler. Sonraki zamanlarda başarı merdivenini tırmanıp, tüm Avrupa'nın dikkatini çektiğinde bu genç adam, röportaj yaptığı bir gazeteciye öğrencilik yıllarında yaşadıklarını anlatırken gözyaşlarına hakim olamayacaktı.

Acılarla dolu şu zavallı fâni dünyada gerçekten yaşam çoğu zaman insanı öyle sıkıyor ki, vîcdan ve merhamet örneği, yaşamı çile ve ızdıraplarla geçmiş sevgili insan Hz Muhammedin yanıbaşındaki o güzel insanlardan biri olan Hz. Ömer öyle güzel, öyle sâde bir lâf etmiş ki, hayatımın bir çok anında şu satırları yazarken bile aynı sözü ben de mırıldandım: "Keşke şu ağacın dibindeki yeşil ot olsaydım."

Sevgili dostlarım, yaşam öyle fâni, öyle hüzünlü ki, doğruları hakikâtleri, sevgileri, coşkuları, mutlulukları ancak bu hüznü yaşayan tadabilir. Ömrünü, insanlara faydalı olan şey için, insanlığın doğru yola gelmesi adına çilelerle geçirmiş insanlara ne mutlu!. Her kim olursa olsun niyeti berrak, ferahlatıcı olanlara Cenab-ı Allah merhamet etsin. Onun af ve merhamet havuzu okyanuslarla bile ölçülmez. O, yarattıklarına en fazla merhametli olandır. Ne mutlu dünya insanlığına faydası dokunanlara, ne mutlu yaşamın ve ölümün hüznü karşısında gözyaşı dökenlere, ne mutlu musalla taşına alnı ak yatanlara.

Omuzuna yüklenen zorluklar karşısında "Allahın çizdiği yollarda hayır vardır." diyen Rudolf Dizel'in intiharla son bulan yaşamı beni günlerce düşündürdü. Neden canına kıymıştı bu zavallı adam? Ömrü Çalışmak, didinmek, anne babasının acıları karşısında ızdırap duymakla, insanlığın, içinde bulunduğu buhranlar, bunalımlar, savaşlar, merhametsizlikler karşısında bir şeyler yapmaya çalışmakla geçen bu yürekli insan çevresinde, "Çocuğumun istediği yiyeceği alamıyorum!" diyen babaları gördükçe daha fazla dayanamıyordu. Ruhen yıkılmış, yapmak istediklerini tek başına yapamamış Henry Ford gibi bezmiş bir insan portresi çizen Dizel, karmaşık problemler karşısında daha fazla irâde gösteremeyip yaşamına son verdikten sonra arkasından eşsiz bir zafer de getiriyordu. Yüzbinlerce çiftçinin problemini çözen bir zafer, alkışlar arasında gelen bir zafer...

Henry Ford gibi Rudolf Dizel de o anki fukaralığına rağmen hayatın yükünü omuzlayarak Martha diye bir hanımla evlendi. Birlikte

Rudolf'un babasının evinde yaşamak zorunda kaldılar. Rudolf'un babası hayat karşısında fazla direnebilen bir insan değildi. Kurnazlıkları, dalâvereleri bilen bir adam değildi Baba Thedor. Hatta sosyal hayatın bozukluğundan bıkıp tasavvufa yöneldiği söylenir.

Rudolf Dizel, fıtrate göre yaşanması gerektiğini ifade ederek şunları söylemiş: "Kalbinde gerçek yaratılmış sevgisi duymak ve bunu gerçekleştirmek için şucu bucu olmaya gerek yok. Alt da yakın üst de: sağ da yalan sol da. İnsan üstünlüğü ancak adaletli ve faydalı yaşamakla olur. İnsanlara yardımımız gösteriş için olmamalı. Biz tam tersine insanlığa şu geçici alemde yardım etmeli, beşeriyetin durumunu düzeltmeye çalışmalı, sefâleti ve yoksulluğu elimizden geldiği kadar azaltmaya uğraşmalıyız. Çünkü yoksulluk edepsizliğe de yol açar, insanlar yapmak istemedikleri şeyleri yapmak zorunda kalırlar. İnsan hakkı yemeyin, birbirinize merhamet edin."

Rudolf Dizel, günlerce bıkıp usanmadan üzerinde çalıştığı motoru icât etmek istiyordu. "Otuz yaşındayım, sanki daha fazla yaşamış gibiyim. Şimdiye kadar bir başarı göstermediğim için çok üzülüyorum, Fakat ümidimi kaybetmedim. Bu motor değilse bile başka bir motoru mutlaka geliştireceğim. Hedefe mutlaka vâsıl olacağım" diyordu.

Amonyak motoru ile uğradığı başarısızlık ona öylesine kıymetli tecrübeler kazandırmıştı ki, yeni makine şu an hiç olmazsa kağıt üzerinde çizilebilirdi.

Son zamanlarda bu uğraşılarının yanında ortayan çıkan dayanılmaz baş ağrıları onu mahvediyor, korkunç acılar veriyordu. Çoğu geceler karısı Martha, şahit olduğu manzara karşısında öylesine kederlidir ki, bir hatıratında şunları söylemişti: "Zavallı bahtsız adam çektiği baş ağrıları yüzünden geceleri acı acı gözyaşı dökerdi. Ama hiçbir an şahit olmadım Allaha karşı şikayetçi olduğunu. Bu durum karşısında kahroluyor, üzülüyordum. Eşim acılar içinde kıvrandıkça her zaman, "Allahın çizdiği yollarda hayır vardır" derdi."

1893 yazında yeni yaptığı motor hazırdı. Önce püskürtülmüş mazotun havada yanışı gözlenecekti. Kolu, Dizel çekti. O anda büyük bir patlama oldu. Gördüler ki yakıt, havada kendiliğinden ısının etkisiyle tutuşmuştu. İş tamamdı. Dizel oradaki yetkililerle el sıkıştı.

Bu icâdıyla dünyada bir devrim gerçekleştiren Dizel artık eşi ve iki çocuğuna daha iyi imkânlar sağlayabilirdi.

Ama bir sorun vardı, motor daha da geliştirilmeye ihtiyaç duyuyordu. Bu motor ağır aksaktı. Aralıksız gece gündüz çalışan Dizel, nihâyetinde son noktayı koydu. Dizelin bulduğu motor, her tür ucuz yakıtla çalıştığı gibi, yakıt sarfiyatı da yarı yarıya azalmıştı. Rudolf, eşi Marta'ya, "Artık geleceğimiz emniyette" dedi.

Makineyi görmek, anlaşma yapmak için her taraftan sanayiciler, firmalar, gazeteciler Rudolf Dizel'e koştu.

Dünyadaki bütün otobüs ve kamyonlarda Dizel'in motoru kullanılmaya başlandı. Hele çiftçiler bu icatla bayram ettiler. İnsanlık için üretilen gıda miktarı, yakıt tüketiminin bu motor sayesinde azalmasıyla birlikte hem arttı hem de ucuzladı. Ürünü yerinden kaldırırken sarfedilen yakıt çok azalmıştı.

Önemli Not:

Rudolf Dizel'in bir gemideki yolculuğu esnasında kendini okyanusun derin sularına atıp intihar ettiği ihtimali dışında bir ihtimal daha var: Dizel'in, gemide gece hava almaya çıktığı bir sırada denize atılmış olabileceği... Çünkü mezarı dahi yoktur. Cesedi bulunamamıştır. Fakat neden öldürüldüğü de meçhûldür.

"Dünyayı Giydiren Adam"

LUCIANO BENETTON Nasıl Başardı?

Küçük yaşta babasını kaybetti. 4 kardeşiyle yalnız kaldı, en büyükleri O'ydu. Ailesinin geçimini yüklenmek zorunda kaldı. Bir giyim deposunda taşıyıcı olarak iş buldu. 14 yaşında parasızlıktan okulu bıraktı.

Luciano Benetton 1935'in mayısında İtalya'daki Trevilo şehrinde dünyaya geldi. Babalarının ölümüyle birlikte ailece zor duruma düştüklerinden okulu terkederek bir giyim firmasında çalışmaya başladı. Kızkardeşi Gülyana da bir tekstil şirketinde kazak dikme işi buldu.

Benetton çalıştığı işyerinde işini severek yapıyor, fedakarlıktan kaçınmıyordu. Bu iş artık onun mesleğiydi, işini ciddiye alarak yapıyordu. Bir zaman sonra işyeri sahibinin dikkatini çeken Luciano Benetton kumaş kısmına alındı, maaşına da zam yapıldı.

Kendisi ve kız kardeşinin kazancı eve yetiyordu, hatta bir miktar para da artıyordu. Bu bir miktar parayı har vurup harman savurmadılar, "Keser döner sap döner, gün gelir hesap döner," diyerek bir kenara koydular. Bilselerdi ki bu "bir miktar" paranın onları dünyanın tekstil patronu yapacağını.... Ak akçe kara gün içindir sözü tam bu aile içindi sanki. Çünkü Benetton'nun ileride karşısına öyle fırsat çıkacaktı ki ak akçeye, tuz yalamış koyunun suya ihtiyaç duyduğu gibi ihtiyaç duyacaktı.

Kız kardeşiyle birlikte 10 sene tekstil fabrikalarında çalışan Benetton, bir akşam kardeşini yanına çağırarak, "Gülyana, biz neden küçük bir kazak atelyesi açmayalım? Biz de üretebiliriz. Çok sıkıntılar, yokluklar çektik, hep böyle mi kalacağız, bizim de güzel yaşamaya hakkımız var," dedi. Kardeşi "Hayır," demedi, teklife sıcak baktı. Zaten başka seçeneği de yoktu ki.

Ne varki Benetton dükkân açmaya cesaret edemedi. Çünkü bunun için işten çıkmaları gerekecek ve ellerindeki bütün paralarını yatırmak zorunda kalacaklardı, Barındıkları yer de kiraydı, olası bir aksilikte en küçük bir destekleri yoktu, öylece ortada aç susuz kalakalırlardı, üstelik iki tane daha kardeşi vardı. Dükkân açmayıp, evlerinin bir köşesinde akşamları diktikleri, o zamana kadar kimsenin şahit olmadığı tarzda boyama tekniğiyle ürettikleri kazaklar büyük ilgi gördü. Bunu tâkip eden zamanlarda Benetton'un evi bir tekstil imâlât atölyesine döndü.

Benetton 1960'da işçilikten istifâ etti. Artık kendisi mal üretmeye başladı, alıcı da hazırdı. Bir yandan kendi kullandığı boyama teknikleriyle mal üretip satarken, diğer yandan da evlilik hazırlıkları yaptı. 1961'de de evlendi.

Bir iki yıl geçmeden binlerce mal üretip satmaya başladı. Ama yerleri dar geliyordu. Hemen fabrika inşaası başlattı. Fabrika biter bitmez, diğer büyüyen kardeşleri Carlo ve Gilberto'yla beraber "Gülyana Benetton" adlı giysi şirketini kurdu. Hedef kitleleri gençlerdi.

Benetton 1980'li yıllarda ürün çeşidini hayli artırdı. Renkli renkli giysi çeşitlerini ve bir çok rengin tek bir elbisede toplanmasını Benetton başlattı. "All the Colors of the World" (Dünyanın Tüm Renkleri) Sloganı büyük başarılar getirdi.

"United Colors of Benetton" parolası altında sunulan ürünler 1993'ten sonra büyük patlamalar yaptı.

Yokluktan zirveye yükselen Benetton, dünyanın her köşesindeki mağazalarıyla sıfırdan nasıl başarılabileceğinin en güzel örneğidir. Yaşanılan sorunları kötü tâlihin bir sonucu olarak görmek yerine, çözümün bir parçası olmak mutlak başarıyı kaçınılmaz kılacaktır. Böyle yapıp sabredenler ve mücadele verenler işte karşımızda duruyor, hepsi de başarmış vaziyetteler, siz niye başaramayasınız!..

Luciano Benetton, eşi ve 4 çocuğuyla birlikte hâlen yaşamaktadır.

"Adını, Gökyüzüne Uzanan Binalara Kazıyan Adam"

CONRAD HİLTON Nasıl Başardı?

Babası at bakıcısıydı. "Allaha güveniyorum" dedi, gerisi geldi.

1887'de New Mexico'da doğan Conrad Hilton, çocukluğunda babasıyla beraber, yoldan gelenlerin uğrağı olan yerlerinde müşterilerle ilgilendi, at bakıcılığı yaptı. 15 yaşına geldiğinde askeri okula gitti, oradan Santa Fe'ye giderek Santa Fe Kolejinde 4 yıl okudu ve mezun oldu. 20 yaşında Socorro Maden Akademisi'ne kaydoldu. Burada 3 yıl okuyan Hilton, mezun olur olmaz ailesinin yanına döndü. Babası işi biraz daha genişletmişti. At bakıcılığı yaptıkları yerlerinde bir de küçük pansiyon açmıştı.

Açılan bu yeni pansiyonla Conrad Hilton ilgilendi. Kısa zamanda iyi para kazandılar. Bulundukları yerden 30 km uzarlıkta olan bir başka pansiyonu da satın aldılar. Bir pansiyon derken ikinci, üçüncü pansiyonlarını da satın aldılar.

Hilton, minik bir kasaba bankası kurdu. Bankacılıktan kazandığı deneyimlerle emlâk işine de girdi. Fakat bu iki iş de onu pek sarmadı. Bu arada 28 yaşında babasını kaybeden Conrad, bütün birikimiyle Texas'ta üç tane küçük otel satın aldı.

Otel işinde yükselmeye başladı. "Hilton Hotel Company" adlı bir şirket kurdu. Bu işleri yaparken şunları da söylemeyi ihmâl etmiyordu: "Tanrıya güvenmek ve çalışma azmini göstermek koşuluyla her işin üstesinden gelinebilinir."

Bu inançla 1920'lerde riskli işlere girip başını da ağrıttı. Ama en sonunda sabrıyla başarılı oluyordu. Otellerinin sayısı giderek artıyordu.

1950'ler İkinci Dünya Savaşı sonrası yıllar olduğu için pek çok otel iflâs etmişti. Hilton, bu otellerin her birini satın aldı. Bu satın alışlar onun, dünya oteller krallığına doğru ilerleyişiydi. Amerikanın en büyük, en ünlü oteli Stevens otelini 3 milyon dolar vererek satın aldı, 5 milyon dolar tutarındaki, bu otele ait borçları da otel adına temizledi. Aslında bu alışverişten büyük kazançlar elde etti. Bir kaç yıl içinde Newyork'taki Waldorf-Astroya ve Plaza otellerini de satın aldı.

Conrad Hilton, Mary Barron ile evlenip üç çocuk sahibi olmuştu. İkinci karısı Za Gabor'dan da bir çocuğu olmuştu.

Hilton, otellerinde personel temizlik ve ciddiyetine çok önem verdi. Temiz, nezih, parlak oteller zinciri kurdu. Hilton İnternotional Şirketi'ni kurarak Güney Amerika'da da başarılar elde etti. 1960'ta otelleri Avrupa'nın her yerine dağıldı. Artık öyle seviyeye gelmişti ki, dünyanın 70 ülkesinde oteller zincirine sahipti.

Hilton ve Conrad otelleri diye ün salan işletmeleriyle adını gökyüzüne kazıtan bu adam, yaşlanmaya başlayınca işleri oğlu Barron devraldı.

Mary Frances adlı kadınla üçüncü evliliğini yapan Hilton 1980'de 92 yaşında Kaliforniya'nın Santa Monika şehrinde vefât etti. Arkasında doğu ülkelerine kadar uzanacak olan dev oteller bırakmıştı. Bugün otel denilince akla "Hilton Otel" gelir. Hilton otelleri efsaneleşmiş bir isme sahiptir.

Conrad Hiltonun son nefesinde ağzından şu sözler çıkmıştır: "Duş perdesi banyonun içine sarkıtılmalı."

CONRAD HİLTON'U "HİLTON" YAPAN SIR NEDİR?

Hilton, küçük bir kasabının küçük bir odasında bankacılık yaparken, kazandığı paralarla işini biraz ilerletmek istemiş. Bunun için atlamış Teksas'a gitmiş. Teksas da o zamanlar, yani 1915'lerin Teksas'ı olduğu için şimdiki gibi o kadar büyük bir kent değilmiş.

Yeteneklerini geliştirdikten sonra burada bir banka satın alarak bankacılığın sunduğu imkân ve fırsatlardan yararlanmak istemiş. İçindeki büyük istek ve heyecanla bankanın birine 75 bin $ teklif vermiş. Bankanın sahipleri Hilton'un bu teklifini önce kabul edip kapora almışlar. Hilton havalara uçmuş sevinçten. Fakat anlaşma yapılacağı gün banka sahipleri Conrad Hilton'a şunları söylemiş: "Bay Hilton biz fiyatı 80 bin $ yaptık. Kapora da verdiniz, gelin 80 bin $ verin bitsin bu iş" Hilton büyük bir üzüntü içerisinde, omuzları çökmüş vaziyette kaldığı otelin yolunu tutar. Çünkü zaten 75 bin doları da borç harç içerisinde temin etmişti. Banka sahipleri açgözlülük edip ondan 80 bin dolar istemeselerdi şimdi banka sahibi olmuş olacaktı.

Conrad Hilton kaldığı otele geldiğinde odasının kiraya verildiğini öğrenir. Ve de otel tamamen doludur. Otelin bir odası günde üç kere kiralanmıştır. Çevredeki işçiler, özellikle petrol işçileri bu otelde dinlenip, tekrar işlerine dönmektedirler. Yani bu bir nevi işverenin işçiye daha çok verim alınması için tanıdığı Siesta hakkıydı. Bu durumu gören Conrad Hilton'un aklına birden parlak bir fikir gelir. O sırada da otel sahibi petrol işine girmiştir ve oteli satmak istemektedir. Hilton hemen çıkarıp 40 bin dolar ödeyerek oteli satın alır. Kalmak için yer bile bulamadığı oteli satın alan Hilton. böylece dünya oteller imparatorluğunun ilk temellerini atmış olur.

Bu gerçek yaşam öyküsünden çıkartılabilecek ders şu olabilir: İnsan sadece kafasındaki riske yoğunlaşmamalı, etrafında olup bitenlere de dönüp bakmalı. Belki gerçek fırsat o an yoğunlaştığı riskli işte değil de hemen arkasındaki başka bir iştedir. Çok daha az sıkıntı çekerek ve çok daha az para harcayarak çok daha büyük başarılar elde edilebilir. Her büyük başarı, büyük sıkıntılardan geçecek diye bir kural yoktur.

2: Meşhur Adamların Bilinmeyen Yönleri. Ak. Dale Carnegie

"Kamuoyu Yoklamalarının Kahini"

HORACE GALLUP Nasıl Başardı?

İlk anketini yaptığı çalışmalarda alaya alındı, horlandı. Ama gördüler ki her seçim de tahminleri doğru çıkıyordu. Yaşadığı sürece tahminlerinde bir kez yanıldı.

Horace Gallup 1901'de Amerika'nın Jefferson şehrinde dünyaya geldi. Çocukluğunda kendinden büyüklerle sohbeti severdi. Herkesi çok iyi gözlemlerdi. Hislerinde Allah vergisi bir enerjisi vardı. Arkadaşları arasında bu yönüyle ün salmıştı. Henüz 15 yaşındayken sanki insan sarrafı olmuştu.Liseyi bitirdikten sonra gazetecilik ve psikoloji eğitimi aldı.

Gallup doktora tezini toplumun genel eğilimlerini ölçme ve tahmin üzerine hazırladı. ABD'de kamuoyu yoklamaları ile ilgili ilk araştırma hazırlığı yapan Gallup oldu. Bu arada Opheliya Smith isimli bir bayanla evlendi. Bu evlilikten üç çocuk sahibi oldu.

Drake Üniversitesi bünyesinde ilk defa " Kamuoyu Yoklamaları Enstitüsü" kuran Horace Gallup oldu Daha sonra North Western Üniversitesi'ne geçerek çalışmalarını burada yürüttü. Sonraki dönemlerde piyasa araştırmaları uzmanı olarak tanınmaya başlandı. Hatta 1973'te ABD Piyasa Araştırmaları Kuruluna Başkan seçildi. 34 yaşına geldiğinde Colombiya Üniversitesi'ne Profesör olarak atandı. Kamuoyu yoklamaları ve Psikoloji üzerine çalışmalar yaptı.

1936'da zamanın şöhretli dergisi Literary Digest, Başkanlık seçimlerinde önce sıkı bir kamuoyu yoklaması çalışması başlattı. Ellerindeki geniş imkânlar sonucunda 5 milyon kişi üzerinde anket yaptı. Anket sonuçları,ABD Başkanı olarak Cumhuriyetçi Alfred Landon'u gösteriyordu. Öte yandan zavallı Gallup, hocalıktan aldığı bir kaç kuruşla iki bin kişi üzerinde anket yaptı. Ona göre, yani onun aldığı akademik eğitime ve ABD halkının psikolojik havasına göre Amerikan vatandaşlarının temsili bir kesitine oluşturan birkaç bin anket sonucu, halkın tamamının tahmini çıkartılabilinirdi. Herkes onun bu görüşüne kahkahalarla güldü, onu alaya aldı.

Gallup birkaç bin kişi üzerinde yaptığı ankette Roosvelt'in başkan seçileceğini söylemişti. Şeçimler oldu. Sonuç, Gallup'un dediği gibi çıktı: Roosevelt ABD başkanı. Ünlü Literary dergisi yanılmıştı, hem de büyük bir farkla. O tarihten sonra Literary dergisi kamuoyu araştırmalarını bıraktı.Gallup kendini kanıtladıktan sonra Avrupa'ya açıldı, İngiliz Kamuoyu Enstitüsü'nü kurdu. Sonraları radyo dinleyicileri arasında da araştırmalar başladı. Artık bütün dünya da kamuoyu araştırmaları şubesi açılmaya başladı.

1947'de Uluslararası Kamuoyu Araştırmaları Enstitüsü'nün başına geçen Horace Gallup, burada başarılı çalışmalar gerçekleştirerek dünyaca tanınmaya başlandı.1948'deki ABD başkanlık seçimlerinde Thomas Dewey'in kazanacağını kamuoyuna bildirdi, fakat Harry Truman çok az bir farkla kazandı. Bunun sebebi de Gallup'un anket yoklamalarını çok erken yapıp sonuçlandırmış olmasıydı. Bundan sonraki seçimlerde örneğin 1953 seçimlerinde Eisen Hover'in "Başkan" seçileceğini söyledi,doğru çıktı.

Seçim öncesi kamuoyu yoklamalarının dev adamı olarak tanınan dünyaca ünlü Gallup, Kamuoyu Yoklamaları İçin Rehber Kitaplar Serisi'ni de hazırladı. 1960'larda örnekleme yöntemiyle geliştirdiği sistem bütün dünyaca tutuldu.

Türkiyede seçimler öncesi doğru tahminleriyle tanınan ve onun adını taşıyan Gallup Kamuoyu Yoklama Şirketi, hâlen dünyanın bir çok yerinde anket çalışması yapmaktadır.

Horace Gallup 1984'te isviçre'de öldü.

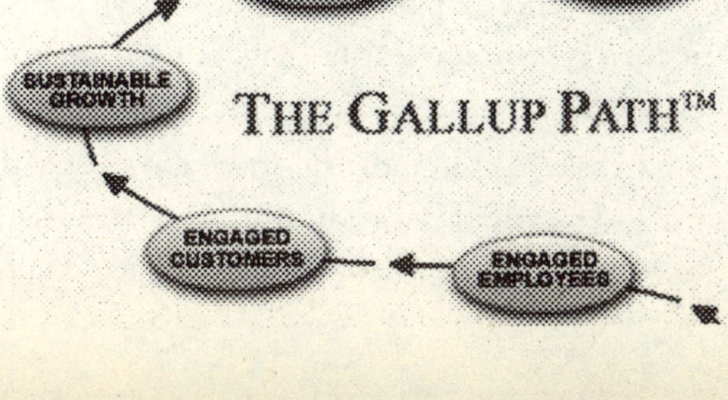

"Bir İlkokul Öğretmeninin Tek Evladı"

FRİTZ HENKEL Nasıl Başardı?

Kimya'ya merak saldı. Temizlik malzemelerinin babası olarak ünlendi. "Persil"i yarattı. Şu an Türkiye'de kullanılan birçok temizlik malzemesinde onun adı vardır.

Alman kimyacı Fritz Henkel 1848'de doğdu. Okuduğu yıllarda kimya dersine ilgi duydu. 17 yaşına geldiğinde endüstri şehri Elberfelt'e gitti. Boya fabrikalarında çıraklık yaptı. Daha sonra burada sürekli çalışmaya başladı. Çok çalışkanlığı, dürüst ve saygılı oluşu onu, çalıştığı işyerinin imza yetkili müdürü yaptı.

Henkel temizlik malzemelerinde yeni ürünler bulunması gerektiğini söylüyordu. Kir sökücü kimyasal maddelerin gücü çok önemliydi. Piyasadaki bazı ürünlerin bu konuda yeterli olmadığını fark ediyordu.

Genç adam 25 yaşına geldiğinde Edith Steinen adındaki bir bayanla evlendi. Bu evliliğinden toplam 4 çocuğu oldu. Temizlik ürünleri üzerine bilimsel çalışmalarında karısının büyük faydalarını gördüğünü söyleyen Henkel, bu şevk ve mutlulukla dünyanın dört bir tarafına dağılacak, ünlü marka hâline gelecek kimyasal buluşlar yaptı. Örneğin bunlardan sadece bir kaçı Persil ve Vernel'dir.

Evliliğinden 2 yıl sonra işinden ayrılan Henkel, tanıdığı kimyasal madde toptancısı arkadaşına ortak oldu. Potas Silikatı ve soda karışımından elde ettiği çamaşır tozunu parasızlıktan dolayı piyasaya süremedi. Başka bir ortakla yaptığı anlaşma sayesinde piyasaya sürdüğü buluşu müthiş rağbet gördü. Bu ilgi ona çok para kazandırdı. İki yıl sonra Henkel - Cie isimli çamaşır tozu işletmesini kurdu. Küçük bir evde kurulan bu işletmenin personeli sadece Henkel ile birlikte üç kişiydi.

Fritz Henkel 32 yaşına geldiğinde işletmesini, daha kalabalık, alışverişe yatkın şehir olan Düsseldorf'a taşıdı. Buruda işleri hızla açıldı; yeni ürünler sürdü piyasaya. Rakipleriyle baş edebilmek için yeni tipik ambalaj sistemi geliştirdi.

Ürettiği temizlik malzemeleri artık en zengin insanların evlerinin baş köşesindeydi.

1900 yılına gelindiğinde iyiden iyiye gelişip büyüyen Henkel, 60 bin metrekare tutarında dev bir fabrika arazisi satın aldı. 1910'da yüzlerce işçisiyle artık dünyanın tanıdığı Henkel markası yerine oturmuştu.

Patron Henkel, sosyal adâlete önem verdi. Şirketinde çalışanlara yaşlılık sigortası bağladı. Kutsal günlerde ek ücretler verdi. Tüm işçilerinin temizlik malzemelerini ücretsiz dağıttı. Kurduğu vakıfla yüzlerce öğrenciyi okuttu, dünyada hayırlı işler yaptı.

Bir seferlik kaynatma ile zahmetsizce çamaşırları bembeyaz yapan bir karışım elde etti. Perborat Silikat sözcüklerinin ilk üç harfinin kısaltılmışı olan PERSİL, kendi kendine çamaşır yıkayan dünyada ilk deterjandır. "Persil her zaman Persildir" Sloganıyla milyonlarca mark kazandı. 6 yıl içinde 50 kat artan geliriyle HENKEL hafızalara kazındı.

Fritz Henkel'in torunu Konrad Henkel, 1965'te şirketi dünyanın tanıdığı bir holding hâline getirdi. Henkel şirketinin yıllık cirosu 15 milyar Euro'dur.

1932'de 80 yaşında ölen Henkel, arkasında muhteşem bir servet bıraktı.

"Motosikletin Kralı"

SOİCHİRO HONDA Nasıl Başardı?

Maddi durumları iyi değildi. Okuldaki derslerden anlamıyordu. Dersleri çok zayıftı. Sahte belge ve diplomalarla mühendislik fakültesine girdi. Yalanı 3 yıl sonra anlaşıldığında, o kendini tamir konusunda iyice yetiştirmişti.

Soiçiro Honda 1906 yılında Japonya'nın Iwata köyünde doğdu. Babası fakir bir demirci köylüsüydü. Okulda dersleri çok kötüydü. Ama eli, mesleki yetenek gerektiren işlere yatkındı. Babasının da demirci olması sebebiyle demir işlerine büyük bir merak sardı. İlkokulu zar zor bitirdikten sonra komşularının da tavsiyesiyle babası onu 15 yaşına geldiğinde araç tamir çıraklığına verdi. Burada başarılı çalışmalarıyla herkesi şaşırtıyordu. hocalarını dört gözle dinliyordu. Çıraklık eğitimini bitirdikten sonra bir tâmir atölyesinde düşük ücretle çalışmaya başladı. Bir taraftan da para biriktiriyordu. Amacı kendi atölyesini kurmaktı.

Honda ilkokul mezunuydu. Onun dışında hiç bir akademik eğitimi yoktu. Sadece çıraklık kurslarına devam etmişti. Ama bu kurslarda başarılı olmasına rağmen tatmin olmamıştı. Araç mekanizasyonuyla ilgili çok önemli bazı eksikliklerinin olduğunu biliyordu.

Honda sahte belge ve diplomalarla mühendislik fakültesine kabul edildi. Yalanı 3 yıl sonra anlaşıldığında yeni bir otomobil taslağı çıkaracak kadar kafasındaki sorulara cevap bulmuştu.

Saçi İsabe isimli bir bayanla evlenen Honda'nın 4 çocuğu oldu. Severek uğraştığı otomobil tamirciliği ona çok şey kazandırdı. Nihâyet köylerine pek çok uzak olmayan Hamamatsu şehrinde kendi atölyesini açtı. Atölyesinde kendi geliştirdiği piston üretimini yaptı. 30 yaşında açtığı atölyesini 15 sene boyunca işletti. Ürettiği kendine has araba parçalarını satarak iyi para kazanmıştı. Bir de Teknik Araştırma Enstitüsü kurdu. Burada motorlarla ilgili deneysel çalışmalar yaptı. Sonra piston bileziği fabrikasını kurdu. Burayla pek ilgilenemediği için Toyota isimli bir otomobilciye sattı. kendisi Honda Motor Company'i kurdu. Yanına Fujisawa adında bir arkadaşını da aldı. İleriki zamanlarda Fuji, üreteceği jeneratör ve bir çok motor çeşitleri sayesinde Honda gibi o da Fujisawa markasıyla ünlü markalar arasına girecekti. Hatta bizim Türkiye'de hâlâ Fujisawa ve Honda motorları kullanılmaktadır.

Soiçiro Honda ürettiği Honda marka motosikletleriyle piyasayı kırıp geçirdi. Müthiş derecede para kazanmaya başladı. Honda'nın motosikletleri Amerika'da da peynir ekmek gibi satıldı. Amerikada'ki satışlarında bir de slogan kullanıyordu: "En sevimli insanlara bir Honda üzerinde rastlayabilirsiniz."

Honda, otomobil piyasasına da girdi. Hatta benzinin çok pahalandığı 1975'te az benzin yakan Honda Civic marka otomobilleri uluslararası tanındı ve iyi de iş yaptı.

Honda Motosikletler Formula 1 Almanya Büyük Kupa Yarışması'nda yüksek derece aldı, Honda artık uluslararası yarışlara da girmeye başladı. Mclaren yarış firmasıyla birlikte onlarca yarış kazandı. 1980 ile 1990 yılları arasında 6 kez dünya rekoru kırdı. Honda'nın tuttuğu yarış pilotu Nelson 1987'de dünya şampiyonu oldu. Ayrıca Senza ve Alain isimli pilotlar da Honda motorları kullanarak dünya şampiyonu oldu.

Arkadaşı Fujisawa ile birlikte şirket yönetiminde daha 15 yıl öncesine kadar yönetim kurulu başkanlığı yapan Honda 1993'te 86 yaşında Tokyo'da vefât etti. Fujisawa hâlâ yaşamaktadır.

Bütün üretilen mekanik aksam ve en işe yarar çok pahalı, kıymetli araçları sadece ABD, Avrupa ve Japonya üretip, pazarlayıp kazanırken diğer milletler - özellikle müslüman ülkeler - ne yapıyordu, onların ağzının içine mi bakıyordu? Özellikle petrol zengini ülkeler ne yapıyordu, doğrusu bu trajik durumu çok merak ediyorum.

"Mutlu Sonuç Veren Bir Yaşamboyu Çalışma"

KİİCHİRO TOYOTA Nasıl Başardı?

Dokuma işçisi yoksul bir adamın oğluydu. İçki ve sigaradan nefret ederdi. Çalıştı, çabaladı. Bugün çalışmayıp laf üreten kültüre sahip gelişmemiş üçüncü ülkelerinde binlerce arabası satılıyor, ülkesi Japonya'ya milyarlarca dolar kazandırıyor.

Bugün bizim ülkemizde de milyarlarca lira verilip, onun arabası satın alınarak Japonya'ya çuvallarla para gönderiliyor, hem de fakiri zengini büyük yüklerin altına girerek...

Kiçiro Toyota 1894'te Yamaguçi şehrinde doğdu. Bugün hâlâ onun otomobilleri kullanılıyor. Babası dokuma tezgahı yapıyordu. Liseyi bitirir bitirmez Tokyo Üniversitesi'ne kaydoldu. Mühendislik eğitimini tamamladıktan sonra, kendisine bir işletme kurma hayallerine girdi. Babası işçiydi, gece gündüz demeden çalışıyordu, O, bu duruma çok üzülüyordu, artık kendi işyerlerinin olmasını istiyordu. Üniversitedeki aldığı eğitim, gemi inşaası olmasına rağmen o, otomobillere merak salmıştı. Otomobiller henüz piyasada yeniydi, hatta pek sık da görünmüyordu.

Toyota, çalışıp biriktirdiği parayla 1930'da Amerika ve Avrupa'ya gitti. Ülkesine geldiğinde büyük bir coşku içinde kendine has otomobilini üretmeye azmetti. O sıralarda Ford, General Motors ve Chrysler gibi otomobil şirketleriJaponya piyasasını ele geçirmiş, çuvalla para kazanıyorlardı. Bu durum Toyota'nın ağrına gidiyordu, milleti için çalışıp, kendi arabalarını kendisi üretmek istiyordu. Fakat Japonya'da bir otomobilin üretilmesi için yeterli teknik, araç ve şartlar müsait değildi. Çok heveslenmişti ama birden hevesi kaçtı. Ne var ki yılmadı.

Borcun altına girerek dış ülkelerden makineler sipariş etti. Sipariş edilen makineler gümrük formalitelerine takılınca panik yaşadı. Hatta deniz gümrüğünde malzemelerin 6 ay teslim alamadı. Bu arada borçları da zavallı adamı sıkıştırmaya başlamıştı. Bu durumda ne yapabilirdi? Hemen bir çâre düşünmeliydi.

Toyota bir müddet düşündü. Kendi kendine "Ben ne yapıyorum?" diye sordu. Ülkesi için bir şeyler yapmaya çalışıyordu, ülkesini geliştirmek, kalkındırmak istiyordu. "O halde devlete başvurmalıyım" diye aklından geçirdi. tam bu sıralar Japon devleti de milli hamle yapma niyetindeydi zaten. Toyota'nın bu problemini duyan devlet yetkilileri derhal harekete geçti.

Japonya devleti ulusal otomobil endüstrisini desteklemeye hazırdı. Devletin ilk yaptığı iş çok akılcı ve milliyetçi bir ruh izlemesi olmuştur, hem de taktir edilebilir derecede. Yabancı otomobil satıcılarının Japonya'daki şartlarını güçleştirip, otomobil üretimi yapabilecek kendi yetişmiş girişimcilerine imkân tanıdı. Bu da Kiçiro Toyota'nın önünü açtı. Yurtdışından getirttiği makine parçalarıyla önce motor üretimi yaptı. Sonra dört adet motosiklet üretti. 30 yaşında başladığı otomobil yapma girişimi nihâyet 40 yaşına geldiğinde gerçekleşti.

Ürettiği aerodinamik otomobil sadece üç taneydi. Sonrasında mini kamyon üretti. Aslında bunlar model arabalardı. Demek oluyor ki bu ünlü Toyota arabalarının tarihi geçmişi, 10 yıl veya 20 yıl değil, tam 65 dır. Yani 1935, 1940'larda üretilmeye başlanmış.

Toyota Motor Company'i kuran Kiçiro Toyota araba üretimine resmen başladı. Giderek daha çok otomobil üretti. İşin en şaşılacak tarafı, ürettiği Toyota marka otomobiller, diğer ABD malı otomobilleri geride bıraktı. ABD, otomobillerini en fazla geri kalmış arap müslüman ülkelerine satabildi. Bu vakitten sonra Amerikan otomobilleri Japonya'nın kapısından içeri giremedi.

Kiçiro Toyota, Toyota Motor Company'in başkanlığını tek başına yürüttü. İkinci Dünya Savaşı'nın başlamasıyla otomobil üretimi Japonya'da duraksadı. Hükümet silah üretimine ağırlık verdiği için, otomobil sadece savaşa yönelik Jip şeklini aldı. Bunda da Kiçiro Toyota'nın, ülkesine faydası büyük oldu. Savaş esnasında sadece 200 özel otomobil üretebildi.

Savaşın bitmesiyle birlikte Toyota yeniden üretime geçti. Ülkesinin yeniden yapılandırılması için kamyon üretmeye başladı. Toyota bütün ülkeyi kapsayan satış kampanyalarına girdi. Ürettiği "SA" tipi binek otomobiller çok tutuldu, çok satıldı. Fakat o sıralar Jopanya'da patlak veren ekonomik kriz nedeniyle Toyota otomobil fabrikası, işçilerin maaşlarını vermekte zorlandığı için işçi çıkarımı girişimlerinde bulundu. Fabrika içinde kurulan işçi sendikası bunu kabul etmeyerek, işçi çıkartılmasına karşı işçilerin, maaşlarında %10 fedakârlık yapabileceklerini bildirdi. Ama fabrika yönetimi bunu da kabul etmedi. İşçiler de 2 aylık grevе girdi. Toyota da restini çekerek lokavt ilan etti.

Tüm bu olumsuzluklar "Toyota Otomobil Fabrikası"nı 1950'lerde gerçekten bitme noktasına getirdi. İşte tam bu anda ABD, Kore ile savaşa girişti. Toyota'dan yüzlerce kamyon sipâriş etti. Amerika Birleşik Devletleri'nin, kendi ülkesinden Kore yakınlarına kadar binlerce km uzaklıktan yüzlerce kamyonu getirmesi mümkün değildi. Bu yüzden kamyonları, Kore'ye yakın olan Japonya'daki Toyota firmasından aldı. ABD, parayı peşin ödedi. Bu olumlu gelişme Toyota otomobil fabrikasını birden zor durumdan kurtardı. Bundan sonra artık, Toyota başka ülkelere de otomobil satmaya başladı.

Kiçiro Toyota 65 yaşında kalp krizinden vefât ettiğinde arkasında Dev TOYOTA otomobil fabrikaları bırakmıştı.